Josip Terelja

# Zeugnis
### von Erscheinungen und Verfolgung in der UdSSR

Eine Autobiographie von
Josip Terelja mit Michael H. Brown
Aus dem Amerikanischen übersetzt von
Wilfried Falkenberg

A-3423 St. ANDRÄ-WÖRDERN, GLORIETTE 5
ÖSTERREICH

Der Herausgeber erkennt an und akzeptiert, daß der Heilige Stuhl in Rom, dessen Urteil er sich gerne unterstellt, die letzte Autorität hinsichtlich der Erscheinungen von Hruschiw hat.

Der Herausgeber

Copyright für die deutsche Übersetzung © 1995, Mediatrix-Verlag

Im amerikanischen Original erschienen unter dem Titel: Josyp Terelya Witness to Apparitions and Persecution in the USSR, An Autobiography by Josyp Terelya with Michael H. Brown, Copyright © 1991, The Riehle Foundation. Herausgegeben und veröffentlicht für die Riehle-Stiftung von der Faith Publishing Company, P.O. Box 237, Milford, OH 45150, USA.

Er fuhr fort: "Der Gott unserer Väter hat dich dazu bestimmt, seinen Willen zu erkennen, den Gerechten zu schauen und seine eigene Stimme zu vernehmen. Du sollst vor allen Menschen bezeugen, was du gesehen und gehört hast." Apg 22, 14-15

*Josyp Terelya*

# INHALTSVERZEICHNIS

1. Kapitel
**KÖNIGIN DER FREIHEIT** .......................................... 17

2. Kapitel
**DUNKELSTE WOLKEN** ............................................ 36

3. Kapitel
**TOD DURCH INJEKTION** ......................................... 46

4. Kapitel
**JUNG UND KATHOLISCH** ........................................ 54

5. Kapitel
**SOLDAT FÜR CHRISTUS** ......................................... 71

6. Kapitel
**IM INNERN DER BESTIE** ......................................... 88

7. Kapitel
**AUF DER FLUCHT** ................................................. 109

8. Kapitel
**WÖLFE DER WELT** ................................................ 119

9. Kapitel
**DIE JUNGFRAU DER ZELLE NUMMER 21** ............... 135

10. Kapitel
**EIN ENGEL AUS FLEISCH UND BLUT** ..................... 145

11. Kapitel
**DIE RÜCKKEHR MARIENS** .................................. 156

12. Kapitel
**RUSSLAND IN FLAMMEN** ................................. 164

13. Kapitel
**DAS KREUZ** ................................................. 176

14. Kapitel
**MICHAEL UND DER ADLER** ............................. 190

15. Kapitel
**DIE HERREN GESCHWORENEN** ........................ 206

16. Kapitel
**DIE HÖLLE AUF ERDEN** .................................. 218

17. Kapitel
**WO ENGEL GEBETET HABEN** ........................... 226

18. Kapitel
**ÜBER DER KUPPEL** ....................................... 235

19. Kapitel
**'MEINE TOCHTER UKRAINE'** ........................... 277

20. Kapitel
**SÄULE AUS FEUER** ....................................... 296

21. Kapitel
**NACHWIRKUNGEN** ........................................ 304

22. Kapitel
**JENSEITS DER GRENZEN** ................................ 322

23. Kapitel
**UNSER JESUS** .............................................. 337

# WIDMUNG

An die Mutter der ganzen Menschheit und für die Opfer der Verfolgung - für das, was schon geschehen ist, und das, was noch kommen wird.

# ANERKENNUNGEN

Dieses Buch hätte nicht erstellt werden können ohne die hingebungsvolle Hilfe von P. Roman Daniljak J.U.D., Seelsorger an der St.-Josephs-Kathedrale von Toronto. P. Daniljak verbrachte drei Monate damit, Josips Version der Ereignisse ins Englische zu übertragen, die daraufhin passend für ein Buch umgestaltet wurde. Seine beiden erstaunlichen Talente als Priester und Übersetzer waren unersetzlich. Andere Übersetzer halfen ebenfalls, darunter Michailo Kobilezky aus St. Catherines, Bohdan I. Swistun aus Toronto und Christina Swistun, eine Absolventin der Universität von Toronto, die weitere journalistische Studien betreibt. Die Idee zu diesem Buch entstammt zu einem großen Teil den Bemühungen von Marie Leman, welche das Medjugorje-Friedenszentrum in P.O. Box 923 Williamsville, NY 14221 betreibt und ein Videointerview mit Josip unter dem Titel "Erscheinungen der Muttergottes in der Ukraine" produziert hat, das man schriftlich von der oben genannten Adresse erbeten kann. Josips hochgeschätzte Gattin, Olena, die dabei war, Englisch zu erlernen, übersetzte bei Gelegenheit geduldig und überließ uns oft das Speisezimmer bis in den späten Abend. Auch sei den vielen gedankt, die gebetet haben, insbesondere Harold und Rose Brown aus Niagara Falls und Sue Flynn aus Oyster Bay. Bill und Fran Reck von der Riehle-Stiftung zeigten uns großen Glaubensmut, indem sie dieses Projekt ohne Zögern aufnahmen. Ihre Hingabe an Maria ist ein Vorbild für uns alle. Möge der Heilige Geist über all jene kommen, die halfen, und die, welche die folgenden Seiten lesen.

# VORWORT

Der Bericht, den Sie lesen werden, ist die Geschichte eines Mystikers, eines Sehers, einer leidenden Seele, eines Opfers des Kommunismus. Es ist die Geschichte eines Nationalisten, eines Rebellen, eines katholischen Aktivisten. Es ist der Bericht eines Mannes, der einen Großteil seines Lebens aufgrund seines Glaubens und der Verkündigung des Evangeliums hinter Gittern verbrachte. Es ist auch die Geschichte außergewöhnlicher Ereignisse - vermeintlich übernatürlicher Vorgänge - die in der Sowjetunion stattgefunden haben sollen.

Josip Jaromir Terelja hat für die Sache des Christentums sein ganzes Leben lang gekämpft, oftmals unter den widrigsten Umständen. Dies ist seine Autobiographie, wie sie uns durch Übersetzer im Laufe seines fortwährenden Exils in Kanada erzählt wurde, eine Lebensgeschichte, die ihren Höhepunkt im Jahre 1987 erreichte, als ihnen die Jungfrau Maria über einer geschlossenen Kapelle in der Ukraine erschien, quasi in Antwort auf ihre Leiden, wie Josip und andere ukrainische Katholiken berichteten.

Ich sage "angeblich", weil dieses und andere Ereignisse in diesem Buch außergewöhnlich und umstritten sind, selbst wenn man sie am Maßstab marianischer Phänomene mißt. Hat die Muttergottes Josip vor dem Erfrierungstod in einer Gefängniszelle im Jahre 1972 errettet? Könnte es wahr sein, daß Hunderttausende Zeugen der Erscheinungen Mariens und Jesu in einem abgelegenen Dorf wurden, das Hruschiw genannt wird? Und wenn es so ist, gibt es eine apokalyptische Warnung in Ihren Botschaften - wie Josip behauptet - und war das Auftreten dieser Phänomene im Jahre 1987 auf eine übernatürliche Weise mit den folgenden dramatischen Ereignissen in Osteuropa und Rußland verknüpft?

Das sind alles Sachverhalte, die der Leser für sich selber beurteilen muß. Dies ist Josips Buch. Und während ein Großteil der Fakten bestätigt wurde, war er die einzige Quelle für die Mehrzahl der Namen, Orte und Ereignisse. Dies ist eine Denkschrift, keine journalistische Recherche, und als solche ist sie oft in dem Stil niedergeschrieben, wie sie in der Übersetzung durchkam. Meine Aufgabe war es, das, was Josip sagte, aufzunehmen und ihm ein geordnetes Format zu geben. In jeder Hinsicht fand ich Josips Bericht verblüffend und verwirrend. Könnte eine so große und übernatürliche Geschichte wirklich wahr sein?

Wiederum ist das eine Frage, die Sie als Leser werden entscheiden müssen. Josips Verleumder mögen behaupten, daß seine Geschichte schlicht ein Produkt der Folklore und des Aberglaubens ist, von welchen es in der Ukraine traditionell einen Überfluß gab. Die Skeptiker mögen auch in der Tatsache einen Zufluchtspunkt finden, daß Josip Jahre in sowjetischen psychiatrischen Kliniken verbrachte. Hat er nicht einen launischen, selbst unruhigen Charakter? Wurde er nicht durch die von der Haft bedingte Isolation beeinflußt? Könnte er sich nicht schlicht für politische und religiöse Zwecke viele seiner Geschichten ausgesonnen haben? Besitzt er nicht starke Vorurteile? Seine Befürworter werden antworten, daß politische Gefangene routinemäßig in psychiatrische Kliniken geschickt wurden, nicht aufgrund tatsächlicher, geistiger Störungen, sondern einfach als eine Art und Weise, sie unglaubwürdig erscheinen zu lassen und sie zu bestrafen. Sie werden auch das Argument vorbringen, daß seine Visionen vergleichbar sind mit Erscheinungen, die man andernorts bezeugt hat. Eines ist sicher: Teile seines Zeugnisses wurden ernsthaft aufgenommen von Amnesty International, der Raoul-Wallenberg-Gesellschaft, einem Unterkomitee des Kongresses, internationalen Rundfunkberichterstattern und dem Vatikan, welcher ihn einlud, in einer privaten Audienz mit Papst Johannes Paul II. zu sprechen. Der Washingtoner Kolumnist, Jack Anderson, beschrieb Josip als "einen weiteren Alexander Solschenizyn", dessen Finger dafür gebrochen wurden, daß er Briefe aus dem Gefängnis schrieb, und der gezwungen war, Wasser aus der Toilette zu trinken. Die Leiden waren endlos und gingen viel weiter als gebrochene Finger. Als der Bürgermeister von Cleveland, George V. Voinovich, den 11. Januar 1988 zum "Josip-Terelja-Tag" erklärte, gab er zu verstehen, daß "ihm diese unerträgliche Bestrafung aufgrund seiner Arbeit für die Freiheit der Kirche auferlegt wurde". Zwei Jahrzehnte im Gefängnis!

Nie zuvor gab es einen marianischen "Visionär" mit solch einer stürmischen Geschichte. Jene, die Josips übernatürliche Erfahrungen anerkennen, werden sie vermutlich mit Medjugorje vergleichen - dem jugoslawischen Dorf, in dem angeblich die Jungfrau seit 1981 erscheint. Aber die ukrainischen Phänomene, insbesondere die Botschaften, die darin enthalten sind, sollten mit Bezug auf LaSalette untersucht werden, welches die meisten Gemeinsamkeiten aufweist mit dem, was Josip und andere Ukrainer hinsichtlich der Voraussagen verstanden.

Die Lebensgeschichte Josips trotzt selbst dem Erfindungsgeist eines Poeten, eines Romanautors, eines Drehbuchautors. Ist all das nur ein Produkt einer außergewöhnlichen Einbildungskraft? Ist es eine gewaltige Sinnestäuschung, die durch die psychologische Wirkung des Gefängnisaufenthalts hervorgerufen wurde? Ist es ein Schwindel? Ist es eine Fälschung, die vom Satan verübt wurde? Oder ist es, wie viele Katholiken meinen, ein weiteres Zeichen dafür, daß die Ereignisse, die im Buch der Geheimen Offenbarung vorausgesagt wurden, uns nun bevorstehen?

Einem Bericht auf der Titelseite der New York Times vom 13. Oktober 1987 zufolge ("Geist spukt in der Ukraine: Die Kirche, die nicht da ist") begannen eine Reihe von wunderbaren Visionen Mitte Mai in dem kleinen Dorf Hruschiw, im Kreis Lemberg. Ein junges Mädchen, welches zu seiner Überraschung ein Licht in einer lange geschlossenen Kirche sah, schaute hinein und sah eine leuchtende, weibliche Gestalt, welche von einem strahlenden Licht umgeben war und ein Kind trug. Einer anderen Geschichte zufolge, in der Zeitschrift The Catholic Register (3. Juni 1990), sahen bald Erwachsene des Dorfes dieselbe Erscheinung und bald darauf erlebten Tausende von anderen Menschen Maria in Hruschiw - als erster unter ihnen Josip Terelja.

Kurz danach wurden noch weitere Erscheinungen an Schreinen, Klöstern und an verschiedenen Orten - in der lange Zeit unterdrückten Ukraine - beobachtet.

Dies ist die Geschichte jener Ereignisse im Zusammenhang mit Tereljas Leben und seinen Gefängnisaufenthalten. Seine Ausdauer unter der äußersten Unmenschlichkeit - sein Leiden für seinen Glauben - ist selbst eine Geschichte, in mancherlei Weise so aufsehenerregend wie die darauf folgenden Erscheinungen.

Wenn das, was er erzählt, wahr ist, dann ereigneten sich hinter dem Eisernen Vorhang eine Reihe von Vorkommnissen in einer Art, die in ihrem politischen Zusammenhang ohne Beispiel sein mögen.

Ich habe keinen Grund, an Tereljas Erzählungen zu zweifeln, aber ich hatte auch nicht die Möglichkeit, viele kritische Details zu überprüfen. Freiwillig half ich Josip, seine Geschichte zu erzählen, weil ich meine, daß seine Erfahrungen deutlich die Unterdrückung durch den Atheismus darstellen. Er war Zeuge des Angriffs des Antichristentums. Er war Zeuge der Brutalität des gottlosen Kommunismus. Er legt Zeugnis ab für das, was er als übernatürliche Einmischungen auf unserem belagerten Planeten bezeichnet. Und am Ende ist er Zeuge der Auferstehung einer Kirche, die wider alles Erwarten und aufgrund der Anstrengungen von Männern wie er selbst den Alptraum der Jahre der Unterdrückung überlebt hat.

Ich teile nicht notwendigerweise die politischen oder philosophischen Ansichten Josips, die oft stur und umstritten sind; aber, was ich teile, ist seine Sorge, daß es Atheisten, Egoisten und "Humanisten" zu oft gelungen ist, Spiritualität zu unterdrücken. Ich teile auch seine Ansicht, daß Gott mächtig und oft wunderbar in unserem Leben handelt, wenn wir es Ihm gestatten.

Michael H. Brown<br>
Toronto und Niagara Falls

# ANMERKUNGEN DES ÜBERSETZERS

Übersetzungen kann man wörtlich und frei gestalten. Im Extremfall wird das eine schwer verständlich, indem es zu sehr dem Satzbau des Originals folgt, und im anderen Falle ergibt sich eine freie Nacherzählung. Es wurde im vorliegenden Buch versucht, beide Extreme zu vermeiden. Dabei bleibt zu bedenken, daß die im Original im Amerikanischen erschienene Autobiographie selber schon eine Übersetzung aus dem Ukrainischen ist, welche von verschiedenen Personen ausgeführt wurde. Dadurch ergaben sich im Original sprachliche Unklarheiten und Fehler, die auch zum Teil von dem Mitautor, Michael H. Brown, auf Anfrage nicht völlig ausgeräumt werden konnten. Diese sind in der Übersetzung erhalten geblieben.

Schon im Original fällt auf, daß der Autor die Hälfte seines Lebens in Lagern und Gefängnissen verbracht hat, wodurch seine Sprache und Ausdrucksweise von der Sprache des Verbrechermilieus und des Strafvollzugs beeinflußt wurde. Auf empfindsamere religiöse Seelen mag dies bisweilen abstoßend wirken. Aber es entspricht seiner Realität, und man muß sich deshalb umso mehr wundern, daß er sich trotz und wider diese oft grausame Realität seinen einfachen und aufrichtigen Glauben an Christus, den König, bewahrt hat. In der Übersetzung wurde nicht versucht, die Dinge zu beschönigen, sondern sie inhaltlich so genau wie möglich wiederzugeben.

Wenn der Autor die Worte der Muttergottes zitiert, wie sie ihm in den verschiedenen Erscheinungen mitgeteilt wurden, so fällt auch im Original der Unterschied in der Sprache im Vergleich zum Rest des Werkes auf. Während ansonsten mit der amerikanischen Sprache recht sorglos umgegangen wird, scheinen die Übersetzer aus dem Ukrainischen bei den Worten der Muttergottes große Sorgfalt in Wortwahl und Stil an den Tag zu legen. Bei diesen Stellen wurde von dem Übersetzer ins Deutsche versucht, nach Möglichkeit mit größter Sorgfalt wörtlich zu übersetzen, sofern dies stilistisch erlaubt war.

Damit fällt das Stichwort "Stil". Der Übersetzer ist sowohl Kaplan Vosen als auch Professor Dr. Ortner für ihre vielen stilistischen Anregungen zu Dank verpflichtet. Ebenso schuldet er Olena Terelja, der Gattin des Autors, Dank für ihre Überarbeitung der kyrillischen Eigennamen, die im Buch enthalten sind. Nur dadurch ließ sich eine brauchbare deutsche Transkription nach den im Duden aufgezeigten Regeln erstellen, die im Deutschen die Eigennamen lesbar machen. Eine Übernahme der englischen Schreibweise hätte dem deutschen Leser Schwierigkeiten bereitet.

Der Übersetzer hofft, daß Sie, werter Leser, die folgende Autobiographie des ukrainischen Sehers und Bekenners, Josip Terelja, mit der gleichen Spannung lesen werden, wie er es beim amerikanischen Original tat.

Wilfried Falkenberg
Navan und Magdeburg

## 1. Kapitel

# KÖNIGIN
# DER FREIHEIT

Bald nach meiner Entlassung aus dem sowjetischen Gefängnis erreichte mich die Nachricht von den Erscheinungen. Ich traute meinen Ohren nicht: Die Muttergottes erschien in Hruschiw, einem Dorf im westlichsten Teil der UdSSR!

Solche Dinge waren in der Sowjetunion nicht gestattet, in der die offizielle Doktrin des Atheismus keinen Raum für übernatürliche Ereignisse zuließ. Dennoch erzählte mir eine Nonne aus dem Basilianerorden, daß die Jungfrau Maria, Botschafterin Christi, sich selbst dem Mutterland des Kommunismus vorstellte.

Die Nonne, Schwester Irina, berichtete, daß Leute von überall in der Sowjetunion nach Hrushiw (Hru-schuh ausgesprochen) strömten, um sich selber zu vergewissern. Tausende versammelten sich. Soweit mir bekannt ist, war es die größte unerlaubte Versammlung seit der Errichtung des kommunistischen Systems. Es wurde davon sogar - obwohl spöttisch - in sowjetischen Zeitungen berichtet.

Man schrieb den 29. April 1987. In jener Nacht schlief ich nicht. Erregung und Verwunderung hielten mich wach. Die Jungfrau Maria, Mutter unseres Retters und Erlösers, mischte sich in eine Nation ein, deren Regierung für den größten Teil des Jahrhunderts das Christentum und insbesondere die katholische Kirche des östlichen Ritus rücksichtslos unterdrückt hatte.

Ich fühlte mich davon auf einer ganz persönlichen Ebene berührt. Es waren gerade drei Monate her, daß mich die Sowjets auf Druck solcher Staatsmänner wie Präsident Ronald Reagan freigelassen hatten. Ich war 43 Jahre alt und hatte mehr als zwanzig Jahre - die Hälfte meines Lebens - in Gefängnissen, Arbeitslagern und psychiatrischen Kliniken verbracht. Mein Verbrechen? Katholische Aktivitäten. Ich war führend tätig im katholischen Untergrund. Wie Sie später lesen werden, befand ich mich in Isolationshaft, wurde geschlagen und gefoltert und entging dem Tod nur um Haaresbreite. Es wurde mir verboten, meinen zutiefst empfundenen katholischen Glauben zu verkünden oder auch nur einzugestehen. Mir wurde jegliche Nahrung entzogen.

Und jetzt, im Jahre 1987, erst Monate nach meiner Entlassung erreichte mich die unvorstellbare Nachricht, daß Mutter Maria ihre Anwesenheit auf eine Nation ausdehnte, die auf so schreckliche Weise seit den Tagen Lenins unterdrückt worden war. Darüber hinaus erschien sie in meiner armen, geliebten Heimat, der Ukraine. Sie war ein Teil der UdSSR, welcher aussichtslos dafür gekämpft hatte, seinen Glauben zu bewahren, und plötzlich Ort eines Ereignisses geworden war, welches selbst vor dem Hintergrund anderer, großer Marienerscheinungen ungewöhnlich war.

Erinnern wir uns an einige Dinge, bevor ich fortfahre. Es ist wahr, daß Gorbatschow im Jahre 1987 an der Macht war, aber es war dennoch für Christen eine unsichere Zeit in jenem weiten Weltreich, welches man unter dem Namen Sowjetunion kennt. Bis auf den heutigen Tag ist es dort äußerst schwierig, Katholik zu sein. Jedoch zur Zeit der ersten Erscheinungen war es weitaus schlimmer. Wir mußten unsere Gottesdienste im Wald oder in Häusern verrichten, die versteckt vor den allgegenwärtigen Augen des KGB waren. Die katholische Kirche war völlig unterdrückt und illegal. Sie wurde als die größte Bedrohung des bösen Weltreiches angesehen.

Deshalb war es im Jahre 1987 gefährlich, herumzugehen und das Lob der Allerseligsten Jungfrau zu verkünden oder in solcher Angelegenheit bloß gesehen zu werden, wie man ein Kreuz an einem Kleidungsstück trug. Die totalitären Kräfte übten immer noch ihre scheinbar nicht zu brechende Macht aus. Es waren noch über zwei Jahre bis zur Befreiung Polens und des östlichen Europas. Die katholische Kirche war seit 1918 fortwährend belästigt, ja im Jahre 1946 für illegal erklärt worden, ihre Kirchen, Klöster und Kapellen hatte man entweder geschleift oder sie der russisch-orthodoxen Kirche unterstellt. Können Sie mich dafür tadeln, daß ich erregt war? Die Muttergottes in der gottlosen Sowjetunion!

Nach dem, was ich in Erfahrung bringen konnte, ereignete sich Folgendes: Am 26. April 1987, drei Tage bevor mich Schwester Irina davon in Kenntnis setzte, ging ein zwölf Jahre altes Bauernmädchen, Marina Kisin, zur Schule, als sie plötzlich ein seltsames Licht bemerkte. Es schwebte über einer ockerfarbenen Kapelle, der Kirche von der Allerheiligsten Dreifaltigkeit (oder Drei Heiligen). Die Kirche, von der übernatürliche Ereignisse geschichtlich überliefert sind, war von den Kommunisten ausgeplündert und zugenagelt worden. Sie hieß deshalb "Zur Allerheiligsten Dreifaltigkeit", weil im letzten Jahrhundert Leute behaupteten, die Erscheinung von drei brennenden Kerzen über einem wundertätigen Brunnen gesehen zu haben - einem Brunnen, dessen Wasser Heilkraft zugesprochen wird.

Marina lebte in einem bescheidenen Haus in der Nähe. Als sie sich dem sonderbaren Licht näherte, erkannte sie eine Frau, die einen Säugling sanft in ihren Armen wiegte. Die Frau, die in ein schwarzes Trauergewand gekleidet war, befand sich in dem Licht über der Kirche. Sie sagte zu Marina, daß die Ukrainer aufgrund all ihrer Leiden ausgewählt worden seien, die Sowjetunion zum Christentum zurückzuführen.

Marina erschrak darauf sehr und rannte zurück, um es ihrer Mutter Miroslawa und ihrer Schwester Halja zu erzählen.

Wer kann es diesem jungen Mädchen verdenken, Furcht und Verwirrung verspürt zu haben! Ihre Mutter hörte sich ihre aufgeregte Erzählung an und fragte sich, ob die junge Marina sich diese Geschichte nur ausgedacht habe, um sich dem Schulbesuch zu entziehen. Aber die Züge des Mädchens spiegelten zu deutlich das Erlebte wieder. Sofort machte sich Frau Kisin auf den Weg, um sich selber davon zu überzeugen.

Es bedarf bloß einer oder zwei Minuten, um zur Kirche von der Allerheiligsten Dreifaltigkeit zu gelangen. Das Licht war immer noch über dem Balkon sichtbar, und sie sah, was ihre Tochter gesehen hatte, nämlich dieselbe Frau, die dasselbe Kleinkind festhielt. Diese ungewöhnliche Gestalt verneigte sich vor ihnen.

Wie ihre Tochter wurde Frau Kisin davon überwältigt. Sie kniete sich rasch nieder. "Marina", sagte sie in einem Tonfall, der gedämpft und ehrfurchtsvoll gewesen sein muß, "das ist die Jungfrau Maria. Knie nieder und bete!"


Das Datum beeindruckte mich. Es war der 26. April 1987, genau ein Jahr nach der wohl berühmtesten Katastrophe in der Geschichte der Ukraine, dem Unfall in dem Kernkraftwerk von Tschernobyl. Das Datum war auch noch in einer anderen Hinsicht markant. Der Heilige Vater hatte das Jahr 1987 zu einem Marianischen Jahr erklärt, und es schien, als ob der Himmel selber dieser Ausrufung seine Anerkennung zusprach. Ich bin jetzt davon überzeugt, daß diese geheimnisvolle Erscheinung am Jahrestag von Tschernobyl ein Zeichen dafür war, daß wir an der Schwelle der Zeiten sind, die im Buch der Geheimen Offenbarung vorausgesagt wurden. Darüber hinaus war es gerade vor den Tausendjahrfeiern des Christentums in der Sowjetunion. Und wo hatte die Wiege des Christentums dort gestanden? Längs des Dnjepr-Flusses, in der Ukraine!

Innerhalb von Stunden versammelten sich erst Hunderte und dann Tausende von Gläubigen um die Kirche von der Allerheiligsten Dreifaltigkeit. Es sprach sich herum. Das ganze Land ist in der Lage, von so etwas Ungewöhnlichem wie Marinas Visionen innerhalb eines Tages zu erfahren. Die Leute fühlten sich auf eine mystische Weise berührt. Sie kamen aus tausend Kilometer Entfernung. Selbstverständlich gab es unter ihnen Ukrainer, sowohl Katholiken wie auch Orthodoxe, aber ihnen gesellten sich Reisende aus Republiken wie Georgien und Weißrußland zu oder auch aus den baltischen Ländern. Es gab unter ihnen Gläubige und Nichtgläubige, Juden und Muslime.

Es war wie in Fatima und Lourdes. Es war wie das, was ich seither von Medjugorje in Jugoslawien gehört habe. Aber es gab einen interessanten Unterschied zwischen Hruschiw und diesen berühmteren Orten. Während die Selige Jungfrau gewöhnlich nur einer kleinen Schar von Bauernkindern erscheint, konnte sie in Hruschiw nicht nur von Marina und ihrer Mutter, sondern von der Schar der Menschen gesehen werden, die sich um die Kirche herum versammelten. Viele, viele Leute sahen sie. Viele hörten ihre unvergleichliche Stimme. Viele sahen die riesigen, ehrfurchtgebietenden Lichter, die ihr vorhergingen.

Sofort dachte ich darüber nach, ob ich Hruschiw besuchen sollte, das ungefähr 60 km südwestlich von Lemberg (auch Lwiw geschrieben), nicht weit von der polnischen und tschechoslowakischen Grenze liegt. Sie werden es auf keiner Straßenkarte finden. Es ist fast 1 200 km von Moskau entfernt.

Südlich von dem Ort, in dem ich wohnte, befand sich das unter Willkürherrschaft stehende Rumänien.

Im Ostblock verborgen, war Hruschiw so unbekannt und verfolgt wie alles andere, was man in den kalten, feuchten Ecken des Kommunismus finden kann. Sollte ich dorthin fahren? Ja! Nein! Selbstverständlich! Vielleicht! Es war keine Angst, die mich zurückhielt. Ich hatte meine Furcht oder den größten Teil davon verloren infolge eines Vorkommnisses, das sich im Jahre 1972 ereignete. Es war zu der Zeit, als die Gefängnisverwaltung versuchte, mich zu töten. Es war nicht Furcht. Obwohl der KGB damit gedroht hatte, daß ich bei meiner nächsten Verhaftung das Gefängnis nicht mehr lebend verlassen würde, hatte ich die drei Monate seit meiner Entlassung damit verbracht, die Untergrundkirche zu organisieren, an der Legalisierung des katholischen Glaubens zu arbeiten, eine religiöse Zeitschrift herauszugeben und den Glauben zu verbreiten. Man hatte mir schon Individuen mit der Drohung ins Haus geschickt, daß sie in meinem Haus eine Bombe zur Explosion bringen würden - allerlei Provokationen.

Es war nicht Angst. Es war Besorgnis. Ich war darüber besorgt, daß man mich anklagen würde, wenn ich Hruschiw besuchte, daß ich mir die Erscheinungen für die Sache, die ich in Angriff genommen hatte, ausgedacht hätte.

Bald schon gab es Zeitungsmeldungen, in denen man mich für Hruschiw tadelte. Diese Berichte reichten vom Erhabenen bis zum Absurden. Einmal meinte die von der Regierung kontrollierte Presse, daß ich in Zusammenarbeit mit dem Vatikan und der CIA Laserstrahlen oder einen anderen bisher unbekannten Projektionsapparat verwendete, um optische Illusionen hervorzurufen.

Können Sie sich das vorstellen? Sollten die nicht wissen, daß, wenn ich solche technischen Fähigkeiten besäße, diese dazu benützt hätte, um die Gefängnisse und Lager verschwinden zu lassen?

Dennoch meinten die Bischöfe, daß ich Hruschiw nicht besuchen sollte, weil die Russen - und von jetzt ab werden sie bemerken, daß ich zwischen Ukrainern und Russen unterscheide - behaupteten, daß wir eine Art von Apparat aufgestellt hätten, mit dem wir die Erscheinungen Unserer Lieben Frau hervorriefen. Außerdem war ich schon überlastet. Seit meiner Entlassung schwärmten Leute in mein Haus. Sie glaubten, daß ich mystische Kräfte besäße, und ich fing an, deswegen nervös zu werden. Ich hatte nie beabsichtigt, ein Mann zu sein, der Wunder tut, und dennoch brachten die Leute ihre kranken Kinder zu mir, damit ich sie segne. Ich war darüber hinaus mit anderen Dingen beschäftigt. Neben der Verkündigung des Glaubens war ich dabei, die Maiausgabe der Nummer 16 der Chronik der katholischen Kirche in der Ukraine vorzubereiten.

Und dann gab es noch einen anderen Faktor, den ich in Betracht zog, nämlich, daß wir als Katholiken weder der Wunder bedürfen noch solche erfordern. Es ist nicht nötig, um meinen Glauben lebendig zu erhalten, daß ich die Selige Mutter sehe, und in der Tat finden jene, die zuviel Zeit damit verwenden, nach Wundern auszuschauen, oder zu zweiflerisch sind, selten die aufsehenerregenden Ereignisse, nach denen sie suchen. Es ist nicht Gottes Aufgabe, sich uns zu beweisen; sondern es kommt auf uns an, uns ihm gegenüber zu beweisen. Unser Glaube an Christus, den König, trägt uns durch unser

Leben. Unser Glaube hängt nicht von übernatürlichen Erscheinungen ab. Dennoch aber lehnen wir solche Zeichen Gottes nicht ab, nachdem wir uns davon überzeugt haben, daß die Zeichen echt, erbaulich und nicht ein Instrument oder eine Täuschung Satans sind.

Meine Wohnung befand sich in einem kleinen Weiler in den Bergen, Dowhe genannt. Die nächstgrößere Stadt ist Mukatschiw, die etwas näher an der ungarischen Grenze als zu Polen oder der Tschechoslowakei liegt. Wie gesagt, befanden wir uns zwischen den Titanen des Kommunismus.

Ich besuchte einen meiner Freunde, der Priester ist, den Provinzial der Basilianer, dessen Orden nach dem Hl. Basilius benannt wurde. Ich erzählte ihm alles, was ich gehört hatte, und wir wägten die Vor- und Nachteile ab. Unsere Besorgnis war, daß wir durch unseren Besuch in Hruschiw den Eindruck erwecken könnten, daß die Erscheinungen echt und von der Kirche anerkannt seien. Das war nicht der Fall. Die Kirche braucht Jahre, ja selbst ein Jahrzehnt oder mehr, ehe sie Schlußfolgerungen über übernatürliche Offenbarungen macht. Ich wollte mich in diesen Vorgang nicht einmischen. Dann gab es auch noch die Angelegenheit mit dem KGB. Ich hatte nicht die Absicht, es ihnen zu ermöglichen, irgend etwas von dem Besuch in Hruschiw als Propaganda gegen unsere Bemühungen für die Legalisierung der katholischen Kirche zu benützen. Seit meiner Entlassung aus dem Gefängnis wurde ich ständig überwacht.

Daß ich überwacht wurde, war zu erwarten. Dennoch erschien es mir unheilvoll. Ich war immer noch ein heißes Eisen. Ich war der Vorsitzende des Zentralkomitees der ukrainischen Katholiken gewesen. Während die Sowjets zur Erweckung eines positiven, öffentlichen Eindrucks kein Interesse daran hatten, mich so bald nach meiner Entlassung wieder zu verhaften, wäre es dennoch zu ihrem Vorteil gewesen, wenn ich irgendwie plötzlich "verschwinden" würde. Gewisse, junge Offiziere, mit denen ich zusammen die Schule besucht hatte, warnten mich, daß es Pläne gäbe, mich zu ermorden. Sie erklärten mir die Pläne und rieten mir, Waldgebiete zu vermeiden. Die vermutlichen Meuchelmörder waren mir bekannt.

Trotz solcher Warnungen und meines hektischen Terminplans entschied ich mich am 9. Mai, etwa zwei Wochen nachdem Marina die himmlische Dame zum ersten Mal gesehen hatte, in jedem Fall nach Hruschiw zu fahren. Was die Gefahren betraf, so würden sie immer zugegen sein. Ich mußte bloß immer darauf achten, was hinter meinem Rücken geschah. Eine Abordnung der ukrainischen, nationalen Befreiungsfront würde als meine Leibwache dienen. Wir waren fünf, die ins Auto stiegen: Wasil Kobrin, der mir geholfen hatte, eine Verteidigungsliga von Gläubigen aufzustellen, zusammen mit dem Fahrer und zwei jungen Männern, die in Afghanistan gedient hatten.

Mit Leuten wie Wasil hatte ich 1982 die Helsinki-Gruppe zum Schutz der ukrainischen katholischen Kirche in der Sowjetunion gegründet, auch bekannt unter dem Namen Initiativgruppe zur Verteidigung der Rechte von Gläubigen und der Kirche in der Ukraine. Die Initiativgruppe bemühte sich nicht nur darum, die Rechte der Katholiken zu wahren, sondern aller Gläubigen: Muslime, Juden, Pfingstler. Sie mögen sicher glauben, daß die Gründung einer solchen Gruppe riskant ist. Und so war es tatsächlich. Aufgrund solcher Aktivitäten ging ich in Gefängnissen ein und aus - meistens ein. Wie Sie noch lesen werden, entkam ich oft aus Lagern, Krankenhäusern und Gefängnissen, und aufgrund dieser Tatsachen erweckte ich bei den Leuten den Eindruck, daß ich eine Art von Überheld sei. Das ist nicht wahr. Wenn ich zu entkommen suchte, wenn ich dem Stacheldraht und den Kugeln gegenüberstand, hatte ich große Angst. Aber dann gibt es auch Momente im Leben, in denen eine Macht die Zügel ergreift und man viele Schwierigkeiten überwinden kann. Ich möchte Ihnen aufgrund meiner eigenen Erfahrungen verdeutlichen, daß eine Person nichts erreichen kann, sobald sie zögert.

Wir erreichten Drohobitsch, welches etwa 130 km von Mukatschiw entfernt gelegen ist. Da ließen wir Wasil zurück, damit er dort eine Bittschrift herumreichen konnte. Dann fuhren wir in Richtung Hruschiw, welches etwa 17 bis 25 km entfernt ist.

Ich bin sicher, daß viele von Ihnen wissen, daß die Muttergottes in vielen Teilen der Welt im letzten Jahrzehnt erschienen ist. Die Menschen in der Welt erhielten viele Botschaften vom Himmel. Dies führt mich dazu anzunehmen, daß wir uns in der Endzeit befinden. Die Sowjetunion ist eine apokalyptische Nation. Ich glaube, daß der derzeitige sowjetische Führer, Gorbatschow, auch in den Voraussagen des Hl. Johannes vorkommt. Er ist der letzte Herrscher vor den Katastrophen. Und ich glaube, daß das Christentum am Ende triumphieren wird.

Wenn bedeutende Änderungen der Welt gerade bevorstehen, könnten Sie fragen, warum die Jungfrau nicht direkt im Kreml oder, was dies betrifft, im überregionalen Fernsehen erscheint? Ich möchte dazu sagen, daß die Muttergottes nur dort erscheint, wo die Menschen sehr fromme Gläubige sind. Sie mag Schlichtheit. Sie war selber ein Bauernmädchen, eine Bäuerin in Israel. Die "intellektuellen", kosmopolitischen Typen - die "säkularen Humanisten" und Freimaurer - sind nicht auf sie vorbereitet. Sie sind nicht bereit, ihr Leben zu ändern. Sie sind zu sehr damit beschäftigt, die Sinnlichkeit, den Materialismus und die Wissenschaft anzubeten. Sie sind immer noch dabei, ungeborenes Leben zu töten, die größte aller Sünden. Sie leugnen Gott noch fortwährend. Und sie sind noch nicht bereit, von dem kommenden, kolossalen Unheil zu hören.

Andererseits ist Hruschiw das Gegenteil von Intellektualismus. Auch kann die Ukraine im allgemeinen auf ein langes, schreckliches Leiden zurückblicken. Wir sind die einzige Kirche, die unierten oder ukrainischen Katholiken des östlichen Ritus, die 70 Jahre Terror erdulden mußte. Wir waren die erste Nation, die sich - vor 950 Jahren - dem Unbefleckten Herzen Mariens weihte. Wir verloren zahllose Millionen während der durch die Regierung hervorgerufenen Hungersnot in den dreißiger Jahren dieses Jahrhunderts. So erklärte es die Jungfrau den Pilgern in Hruschiw:

**O meine Tochter Ukraine, ich bin zu Dir gekommen, denn Du hast am meisten gelitten, und während all Deiner Leiden hast Du den Glauben an das Allerheiligste Herz bewahrt. Ich bin zu Dir gekommen, damit Du hingehst, um Rußland zu bekehren. Bete für Rußland! Bete für diese verlorene russische Nation! Denn wenn Rußland Christus, den König, nicht annimmt, ist der dritte Weltkrieg unvermeidlich.**

Ich glaube, daß Hruschiw mit Fatima verknüpft ist und ein Zusammenhang mit dem berühmten, dritten Geheimnis besteht. In Hruschiw hat die Muttergottes von denselben Dingen wie in Fatima berichtet, nur ausführlicher.

Hruschiw! Bis auf den heutigen Tag gibt mir dieser Name eine Gänsehaut und ruft in mir eine erhebende Empfindung hervor. Es gibt vielleicht 2 000 Häuser in Hruschiw. Die Leute arbeiten in LPGs oder in Fabriken in den größeren Städten wie Lemberg. Sie bauen Kartoffeln, Erbsen, Roggen, Gerste, Rüben an und ernten Heu. Die meisten Bauernhöfe sind arm; Kühe und Schweine werden zum eigenen Überleben gehalten. Der Durchschnittsverdienst eines Arbeiters in der LPG ist 18 oder 20 Rubel im Monat. Jene, die einen Traktor fahren oder Milchvieh besitzen, können bis zu 200 Rubel, das doppelte eines Lehrergehaltes, verdienen, aber dafür haben sie keinen freien Tag. Und der Rest der Leute ist arm. Sie leben in einer Weise, der nur die wenigsten Menschen im Westen seit der großen Wirtschaftskrise ausgesetzt waren.

Die Gegend kann man am besten als eine große Fläche staubiger Felder und Wälder beschreiben. Spatzen und Krähen fliegen durch die Luft. Es gibt dort den reinen, stechenden Geruch von Mist und

Heu. Als wir uns Hruschiw am späten Morgen des 9. Mai näherten, erkannten wir, daß die Miliz eine Barriere auf der Straße in den Ort errichtet hatte. Es befanden sich etwa 100 Autos und kleinere LKW am rechten Rand der Straße aufgereiht, die darauf warteten, in das unbedeutende, aber einladende Dorf hineinzufahren. Ich weiß nicht, woher ich den Mut nahm, aber ich sagte unserem Fahrer, er möge in der linken Spur bis an die Polizeisperre heranfahren.

Ein junger Offizier der Miliz näherte sich. Er war verärgert und hatte sein Gesicht zu einer mürrischen Grimasse verzogen. Ich stieg aus. Ich erkannte zwei Männer, mit denen ich es schon einmal zu tun hatte, Major Tarachonitsch aus Uschgorod und Oberst Bogdanow von der Lemberger Abteilung. Sie waren in Zivil gekleidet, aber beide gehörten dem KGB an.

Ich trug eine Mütze auf meinem Kopf und ich zog sie mit einer forschen Bewegung aus. "Tag, Kameraden", sagte ich mit alberner Freundlichkeit. "Was ist los?"

Sie fanden mich nicht sehr komisch. Ich bemerkte, daß die ersten fünf Fahrzeuge aus Tiflis in Georgien waren, welches am anderen Ufer des Schwarzen Meeres liegt. Nachdem sie diesen weiten Weg zurückgelegt hatten, wurde es ihnen nicht gestattet, nach Hruschiw hineinzufahren. Ich hörte, wie einer der Georgier sich beschwerte. "Es ist mein Recht, überall in der ganzen Sowjetunion hinzureisen, und hier gibt es kein Straßenzeichen, das mir anzeigt, daß ich hier nicht fahren darf", schalt er die Miliz. Ich begann auch, sie herauszufordern. "Worum handelt es sich bei dieser Provokation", fragte ich sie. Seit ich vor kurzem von den höchsten Autoritäten im Kreml aus dem Gefängnis entlassen worden war, waren sich die beiden KGB-Agenten nicht sicher, was sie mit mir anfangen sollten. Sie verließen den Ort.

Die Ortspolizei konnte nicht begreifen, warum die Leute vom KGB den Platz verlassen hatten, und dachte vermutlich, daß ich ein prominenter Funktionär sei. Ich rief ihnen zu, die Straßensperre aufzuheben und alle Pilger durchzulassen. Einer der Milizen tat, wie ich sagte, und die Leute bewegten sich in Richtung Kirche.

Der Verkehr floß reibungslos. Wir waren frei, uns der Kirche von der Allerheiligsten Dreifaltigkeit zu nähern, dem Ort der Erscheinungen.

Welch eine Ansicht begrüßte uns! Ich schätze, daß dort mehr als 50 000 Menschen versammelt waren - ein Meer von frommen, betenden Menschen. Es ist schwer, das gewaltige Ausmaß der Szene zu beschreiben. Switlo, einer ukrainischen Veröffentlichung zufolge, kamen täglich 45 000 Pilger an. Wir setzten die Zahl höher an, nahe an

80 000. Wer weiß? Es blieb uns nichts anderes übrig, als die zurückgelassenen Andenken zu zählen. Es genügt zu berichten, daß ein Blatt hätte fallen können, ohne je den Boden zu berühren.

Für diese Leute stellte sich die Botschaft so dar, daß ihre Befreiung nahe bevorstände. Nachdem sie jahrzehntelang unter Regimen gelebt hatten, die menschliches Leben gering schätzten, und jahrelang nur für ein Trinkgeld gearbeitet hatten, nach dieser Tyrannei und Entbehrung schien es, daß die Morgenröte eines neuen Tages am Horizont aufzog. Die Sonne schien erneut ihr Licht zu verbreiten. Das Jahrhundert Satans näherte sich seinem Ende.

Aber am Horizont gab es noch viele Wolken. In ihrer Zeitung verleumdete die örtliche kommunistische Partei die Erscheinungen als eine "politische Provokation durch fremde, klerikale, nationalistische Zentren mit Hilfe von Fanatikern und Extremisten".

Ohne Zweifel war ich einer der "Fanatiker".

Nie in meinem Leben habe ich soviele Kerzen gesehen. So viele hatte man seit dem 26. April in der Nähe der Kirche angezündet, daß es dort einen Teich von Wachs gab, der 30 bis 60 cm tief war. Die Gläubigen hatten auch einen Berg aus Tausenden von bestickten, religiösen Schals in der Nähe der Kirche aufgeworfen - eine alte ukrainische Sitte - sowie Blumen, die bis ans Knie reichten. Mutig schritt ich vorwärts. Die Menge teilte sich, als sie mich begleitet von Nonnen sah. Viele wußten von mir, aber erkannten mich nicht am Gesicht. Für sie war ich nur eine Nachricht der BBC oder der Stimme Amerikas (Voice of America). Ich ging bis zum Prozessionskreuz vor der Kirche und spürte, wie sich in mir eine Predigt anbahnte. Was würde ich sagen? Ich würde den Geist durch mich sprechen lassen.

Der gesamte Bereich zwischen dem Kreuz und der Kapelle war mit den bestickten Schals ausgelegt. Es gab dort auch einige tausend Brote - ein Brauch, den die Leute aus dem östlichen Teil der Ukraine mitgebracht hatten. Und Geld. Es gab einen Haufen Rubel auf den Schals. Und an den folgenden Tagen ließen die Leute Geld durch einen Spalt über einem Fenster in die Kirche fallen. Wie erwähnt, war die Kirche von den Behörden zugenagelt worden. Niemand gelangte in das Innere außer der Miliz, welche sich an den Opfergaben gütlich tat.

Was sich meinen Augen darbot, war unvorstellbar. Sofort sah ich, daß sich etwas völlig Ungewöhnliches ereignete. Über und um das Gebäude herum gab es ein weiches, funkelndes Glühen. Man kann es nicht mit menschlichen Erzeugnissen vergleichen. Es war eine übernatürliche Ausstrahlung. Es war wie eine Aura.

Es war das die erste sichtbare Erscheinung, die ich beobachtete, ein mattes Licht, das die ganze Kirche umgab.

Aber ich dachte an das Geld. Es störte mich. Es würgte mir die Stimme ab. Christus bat niemals um Geld. Beim Christentum handelt es sich nicht um Geld. Der Seligen Jungfrau geht es nicht um Geld. Das überläßt man den fein angezogenen Betrügern, die die Hälfte ihrer Zeit auf den westlichen Bildschirmen damit verbringen, um Geld zu betteln. Ich drehte mich um, um die Leute anzusehen, und erhob meine Hände. "Brüder und Schwestern", rief ich mit heiserer Stimme. "Der Friede sei mit Euch! Ehre sei Gott! Aber gute Leute, was macht ihr denn da? Es ist eine große Sünde, das Geld wegzuwerfen. Die Muttergottes braucht nicht Euer Geld. Sie braucht Euer Gebet und Eure Demut. Werft das Geld nicht weg, sondern statt dessen reinigt Euch von der Sünde! Die Muttergottes benötigt Gebete und ernsthafte Reue. Laßt uns für jene in den Gefängnissen und Lagern Sibiriens und Mordowiens beten!"

Ich brach in Tränen aus. Ich konnte den Gedanken an die Tausende, die sich noch immer in Gefängnissen befanden, nicht aushalten. Nur 190 politische Gefangene wurden aus sowjetischer Haft entlassen. Und Gorbatschow macht aus uns politische Gesten. Ich möchte behaupten, daß die Mehrheit der Sowjetologen in den USA Gorbatschows Politik nicht verstehen, oder wenn sie es doch tun, verschleiern sie sie. Bis auf den heutigen Tag hat Gorbatschow keine Amnestie für politische Häftlinge angekündigt, und es ist mir nicht gestattet, in meine Heimat zurückzukehren.

Die Leute vom KGB fotografierten mich. "Schau, Josip, sag schnell Deine Gebete herunter und mach, daß Du hier wegkommst. Halte die Leute hier nicht fest!" hatten sie mich gewarnt. Ich kniete nieder und begann mit dem Rosenkranzgebet. Es ist eine Schande, daß gewisse christliche Sekten unsere Beziehung zu Mutter Maria nicht verstehen und sich der Macht des Rosenkranzgebetes nicht bewußt sind. Wir beteten für jene in den Gefängnissen und Lagern. Alle knieten nieder. Ich schätzte, daß sich darunter etwa 200 KGB-Offiziere in Zivil befanden, die in dem Gedränge feierlicher Menschen umherliefen. Die Gesichter einiger von ihnen kamen mir bekannt vor. Die Miliz stand auch herum. Von ihnen gab es noch mehr als an KGB-Leuten. Ich war erstaunt zu sehen, welche Wirkung Hruschiw auf diese Agenten und Polizisten hatte. Die Offiziere legten ihre Hüte ab und knieten nieder. Sie haben mich recht verstanden. So eindringlich war die Atmosphäre, daß kommunistische Polizisten und KGB-Offiziere niederknieten genauso wie alle anderen. Später behaupteten einige von ihnen, daß sie es nur getan hätten, weil sie fürchteten, daß sie sich den Ärger der riesigen Menge zugezogen hätten, wenn sie stehengeblieben wären. In einigen Fällen ist das möglicherweise wahr. Ich sah, wie Polizisten beteten. Während dieser Zeit, und in der

Tat den ganzen Tag über, zeigten Leute aus der Menge auf die Kuppel der Kirche, wo sie, wie sie behaupteten, in dem Glühen die Jungfrau Maria sahen.

Sie zeigten auf die Jungfrau, aber ich konnte sie nicht sehen. Welche Enttäuschung! Wir beteten viereinhalb Stunden lang und alle - der KGB eingeschlossen - verweilten auf ihren Knien. Zwischen den Gebeten sprach ich zu den Leuten. Ich wollte die Menge nicht verlassen. Die Leute waren mein Schutz gegen einen Meuchelmord. Eine Anzahl unserer Gebete bestand aus dem betrachtenden Rosenkranzgebet. Und nach jedem Rosenkranz sprach ich. Ich konnte es kaum selbst glauben, wie lange ich sprach. Es war, als ob die Worte zu mir von irgendwo außerhalb meiner selbst gelangten. Ich sprach über Umkehr und Gebet, darüber, was wir tun sollten, was unsere Ziele und Zwecke sein sollten. Besonders aber sprach ich von der Notwendigkeit der Legalisierung der ukrainischen, katholischen Kirche. Dies war meine wichtigste Sache. Ich wünsche völlige, religiöse Freiheit und Unabhängigkeit für die Ukraine.

Als wenn es mit den Erscheinungen an und für sich nicht genug wäre, tauschten sich die Leute Übertreibungen und Gerüchte aus. Es gab da ein Gerücht, das ich nie vergessen werde. Ich muß lächeln, wenn ich daran denke. Es war ein Gerücht, daß meine Entlassung aus dem Gefängnis ein aufsehenerregendes Wunder war. Verstehen Sie mich nicht falsch. In gewisser Weise war es das ja auch. Als man mich aus dem Lager Permsk Oblast am 5. Februar entließ, blieben von meinem letzten Urteil noch neun Jahre übrig. Aber es war kein Wunder in der Art und Weise, wie die Leute es darstellten. Jene aus den Gebirgsgegenden hatten am Radio die Berichte von meiner Entlassung im Februar noch nicht gehört. Sie fingen an, das Gerücht zu verbreiten, daß die Muttergottes mich persönlich aus dem Gefängnis nach Hruschiw getragen habe.

Ich meinte, daß ich den Ort verlassen sollte, weil zuviele Leute an der Stelle verweilten, anstatt es anderen Besuchern zu gestatten, eine Möglichkeit zu erhalten, in der Nähe der Kapelle zu beten. Ein ständiger Strom von Leuten kam und ging. Die Männer vom KGB näherten sich mir und sagten, daß sie dazu da wären, Ordnung einzuhalten. Ich ging zu einem der Offiziere namens Tarachonitsch und sagte: "Mischo, Du bist ein Atheist. Warum fielst Du auf die Knie?"

"Hör mal", sagte er befangen, "jeder fiel auf die Knie, und wenn wir uns nicht gekniet hätten, hätten uns die Leute in Stücke zerrissen."

Der KGB wollte mich zu weiteren Gesprächen herausrufen, aber ich ging nicht. Sie wollten, daß ich ruhig mit ihnen ginge. Waren die verrückt, nach dem, was ich über mögliche Meuchelmörder erfahren hatte. Ich mag ja manches an mir haben, aber verrückt bin ich nicht. Die Menschenmenge war meine Versicherung. Ich weigerte mich und drohte damit, den vielen Menschen zu erzählen, wer die beiden Männer waren. Ich würde um Hilfe rufen. Sie würden in große Schwierigkeiten geraten, sollten sie versuchen, mich wegzuzerren. Und sie sahen das ein. Bogdanow drehte sich zu Tarachonitsch um. "Laß ihn in Ruhe", sagte er. "Er wird schreien".

Momentan war ich in Sicherheit. Ich konzentrierte mich auf das Gebet und die Gegenwart Mariens. Als es zu dämmern begann, trat das Licht über der Kirche deutlicher hervor. Ich war wahrlich erregt, weil ich die Muttergottes sehen wollte. Ich konnte sie immer noch nicht erkennen. Ab und zu riefen Leute, daß sie da sei, oder sie starrten einfach zur Kuppel hinüber, als wenn sie sich in geistiger Ekstase befänden. Wenn Sie das jemals gesehen haben, wissen Sie, daß solche Personen ein Leuchten in ihren Augen haben und kaum blinzeln.

Aber, was mich anbetraf, nichts. Nur das Licht. Ich hatte sehr seltsame Gefühle. Stolz kam in mir auf. Ich hatte einen frevelhaften Gedanken: **Hier sehen Tausende die Muttergottes und ich nicht, trotz all der Jahre, die ich im Gefängnis wegen meines katholischen Aktivismus verbracht habe. Da sitze ich diese lange Zeit im Gefängnis ab - zwei Jahrzehnte - und sie beachtet mich nicht!**

Es schien nicht gerecht zu sein. Alle außer mir!

Waren meine Gebete unaufmerksam? Ging meine Betrachtung in die falsche Richtung?

Dann begriff ich, daß ich sie aufgrund meiner Sündhaftigkeit nicht sähe. Ich betete und ging dann in einen kleinen Weiler in der Nähe, um mich auszuruhen und einen gesunden Abstand vom KGB zu halten. Ich kann Ihnen nicht sagen, wo genau ich abstieg, weil ich nicht möchte, daß die sowjetischen Behörden in irgendeiner Weise Rache an diesen Leuten nehmen. Obwohl ich hoffe, daß es nicht mehr allzulange dauern wird, lebe ich derzeit im Exil in Kanada.

Auf jeden Fall besprachen wir alle in jener Nacht die erstaunlichen Ereignisse dieses Tages. Jeder hatte eine Geschichte zu erzählen. Das Gerücht ging um, daß das Bauernmädchen Marina, die man um die Kirche herum nicht gesehen hatte, in eine psychiatrische Anstalt eingewiesen worden sei. Das war nicht wahr. Man hatte sie einer psychologischen Diagnose unterzogen, aber sie verweilte zu Hause mit der offiziellen Verwarnung, sich der Allerheiligsten Dreifaltigkeit nicht zu nähern. Wir sprachen auch über Berichte von anderen Erscheinungen der Muttergottes in der Ukraine. Einer von diesen handelte von der Erscheinung am 5. Mai am Schrein in Sarwanizja. Bei Gelegenheit berichteten noch andere Dörfer und Ortschaften über ähnliche Marienerscheinungen.

Nach Mitternacht gingen wir zur Kapelle zurück. Mittlerweile hatte ich mich völlig meines Neides entledigt, der sich auf jene richtete, die die Muttergottes sahen. Ich hörte damit auf, darüber nachzudenken, sie zu sehen. Ich war zurückgekehrt, um zu beten und nur zu beten. Ich zündete eine Kerze für mich selbst und meinen Bruder Boris an, und ich verspürte, wie ein Gefühl des Friedens in mir einfloß.

Tränen begannen an meinen Wangen herunterzulaufen. Ein tiefer Frieden umfing mich. Ich fühlte mich leicht und beruhigt. Fast am Ende eines Rosenkranzgebetes angelangt, schaute ich zum Glockenstuhl auf.

Das Glühen um die Kapelle - die himmlische Aura - war nun ungefähr zweihundert Meter hoch. Die ganze Umgebung war in ein Licht eingehüllt, das in klarer und atemberaubender Weise himmlisch war. Es war etwas zwischen dem silbernen Glanz des Mondes und einem fluoreszierenden Licht. Ich weiß nicht, wie ich es sonst beschreiben soll.

Die Kapelle war in dieses Leuchten eingetaucht wie alles andere in ihrer Nähe. Die Blätter, die Zweige, die Menschen, die Grashalme, alle und alles war phosphoreszierend, alles, was sich in diesem gigantischen Lichtfeld befand. An vielen Blättern beobachtete man ein silbernes Leuchten. Das konnte man auch über den Haaren und um die Köpfe von vielen Gläubigen sehen.

Es waren da auch Leute aus Moskau, und alle bemerkten das gleiche, nämlich, daß es so sei, als ob man sich in einer lebenden Umwelt befände, ja daß selbst die Luft lebendig und mit Energie erfüllt sei. Ströme von Licht schienen nicht nur von den Bäumen und dem Gras auszugehen, sondern selbst von unseren Fingerspitzen, welche von Aureolen umgeben waren.

Keiner konnte erklären, wovon das Glühen herrührte oder woher es kam. Es war keine Wiederspiegelung des Mondes. Der Mond scheint nicht in dieser Weise. Der Glanz des Mondes ist silbern, aber dies besaß eine andere Farbe. Dies war eine sehr weiche Silberfarbe.

In der Aura des Lichtes über der Allerheiligsten Dreifaltigkeit gab es ein kleineres, aber viel intensiveres Licht - eine Lichtkugel. Über der Kapelle war sie silbern-lila - eine feurige Kugel, die sich vorwärts und rückwärts bewegte. Es war, als ob daraus Feuerzungen hervorkämen. Dieses Licht fuhr fort, sich innerhalb des größeren Lichtfeldes zu bewegen. Es bewegte sich nach rechts - hin- und herschwingend, flimmernd, zur Seite wandernd. Schließlich senkte es sich auf die Hauptkuppel der Kapelle herab.

Mein lieber, großer Herr, ich sah sie! Die Jungfrau Maria nahm in der Lichtkugel Gestalt an, so als ob sie, wie in einem Fahrzeug, von der Lichtkugel in unsere Realität herangetragen worden wäre. Jedesmal, wenn ich meine Augen schließe, kann ich mir die Szene genau vorstellen. Kein Blitz war zu sehen oder Donner zu hören, wie ich es seither von anderen Erscheinungen gehört habe. Es war, als ob das Licht von einem sehr weit entfernten Projektor hervorgebracht worden wäre.

Als die Kugel verblaßte, wurde ihre Gestalt deutlicher als die einer lebenden Person über der Kirche. Ihr Gesicht war da. Es war keine Fata Morgana oder dergleichen, es war das Gesicht einer Frau. Ich möchte behaupten, daß in den ersten Erscheinungen die Gestalt der Frau unnatürlich groß erschien. Was ich zum ersten Mal sah, war eine Frau in einem flammenden Gewand. Es war, als ob das Gewand brannte, und daraus konnte man nur ein Gesicht erkennen. Das waren keine Flammen, so wie wir Flammen normalerweise verstehen. Sie war mit einem feurigen Licht bekleidet. Ich kann es nur so beschreiben, als wenn jemand Alkohol über seine Kleidung ausgegossen und ihn in Brand gesetzt hätte. Heiliger Gott! Heilige Mutter!

In meinen Gebeten fühlte ich eine große Kraft. Mein lieber, großer Herr! Was blieb mir schon anderes übrig, als all die Gebete zu beten, die ich auswendig kannte, das **Vater-unser**, das **Gegrüßet-seist-Du-Maria**, das **Glaubensbekenntnis** und das **Ehre-sei-dem-Vater**, aber mit einer neuen, erstaunlichen Kraft. Jedes Wort, jede Silbe hatte eine neue Bedeutung. **Gegrüßet-seist-Du-Maria, voll der Gnade ...**

Die Allerseligste Jungfrau sagte nichts. Sie schaute mir direkt in die Augen. Es ist ein Phänomen, welches nur in Hruschiw in Erscheinung tritt. Jeder, der sie sah, sagte, daß sie ihm oder ihr direkt in die Augen blickte. Sie meinten, daß sie sich persönlich um jeden einzelnen kümmere. Sie sagten, daß sie jeden einzeln individuell ansah. Wie mögen die atheistischen Psychologen wohl erklären wollen, daß so viele Leute das gleiche sahen und erfuhren?

Da war sie, eine Frau circa 18 bis 21 Jahre alt, mit goldenen und flackernden, roten Gewändern. Ich kann die Gefühle, die ich verspürte, niemals richtig vermitteln. Ihr Gesicht war klar und leuchtend. Wie schön und himmlisch sie war, aber zugleich wie wirklich und nahe!

Sie lächelte, aber es war ein Lächeln unter Tränen. Sie weinte. Ich verspürte, daß sie hier war, um uns zu warnen und zu trösten und zu ermutigen, um uns zu ihrem Sohn zurückzuführen. Sie ist seine Vorläuferin. Sie war anwesend während seines ersten Kommens und geht seinem zweiten Kommen voraus. Mein ganzer Körper war wie elektrisiert. Es war das Kribbeln, das ich gelegentlich noch verspüre, wenn ich von diesen Ereignissen erzähle. Um zu verstehen, was ich fühlte: es war, wie wenn ich meine Großmutter in Situationen der Not aufsuchte, um eine besänftigende Liebkosung zu erhalten. Fast jeder, der sie sah, weinte.

Zu jenem Zeitpunkt jedoch war ich mir meiner Umgebung kaum bewußt, nur unserer Allerseligsten Mutter. Ich habe ähnliche geheimnisvolle Erfahrungen im Gefängnis gehabt, einschließlich zweier Erscheinungen, aber nichts war so sichtbar spektakulär wie in Hruschiw, und nie waren andere mit mir Zeugen einer Vision. Alles, was ich sehen konnte, war sie. Alles, was ich hören konnte, war das Gurgeln eines Baches und das Rauschen von Grashalmen im Wind, so als ob die Natur uns etwas zuwispere. Jene, die nur kamen, um zu beten, sahen sie, während viele von jenen, die nur als neugierige Zuschauer erschienen, nicht an der vollen Begegnung teilhatten. Wurde sie von KGB-Männern, Polizisten und Reportern gesehen? Ja, aber davon mehr später. Einige der Kinder sahen nur Engel und einige Frauen sahen eine himmlische Gestalt, die sich selber als "den Schutzengel der Ukraine" bezeichnete. Es gibt Berichte über diesen Engel seit 1943, und sollten viele Leute dies bezweifeln - lassen Sie mich Ihnen versichern - daß Nationen genauso Schutzengel haben wie Einzelpersonen.

Für mich bedeutete die Tatsache, daß einige der älteren Kinder nur Engel und nicht die Muttergottes sahen, daß sie möglicherweise mit Sünde befleckt waren. Die jüngeren, unbefleckteren Kinder schienen beides zu sehen, die Engel und die Jungfrau. Es gab noch andere Phänomene. Viele Menschen sahen ein gewaltiges, leuchtendes Kreuz am Himmel, und es sah so aus, als ob Jesus am Kreuz erschien. Ich sah ihn nicht. Ich war immer noch im Bann der außergewöhnlichen Jungfrau.

Leute fragen mich oft, wie ihr Gesicht aussah und was ihr Gesichtsausdruck war. Ich muß gestehen, daß ich dessen nach einiger Zeit überdrüssig wurde. Wie sie aussah, ist unwichtig. Die Tatsache, daß sie erschien und um Gebet und Buße bat, ist wichtig. Aber lassen Sie mich versuchen, sie ein für alle Mal zu beschreiben. Es ist für mich kein Problem, mich ihres liebenswerten und liebenden Gesichts zu erinnern. Ich schaute sie für eine ganze, unvergeßliche Stunde.

Mögen jene, die nach mir fragen - Kirchenbehörden, Verehrer, Mariologen - folgende Details notieren. Zu allererst war sie die schönste Frau, die ich je gesehen habe. Solche Schönheit gibt es auf der Erde nicht. Sie war nicht schön wie ein Hollywood-Star, sondern sie war schön in einem anderen Sinn, in ihrer überwältigenden und kostbaren Einfachheit. Von ihr ging ein Gefühl der Güte und des Friedens aus. Ihr Gesicht war äußerst angenehm wie das einer älteren Schwester. Sie besaß eine normale Nase, milde Gesichtszüge und dunkelblaue Augen. Ein Freund zeigte mir 1990 ein Bild der Jungfrau von Guadalupe und ich muß sagen, daß es Ähnlichkeiten mit jenem Bild gibt, insbesondere was den Aspekt der Einfachheit betrifft. Als ich Maria sah, war ihr Kopf mit einem hellblauen Schleier bedeckt.

Von ihrer Haut war ich angezogen. Sie hatte einen äußerst klaren Teint. Ältere Menschen sagen, daß man aus einem solchen Gesicht Wasser trinken kann. Sie hatte gesunde und leuchtende Haut. Es sah wie unsere Haut aus und war doch von unserer Haut völlig verschieden. Sie strahlte, aber sie strahlte kein Licht aus. Sie verstrahlte eine unermeßliche Güte. Seit meiner Ankunft im Westen habe ich alle Erscheinungen der Muttergottes verfolgt, aber niemand sagt etwas darüber aus, welch gewaltige Stärke in ihr ist. Diese Kraft überträgt sich auf die Menschen, die sie sehen. Sie sah wie eine lebendige Person aus, bis auf das feurige Gewand. Ich kann das Bild nicht in Worte fassen. Es ist so, wie ich Sie sehe. Sie ist eine lebendige Frau, eine junge Frau. Eine lebende Mutter. Ihre Augen sind warm und gütig. Bei ihrem Anblick fühlte ich mich wie ein kleines Kind. Sie war wie eine ältere Schwester, die in einer Krisenzeit ihr Mitgefühl zeigt. In ihrer rechten Hand hielt sie einen Rosenkranz und in ihrem linken Arm das Jesuskind. Der Rosenkranz ragt in meiner Vorstellung deutlich heraus. Die Perlen des Gegrüßet-seist-Du-Maria waren von azurblauer Farbe und die des Vater-unsers hatten die Farbe von *Burschtin* oder Bernstein. Aber die Farben waren wirklich nicht von dieser Welt.

Es prickelt in meinen Händen, wenn ich an diese Einzelheiten denke, und danach habe ich seltsame Träume. Nach meiner eigenen Vision sprach ich mit vielen Leuten, und sie alle beschrieben sie in der gleichen Weise: gütig, angenehm. Jeder, der sie sah, verlor das Gefühl der Furcht. Wer kümmerte sich noch um den KGB? Wir waren alle von Güte und Mut erfüllt. Niemandem gegenüber hatte man ein Gefühl der Feindseligkeit.

Während der Erscheinungen herrschte Totenstille. Man hätte eine Mücke fliegen hören können. Da gab es einen Duft, der mich an Milch erinnerte, daran erinnerte, wie meine liebe Großmutter, die mich aufzog und im Glauben unterwies, roch, wenn sie vom Melken der Kühe zurückkehrte. Das Gewand der Jungfrau wechselte die Farben und wallte im Wind. Ihr Gewand war dermaßen fein, daß ich meinte, mich danach ausstrecken und es in meiner Hand zerknittern zu können. Ihr Körper war nicht durchsichtig, aber ihre Kleidung war es.

Ein helles, weißes Licht drang durch ihr Gewand. Lassen Sie mich Ihnen versichern, daß dies keine Projektion des Vatikans oder der CIA war. Es war eine Projektion des Heiligen Geistes.

Es schien, daß sie ihre Arme über der Menge ausstreckte und gelegentlich zum Himmel blickte.

Wenn sie nach oben schaute, glaube ich, sprach sie mit Jesus.

Sie trug keine Juwelen oder Schmuck und lächelte beständig durch ihre Tränen hindurch. Sie war zugleich sanft und streng. Sie erschien riesig – riesig wie der helle Schein – und war doch von normaler Größe. Doch noch einmal: wie kann man irdische Worte und Maße gebrauchen, um übernatürliche Dinge zu beschreiben? Wie gesagt, verweilte sie vor meinen tränenerfüllten Augen eine Stunde lang, und als sie uns verließ, war es, als ob sie in das Licht zurück oder in einem Nebel verschwinden würde...

Die Art und Weise, wie die Sowjets bald darauf eine Kampagne begannen, um alles in Mißkredit zu bringen, war schon eine Geschichte für sich. Schließlich verwiesen sie mich des Landes und entzogen mir meine sowjetische Staatsangehörigkeit. Sie versicherten mir, daß niemand im Westen mir Glauben schenken würde.

Aber alle Leiden im Gefängnis, meine Einsamkeit, alle Demütigungen und am Schluß das Trauma des Exils waren jene einzige Stunde in der Gegenwart der Muttergottes wert. Sie schwieg in jener Nacht, aber nicht in den darauf folgenden Tagen. Sie vermittelte mir Ermutigung zusammen mit bestimmten Weissagungen und Geheimnissen. Später werde ich in diesem Buch noch mehr von gleichermaßen interessantem Geschehen in Hruschiw in den folgenden Tagen zu berichten haben. Ich sah sie dort noch fünfmal, und während sie in jener ersten Nacht nicht zu mir sprach, sagte sie später viele wichtige Dinge. Mir wurden einige sehr lange Botschaften übergeben und gewisse ungewöhnliche Visionen gezeigt. Drei bis vier Wochen lang waren die Erscheinungen besonders intensiv, und auch jetzt noch erfahren einige Pilger Erscheinungen, insbesondere junge, unbefleckte Kinder. Insgesamt haben in Hruschiw möglicherweise 400 000 bis 500 000 Menschen einen Blick auf sie und auch auf jenes spektakuläre Licht werfen können.

Angesichts der darauf folgenden Ereignisse in Rußland und Osteuropa nehme ich an, daß Unsere Liebe Frau von Hruschiw die Königin der Freiheit genannt werden könnte. Innerhalb von zwei Jahren nach jener Erscheinung fiel der Eiserne Vorhang. In der Tat ist es noch ein langer Weg, bis mein Volk wahrhaft frei sein wird, und wie ich noch erklären werde, wenn die Freiheit nicht erreicht wird, wird es zu einer Katastrophe kommen. Aber dennoch war es offensichtlich ein bedeutender Besuch, und das Licht Unserer Lieben Frau spaltete die Dunkelheit des Kommunismus.

Es schien auch in die Dunkelheit meines eigenen Lebens, eines Lebens, das in der Knechtschaft unter dem Totalitarismus verbracht wurde.

Die Königin des Lichts. Die Königin der Freiheit.

Aber bevor ich Ihnen mehr von ihrem Licht zeigen kann, muß ich Ihnen die Dunkelheit zeigen.

## 2. Kapitel

# DUNKELSTE WOLKEN

Am 27. Oktober 1943 wurde ich in der Karpato-Ukraine geboren. Es war mitten in jenem gewaltigen Elend, das man unter dem Namen 2. Weltkrieg kennt. Der Führer Rußlands war Iossif Wissarionowitsch Stalin.

Meine Geburt fand statt, während meine Mutter auf der Flucht zu meiner Tante Marija Terelja in dem Dorf Keletschin war. Sie floh vor den Nazis. Meinen Vater, Michailo Poida, hatte man schon gefaßt. Er war in einem Konzentrationslager bei Graz in Österreich interniert. Als ich zwei Monate alt war, entkam er und floh nach Jugoslawien, wo er sich den Partisanen Titos in der internationalen Brigade anschloß.

Zur Zeit meiner Geburt war Stalin schon 20 Jahre an der Macht. Für ihn war Töten schon so automatisch geworden wie Essen oder Rasieren. Er war in jeder Hinsicht genauso schlecht wie sein Feind Hitler. Stalin war gerade Gastgeber Churchills bei seinem Besuch in Moskau gewesen, was Stalins Aufstieg auf der internationalen Bühne hervorhob. Daß ein Befehl nicht ausgeführt wurde, war für Stalin etwas Unvorstellbares.

Stalin verursachte Katastrophen und Verluste, die man in der bisherigen russischen Geschichte nicht gekannt hatte. An der sowjetischen Front war Sewastopol nach einjähriger Belagerung gefallen, und die Nazis trieben tief in den Kaukasus mit dem Ziel Stalingrad vor.

Während ein Großteil meiner Familie aus tiefgläubigen Katholiken bestand - Vetter, Kusinen und Onkel waren Ordensleute oder

Priester - waren meine eigenen Eltern eifrige Kommunisten. Und sie erwarben recht prominente Posten. Um Ihnen einen Überblick zu geben, mein Vater wurde schließlich verantwortlich für die Kollektivierung in Teilen der westlichen Ukraine. Er wurde zum Leiter der Regierungsversammlung im Bereich Wolowez, mit der Bevollmächtigung durch das ukrainische Zentralkomitee, den Nationalismus zu vernichten. Manchmal war es schon schwer, meinen Vater zu verstehen; er las in der Bibel, aber glaubte nicht an Gott. Er glaubte, daß jeder Mensch ein Gott werden könnte. Er glaubte an die Macht der Natur. Mein Spitzname war "Michailowitsch", was soviel wie "Sohn Michaels" bedeutete. Meine Mutter stand ihrerseits mit dem Zentralkomitee in Moskau in Verbindung und verfügte über so viel Macht, daß sie die örtlichen kommunistischen Funktionäre zum Zittern bringen konnte.

Ich wurde nicht von meinen Eltern erzogen. Bis zum Alter von zehn oder 12 Jahren wußte ich nicht einmal, daß sie meine Eltern waren. Meine Großeltern sorgten für mich. In der Ukraine war es zu jener Zeit nicht unüblich, daß die Großeltern die Kinder erzogen, und meine Eltern waren offensichtlich zu beschäftigt. Mein Vater erzählte nie, welchen Rang er in Titos Armee innehatte, aber es muß schon eine hohe Position gewesen sein, weil Tito sich später persönlich für ihn einsetzte, als er Probleme mit Moskau bekam.

Im Jahre 1944 wurde die internationale Brigade von der SS besiegt. Nur ungefähr 15 Mitglieder überlebten. Mein Vater wurde sehr schwer verletzt und von den Nazis erneut gefangen genommen. Er wurde in das Konzentrationslager Baden-Baden eingewiesen.
Im Gegensatz zu meinem Vater, der seit 1933 Kommunist war, identifizierte ich mich am meisten, nicht mit den atheistischen Sowjets, sondern mit den lieben Katholiken der Ukraine. Genau in der Mitte Europas gelegen, bildet die Ukraine, welches soviel wie "Grenzland" bedeutet, jetzt den südwestlichen Teil der Sowjetunion, aber sie betrachtet sich selbst als eine eigenständige Nation. Es ist eine üppige Gegend. Der Boden ist schwarz von fruchtbarem Humus. Die unterirdischen Minen sind voller Eisen und Kohle. Und sie war wie eine schöne Steppdecke, die von ihren vielen Nachbarn auseinandergerissen wurde. Jeder wollte jene Bodenschätze besitzen. Während sie momentan unter der Vorherrschaft ihres nördlichen Nachbarn, Rußlands, steht und sie jahrhundertelang dem Einflußbereich Rußlands nachgab, wurde die Ukraine allein in diesem Jahrhundert von Polen, Tschechen, Rumänen, Ungarn und zum Zeitpunkt meiner Geburt von Deutschen überfallen.

Trotz der Besetzung durch diese starken Mächte hat die Ukraine immer einen kräftigen Unabhängigkeitsdrang besessen. Schon zu Zeiten der Herrschaft Iwans wurde das Gebiet von Kosaken besiedelt, die mit den Polen kämpften und es in der Tat als eine eigenständige Nation errichteten. Ich spreche von einer Zeit, die etwa vier Jahrhunderte zurückliegt. Von jener Zeit an wurde Unabhängigkeit zu einem beständigen Thema, und dieses Thema erreicht zur Zeit ein neues Crescendo, indem mein Heimatland erneut versucht, sich von Sowjetrußland loszulösen.

Die Unruhen, die von Deutschland und Rußland hervorgerufen wurden, waren längst in Hruschiw vorausgesagt worden, wo die Muttergottes 1914 erschienen war - lange vor den folgenden Erscheinungen von 1987. In Hruschiw erblickten 22 Bauern, die in einem Feld, in der Nähe der Kirche von der Allerheiligsten Dreifaltigkeit, Heu mähten, die Jungfrau und hörten, wie sie sie warnte, daß Krieg und schreckliche Verfolgungen sich ereignen würden, wenn Rußland sich nicht zu ihrem Sohn bekehrte. Während die Erscheinung im Jahre 1914 bei weitem nicht so spektakulär war wie das, was sich viel später bei der gleichen Kapelle ereignen sollte, war ihre Botschaft in erschreckender Weise ähnlich dem, was die drei portugiesischen Kinder drei Jahre später in Fatima hören mußten. Im Jahre 1917 sagte die Muttergottes den drei Sehern von Fatima, daß ein großer Krieg während des Pontifikats Pius XI. ausbrechen würde, wenn die Welt nicht damit aufhörte, Gott zu beleidigen. Einem der Fatimaseher, Luzia Abobora, wurde auch mitgeteilt, daß die Bestrafung der Menschheit Hungersnot und religiöse Verfolgungen beinhalten würden, und daß die Guten gemartert und Rußland seine Irrtümer über die ganze Welt verbreiten würde, wenn es nicht bekehrt werde.

Luzia, die jetzt eine Ordensfrau in Coimbra ist, wurde gesagt, daß das Zeichen, welches das Bevorstehen der Strafe Gottes ankündigte, die Gestalt eines unerklärlichen Lichts am Nachthimmel annehmen würde. Große Teile der Welt erblickten ein solches Licht, welches die Zeitungen mit einer ungewöhnlichen Spiegelung des Nordlichts zu erklären suchten, in der Nacht zum 25. Januar 1938. Weniger als ein Jahr danach unterzeichnete Stalin einen Pakt mit Hitler, den viele dafür verantwortlich machen, den schrecklichsten Krieg, den die Menschheit bisher gesehen hat, herbeizuführen.

Die große Verfolgung begann im gleichen Jahr wie die Erscheinungen von Fatima - 1917. Das war das Jahr, in dem Wladimir Lenin seine bedeutende "Revolution" gelang. Er und seine Gefolgsleute errichteten die marxistische Philosophie des Kommunismus und entschieden sich dazu, die Religion auszurotten. Als Stalin in den zwanziger Jahren das Ruder übernahm, verfolgte er die Religion im gleichen Ausmaß. Stalin gestattete nur den Verbleib einer Konfession, der der russisch-orthodoxen Kirche, und auch nur, weil er in der Lage war, sie zu infiltrieren und zu kontrollieren. Die russisch-orthodoxe Kirche hatte schon vor langer Zeit ihre Beziehungen zu Rom abgebrochen. Während die Katholiken des östlichen Ritus die Messe in einer Weise feiern, die der der Orthodoxen ähnelt, glauben wir, daß das Christentum zu uns in die Ukraine durch zwei Missionare gekommen ist, nämlich Kyrill und Methodios, die, obwohl sie den byzantinischen oder orthodoxen Ritus einführten, dem Papst angeschlossen waren. Mit anderen Worten, obwohl wir den östlichen (oder "orthodoxen") Ritus befolgten, blieben wir als Katholiken stets dem Heiligen Vater in Rom treu.

Über die ganze Ukraine verbreitet, insbesondere in der Hauptstadt Kiew, gab es prächtige Kirchen und Klöster. Nur wenige Orte in der Welt wiesen so reich verzierte Kirchen auf. Diese Gebäude hatten einen byzantinischen Charakter - Kuppeln, runde Bögen, prächtige Mosaiken. Ohne Erbarmen begann Stalin sie auszuplündern. Zuerst war es die unabhängige oder eigenständige, ukrainisch-orthodoxe Kirche, die entweiht wurde, und später in noch brutalerer Form die katholische Kirche des östlichen Ritus - meine Kirche, die Kirche meiner Großmutter, die Kirche, die ich für den Rest meines Lebens verteidigen sollte.

Obwohl diese Zerstörung ihre volle Gewalt erst nach meiner Geburt erreichte, war doch schon 1935 in Kiew das prächtige, mit Gold gezierte Kloster vom hl. Michael, welches im Jahre 1108 erbaut worden war, von Stalinisten zerstört worden. Der hl. Michael ist natürlich der große Erzengel, der den Satan aus dem Himmel vertrieb, und daß ein Kloster, das dem herrlichen Michael geweiht wurde, zerstört worden war, war ein bestürzendes Zeugnis dafür, daß die Zeit des Teufels gekommen war.

Die Lehre des Kommunismus war ein großer, egoistischer Plan, der vom Satan ersonnen wurde. Welches höhere Ziel hat der Teufel, als den Glauben an Gott zu vernichten und Sadismus einzusetzen. Neben dem St. Michaelskloster entweihten die Kommunisten die Desjatinna-Kirche, die von Wladimir dem Großen errichtet worden war, einen berühmten Friedhof, Askold-Grab genannt, und die Kathedrale vom hl. Nikolaus. Seit 1939 wurden alle unierten katholischen Klöster der Mönche und Nonnen, kirchliche Schulen und Laienorganisationen unterdrückt. Innerhalb von zwei Jahren verschwanden allein in der Gegend von Lemberg 28 Priester, ohne eine Spur zu hinterlassen.

Zur gleichen Zeit als sie damit anfingen, unsere Religion zu vernichten, begannen die Sowjets auch eine Offensive, um unseren Lebensunterhalt zu zerstören. In den Nachwirkungen der Revolution von 1917 und dem Zusammenbruch des österreichisch-ungarischen Kaiserreiches im Oktober 1918 fanden sich die Ukrainer, deren Versuch der Errichtung eines unabhängigen Staates gescheitert war, inmitten von schrecklichen, von Menschen gemachten Hungersnöten wieder. Die Ukraine ist die Kornkammer der Sowjetunion und produziert unter normalen Umständen mehr Getreide, als für den Eigenbedarf nötig ist. Und dennoch, angefangen in den zwanziger Jahren und 1933 einen Höhepunkt erreichend, war mein Heimatland plötzlich ohne Nahrung. Warum? Weil Stalin damit begonnen hatte, alles Getreide nach Rußland abzutransportieren. Die Lage war so schlecht, daß Ukrainer gezwungen waren, den Leichen die Hemden zu stehlen, um sie für Brot zu verkaufen. Es gab so viele Tote, daß die Russen regelmäßige nächtliche Rundgänge machten, um Leichen von unseren Straßen und Alleen zu entfernen. Es wird geschätzt, daß in den dreißiger Jahren bis zu 12 Millionen Ukrainer verhungerten oder an den Folgen von mangelnder Ernährung starben.

Sie stahlen unsere Nahrung. Sie stahlen unsere Kultur. Sie stahlen unsere geistige Kraft. Jene Ukrainer, die Land oder private Geschäfte besaßen, wurden verhaftet, und ihr Besitz wurde von den Sowjets eingezogen. Alle Rechte für jegliches Unternehmen gehörten plötzlich nur der Regierung. Rußlands Geheimpolizei, deren Wurzeln in die Zeit des Zaren zurückgehen, wurde stark vermehrt und gestärkt. Wir Ukrainer wurden zu verarmten Leibeigenen. Man konnte nicht mehr das Lachen und die Glocken in den Gebirgsweilern hören.

Einer der frühen Gründer des Sowjetkommunismus sagte einst, daß Kommunisten sich im Hassen gut auskennen müßten, weil "sie nur durch Haß die Welt erobern könnten". Sie haßten sicherlich die Ukrainer. Ebenso taten es die Nachbarländer. Der südliche Teil der Nation, als Karpato-Ukraine bekannt, versuchte sich 1938 erneut mit der Unabhängigkeit, aber es war wieder nicht von Dauer. Am 15. März 1939 griffen elf ungarische Divisionen diesen Teil der Ukraine in einem sehr ungleichen Krieg an, und polnische Legionen fielen von rückwärts ein. Sie töteten Bauern, zerstörten Straßen und sprengten Brücken. Ich habe ein makabres Foto aus dem Jahre 1939, das ungarische Staatsangehörige zeigt, wie sie lachend und schadenfroh ukrainische, nationalistische Soldaten exekutieren.

Dann, von 1941 bis 1944, war die Ukraine von den Deutschen besetzt, die sie fast bis zum Ende des 2. Weltkrieges besetzt hielten, als sie von den vereinten Kräften Rußlands und der Alliierten besiegt wurden.

Dies ebnete den Weg für die Kommunisten, um alle Teile der Ukraine zu "befreien" - oder besser - zu erobern. Die Nazis wurden durch die Kommunisten ersetzt.

Zeugnis für die Tragödien des 2. Weltkrieges findet man immer am leichtesten in seinen eigenen Reihen. Aus meiner Familie wurden fünf Menschen von den ungarischen Besatzern erschossen. Auf dem Hof meiner Großeltern wurden drei Juden im Heu versteckt gefunden, was dazu führte, daß meine Tante Olena und meine Kusine Olexa beide unter dem Holzapfelbaum im Garten erschossen wurden. Die Lage besserte sich nicht am Ende des Krieges, als die Russen zurückkehrten. Noch weitere Verwandte wurden getötet, nur, weil sie ihr Land liebten und sich bewußt an der ukrainischen Bewegung beteiligten.


Nationalsozialismus und Kommunismus entsprangen beide demselben bösen Geist. Wie die Dämonen in der Hölle bekämpften beide einander zur Erlangung von Kontrolle und Macht. Ich gebrauche dabei keine Metapher, noch wende ich die Worte mit Phantasie oder Zorn an. Wenn ich böse sage, meine ich böse. Der Kommunismus ist die völlige Verneinung der katholischen Kirche, und die Sowjets fühlten sich berufen - als sie die Kontrolle über die Ukraine übernahmen - wie die Nazis für die Abschaffung von Gerechtigkeit, Menschenrechten und persönlicher Freiheit zu sorgen. Dem Kommunismus als solchem muß immer neuer Widerstand entgegengesetzt werden. Man kann nicht zugleich Christ und Kommunist sein. Man kann sich nicht auf eine Entspannungspolitik mit dem Teufel einlassen. War das übernatürliche Böse wirklich am Werk? Es ist interessant zu bemerken, wie Lenin, der Vater des russischen Kommunismus, sein Ende fand. Einige dieser Details entnahm ich dem Schweizerischen Katholischen Sonntagsblatt. Sein Tod wies diabolische Züge auf. Ein wimmernder und weinender Lenin war für Wochen an sein Bett oder an seinen Rollstuhl gefesselt, sein Körper im Begriff zu verwesen und sein Verstand in den Wahnsinn abzugleiten, als er erfolglos - versteckt in einer Burg in Gorki - eine tödliche Sklerose bekämpfte. Welche Ironie des Schicksals, daß am Schluß ihn nur noch Nonnen pflegten, Nonnen aus einem Kloster außerhalb Moskaus, das man noch nicht liquidiert hatte, und was sie sahen und hörten, muß grauenhaft gewesen sein. In der Nacht konnte man so schreckliches Heulen aus seinem Zimmer hören, daß selbst die Wachhunde zu heulen begannen. Selbst Hunde in den benachbarten Dörfern schlossen sich an.

Aber natürlich war Lenins Abgang noch kein Hindernis zur Verbreitung des Kommunismus. Sein Schützling, Stalin, setzte sie mit großem Eifer fort. Ich werde Sie nicht weiter mit Geschichtlichem langweilen, aber es ist wichtig, daß Sie eine Vorstellung von der stürmischen Vergangenheit erhalten. Die Ukraine war nicht wirklich unabhängig. Sie wurde kontrolliert von einem Regime, das uns im Würgegriff festhielt, und das schließlich in seiner Brutalität mit den Nazis konkurrierte, wenn nicht gar diese überbot. Wenn es nicht die Kommunisten waren, waren es die Faschisten, und umgekehrt, wenn es nicht die Faschisten waren, waren es die Kommunisten.

Ich war zu jung, um diesen schwindelerregenden Weg in die Vernichtung beobachten zu können. Während meine Eltern dabei waren, eifrige Kommunisten zu werden, war ich, Gott sei Dank, in den Händen katholischer Großeltern. Bis auf meine Eltern und einige wenige andere Verwandte, war meine Familie tiefgläubig. Selbst mein Pate, der später ermordet wurde, war Priester. Und die Tereljas waren Schutzherren für ein Kloster in den Karpaten gewesen, als es noch zur authentischen Kirche gehörte, die von den Heiligen Kyrill und Methodios aufgebaut worden war.

Obwohl der Familienname meines Vaters Poida war, wurde mir der Mädchenname meiner Großmutter väterlicherseits, Terelja, gegeben, damit ich diese Linie fortsetzte. Es gab keine männlichen Nachkommen auf ihrer Seite der Familie. Ihre Ahnenreihe, die bis ins 13. Jahrhundert zurückging, war mehr oder weniger adelig. In der Zeit König Danilos wurden meine Vorfahren an der Grenze zwischen Ungarn und der Ukraine angesiedelt, um die Grenze zu verteidigen.

So können Sie die lange Tradition in meiner Familie sehen, die sowohl Katholizismus als auch Nationalismus beinhaltete. Das Familienemblem war in blauer und goldener Farbe gehalten. Auf dem blauem Hintergrund befand sich ein silbernes Hufeisen. Und auf dem goldenen Hintergrund gab es einen himbeerfarbenen Bären.

Ich bin jetzt das Haupt der Tereljalinie. Das ist in der Ukraine sehr wichtig. Als ich getauft wurde, hatte ich 32 Paten. Ich kam aus dem Boiko-Bauernstamm, aber die Leute in der Gegend waren sich auch meiner adeligen Herkunft sehr bewußt.

Meine Großmutter väterlicherseits starb im Jahre 1944, und ich wurde in das Haus meiner Großmutter mütterlicherseits, Anna Sofija Fales, aufgenommen. Ich war noch nicht ganz ein Jahr alt. Dort lebte ich, bis ich 13 Jahre alt war, an einem Ort, der Swaljawa genannt wird und sich wieder in den Karpaten befindet. Ich nannte meine Großeltern "Mutter" und "Vater", weil meine Großmutter mir nicht erzählte, daß ich noch andere Eltern hatte. Mein Großvater, Iwan, stand dem Notarbüro vor, als die Tschechen das Gebiet kontrollierten, und er gab diesen Posten auf, um Landwirt aus Liebhaberei zu werden. Wie meine Verwandten väterlicherseits, entstammten die Faleser auch einem alten, adeligen Geschlecht, und sie waren ebenso Nationalisten. Meine Großmutter Fales war sehr traditionell eingestellt und völlig antikommunistisch. Sie stimmte nicht mit ihren eigenen Kindern überein, was natürlich auch meine biologische Mutter, Marija Margareta Poida, einschloß, die schnell im Kommunismus aufging.

Obwohl die Kommunisten beabsichtigten, unsere Kirchen zu zerstören oder sie den Russisch-Orthodoxen zu übergeben, war die Zerstörung des Katholizismus des östlichen Ritus ein allmählicher und ausgedehnter Prozeß. Bis 1944, als ich ein Jahr alt war, war es immer noch möglich, regelmäßig die Messe zu besuchen. Trotz der religiösen Unterdrückung gab es einen besonderen Fonds, der von den Gläubigen aufgebracht wurde, um den Katholiken des östlichen Ritus zu helfen. Die Leute waren sehr aktiv in einer marianischen Bewegung und in der "Missionarischen Gesellschaft des Allerheiligsten Herzens Jesu". Es gab zwei Hauptkirchen in der Ukraine, wir Katholiken und die Orthodoxen. Wie ich schon erklärte, hat die orthodoxe Kirche, die mit uns die meisten byzantinischen Riten teilt, jedoch keine Loyalität dem Papst gegenüber. Sie hatte sich von Rom im Jahre 1054 losgelöst - im "Großen Schisma" - und wiewohl auch die Orthodoxen zusammen mit den Baptisten und anderen Evangelischen schreckliche Verfolgungen erlitten, waren die Kommunisten den Russisch-Orthodoxen toleranter gesinnt, weil diese Moskau gegenüber wichtige Zugeständnisse machten und nicht dem gefürchteten und verabscheuten Heiligen Vater Rechenschaft schuldeten.

Im September 1944, als mich meine Großmutter Fales noch in ihren Armen wiegte, ernannte der Heilige Stuhl Teodor G. Romscha zum Bischof unserer Diözese. Er hatte seinen Sitz in der nahegelegen Stadt Mukatschiw. Zu jener Zeit fanden noch heftige Kämpfe zwischen den deutschen und russischen Armeen statt. Granaten und Bomben explodierten allerorts. Das deutsche Oberkommando gab einen Befehl zur völligen Räumung der Karpato-Ukraine heraus. Sie wollten alles und jeden nach Deutschland transportieren. Wer weiß, welches Schicksal uns alle dort erwartete hätte? Bischof Romscha eilte, uns zu retten. Er erreichte ein Abkommen mit den Deutschen, so daß dieser Befehl zurückgezogen wurde.

Im folgenden Monat verließen die ungarisch-deutschen Armeen Uschgorod, die Landeshauptstadt der Karpato-Ukraine. Ich beziehe mich ständig auf die "Karpato-Ukraine", weil sie die Pflanzstätte des

Katholizismus war - es gab da keine orthodoxen Kirchen, bis die Tschechen sie in den zwanziger Jahren gewaltsam einführten - und da sie wie ein Staat innerhalb der Ukraine ist. Als die Deutschen sich zurückzogen, zerstörten sie alle Brücken und Flughäfen und am 27. Oktober 1944, meinem ersten Geburtstag, zogen neue Besatzer ein: die russische Armee.

Sie marschierten in Uschgorod ein, und die Leute begrüßten die Russen mit Schweigen. Vertreter der sowjetischen Regierung versicherten unseren Leuten, daß der einzige Grund, warum sie da wären, die Bekämpfung der ungarisch-deutschen Kräfte sei. Aber sofort begannen NKWD und NKGB - Vorgänger der Polizei des Inneren und des KGB - Leute zu verhaften.

Nationalisten versteckten sich in den Wäldern und widersetzten sich den Kommunisten, so gut sie konnten. Aber Rußland zog mit brutaler Entschlossenheit in die Karpato-Ukraine ein. Das militärische Kommando wurde von Oberst Tjulpanow und Generaloberst Mechlis geführt. Sobald diese beiden Kommandeure ankamen, suchten sie nach Leuten, die ihnen bei der Annexion der Karpato-Ukraine durch die Sowjetunion behilflich sein würden. Sie gaben vor, uns die Unabhängigkeit zu gewähren, aber nie waren wir mehr unterdrückt.

Um diese Zeit drangen gewisse vergangene Greueltaten ans Licht, nur um bald von neuen überschattet zu werden. In der Stadt Winnizja wurde eine Reihe von Gräbern geöffnet, die 9 432 Leichen ans Tageslicht brachten. Sowohl unter Stalin als auch den Nazis waren Tausende erschossen worden, insbesondere die einfachen, demütigen, weitestgehend verachteten Bauern. Was errichteten unsere "Retter", die Kommunisten, an dieser besonderen Grabstätte? Etwas, das "Park der Kultur und Ruhe" genannt wurde, mit Einrichtungen zum Tanz und zur Geselligkeit! Lassen Sie mich Ihnen versichern, daß es noch viele weitere solche Gräber gab.

Am 6. November 1944 erschien an der Residenz Bischof Romschas eine unheilvoll aussehende Limousine. Es war Oberst Tjulpanow mit seiner Leibwache. Sie umzingelten den Palast mit Schnellfeuergewehren. Begleitet von seinem Adjutanten machte sich Tjulpanow daran, den geliebten Bischof zu besuchen. "Ich möchte mit Bischof Romscha sprechen", sagte er barsch. "Schicken Sie eine Nachricht, daß ich mit ihm sprechen möchte. Sagen Sie ihm, daß ich der Oberst der Sowjetarmee bin."

Die Mönche führten ihn in das Büro des Bischofs und Oberst Tjulpanow lud sogleich den Bischof dazu ein, an einem feierlichen Festakt zur Erinnerung der Rückkehr der Region an die Russen teilzunehmen. Der Bischof erwiderte, daß er zu diesem Zeitpunkt gerade nicht abkömmlich sei. Er wollte die Kommunisten nicht unterstützen. Es herrschte Aufregung, und Tjulpanow bestand darauf, daß der Bischof mitzukommen habe. Der Oberst meinte: "Sie werden offiziell die Sowjetarmee anläßlich der Befreiung der Karpato-Ukraine willkommen heißen. Und Sie werden sich bei uns bedanken. Und zur gleichen Zeit werden Sie die Jugend dazu aufrufen, der Armee beizutreten, und Sie werden Stalin persönlich fragen, ob die Karpato-Ukraine offiziell der Sowjetunion beitreten kann, um so die immerwährenden Wünsche des karpatischen Volkes zu erfüllen."

Was für eine Posse! Bischof Romscha war sich dessen bewußt. Er antwortete: "Ich kann nur Gott, dem Allmächtigen, danken, daß der Krieg zu Ende geht, und ihn um Frieden auf Erden bitten."

Tjulpanow gefiel jene Antwort gar nicht. "Weigern Sie sich? Ich hoffe nicht. Sie müssen mitkommen. Andernfalls wird es Repressalien geben."

Die "Feier" war in einem Theater. Dort hatten sich einige hundert Menschen versammelt. Sie geleiteten den Bischof hinein, und als die Leute ihn sahen, herrschte Schweigen. Wie ich es verstehe, war das Schweigen sehr bedrückend. Die Menge war fatalistisch und niedergeschlagen. Das Gebäude war von Sowjetsoldaten umstellt, die bis an die Zähne bewaffnet waren. Bischof Romscha wurde zum Mikrofon gebracht. Er begrüßte die Anwesenden und dankte Gott dafür, daß der Krieg ohne größere, weitere Opfer zu Ende ging. Ein Murmeln ging durch die Halle. Und am Ende dankte der Bischof, unter Druck gesetzt, auch Stalin für die erfolgreiche Beendigung des Krieges und für die Vereinigung mit der Sowjetunion.

## 3. Kapitel

# TOD DURCH INJEKTION

Obwohl die katholische Kirche des östlichen Ritus nicht sogleich zerstört wurde, war dies doch das erklärte Ziel Stalins und seiner Verbrecher in Moskau. Um dieses Ziel verwirklichen zu können, sandte der Kreml einen Verwalter namens Nikita Chruschtschow.

Chruschtschow kam im April 1945, und seine Einstellung war klar. Bald hatte er ungefähr ein Dutzend ukrainischer Dichter dazu angeleitet, ein kollektives Gedicht zu verfassen: Dem großen Stalin vom ukrainischen Volk. Es war ein falsches Gesuch, das versuchte, den Diktator zu vergöttlichen. "Heute und immer seist Du, o Stalin, gelobt", war ein Teil einer gotteslästerlichen Strophe. "Du bist das Herz der Menschen, die Wahrheit und der Glaube. Wir sind Dir dankbar für die Sonne, die Du angezündet hast!"

Wenn die Leute schon beteten, dann wollte Chruschtschow sie Stalin anbeten lassen.

Lassen Sie mich Ihnen noch schnell eine weitere Andeutung von Chruschtschows Einstellung zur Religion geben. Er sträubte sich gegen Architektur in Moskau, die auch nur vage Ähnlichkeiten mit Turmspitzen und Kuppeln aufwies, und er verspottete einst den zentralen Spitzturm der Moskauer Staatsuniversität dafür, daß er einem Kreuz ähnele. Das fand er besonders geschmacklos.

Zu seiner Verfügung standen Offiziere der regulären russischen Armee sowie der NKWD und NKGB - einer Geheimpolizei, die ihre Fortsetzung im MGB und dem entsetzlichen KGB fand. Welchen Schrecken die Geheimpolizei zu verbreiten begann! Dorfbewohner konnten niemandem mehr trauen. Sie wußten nicht, wer in Verbindung mit dem MGB stand.

Verhaftungen und Prozesse waren ein alltägliches Ereignis überall in der Karpato-Ukraine. Die Kommunisten hatten den ersten Präsidenten der Karpato-Ukraine, Monsignore Awgustin Woloschin, ins Gefängnis geworfen. Er wurde nach Moskau geflogen, im Hauptgefängnis des MGB, Lefortowo, (wo auch ich später festgehalten wurde), eingekerkert und offensichtlich dafür exekutiert, daß er sich weigerte, eine offizielle Erklärung der Union mit den Sowjets zu unterzeichnen.

Mit seinem Tod begann Moskau, seinerseits Gespräche mit dem Präsidenten der Tschechoslowakei hinsichtlich des Schicksals der Karpaten aufzunehmen. In Wirklichkeit war unser Schicksal schon vorausbestimmt. Ende August 1945 unterzeichneten die Regierungen der Tschechoslowakei und der UdSSR einen Vertrag, in dem die Tschechen ihren Anspruch auf die nordöstlichen Gebiete der Karpato-Ukraine aufgaben und sie offiziell an die Sowjetunion abtraten. Der Südwesten fiel an die Tschechoslowakei. Ein anderer Teil der Ukraine wurde an Rumänien abgegeben.

Das waren die letzten Tage unserer Unabhängigkeit. Die nordöstlichen Gebiete wurden in "transkarpatische Provinz", einem integralen Teil der UdSSR, umbenannt. Wir hörten auf, selbst auf den Landkarten Europas zu existieren. Meinen Landsleuten wurde schließlich bewußt, daß dies nicht nur eine einstweilige Besetzung, sondern eine fortwährende Unterdrückung bedeutete. Die Sowjets fingen damit an, ihre russische Kultur aufzuerlegen, indem sie die Schulen verstaatlichten, die Unterweisung der russischen Sprache befahlen und den Lehrern verboten, Kirchen zu besuchen oder über Religion zu sprechen. Der Atheismus wurde zur neuen Lehre in diesem vormals frommen Land.

So wie es wahr ist, daß das Ukrainische Ähnlichkeiten mit dem Russischen aufweist, so gibt es doch auch riesige Unterschiede. Zeigen Sie einem Ukrainer 50 russische Wörter, so könnte er vielleicht davon nur 20 identifizieren. Ein Beispiel: Dasselbe Wort, das auf Ukrainisch "liebenswert" bedeutet, hat im Russischen die Bedeutung "häßlich".

So können Sie sehen, wie wir religiös und kulturell zermalmt wurden. Die Indoktrinierung fing an. Und jene, die sich blind stellten, begannen, den satanischen Plan zu erkennen. Jene, die sich noch kurz zuvor nicht als Ukrainer verstanden, begannen sehr schnell zu verstehen, was die Auflösung der ukrainischen Nation bedeutete, und sie wurden Bekehrte für die Idee der nationalen Freiheit. Zu jenen, die von jeglicher Form einer Übereinkunft mit den Sowjets Abstand nahmen, gehörte Bischof Romscha, der begonnen hatte, den Untergrund zu unterstützen.

Die Sowjets begannen 1945 die ersten juristischen Verfahren gegen "die Feinde des Volkes", womit wir Christen und insbesondere unser Klerus gemeint waren. Am 11. April wurde die gesamte Hierarchie der katholischen Kirche des östlichen Ritus in der westlichen Ukraine, der Metropolit Josif Slipji eingeschlossen, vom NKWD verhaftet. Im folgenden Monat erschien plötzlich eine von den Sowjets geförderte "Aktionsgruppe", welche die Vereinigung der Katholiken des östlichen Ritus mit den Russisch-Orthodoxen anstrebte, auf der politischen Bühne. Die Sowjets verlangten die Herausgabe der Namen von Klerikern, die sich weigerten, sich der "Aktionsgruppe" zu unterstellen, während die orthodoxen Leiter, Metropolit Ioan Sokolow eingeschlossen, mit der Bitte an die Katholiken herantraten, sich von Rom loszulösen. Jene Priester, die sich weigerten, der Vereinigung mit den Russisch-Orthodoxen zuzustimmen, wurden dem NKWD übergeben, und sollte diese Art von Überzeugung nicht fruchten, wurden die Kleriker im Durchschnitt zu 10 Jahren Arbeitslager verurteilt. Im Dezember 1945 wurde ein Priester namens P. Petro Demjanowitsch verhaftet und fünf Monate danach erschossen. Diese Information entnahm ich später den vertraulichen Archiven meines eigenen Vaters. Der Grund, warum ich es aufdecke, ist, daß viele Historiker darauf hinweisen, daß diese Repressalien gegen den Klerus 1949 anfingen. Das ist nicht wahr. Es begann früher.

Ich habe noch mehr Namen aus den Unterlagen meines Vaters. P. Ewgen Pasulko wurde in dem Dorf Trebuschani verhaftet, P. Stefan Tschischmar in dem Dorf Noweselo, P. Stefan Egreschi in Bógdan. Die Verhaftungen fanden in der Dunkelheit der Nacht statt. Sie bedienten sich nicht der örtlichen Kriecher, sie gebrauchten die reguläre Sowjetarmee. Betrunkene Offiziere töteten zum Beispiel in dem Dorf Satischne zwei Brüder, einen Mönch und einen Priester. Sie torkelten in das Haus des Priesters und verlangten nach Alkohol. Der Priester gab ihnen die Flasche Wein, die er als Meßwein beiseite gelegt hatte, aber kurz darauf kamen diese betrunkenen Russen zurück und gerieten außer sich vor Wut als sie feststellen mußten, daß der Priester keine alkoholischen Getränke mehr besaß. In ihrer Wut töteten sie beide Männer, und als ob dies noch nicht genug wäre, verstümmelten sie die Opfer in sexueller Hinsicht. Als die Leute davon hörten, waren sie verständlicherweise außer sich. Sie begannen zu verkünden, daß die Russen grausamer als die Ungarn und Deutschen wären.

Es gab noch einen weiteren Zwischenfall, der besonders wichtig war. Das war die Verhaftung von P. Fedor Durnewitsch in dem Dorf Znjatino. Es war ein weiteres Signal dafür, daß die Kommunisten entschlossen waren, ukrainisch-katholische Kirchen zu beschlagnahmen und sie der weniger bedrohlichen, russisch-orthodoxen Kirche auszuhändigen, welche ebenfalls Verfolgung (schließlich die Hälfte ihrer Kirchen verlierend) erdulden mußte, aber nicht in dem Ausmaß wie die anderen christlichen Bekenntnisse. Die unabhängige oder mit eigenem Oberhaupt ausgestattete orthodoxe Kirche in der Ukraine, welche nicht der russisch-orthodoxen angeschlossen war, war schon fast völlig aufgerieben worden. Aus Furcht, zu schnell zu weit zu gehen, wollte Moskau der russsischen Orthodoxie gestatten, am Leben zu bleiben, aber diese Existenz sollte größtenteils eingeschränkt werden - mehr Täuschung als alles andere! Die Geheimpolizei hatte sich schon in die orthodoxe Führung eingeschlichen, und jene "Kirche" war unter der Kontrolle von Regierungsbeamten. In der Zwischenzeit wurden die Kinder im Atheismus erzogen.

Um 1946 begannen Gespräche über die Vereinigung der karpatischen orthodoxen Kirche mit der orthodoxen Kirche in Moskau. Die Leitung dieser Gespräche für die karpatische Seite hatte ein orthodoxer "Priester", P. Teofan Sabow, dem die Kommunisten in Moskau den Rang eines höheren Majors verliehen hatten. Nachdem er in die Karpaten zurückgekehrt war, begann er damit, Katholiken in der Gegend von Chust zu verfolgen. Die sowjetische Presse veröffentlichte Tiraden gegen Katholiken und andere christliche Bekenntnisse, was ein besonders unheilvolles Zeichen war. Kleriker wurden "Faschisten" und "Reaktionäre" genannt. Die Lügen waren offensichtlich. Die wahren Faschisten - die Schwarzhemden von gestern - dienten mit den Kommunisten in Moskau.

Im März 1946 wurde damit angefangen, die Bischöfe, die sich immer noch weigerten, sich öffentlich von Rom loszusagen, in Kiew für "verräterische Aktivitäten" anzuklagen. Die drohende Inhaftierung führte 264 Priester dazu, "sich" mit den Russisch-Orthodoxen "wieder zu vereinigen". Hunderte anderer weigerten sich und wurden verhaftet, deportiert oder sahen sich gezwungen, sich zu verstecken, während nahezu 300 weitere auf freiem Fuß verblieben, die sich weigerten, sich in ein fremdes, antikatholisches Bekenntnis einzufügen. In demselben März fand eine falsche Sobor oder Synode in Lemberg statt, im Verlaufe deren die Katholiken des östlichen Ritus angeblich beschlossen, ihre eigene Institution aufzuheben und offiziell den Russisch-Orthodoxen beizutreten. Es war alles eine Aufführung der Sowjets; die ukrainischen katholischen Bischöfe beriefen die "Synode" weder ein noch nahmen sie daran teil. Aber die eigentliche Folge war, daß die ukrainische katholische Kirche für illegal erklärt wurde.

Die Sowjets machten sich nicht einmal die Mühe, eine ähnliche Synode in den Karpaten aufzuführen. Das einzige, dessen sie dort bedurften, war es, Bischof Romscha von der Bildfläche verschwinden zu lassen. Pläne dazu wurden schon vorbereitet.

Bischof Romschas nationalistische Aktivitäten hatten 1945 begonnen, ein Jahr nach jener erzwungenen Rede während der sowjetischen "Feier". Seine Demut vor Gott und sein Mut wider Satan könnten einen ganzen Band füllen. Romscha erhob sich in der Opposition, als er sah, wie die Kommunisten alle Lehrer vertrieben, die an Gott glaubten, und die Jugend von der Kirche weglockten, indem sie Sportfeste, Wanderungen und Theateraufführungen an Sonntagen organisierten. Bischof Romscha forderte die Kommunisten auch direkt heraus, als sie den Genuß von Alkohol förderten. Die meisten Güter waren aus den Läden verschwunden, und anstelle von gesunder Nahrung gab es Wodka. Das Gesöff wurde aus dem demoralisierten Rußland herbeibegracht und sehr billig verkauft. Das Ziel war klar. Sie waren dabei, die Jugend alkoholabhängig zu machen. Der tapfere Bischof wandte sich an seine Priester und ermahnte sie, die religiöse Erziehung der Kinder zu verstärken und zu verhindern, daß sie zu Sklaven des Alkohols würden.

Das wurde von den Kommunisten nicht gut aufgenommen. Die Behörden fingen an, dem Bischof mit dem Exil in Sibirien zu drohen. Romscha verstand, daß seine Tage gezählt waren und daß die Russen nur mit einem Ziel gekommen waren: uns als Volk zu zerstören. Er wurde sich dessen bewußt, daß es nicht ihr Ziel war, aus uns gute Kommunisten zu machen, sondern vielmehr unsere völlige Anpassung und Zerstörung. Schlechte Nachrichten kamen aus anderen Teilen der Ukraine wie Galizien an. Die Inhaftierung ukrainischer Bischöfe erzeugte eine große Welle des Widerstandes gegen die Russen, und katholische Jugendliche begannen, sich in großen Kundgebungen und Gottesdiensten zu versammeln, während deren Priester ihnen redegewandte und mutige Predigten hielten. Es war unser Todesröcheln. Obwohl die Ukrainer ihre Treue bewahrten, waren sie reinster Gewaltherrschaft ausgesetzt. Unsere Kirchen wurden den sogenannten Orthodoxen, die zu Augen und Ohren der Kommunisten wurden, ausgehändigt, und die Unterdrückung fuhr fort, sich immer weiter auszudehnen.

Am Fest der Himmelfahrt Mariens, zu der die Ukrainer schon lange eine besondere und innige Verehrung pflegten, versammelten sich viele Leute in Mukatschiw bei einem verehrten Kloster, das unter dem Namen "Hügel der Mönche" bekannt war. Es war so etwas wie eine Massendemonstration zur Unterstützung Bischof Romschas. Die Begeisterung war so intensiv, daß selbst einige Orthodoxe an dieser Pilgerfahrt teilnahmen. Über 93 000 Gläubige waren anwesend.

Niemand ahnte, daß dies der letzte, legale Feiertag auf dem "Hügel der Mönche" sein sollte - daß die Entscheidung schon gefallen war, das Kloster den Russisch-Orthodoxen zu übergeben.

Oberst Tjulpanow und sein Adjutant waren wütend. Auf Dekret des kommunistischen Gemeinderates erließen sie für diese Massenversammlung an die Diözese ein Strafgeld von 21 000 Rubel und an jeden Priester eines von 1 000. Das ist schon eine große Summe in einem Land, in dem zu jener Zeit ein Landarbeiter am Tag höchstens drei bis vier Rubel verdiente. Die Kommunisten fingen auch an, grauenvolle Artikel gegen die marianischen Vereine, die Mission des Allerheiligsten Herzens Jesu und eine weitere Organisation, unter dem Namen "Gebetsapostolat" bekannt, zu schreiben. Die Geheimpolizei befragte, bedrohte und verhaftete noch mehr Katholiken.

Bischof Romscha verfolgte mit Tränen in den Augen, wie die sowjetischen hohen Funktionäre von Dorf zu Dorf zogen und versuchten, unsere Priester davon zu überzeugen, den Orthodoxen beizutreten. Sie versprachen ein angenehmes Leben und kirchliche Würden, sollte der Klerus zustimmen; andernfalls drohte man mit Gefängnis. Die Russen begannen auch eine gesonderte Kampagne gegen den Basilianerorden. Die Leute mochten die Basilianer, und die russische Propaganda hatte wenig Erfolg. Aber es waren die Sowjets, die die gesamte militärische Macht besaßen. Sie zitierten den Superior der Basilianer, P. Antoni Mondik, zusammen mit dem Superior des Klosters, Iwan Satmari, vor den Kreisrat.

Bevor sie sich zu dem Treffen aufmachten, beteten diese beiden Priester den Kreuzweg. Dann gingen sie, um zu sehen, was sie erwartete. Zwei Lastwagen standen im Hof, als sie ankamen - vom Typ, den man zum Gefangenentransport gebrauchte. Es waren auch Schnellfeuergewehre vorhanden.

Ein Major Kultschizki stand zusammen mit einem unbekannten Zivilisten im Flur. Ohne sie zu begrüßen, führten sie die beiden Priester in den dritten Stock, wo Oberst Tjulpanow zusammen mit Oberst Boiko, der den NKWD des Kreises leitete, ungeduldig wartete.

Ohne Umschweife erklärte Tjulpanow: "Wir haben mit unseren Partnern beschlossen, daß die Zeit gekommen ist, mit Ihnen im Namen der Behörden zu sprechen. Genosse Stalin ist beunruhigt über das Schicksal der Karpato-Ukraine. Und darum müssen Sie sich zwischen dem Papst und der heimischen, russischen Kirche entscheiden. Wir können Kapitalisten und Agenten des Vatikans nicht gestatten, irgendeinen Einfluß auf unsere sozialistischen Strukturen auszuüben. Sie müssen dieses Dokument unterschreiben."

Zwei Erklärungen lagen auf dem Tisch, und sie betrafen den Wechsel vom Katholizismus zur russisch-orthodoxen Kirche. P. Satmari wollte nichts damit zu tun haben. Er erklärte, daß er bereit sei, ins Gefängnis zu gehen. Jene Festigkeit und Kühnheit ertappte den NKWD auf dem falschen Fuß. Sie entließen die beiden Priester, aber sagten ihnen, daß die Angelegenheit noch nicht erledigt sei.

Und sie war es auch noch nicht. Am 24. März wurde das Kloster am "Hügel der Mönche" von NKWD-Agenten und der örtlichen Garnison umzingelt. Major Kultschizki und ein Hauptmann Wiktorow betraten den Speisesaal. Die Mönche und Priester standen schweigend auf. P. Satmari fragte, was der Anlaß des Besuches sei. Kultschizki ordnete die Trennung der Priester von den Brüdern an und dann wandte er sich an sie und riet ihnen, "freiwillig" der russisch-orthodoxen Kirche beizutreten. Sollten die Priester und Mönche die Erklärung nicht unterzeichnen, meinte Kultschizki, würde das Kloster dem Erdboden gleichgemacht und die Priester nach Sibirien geschickt.

Die Mönche sahen sich zwei gleichermaßen ekelhaften Wahlmöglichkeiten ausgesetzt. Wozu würden sie sich entscheiden? P. Satmari wandte sich an die Brüder und sagte: "Handeln Sie nach Ihrem Gewissen! Gott ist Ihr Zeuge, und Gott steht Ihnen bei."

Die Mönche waren unglaublich tapfer. Niemand von ihnen unterschrieb die Erklärung. Darüber waren die NKWD-Leute sehr erzürnt. Sie befahlen den beherzt widerstehenden Priestern, mit ihnen zu kommen und nichts mitzunehmen, außer was sie auf dem Leibe trügen. Dann ging es nach draußen auf die Gefangenentransporter, während die Besatzer das Kloster betraten.

Ein russisch-orthodoxer Mönch, der die Kommunisten begleitet hatte, näherte sich P. Satmari und sagte: "Wir vertreiben Euch nicht. Wer bei uns bleiben will, kann bleiben." Aber niemand wollte verweilen und damit Orthodoxer werden. Bis zum Morgen waren alle 30 Mönche zusammen mit ihren Oberen in das Dorf Imstitschowo deportiert worden. Der Verlust des Basilianerklosters am "Hügel der Mönche" war ein schwerer Schlag für unsere Kirche, welche allmählich begann, in die Katakomben hinabzusinken.

Aber in den Karpaten versuchte der Katholizismus noch immer an seiner öffentlichen Existenz festzuhalten. Ende Oktober 1947 fuhr Bischof Romscha mit einer Pferdekutsche in das Dorf Lochowo. Mit ihm waren zwei Theologen und ein Priester. Sie wollten in dem Dorf eine Kirche einweihen.

Nach der Weihe fuhren sie zum Nachbardorf weiter, und der Bischof blieb dort über Nacht. An jenem selben Abend fuhr ein Militärfahrzeug in den Ort ein, und es wurden dort Soldaten gesehen. Man schrieb den 27. Oktober - wiederum mein Geburtstag. Ich war gerade vier Jahre alt geworden. Jedenfalls fuhren der Bischof und seine Begleiter am Montagmorgen auf einer Dorfstraße weiter und näherten sich bald einer Bahnstrecke.

Plötzlich tauchte ein Militärlastwagen mit Soldaten der Roten Armee auf und stieß bei voller Geschwindigkeit mit der Kutsche zusammen. Durch den Aufprall wurde der Wagen zerstört, die Pferde getötet und Bischof Romscha landete mit seinen Gefährten blutend und bewußtlos im Graben.

Schließlich kam der Bischof wieder zu sich und erhob sich auf wackeligen Beinen. Dort war ein Kieslastwagen voller Soldaten und sie beobachteten den Vorgang. Als sie sahen, wie Romscha und seine Begleiter wieder zu sich kamen, sprangen sie mit Schnellfeuergewehren vom Wagen herunter und schlugen damit auf ihre Köpfe ein. An jenem Abend fanden die Dorfbewohner Bischof Romscha und brachten ihn ins Krankenhaus. Er befand sich im Koma, aber wie durch ein Wunder lebte er immer noch. Innerhalb von Tagen erlangte er das Bewußtsein wieder und bat um die Gelegenheit zur Beichte. Nach seiner Beichte verlangte er nach einem Rasierapparat, und zu jedermanns Erstaunen begann er sich zu rasieren.

Die Nachricht von dieser erstaunlichen Genesung verbreitete sich durch die Stadt. Leute von überall in den Karpaten kamen im Krankenhaus an.

Aber die Kommunisten, wie Sie immer wieder sehen werden, sind sehr beharrlich. Zwei Tage nach des Bischofs Genesung tauchte eine neue Operationsschwester im Krankenhaus auf. Niemand kannte diese Person - eine geheimnisvolle und tückische Frau, die nur ihren Befehlshabern bekannt war. Am 1. November betrat die Krankenschwester begleitet vom Chefarzt der Chirurgie, der ein Jude war, Bischof Romschas Zimmer, während sie ein Tablett trug, auf dem sich eine Spritze befand. Der sehr beliebte Bischof starb wenige Augenblicke nach der Injektion.

## 4. Kapitel

# JUNG UND KATHOLISCH

Teuflisch! Fällt Ihnen ein besseres Wort dafür ein? Vergessen Sie nicht, daß dies nur ein paar Bruchstücke der Qualen waren.

Nach Bischof Romschas Tod wurde die Kirche des östlichen Ritus in den Karpaten in die russisch-orthodoxe Herde gezwungen. Im Sommer 1949 stellten die Sowjets einen ihrer eigenen Agenten als Sekretär der Diözese Mukatschiw ein.

Natürlich, wie schon gesagt, war ich erst ein vierjähriger Junge zur Zeit des Mordes an Romscha. Meine Großmutter Fales unterrichtete mich im katholischen Glauben, aber ich beachtete die unnötige Zerstörung um mich herum nicht. Für mich war das Leben noch eine Freude. Ach, die Ukraine! Schneebedeckte Berge ersteigen, Höhlen erforschen, Tiere in freier Wildbahn beobachten! Es gab Adler, Eulen, Hirsche. Und widerhallende Wasserfälle. Die Bezeichnung für die Gegend übersetzt man mit "zwischen den Hügeln", und ich war es gewohnt, die Felsen zu ersteigen und die Bergluft zu atmen. Oft trug sie den Geruch von Apfelblüten. Wenn die Sonne über den alpenähnlichen Tälern unterging, streckten sich die Sonnenblumen himmelwärts und die Kieferwälder sahen nahezu purpurn und türkis aus.

Als junger Bub sammelte ich riesige Pilze oder hütete die wenigen Tiere meiner Großeltern. Ihnen war nur wenig geblieben, weil sie sich weigerten, einer LPG beizutreten. Es war ein einfaches, bescheidenes Leben. In meiner Jugend pflügten wir mit Pferden und holten unser Wasser aus einem Brunnen. Mein Großvater, der ein guter Erfinder war, grub einen Kanal, um das Wasser näher an unser Haus heranzuleiten. Er hatte Gänse, Geflügel, eine Kuh und einen Widder. Die Industrie darum herum bestand aus Bergbau und Holzfällerei - die Ukraine hat die besten und zugänglichsten Minen in der Sowjetunion - und die Leistungsunfähigkeit des Kommunismus konnte man selbst an den Flaschenzügen der Holzfäller aufzeigen. Die Flaschenzüge waren von Amerikanern hergestellt worden, als wir unter tschechischer Kontrolle waren, und wenn der Mechanismus einen Defekt hatte, waren die Kommunisten nicht in der Lage, sie zu reparieren.

So waren auch die LPGs eine Katastrophe. Wer will schon arbeiten, wenn seine Eier, Milch und Getreide an die Regierung abgegeben werden und man gezwungen ist, sich eine Mahlzeit zusammenzukratzen?

Das ist, was mich betrifft, Marxismus: sich eine Mahlzeit zusammenzukratzen, obwohl man inmitten von üppigem Ackerland lebt. Es ist kein selbstloses oder lebensfähiges System, und jene Intellektuellen, die daran glauben, sind mit geistiger Blindheit geschlagen. Es gab immer wieder Gerüchte, daß Marx sich ein wenig mit Satanskult befaßte - ja, tatsächlich mit schwarzen Messen - und ob das wahr ist oder nicht, schrieb er als Jugendlicher ein schwärmerisches und surrealistisches Gedicht, in dem er davon sprach, daß ihm vom "Prinzen der Dunkelheit ein Schwert" überreicht worden sei.

Jenes Schwert wurde während der nächsten fünf Jahrzehnte in die Kehle meiner Leute gestoßen. Wir wurden zu Leibeigenen gemacht. Es wurde von uns erwartet, daß wir unser Land, unsere Traktoren, unsere Mähdrescher, unser Vieh und unsere Pflüge an die Regierung abgaben. Nicht daß sie uns nur zwangen, unsere Bauernhöfe auszuhändigen, sondern die Sowjets rieben auch noch Essig in unsere Wunden, indem sie uns erdrückende Steuern aufbürdeten.

In vielen Fällen mußten alle Familienmitglieder arbeiten, um das bare Existenzminimum zu erzielen, und die Arbeit dauerte zehn bis 14 Stunden am Tag. Ein Arbeiter in einer Kolchose (Kolchos) mag am Tag drei Pfund Getreide, ein paar Pfund Kartoffeln und zwei bis fünf Rubel verdienen. Aber das ist nicht sehr viel, wenn ein guter Anzug 700 bis 800 Rubel kostet. Steuern und Kredite machten 25 Prozent des Einkommens aus. Einzelpersonen konnten eine begrenzte Anzahl eigenen Viehs unterhalten, aber, wenn Sie eine Kuh besaßen, mußten Sie der Regierung etwa 150 Liter Milch bezahlen, oder, wenn es ein Schwein war, waren gut 8 Kilogramm Fleisch fällig. Die Kuh oder das Schwein konnten nicht geschlachtet werden außer mit schriftlicher Genehmigung.

Und daran zu denken, daß mein eigener Vater, den ich noch immer nicht kannte, einer jener Bürokraten war, der karpatische Bauernhöfe in Kolchosen umwandelte! Die Aktivitäten meines Vaters handelten ihm eine Menge von Unannehmlichkeiten mit den Bauern ein, seine eigenen Verwandten eingeschlossen. Im Oktober 1949 wurde er von einer ukrainischen nationalistischen Gruppe dafür verwundet, daß er die erste von den Sowjets erzwungene LPG in der Gegend organisierte. So wie ich die Geschichte gehört habe, kehrte er zu seinem Büro zurück, als die Nationalisten - unter der Leitung meines Vetters Wasil und meines Vaters eigenem Bruder Mikola! - ihm einen Hinterhalt legten und ihn gefangennahmen. Mein Onkel sagte zu meinem Vater: "Bete, Mischa, dein Ende ist nahe!" Und Mikola sagte: "Wer bist du, daß du ihn zum Gebet anhälst? Er ist ein Kommunist. Töte ihn, und damit hat es sich!" Er wurde in die Seite geschossen, aber infolge seiner Fülle, die wie ein Puffer wirkte, gelang es ihm zu überleben.

Es war wie im Bürgerkrieg. Mein Vetter und mein Onkel hatten kein Erbarmen gezeigt. Sie schossen auf meinen Vater und ließen ihn wie tot liegen.

Auch meine Mutter war nicht sehr beliebt. Sie war eine feste Atheistin, die nicht in der Lage war, Zuneigung zu zeigen. Ich sah sie gelegentlich - sie betrat das Haus und klopfte mir auf dem Kopf herum, als wenn ich ein Hund wäre - und ich bemerkte nicht, daß sie meine Mutter war. Bis zu einem späteren Zeitpunkt wurde mir nicht gesagt, wer meine Eltern waren. Meine Großmutter wollte nicht, daß sie da war. Sie nannte ihre eigene Tochter "eine Frau aus Babylon". Es war die Bezeichnung meiner Großmutter für alle Kommunistinnen.

Zu jenem Zeitpunkt hatte meine Mutter ihre höhere Ausbildung im Zentralkomitee der ukrainischen kommunistischen Partei beendet. Sie war dabei, besondere Abteilungen vorzubereiten. Es gab eine ideologische Abteilung, und sie gelangte in das antireligiöse Büro jener Abteilung. Meine Mutter zielte darauf ab, mit der Zerstörung des Christentums Karriere zu machen. Schließlich wurde es ihre Aufgabe, Leute wie meine Großmutter zu zermalmen, Leute, die sonntags zur Kirche gingen und ihre Kinder das Beten lehrten.

In der Schule erwähnten die Lehrer einen kommunistischen Führer namens Lunatscharski, der immer sagte: "Gott ist mein persönlicher Feind." Sie lehrten uns, gegen Gott zu rebellieren. Sie machten geistliche Invaliden aus uns und erklärten einen zwölfjährigen Jungen zum Helden, weil er seine Eltern für irgendeine Übertretung bei den Sowjets anzeigte.

Sie vertrieben Liebe, Treue und Gott aus den Herzen der Jugend.

Wie meine Eltern und so viele andere in ein solch herzloses System hineingeschwemmt werden konnten, ist das, was Philosophen ein mysterium tremendum nennen. Es ist durch Logik schwer zu erklären. Sie unterdrückten nicht nur ihre eigenen Leute, sondern auch sich selbst. Es war lächerlich. Es war geheimnisvoll. Meinen Sie, daß jene sich sicher wiegen konnten, weil sie Kommunisten von Rang und Namen waren? Denken Sie noch einmal nach! Als mein Vater 1945 von der amerikanischen Armee befreit worden war, kehrte er in die Karpato-Ukraine zurück und stellte fest, daß er persona non grata war. Die Stalinisten vertrauten ihm nicht, weil er nach seiner Befreiung für eine kurze Zeit als Dolmetscher für die Amerikaner gearbeitet hatte. Trotz seiner Denunziation der Amerikaner wurde er aufgefordert, seinen Parteiausweis abzuliefern, und, um zu wiederholen, was ich schon vormals sagte, wurde ihm das Gefängnis nur erspart, nachdem Tito aus Jugoslawien sich für ihn einsetzte.

Es gab fortwährende Säuberungsaktionen in der paranoiden kommunistischen Partei.

Bald gelangte mein Vater wieder zu guten sowjetischen Ehren und erstieg die bürokratische Leiter. Er erhielt die Vollmacht vom Politbüro und dem Zentralkomitee der ukrainischen Partei, die ukrainische, nationalistische Bourgeoisie - den Mittelstand - zu zerschlagen. Dennoch gab es Spannungen mit dem Kreml, während er diese Aufgaben ausführte. Wenn Stalin dachte, daß man ihn im Stich ließ, konnte das den Kopf kosten. Das zeigte sich zum Beispiel, als Stalin meinen Vater und die Sekretäre mehrerer anderer Distrikte wie Lemberg und Drohobitsch zu sich beorderte, um sich von ihnen über ihren Fortschritt berichten zu lassen. Mein Vater sollte einen Bericht über die Einrichtung von LPGs in den Karpaten vorlegen.

Sie reisten mit einer gereizten Militärwache nach Moskau, und jeder von ihnen war darüber beunruhigt, was sie Stalin erzählen würden. Es war ihnen noch nicht gelungen, die ukrainische aufrührerische Armee, UPA genannt, niederzuwerfen. Nicht, daß sie es nicht versuchten: In Drohobitsch wurden täglich Leute aufgehängt.

Als sie in Moskau ankamen, wurden mein Vater und seine Begleiter zu Stalins Residenz im Kreml geführt. Der MGB trennte sie, so daß sie sich untereinander nicht absprechen konnten, und dann eskortierte der MGB einen Freund meines Vaters hinein. Nach seiner Plauderei mit Stalin wurde dieser Mann weggeführt, und niemand war sich ganz sicher, was aus ihm wurde. Als nächster kam mein Vater dran. Als er eintrat, stand Stalin, klein, dunkel und mit Pocken im Gesicht, hinter seinem Schreibtisch. Sein linker Arm war kürzer als sein rechter aufgrund einer Knochenerkrankung, die nie richtig ausgeheilt war. Stalins Berater saßen und warteten. Mein Vater begrüßte Stalin, und Stalin begrüßte ihn. "Wie geht es, Huzul?" fragte Stalin.

Mein Vater war ein kühner Mann. "Ich bin kein Huzul," sagte er, "ich bin ein Boiko." Er bezog sich auf verschiedene Arten von Landvolk.

Aber der Diktator lachte. "Was? Wagen Sie es, mir zu widersprechen? Wenn ich Sie einen Migrel oder Swan nenne, was würden Sie dann sagen?"

Was würde jeder bei gesundem Menschenverstand sagen? Sie würden zustimmen. Sie würden beistimmen, wenn Stalin behauptete, daß der Mond grün sei. Er befahl meinem Vater, sich hinzusetzen, und fragte ihn, ob er Cognac oder Tee wünsche. Mein Vater erbat sich Cognac. "Sagen Sie mir, wie die Dinge bei Ihnen verlaufen", wiederholte Stalin scharf.

"Der Kampf geht immer noch weiter, und wir wissen nicht, wann er beendet sein wird", erwiderte mein Vater.

"Ich gebe Ihnen sechs Monate, um die Bandera-Gruppe zu erledigen", sagte Stalin, wobei er sich auf die nationalistischen Guerillas bezog, die von Stepan Bandera geleitet wurden.

Mein Vater ist leicht erregbar. (Einen weiteren Charakterzug, den wir beide gemeinsam haben.) Er sagte zu Stalin: "Wenn ich an Ihrer Stelle wäre, was würden Sie dann sagen."

Die kühne, aber aufrichtige Antwort gefiel dem gewöhnlich unerbittlichen Diktator offensichtlich. "Jeder kommt hierher, um mir Lügen zu erzählen. Zumindest Sie tun es nicht." Es wurde festgestellt, daß es immer noch ein großes Problem mit den Partisanen gab. Stalin akzeptierte diese Einschätzung und winkte meinen Vater aus dem Zimmer. Was für ein Aufatmen. Eine falsche Antwort, und auf gings nach Sibirien.

Mein Vater wurde dann zu einer Diskussion mit einem Oberstleutnant in ein Privatzimmer geführt, der meinen Vater beauftragte, einen Bericht zu schreiben und in dem Bericht alle militärischen und finanziellen Hilfen zu beantragen, deren er bedurfte.

Mein Vater füllte diese Zusammenfassung aus, legte sie vor und bat, daß ihm bis 1949 Zeit gegeben werde, um LPGs zu organisieren. In jenem Jahr, als er auf dem Weg zurück von Hukliwi war, wurde er von seinen Verwandten angeschossen.

Sieht das alles zu seltsam aus? Die Sowjetunion war und ist ein sehr seltsamer Ort. Unsere Kuh mußte am Wegesrand grasen, weil meine Großeltern sich weigerten, einer LPG beizutreten und weswegen ihnen das Recht zum Benutzen einer Wiese verweigert wurde. Es wurde alles noch schlimmer, wenn man ein aktiver Christ war. Die Sowjets überwachten sehr genau alle religiösen Aktivitäten. Sie besaßen Daten darüber, wer einen orthodoxen oder einen römisch-katholischen Gottesdienst besuchte. Offiziell war der östliche Ritus 1946 aufgelöst worden, aber es gab immer noch ein paar funktionierende, römisch-katholische Kirchen. Die Kinder der Katholiken wurden oft am Schulbesuch gehindert, mußten schon in jungen Jahren auf den Feldern arbeiten und wurden von den Milchrationen ausgeschlossen. Wir aßen eine Menge an selbstgebackenem Schwarzbrot. Andererseits erhielten jene, die die orthodoxe Kirche besuchten, reichlich Milch und hatten keine Probleme, ihr Vieh zur Weide zu bringen. Sonntags ging der Regierungsbevollmächtigte von Haus zu Haus, um festzustellen, wer die Sendungen von Radio Vatikan hörte.

Meine Mitmenschen betrachteten die Orthodoxen als Agenten des Staates und nahmen ihnen die Übernahme der Kirchen des östlichen Ritus übel. Unter den eingezogenen Besitztümern befand sich die St.-Georgs-Kathedrale in Lemberg, welche den Russisch-Orthodoxen 1946 übergeben wurde. Wir Katholiken waren der Abschaum der Menschheit, offizielle "Staatsfeinde". In den höheren Regierungsposten gab es keine Katholiken. Und die Gebirgsdörfer bestanden hauptsächlich nur aus Frauen und Kindern, denn viele der Männer waren entweder im Krieg gefallen oder wurden in Lagern gefangen gehalten, arbeiteten in den Bergwerken oder versteckten sich in den Wäldern als Mitglieder der nationalistischen Guerillas. Wie ich, waren viele Kinder verlassen worden oder wurden von ihren Großeltern aufgezogen.

Im Sommer 1949 machten sich die Sowjets daran, die ukrainische katholische Kirche ein für allemal zu liquidieren. In jener Zeit gab es im karpatischen Gebiet der Ukraine 700 000 Katholiken des östlichen Ritus, 459 Kirchen und Kapellen, 281 Pfarreien und 359 Priester. Die Zahlen stammen aus den Regierungsarchiven meines Vaters. Weiterhin gab es 35 Mönche aus dem Basilianerorden in fünf Klöstern und 50 Nonnen in drei Klöstern. Darüber hinaus gab es noch 12 Vinzentinerinnen, neun Schwestern vom hl. Josef und 32 Schwesternhelferinnen. Das sind nur die Zahlen für das südliche Gebirgsgebiet der Ukraine. Insgesamt hatte vor 1946 die ukrainische katholische Kirche 2. 772 Pfarreien mit mehr als vier Millionen Gläubigen.

Die Verhaftungen und Prozesse rissen nicht ab. Bei Nacht und Nebel wurden die Priester weggeschafft, und man sollte sie nie mehr wiedersehen. Ich begegnete einigen von ihnen später in jener bodenlosen Hölle des sowjetischen Gefängnissystems. Die Katholiken wurden oft bezichtigt, Anstifter der nationalistischen Bewegung zu sein, und Wagen zum Abtransport erschienen bei jenen, die man formal anklagte. Schauergeschichten waren reichlich vorhanden.

Die sichtbarste Offenbarung dieser Ausrottung war die Schließung oder die glatte Zerstörung von Kirchengebäuden. Vielleicht fand niemals zuvor eine solch massive Zerstörung oder Übereignung von christlichen Gebäuden in der Geschichte statt. Aus irgendeinem Grund erreichte die volle Wahrheit davon nie die Christen im westlichen Europa oder Amerika. Die westliche Presse, welche von Ungläubigen, säkularen Humanisten oder jenen unter freimaurerischem Einfluß Stehenden beherrscht wird, hat bisher der Englisch sprechenden Welt noch nie vom vollen Ausmaß der Drangsale meines Landes - und des Christentums - berichtet. Und doch gab es genügend an Leiden zu berichten. Kirchentürme wurden umgestürzt, Kunstwerke geplündert, Ikonen ruiniert und Glocken zertrümmert - nicht nur in der Ukraine, sondern in der ganzen Sowjetunion. Stellen Sie sich vor Ihrem geistigen Auge einen Abbruchskran vor, wie er ein Kreuz von der Spitze einer Kirche herunterschlägt.

Stellen Sie sich einen barocken Glockenturm vor, wie er in einen Haufen Staub zusammenfällt. Stellen Sie sich vor, wie die Behörden Ketten und Sicherheitsschlösser an den Eingangstüren anbringen.

Es war um jene Zeit, als die verehrte Kapelle in Hruschiw für Beter geschlossen wurde. Hruschiw und das nahegelegene Lemberg waren besondere Ziele, weil sie Hochburgen der Kirche des östlichen Ritus waren.

Als ich also gerade dabei war, seine kostbaren Lehren kennenzulernen, wurde der Katholizismus um mich herum völlig niedergerissen. Beter mußten ihre Gebete so geheim halten wie der Dieb seine Beute. In den traurigsten Erinnerungen verbleibt der Tag - Sonntag, der 28. August 1949 - an dem es keine ukrainische katholische Kirche mehr gab, die man noch besuchen konnte. Spät in jener Nacht, nachdem meine Großmutter die Kühe gemolken hatte, fingen die Nachbarn an, sich im Haus zu versammeln. Dann kamen noch entferntere Verwandte. Ich erinnere mich, wie sie einander zuwisperten. Wir Kinder hatten uns in einer Ecke zusammengedrängt. Ich hörte, wie einer der Nachbarn sagte: "Er wird nach Mitternacht kommen. Macht kein Licht in Eurem Haus und verhängt die Fenster."

Ich wollte schlafen, aber ich wollte auch wissen, wer nach Mitternacht kommen würde. Müde schlummerte ich ein. Aber bald weckte mich der Gesang auf. Katholische Hymnen und Lieder. Der Besucher war ein basilianischer Priester, P. Dionisi Dribidko, der ein Onkel meiner Mutter war. So war es also, als in unserem Haus eine der allerersten Untergrundliturgien zelebriert wurde.

Für die Kinder war das etwas Aufregendes und für die Erwachsenen eine ausgesprochene Tragödie. Es war natürlich eine besondere

Tragödie für die Priester. Jede Nacht verbrachten sie bei einer anderen Familie, indem sie sich wie flüchtige Verbrecher verbargen. Die Leute verließen unser Haus einer nach dem andern, um dadurch keine unnötige Aufmerksamkeit bei den kommunistischen Sympathisanten zu erregen. Der Priester schlief auf einem Bett von Heu.

Von jener Zeit an versammelten wir uns in den Wäldern, um den Gottesdienst zu feiern. Oder manchmal öffneten Leute auch heimlich geschlossene Kirchen, um dort die Vesper, Motetten und Teile der Liturgie zu singen. Gelegentlich nahmen sie auch an einer Messe eines orthodoxen Priesters teil, dem sie vertrauten. Viele orthodoxe Priester behielten heimlich ihren Katholizismus bei.

An den Abenden sprachen die Erwachsenen über beides, Politik und Religion - sorgfältig darauf achtend, mit wem sie sprachen. Wieder andere lasen bei den biblischen Propheten nach und glaubten, daß die Probleme sich in die vorhersehbare Zukunft erstrecken würden. Das Buch der Geheimen Offenbarung des Johannes mag hier sachdienlich sein, insbesondere das 12. Kapitel. Man mag sich darüber wundern, was oder wer der "rote Drache" ist, und man stellt die Rolle der "mit der Sonne umkleideten Frau" fest. Historische Zeitabschnitte sind selten in prophetischen Äußerungen klar oder genau festgelegt, aber sie beinhalten lange Wartezeiten von "einer Zeit und anderthalb Zeit" gemäß der berühmten Prophetie des Johannes.

Wir hatten in der Ukraine eine Prophetin namens Pelagija, deren mystische Erfahrungen mit den Botschaften Fatimas und Hruschiws übereinstimmten. Sie war eine bemerkenswerte Frau, die, wenn sie sich in einem übernatürlichen Zustand befand, sowohl Lateinisch als auch Griechisch lesen konnte. Jedoch war sie normalerweise eine Analphabetin. Sie sagte sowohl die Zukunft Deutschlands als auch der Ukraine voraus. Sie rief die Ukrainer auf, sich zu bekehren, und stellte fest, daß die Wurzel des Atheismus die Selbstsucht sei. Sie warnte auch davor, daß der fanatische Nationalismus ein Produkt des Egoismus sei. Nachdem sich die Ukraine selber gereinigt hätte, sagte sie, würde sie wieder auferstehen. Pelagija wurde während der dreißiger Jahre getötet.

Wir würden auf die Reinigung warten müssen, und das zum größten Teil im Schweigen. Die Rote Armee war auf dem Vormarsch und der Verrat fing an. Um Vergünstigungen zu erhalten oder eigenen Bestrafungen zu entgehen, wurden Leute zu Informanten über ihre Nachbarn, Freunde und selbst Verwandte. Im Hintergrund des Bewußtseins lauerten immer die schrecklichen Geschichten über die Gefängnisse.

Einmal in der Woche schaute meine Mutter bei meiner Großmutter herein, und sie brachte Süßigkeiten und Kuchen mit. Manchmal brachte sie auch Kleidungsstücke für mich mit. Es war mir immer noch nicht klar, wer sie war. Sie war eine Frau mit starken Gesichtszügen und von einer verfeinerten Lebensart, sehr gut gekleidet, und ich dachte, daß ihr Name "Babylon" sei, weil meine Großmutter sie immer so nannte. Ich wurde ermahnt, niemanden ins Haus zu lassen, wenn meine Großmutter abwesend sei, aber ich war sehr gierig auf Süßigkeiten. Meine Mutter kam ins Haus und sagte sehr wenig. Weder küßte noch umarmte sie mich. Ich war sieben Jahre alt, ging in die 2. Klasse und trug sehr ärmliche Kleidung. Das einzige Einkommen meiner Großmutter bestand aus dem Verkauf von Milch an Offiziere. Dennoch wollte sie nicht, daß ich eines der Kleidungsstücke trug, die meine Mutter brachte, oder daß ich von der Schokolade aß.

Ich erinnere mich besonders an einen Besuch. Meine Mutter kam vorbei, und ich legte die Süßigkeiten auf den Tisch. Dann lief ich wie eine hungrige Katze immer um das Paket der Süßigkeiten von Babylon herum. Schließlich brach ich ein Stück Schokolade ab, im stillen hoffend, daß meine Großmutter meinen würde, daß eine Maus daran geknabbert habe. Dann aß ich noch mehr. Jetzt war es mir nicht mehr möglich, die Schuld auf eine Maus abzuwälzen, und als meine Großmutter es herausfand, umarmte sie mich und begann zu weinen. "Nimm niemals etwas von ihr an", sagte sie. "Wenn Du das ißt, wird Jesus Dich nie lieben. Es kommt aus sehr bösen Händen. Die Leute, die diese Schokolade machen, mögen keine Christen. Ich werde Dir etwas viel Besseres als Schokolade geben." Und dann holte meine liebe, bescheidene Großmutter einen Korb voller getrockneter Birnen.

Mein Großvater starb 1951, als ich in der 3. Klasse war. Damit wurde die ganze Last meiner Erziehung meiner Großmutter aufgebürdet, die mich in einer asketischen Umgebung aufzog. Normalerweise aß ich keinen Zucker oder Schokolade, und nie trank oder rauchte ich. Die Kinder aus katholischen Familien hielten zusammen. Auch wir hielten das vor den anderen Kindern geheim, aber wir kannten einander, weil wir nachts an geheimen Gebetstreffen teilnahmen. In gewisser Weise war es eine glückliche Zeit. Der Glaube war so stark. Obwohl ich noch nicht den tiefen, aktiven Glauben entwickelt hatte, der mich später erfüllen sollte, eignete ich mir dennoch, als ich älter wurde, eine große Achtung für den Reichtum und die Überlieferungen der katholischen Kirche an - der Kirche Christi, welche auf dem Felsen Petri erbaut ist.

Wenn man diese Kirche verleumdet, nimmt man das Wagnis persönlicher Katastrophen auf sich. Ich habe eine Reihe von Beispielen katalogisiert, in denen Ereignisse von scheinbar übernatürlicher Art Ungläubigen eine strenge Warnung gaben. Im Kreis Lemberg gab es einen Mann namens Stoiko, dem das Dorf Holohori unterstand. Eines Tages, im Jahre 1952, stand Stoiko bei einer Kapelle in der Nähe einer Jesusstatue. Ohne einen besonderen Grund nahm er einen Hammer und fing an, die Statue in Stücke zu zertrümmern. "Wo ist jener Gott?", schrie er die Dorfbewohner an, die ihn beobachteten. "Warum straft er mich nicht? Dies ist ein Stück Stein. Ihr seid alle Narren!"

An jenem Abend fand eine kommunistische Feier statt, und seine Frau hatte Pirogis gekocht, die sehr heiß waren. Stoiko stopfte sich mit dem würzigen Essen voll, und in seinem Darm entwickelte sich eine Verschlingung. Als sie ihn ins Krankenhaus brachten, war es schon zu spät.

Da war auch jener Stigmatisierte mit dem Namen Stepan Nawrozki, der von einem NKGB-Offizier befragt und geschlagen wurde. Das geschah schon viel früher, am 16. April 1939. Der sowjetische Agent forderte ihn heraus, daß er doch beweisen möge, daß es einen Gott gäbe, indem er ihm von seiner eigenen Familie erzähle. Stepan schwieg und bat Gott, daß er ihm eine Antwort schicken möge. Dann erhielt Stepan eine Eingebung über die Frau des Offiziers, die schwanger war. "In dem Moment, in dem Sie mich schlugen, starb Ihre Frau während der Geburt", sagte Stepan, der die Familie des Agenten nicht kannte. Und es war wahr. Es geschah in Kiew. Sie entließen Stepan, aber verhafteten ihn später wieder und steckten ihn in ein psychiatrisches Gefängnis.

Ich bin davon überzeugt, daß Gott seine Gnade je individuell gibt und nimmt. Kleinliche Christen neigen dazu auszutrocknen. Es fehlt ihnen an Gnade, weil sie nicht genügend lebendigen Glauben haben. Gott wartet darauf, daß sie ihren Glauben behaupten. Sich einfach auf die oberflächlichen Umgangsformen zu konzentrieren (sich ordentlich anziehen, laut mitsingen, zum rechten Zeitpunkt das Kreuzzeichen machen) ist nicht annähernd genug. Man muß dem lebendigen Geist Christi folgen. Man muß willens sein, für ihn alles zurückzulassen. Man muß mit Liebe und Wissen handeln.

Nehmen wir zum Beispiel meine Tante, die mit einem Grafen in Ungarn verheiratet war. Ihr Gatte starb 1945, und meine Großmutter hatte sie nach Hause zurück in die Karpaten geholt. Sie war eine ordentliche Katholikin, aber nach dem Tod ihres Mannes, als sie weder Reichtum noch Ansehen mehr besaß, fand sie es sehr schwer, wie ein gewöhnlicher Mitbürger zu leben. Sie war gezwungen, all ihr Gold und ihre Juwelen zu verkaufen, aber sie vermochte es nicht, ihren Lebensstil aufzugeben.

Gibt es nicht unter den Lesern irgendwen, der nicht eine ähnliche Art von Stolz besitzt? Denken Sie darüber nach! Beobachten Sie sich selbst während des Tages! Bemerken Sie all die Umstände, in denen sie nach Aufmerksamkeit verlangen, sich über andere ärgern, ein besseres Auto als der Nachbar haben wollen oder in sich Neid, Egoismus oder Eifersucht erfahren. Sind Sie übermäßig selbstzufrieden? Meinen Sie, daß es Ihnen besser gehen sollte, als es Ihnen tatsächlich ergeht? Sehen Sie jemanden auf der Straße und denken bei sich selber: "Ich bin heiliger als jener arme Kerl." Das ist die schlimmste Form des Stolzes, geistiger Stolz. Stolz hindert den Fluß der Gnade, und es ist oft sehr schwer, ihn zu entlarven oder wahrzunehmen.

Ich erwähne meine Tante nicht, um sie zu verurteilen, sondern als ein Beispiel dafür, wie Religiosität wahren Glauben und Christentum ersetzen kann. Sie war eine solch genaue Katholikin, daß, wenn ich nicht richtig betete, sie mir einen Stoß gab oder mich an den Haaren zog. Aber nie sah ich, daß sie jemandem in Not half, jemandem, der litt. Sie wohnte bei Großmutter, und keine ihrer Schwestern mochte sie. Vielleicht war es deswegen, warum meine Großmutter Mitleid mit ihr hatte. Sie hieß auch Anna, aber als sie zurückgekehrt war, benutzte sie ihren ukrainischen Namen nicht mehr. Meine Großmutter fragte sie: "Warum bist Du so hart? Du hast ein hölzernes Herz. Es genügt nicht zu beten. Du mußt auch etwas tun. Du mußt Taten des Glaubens und der Liebe vollbringen!" Sie kritisierte meine Tante dafür, daß sie niemals lachte oder weinte.

Meine Tante war davon überzeugt, daß die Amerikaner die Russen aus der Karpato-Ukraine vertreiben würden und daß den Leuten ihr Eigentum zurückgegeben würde. Meine Großmutter sagte ihr, daß die Sowjets niemals die Gegend verlassen würden. Sie forderte sie auf, die Tatsache zu akzeptieren, daß sie keine Gräfin mehr sei, was meiner Tante sehr schwer fiel. Sie hatte das Bedürfnis, Autorität auszuüben. Von Beruf war sie Apothekerin, aber in ihrer Nebenbeschäftigung war sie Vorgesetzte - meine persönliche, strenge Lehrerin. Sie schrie nie, sie drehte mir nur mein Ohr um; und manchmal hatte sie auch nicht Unrecht. Ich war ein Derwisch. Wenn es sonntags möglich war, ging ich zur Kirche, aber wie jedes Kind mochte ich das anfangs nicht. Es war ja nicht so, daß ich sofort die Tiefe des Christentums schätzen lernte. Ich ging nur zur Kirche, weil ich gerne mit den anderen Kindern vor der Messe spielte.

Wir spielten im Garten der Kirche, und wenn die Glocke zur Messe läutete, nahm jedes Elternpaar ein Kind bei der Hand, und wir standen wie Soldaten in einer besonderen Ecke, die für die Kinder abgetrennt war. Unter der Kuppel befand sich ein Balkon im Kreis herum, auf dem wir herumwanderten und von dem wir auf die Leute spuckten. Sie dachten, daß wohl ein Loch im Dach sei. Da waren oben vierzig von uns, die sich bückten und sich so versteckten, aber schließlich wurden wir doch gefaßt. Meine Tante schlug uns mit Brennesseln, einer Pflanze deren Haare stechen.

Mensch! Brannte das! Alles brannte wie Feuer. Wir begannen zu schreien. Jemand meinte, daß kaltes Wasser helfe, aber als wir ins Wasser stiegen, wurde es umso schlimmer.

In den folgenden Monaten benahmen wir uns gut, aber die Erinnerung wich nicht, und eines Tages beschlossen wir, uns zu rächen. An Pfingsten hatten wir ein Essen im Obstgarten. Zur Kirche gab es einen schmalen Pfad, der von hohem Gras umsäumt war. Die Erwachsenen benutzten diesen Pfad, und deshalb nahmen wir einen Telefondraht, spannten ihn quer über den Weg, und als sie am Abend zurückkehrten, stolperten einige der Erwachsenen und fielen in einen mit Wasser gefüllten Graben. Meine Tante war die erste.

Natürlich hatten wir nach jenem Bubenstück Angst, nach Hause zu gehen, aber sollten wir weglaufen, so würden wir alle strengstens bestraft. So schauten wir uns nach Freiwilligen um, die die Schuld auf sich nähmen. Die Wahl fiel auf mich und einen Jungen, der der Sohn eines örtlichen Lehrers war.

Wir knieten nieder, beteten das Vater-unser und das Gegrüßet-seist-Du-Maria und dann gingen wir beide ins Haus. Zu meiner Überraschung fing meine Tante nicht sogleich an, mich anzuschreien, aber in jener Nacht beim Gebet drehte sie sich zu meiner Großmutter um und sagte ihr, daß ich niemals ein Adeliger sein würde, daß ich Abschaum sei. Meine Großmutter war meine Freundin. Ich erzählte ihr, daß sie uns mit Brennesseln geschlagen hatten und daß wir uns an ihnen rächen wollten. Ich erzählte ihr von dem Telefondraht. Meine Großmutter lachte und küßte mich.

Ich war immer in Schwierigkeiten. Einmal ließ ich den Widder namens Beck heraus, und er trat meiner Tante ins Hinterteil, als sie gerade beim Hacken der Kartoffeln gebückt war. Es gab noch einen anderen Vorfall, bei dem ich die Augen einer Nikolausstatue verband. Jedoch zur gleichen Zeit betete ich immer wieder, nicht in Schwierigkeiten zu geraten. Das war um die Zeit, als ich in der 5. Klasse war. Da erhielten wir eine neue Lehrerin, eine Russin, und ich mußte wohl vergessen haben, daß ich gerade gebetet hatte, keinen Ärger zu bekommen. Diese russische Lehrerin kam ins Klassenzimmer, und wir wollten, daß sie sich an diesen ersten Tag in der Schule erinnern sollte. Ich nahm Knoblauch und rieb damit die Tafel ein, so daß sie darauf nicht schreiben konnte. Das ganze Zimmer roch wie Kowbasa.

Fotos von Josip Terelja
zur Zeit seiner ersten Verhaftungen - 1962

*Boris Terelja (Josips Bruder) - 1982*

Als nächstes fing ich zwei Mäuse, schloß sie in das Pult der Lehrerin ein und warf die Kreide weg.
Als sie zum Pult ging und in die Schublade faßte, um ein neues Stück Kreide hervorzuholen, verspürte sie nur jene pelzigen Nagetiere.
Ich sage das als Beweis dafür, daß ich kein Kandidat für eine Heiligsprechung war. Aber es gab nicht nur Vergnügen und Streiche. Jene Lehrer versuchten, aus uns Russen zu machen - indem sie uns unserer Kultur entledigten und uns alles, was mit Gott zu tun hatte, verbaten - und sie kamen zur Kirche und machten sich Notizen darüber, wer von uns die römische Messe besuchte. Die Kinder der Kommunisten machten es uns auch schwer; sie waren sehr aufdringlich und arrogant. Sie gingen nach Hause, sprachen mit ihren Eltern und machten anderen Ärger. Jene, die der Partei angehörten, hatten alle verhältnismäßig viel Luxusartikel. Sie hatten gute Nahrungsmittel und fuhren Autos.

Stalin starb 1953, aber die Brutalität und Unterdrückung blieb. Zuerst wurde sie ein bißchen schwächer, aber bei anderer Gelegenheit wurde sie erneut verschärft. Georgi M. Malenkow, der Premierminister wurde, trat die Nachfolge Stalins mit Nikita Chruschtschow an, den mein Vater gut kannte, und der lange mein Volk als Chef der ukrainischen, kommunistischen Partei terrorisiert hatte. Chruschtschow wurde der neue Erste Sekretär.
Mein Vater wurde beinahe 1951 hingerichtet, weil er nicht alle Leute, wie Stalin es wollte, ins Exil geschickt hatte, aber er überlebte wiederum dank der Hilfe Titos, der von den erneuten Problemen meines Vaters durch einen Vetter gehört hatte, der der Zweite Sekretär der ukrainischen, kommunistischen Partei war. Mein Vater wurde zum Direktor für Bodenschätze in den Karpaten ernannt und wurde später Direktor für Ferienheime. Sie hatten ihm sein Parteibuch abgenommen, und als sie es ihm später zurückgeben wollten, weigerte er sich.
Um die 5. Klasse herum entdeckte ich, daß die Frau, die die Süßigkeiten brachte, meine Mutter war. Sie und mein Vater lebten in den Bergen ungefähr dreißig Kilometer entfernt. Manchmal verbrachte ich auch einige Zeit bei ihnen, aber ich kehrte immer wieder zur Großmutter zurück. Als Sohn eines hohen Funktionärs der kommunistischen Partei wurde ich 1953 in ein Sanatorium in Jaremtscho unter dem Vorwand geschickt, daß ich Tuberkulose hätte. Ich verbrachte dort zwei Monate, und eines Tages hörte ich schnelle Schüsse aus der Richtung von Dora. Am nächsten Tag wurden wir Kinder von einem Mann in Uniform mitgenommen, um mehrere "Banditen"

(in Wirklichkeit Nationalisten) zu sehen, die hingerichtet worden waren. Sie waren bloß junge Burschen, und man befragte uns, ob wir einige von ihnen erkannten. Bei dem Anblick schlossen wir unsere Augen. Ein anderer Mann in Zivil stieß Flüche auf uns aus und, indem er auf unsere Gruppe wies, sagte er auf Russisch: "Sie werden bald genauso wie die da sein. Die sollten alle hingerichtet werden."

Hingerichtet?

Bei den Leichen unserer Helden schwor ich, daß ich, sobald ich aufgewachsen wäre, die russischen Besatzer bekämpfen würde, solange ich lebte. Sie waren schrecklich. Sie sandten wirkliche Verbrecher - Gewaltverbrecher und Diebe - um unsere Dörfer auszurauben und die Frauen zu vergewaltigen. Und doch konnten sie unsere nationalistischen Gefühle und unseren Katholizismus nicht auslöschen. Der Nationalismus kam selbst in Kommunisten wie meinem Vater hoch. "Siehst Du diese Hügel?" fragte er mich einmal. "Sie gehören uns und nur uns. Vergiß nicht, die Wahrheit zu lieben, weil alle Leute ihre eigene Wahrheit und Freiheit, ihren eigenen, einzigartigen Lebensstil haben."

Ich hatte zwei Brüder und eine Schwester, die bei meinen Eltern lebten. Am besten verstand ich mich mit meinem Bruder Boris. Mein anderer Bruder, Sergi, starb als kleines Kind. Als ich zehn und er acht Jahre alt war, steckte Boris Heu auf einer LPG in Brand. Es war die Art, wie Boris seine nationalistischen Impulse zum Ausdruck brachte.

Gewöhnlich stahl ich Heu aus der LPG für meine Großeltern, indem ich es in einer Decke zurückschleppte. In der ganzen Ukraine verübten die Bauern Sabotage an Landmaschinen, schlachteten Kühe aus der Kolchose und griffen bei Gelegenheit russische Beamte an. Einige Ukrainer, die sich mit den Verhältnissen, unter denen sie lebten, nicht abfinden konnten, verübten Selbstmord. Und in der ganzen Sowjetunion wurden Leute aufgegriffen und ins Gefängnis geworfen. In einer Vierjahresperiode kamen allein eine Million an einem einzigen Ort um - dem Dalstroi-Konzentrationslager in Sibirien. Von den 31 Schülern, die mit mir die 8. und 9. Klasse besuchten, wanderten schließlich 19 ins Arbeitslager oder Gefängnis. Die Kinder, die ins Gefängnis gelangten, waren die aktiven, die die besten Noten hatten. Die schwerfälligeren Kinder, die nur gute Noten im Benehmen hatten, wurden Kommunisten.

Die größte seelische Erschütterung meines Lebens erlebte ich im Juli 1956. In jenem Sommer fand meine Großmutter - meine politische Verbündete, diejenige, die mich gelehrt hatte, Gott zu lieben -

den Weg in die Ewigkeit. Das war für mich eine sehr unruhige Zeit. Die Frau, die mich wie eine Mutter erzogen hatte, war tot. Nun mußte ich mit meinen wirklichen Eltern zusammenleben, und diesmal endgültig.

Es war Zeit, von meinem Heimatgebiet Abschied zu nehmen und hinzugehen, um bei Babylon zu wohnen.

## 5. Kapitel

## SOLDAT FÜR CHRISTUS

Plötzlich befand ich mich im Haus einer Frau, deren Aufgabe es war, das Christentum in der Ukraine zu zerstören. Ich wäre gerne gestorben, um in den Fußstapfen meiner Großmutter zu wandeln. Tagelang lief ich von zu Hause fort. Während meine Großmutter mit mir morgens betete und es in meinem Tagesablauf immer Besorgungen für die Kirche gegeben hatte, wollte meine Mutter von all dem nichts wissen. Sie verbot mir, zu Hause zu beten, und sie entriß mir mein Kreuz.

Mein Vater hatte die Einstellung, mich für den Augenblick gewähren zu lassen. Er dachte sich, daß ich früher oder später zur Besinnung kommen würde. Aber meine Mutter, Marija Margareta, war eine strenge Kommunistin. Es gab Parteiversammlungen in unserem Haus, und ich lernte die Wahrheit über die kommunistische Psychologie kennen. Sie sind in Wirklichkeit keine Idealisten. Die einfachen Leute interessieren sie nicht. Nie hörte ich die kommunistische Elite vom Schicksal der Bauern reden. Das einzige, worüber sie sprachen, war Geld und Datschas - Wochenendhäuser, in denen sie das Leben genießen konnten. Ohne Beziehung zu Geistlichem, sind Kommunisten zusammen mit anderen Atheisten die unübertroffenen Materialisten.

Hätte ich den kommunistischen Weg gewählt, hätten sich mir alle Türen geöffnet. Während der nächsten sieben Jahre sah ich einen Vorbeimarsch an sowjetischen Koryphäen - Generäle, Minister - die in unserem Wohnzimmer willkommen geheißen wurden. Chruschtschow verbrachte ein ganzes Wochenende in der Datscha meiner Eltern, als er ein ukrainischer Beamter war. Der Vetter meines Vaters wurde Sekretär der Partei auf der Provinzebene, und so sah ich auch Leute wie Kossygin. In der Zwischenzeit fielen die lokalen Parteifunktionäre übereinander her, um meiner Mutter zu beweisen, daß sie zuverlässige Atheisten waren, indem sie fieberhaft daran arbeiteten, die Kirche zu liquidieren.

Da wollte ich Mönch werden und war zugleich von Spionageagenten umgeben. Die Korruption und der Verrat liefen gleichzeitig auf der persönlichen und politischen Ebene ab. Ich erinnere mich noch an eine Geschichte, wie mein Vater und ein anderer regionaler Beamter, Chruschtschow mit einer ungarischen Prostituierten namens Magda verkuppelten. Sie wurde seine Mätresse und beeinflußte einiges in Chruschtschows offizieller Politik. Darum predige ich immer, daß man einer Person auf der politischen Ebene nicht trauen kann, wenn diese Person auf der persönlichen Ebene moralisch korrupt ist. Mein Vater liebte mich sehr, und ich hatte in der Schule gute Noten, aber ich glaube nicht, daß meine Mutter uns Kinder wirklich liebte. Sie war nicht die Kommunistin, die sie vorgab zu sein, aber sie kannte sich in den Strukturen der Bürokratie aus, und sie wußte, wie man sich Feinde machen konnte, um sie gegeneinander auszuspielen.

Es war kein Leben in Frieden und Wonne. Meine Eltern hatten einige ernsthafte Auseinandersetzungen. Einmal regte sich mein Vater auf und sprach davon, daß meine Mutter damit anfangen sollte, zu Hause zu bleiben, daß er keines "Kommunisten im Rock" im Hause bedürfe. Sie begann, ihn zu denunzieren, indem sie sagte, daß man ihm nicht trauen könne. Obwohl mein Vater nicht glaubte, bewahrte er doch in seinem Zimmer eine Ikone auf, und meine Mutter gab diese Information an die Partei weiter. Als mein Vater sie schwarz und blau schlug, stellten sich die Behörden in Kiew und Moskau taub. Sie wußten, was für eine sie war. Und der KGB, der Mitleid mit meinem Vater hatte (und sich bewußt war, daß er zuviel über ihre eigenen Skandale wußte) erklärte ihre blauen Flecken als das Resultat eines Unfalls.

Lassen Sie mich Ihnen des weiteren noch zeigen, wie possenhaft und degeneriert der Kommunismus war und immer noch ist. Im Jahre 1951 erhielt mein Vater einen Befehl aus Moskau, drei Kandidaten für den Leninpreis zu finden - einen hervorragenden Schweinehirten, einen, der sich in der Rübenernte auszeichnete, und einen vorzüglichen Melker. Es war mit einem Pulitzerpreis der Landwirtschaft zu vergleichen. Aber jemanden zu finden, der sich wirklich einer Kolchose widmete, war eine schwierige Aufgabe. Wir hatten nicht mal eine Kolchose in der Gegend. Die jungen Leute widersetzten sich dem kollektiven System, und niemand jätete das Unkraut zwischen den Rüben oder hütete die Schweine.

Unerschrocken machte sich mein Vater daran, irgendwen zu finden, den man als Preisträger vorschlagen konnte. An einem Gymnasium in Bukiwez entdeckte er ein sehr schönes Mädchen mit dem Namen Anna Slitschko. Er sprach mit ihr und sagte ihr, daß sie im Begriff sei, eine berühmte Schweinehüterin zu werden. Sie nahmen sie zum Kreisbüro mit, und der Prokurator verliebte sich in sie. Der russische Sekretär verliebte sich auch in sie. Und auch mein Vater verfiel ihr. Sie schlief mit allen dreien. Obwohl es in dem Dorf keine LPG gab - jedenfalls keine, die Schweine hatte - stellten sie eine Liste von Erfolgen auf, und ihr wurde das rote Banner verliehen.

Es muß schon ein toller Lebenslauf gewesen sein, den sie ihr andichteten. Als nächstes wurde Anna nach Kiew gerufen, um noch einen höheren Orden zu erhalten. Dann geschah das schlimmste, was passieren konnte: Chruschtschow war so beeindruckt, daß er beschloß, in dem Dorf vorbeizuschauen, um Annas berühmte Schweinezucht zu besichtigen.

Das Problem war natürlich, daß die Schweinezucht gar nicht existierte. Mein Vater war nervös. Einerseits war es ein leichtes für Moskau, über seine persönlichen Taktlosigkeiten hinwegzusehen, aber Chruschtschow eine öffentliche Blamage zu bereiten, war schon eine ganz andere Angelegenheit. Die Presse stellte Anna als einen jungen Helden der Sowjetunion dar, und Chruschtschow wollte in drei Tagen erscheinen. Es ist unmöglich, einen Bauernhof in drei Tagen zu errichten, aber genau das war meines Vaters Aufgabe, indem er, wie verrückt hin- und hereilend, Baumaterialien zusammensuchte und die besten Schweine aus der Gegend einsammelte.

Sie brachten Chruschtschow zum "Bauernhof", und er war überwältigt. Die Schweine waren nicht nur riesig, sondern auch sauber. Es gab nicht einmal ein Geruchsproblem. Welch schöner Hof!

Wo fanden sie diese guten, großen Schweine? Auf den privaten Höfen. Aber Chruschtschow wußte das nicht, und Anna erhielt den "Leninorden".

Sollte man sich bei solchen Schikanen wundern, daß ich das System zutiefst ablehnte? Meine Loyalität gehörte der Kirche und den antisowjetischen Nationalisten. Diese Partisanen waren Helden. Für uns war ihr Leben tapfer, aufregend und romantisch. Zu jener Zeit gab es neue Bataillone im Untergrund, die sich auf die ungarische Revolution vorbereiteten. Im Mai jenes Jahres kehrte eine Reihe von politischen Gefangenen, die nach Stalins Tod Amnestie erhielten, nach Hause zurück, um eine neue politische Front zu bilden.

Eines Tages waren Boris und ich dabei, uns durch ein dichtes Dickicht an einem Fluß entlang zu einer geheimen Bergschlucht durchzukämpfen, in der wir ein Baumhaus errichtet hatten. Wir planten, dort über das Wochenende unser Biwak aufzuschlagen. Da gab es einen Vorrat an Nahrung, Erste-Hilfe-Ausrüstung und Waffen. In jenen Tagen gab es eine Menge an Waffen in den Karpaten.

Wir bereiteten uns darauf vor, Speck zu braten, indem wir eine Feuerstelle aus trockenen Zweigen errichteten, als wir plötzlich den Schrei einer Elster hörten. Das bedeutete, daß etwas Großes - Tier oder Mensch - sich uns näherte. Das Schwirren eines Hubschraubers zerschnitt die Luft, und wir löschten schnell das Feuer. Dann hörten wir Schüsse. Maschinengewehre. Die Explosion von Granaten. Wir kletterten in unser Baumhaus zurück und verhielten uns ganz still.

Dann geschah nichts mehr. Boris kletterte nach unten, um Wasser zu holen, und ich schlief ein. Aber plötzlich schüttelte er mich wach und sagte mir, nach unten zu sehen. Da stand eine Gruppe bewaffneter Männer bei dem Feuer, das wir ausgemacht hatten.

Wir wußten nicht, ob sie bloß Waldarbeiter oder von der Sowjetarmee waren. Einer von ihnen war verletzt, und wir lauschten ihren Gesprächen. Drei sprachen in einem karpatischen Dialekt und zwei mit einem galizischen Akzent. Wir hörten, wie sie sagten, welch guter Ort die Bergschlucht sei, sich vor den Russen zu verstecken. Das waren die guten Kerls. Es bedeutete, daß sie Partisanen waren.

Aber wir waren immer noch besorgt. Schließlich schlich ich mich hinunter, um ein Bedürfnis zu erledigen - wobei ich bis auf 15 Meter an sie herantrat - und als sie hörten, wie ich einen Ast abbrach, als ich gerade begann wieder hinaufzuklettern, wurden die Männer still, und ich hörte das Klicken vom Spannen eines Gewehrs.

Das kann das lauteste Geräusch der Welt sein, das Spannen eines Gewehrs. Ich kroch zum Fluß zurück und duckte mich außer Sicht. Ich war schweißgebadet, und als ich mich niederbückte, um mein Gesicht zu waschen, hörte ich jemanden hinter mir. Als nächstes spürte ich ein Gewehr im Nacken. Ich sagte nichts. Der Mann durchsuchte mich und fand eine Pistole in meinem Gürtel. Er fragte mich, was für ein Bandit ich sei, und ich antwortete ihm, daß ich aus Wolowez sei. "Wie heißen deine Eltern?" wollte er wissen. Ich erwiderte mit dem Familiennamen meiner Großmutter: Terelja. Ich hatte nicht die Absicht, den Namen meines Vaters zu nennen.

Die Nationalisten brachten mich zu ihrem Lager, und dort sah ich den Mann, der verwundet war. Sie hatten ihn schon verbunden, aber es kam immer noch Blut durch die Aderpresse durch. Ich erkannte einen von ihnen als einen Mann, den ich einst als Schäfer gesehen hatte. Er wußte von meiner Neigung, von zu Hause wegzulaufen und mich allein in den Bergen aufzuhalten. Der Anführer der Gruppe war ein bekannter Partisan namens Michailo Stajer. Boris und ich bei berühmten Nationalisten! Mein Bruder kam vom Baumhaus herunter, und wir gaben ihnen Jod und Watte zur Erneuerung des Verbandes. Wie sich herausstellte, wußten sie, daß meine Eltern Kommunisten waren, aber es war offensichtlich an der Art, wie wir sprachen, daß unsere geistige Verwandtschaft bei den Nationalisten lag, und sie kannten einen meiner Vettern, der ein Partisan war. Boris brachte auch einige Kartoffeln, Speck und Würste herunter. Wir bereiteten eine Mahlzeit vor.

Aber dann hörten wir, wie ein Hund bellte, und beeilten uns, Wasser in das Feuer zu gießen. Danach ein Hagel von Kugeln. Wir waren gezwungen, bis zum Sonntag im Versteck zu bleiben.

Wir waren über den verletzten Guerilla besorgt, dessen Wunde sich zu entzünden begann. Er brauchte Antibiotika und Stajer fragte, ob wir nach Hause gehen und ihnen Arzneien, Honig und Mehl besorgen könnten. Wir stimmten zu und begaben uns auf den fünfstündigen Weg zurück nach Hause.

Mein Vater war im Dienst (er war oft außerhalb der Stadt), aber meine Mutter war anwesend. Jedoch zu unserem Glück kam eine ihrer Freundinnen - Brechova, die Frau eines Befehlshabers der Miliz - ins Haus gestürmt, um meine Mutter zu bitten, mit ihr ins Theater zu gehen. Meine Mutter verließ das Haus, und das gab uns die nötige Gelegenheit: Es gab in unserem Haus Medikamente, die man in einer öffentlichen Apotheke nicht erhalten konnte.

Wir fanden die notwendigen Arzneien, und als wir diese Vorräte zusammenpackten, stießen wir auf ein geheimes Waffenlager. Es war das geheime kleine Arsenal meines Vaters, das in einer Wand versteckt war: Patronen, Granaten und ein Schnellfeuergewehr. Wir nahmen einige Patronen und steckten sie zu den Medikamenten. Eine Ärztin wohnte bei uns, die auch mit ins Theater gefahren war. Ich nahm einen Schlüssel und ging in ihr Zimmer. Da war ein Koffer unter ihrem Bett, und ich fand darin zwei Rollen Mullbinde und das spezielle Medikament, nach dem wir suchten.

Wir packten alles in unsere Rucksäcke, und in jener Nacht, nachdem uns unsere Mutter in die Decken zum Schlafen eingewickelt hatte, stahlen wir uns aus dem Haus zurück in die Wälder, um dort den Nationalisten die Vorräte auszuhändigen.

Mein Bruder Boris wurde später selbst ein bekannter Partisan. Das war schon ein Kontrast, wie Boris und ich uns mehr und mehr auf den Untergrund zubewegten, während meine Mutter für atheistische Propaganda zuständig war und mit dem KGB zusammenarbeitete.

Zur gleichen Zeit war mein Vater mit einem Geheimagenten befreundet, der mitgeholfen hatte, die Zerstörung der rumänischen Kirche zu organisieren.

Während Boris sich mehr und mehr mit politischen Fragen beschäftigte, befaßte ich mich als Jugendlicher zunehmend mit der religiösen Seite des Untergrundes. Ich fühlte mich besonders einer Gruppe - "katholische Aktion" genannt - verpflichtet. Wir fertigten Kopien der Heiligen Schrift an, indem wir Texte auf ein Vervielfältigungspapier aus Wachs auftrugen und so Abschnitte aus der Bibel druckten. Um die wahre Identität zu verheimlichen, wurden sie zwischen die Umschlagsdeckel des Kommunistischen Manifests gebunden. Zusätzlich zur katholischen Aktion gab es eine Organisation, die sich "Apostolat des Gebets" nannte. Ihr Hauptanliegen war die Vertiefung der Verehrung der Eucharistie. Das alljährliche Fest der Heiligsten Eucharistie, das von besonderer Bedeutung für die Boiko-Bauernschaft war, wurde besonders feierlich in Werchni Worota begangen. Am Dorfausgang gab es fünf große Linden sowie eine Kapelle und ein Kreuz. In dieser Kapelle feierten wir das Fest. Wir informierten die Leute darüber, wo und wann die geheimen Feierlichkeiten stattfinden würden, indem wir die Dorfstraßen hinunterspazierten und vorgaben, ein Spiel, das "Roll-den-Reifen" genannt wurde, zu spielen. Was wir in Wirklichkeit taten, war, den katholischen Bauern Anweisungen darüber zu geben, wie wir uns treffen würden. An Festtagen wie dem der Heiligsten Eucharistie machten sich Leute aus weit entfernten Dörfern am Abend auf den Weg und kamen am Morgen an. Die Armee und der KGB versuchten alles, aber konnten uns nicht daran hindern, zur Feier zusammenzukommen.

Eine unserer weiteren Aufgaben war es, Streitgespräche mit Zeugen Jehovas und Pfingstlern abzuhalten. Die Sowjets finanzierten gewisse protestantische Gruppen, um uns zu bekämpfen und zu demoralisieren.

Aber das Apostolat wuchs zu einer mächtigen Gruppe an, und einige von uns gehörten auch zur ukrainischen Nationalorganisation. Ich trat 1959 bei. Wir beschäftigten uns damit, neue Wege zu finden, um uns den Sowjets zu widersetzen, weil ihre Pogrome geradezu schrecklich waren. Wir hatten Kontakte zum rumänischen katholischen Untergrund, der noch schlimmer als wir verfolgt wurde. Sie waren es, die uns beigebracht hatten, Abschnitte aus der Bibel, als Manifest gebunden, zu verstecken. Was die Kinder anbetraf, so organisierten wir sie in Gruppen zu fünfzig oder hundert und führten sie in die Wälder, um mit ihnen zu beten oder sie zu belehren. Das war die "Waldkirche", und die Kinder fanden das aufregend. Die jungen Leute erweckten den Eindruck, daß sie treue Kommunisten seien, indem sie rote Schals und Banner trugen. Sie waren so überzeugend, daß ihnen die örtliche LPG Getreide für die sowjetischen "Pioniere" überließ. Die Kommunisten wußten nicht, was wir anstellten, und diese geheimen Feiern in den Wäldern gelangen so gut, daß später in den siebziger Jahren die Baptisten unserer Initiative folgten.

Meine Frömmigkeit stieg aus der Tiefe meines Seins auf. Ich betete überall, und mehr und mehr wuchs meine Liebe zu Gott. Als ich noch jünger war, wurden meine Eltern oft zur Schule bestellt, wo man mich abkanzelte und bestrafte, aber mein Vater sagte immer, daß meine aufrührerische Art aufgrund meiner eigenen Wahl bestünde und daß ich tun sollte, was ich für richtig hielte. Was ich für richtig hielt, war, den Sowjets allerorts Widerstand zu leisten. Die Leute reden oft von den Katakomben und denken dabei an Messen, die zwischen den Kiefern gelesen, oder Rosenkränze, die dort draußen im Schnee gebetet wurden. Aber es war nicht bloß eine Sache, bei der man insgeheim zum Gebet zusammenkam. Die Kirche führte auch aktive Operationen durch. Die katholische Aktion hatte Verbindungen mit ähnlichen Gruppen in Ungarn und Rumänien. Obwohl wir griechische, byzantinische oder unierte Katholiken des östlichen Ritus genannt werden, klare, liturgische Unterschiede aufweisen und Priester haben, die heiraten dürfen, haben wir immer in Einheit mit den römisch-katholischen Gläubigen zusammengearbeitet. Schließlich sind wir beide dem Vatikan gegenüber loyal, und die römischen Kirchen wurden insbesondere Ende der fünfziger Jahre ebenfalls zerstört. Die römisch-katholischen Gläubigen waren oft Tschechen oder Deutsche, und obwohl sie nicht in dem Maße wie wir dezimiert wurden, waren ihre Aktivitäten sehr eingeschränkt worden. Manche der Untergrundtreffen fanden in römischen Kirchen statt, die noch geöffnet waren, und während der Messe händigten wir Zettel aus, auf denen sich Informationen bezüglich des nächsten Treffens der Gläubigen des östlichen Ritus befanden.

Im Verlauf der Messen hielten sich unsere Priester auf dem Balkon auf, um Beichte zu hören, während wir jungen Leute nach dem KGB oder nach irgendwelchen Verdächtigen Ausschau hielten. Wenn irgendein Fremder gesichtet wurde, falteten die Priester ihre Stolen zusammen, steckten sie in ihre Taschen und verhielten sich wie gewöhnliche Gläubige. Nur jene Leute hatten Zugang zum Untergrund, die zu alten katholischen Familien gehörten. Es wurde von Generation zu Generation weitergegeben. Je älter wir wurden, umso mehr vertraute uns die Kirche. Es war ein Leben voller Intrigen.

Wie die Frau hieß, die die Kleidung des Priesters wusch und bügelte, war ein großes Geheimnis, ebenso der Ort, an dem wir die Gewänder aufbewahrten. Im allgemeinen wußten wir, daß ein Priester des östlichen Ritus am ersten Freitag des Monats kommen würde, um Beichte zu hören. Die Beichte war nicht nur wichtig als ein Sakrament, sondern sie diente auch dazu, um die Leute zu mobilisieren und den Versuch einer Unterwanderung zu entdecken. Wir beobachteten einander, wie wir zur Beichte gingen, und wenn einer der Katholiken dadurch auffiel, daß er nicht zur Beichte ging, vertrauten wir dieser Person weniger und teilten ihr weniger Geheimnisse mit. Wir entwickelten einen starken Kern. Wir lebten nur durch die Kirche, indem wir heimlich das Evangelium verkündeten und predigten. Es war dieser Kern, der Gebetbücher und Untergrundliteratur druckte. Als ich 14 oder 15 Jahre alt war, hatte ich eine schöne Handschrift. Wir schrieben Evangelien oder Psalmen von Hand ab und banden sie dann. Es gelang uns fünf Jahre lang, aber schließlich geschah, was sich immer wieder ereignete, daß jemand uns verriet und es dem KGB mitteilte.

Der Kampf zwischen der Kirche und dem Kommunismus war ein nie endender. Die Jugendlichen der katholischen Aktion hielten Kampagnen gegen den Alkoholkonsum ab und bemühten sich um Reinheit. Nur wenige unter uns folgten dem einfachen Weg durchs Leben, nur wenige unter uns wurden Opfer sinnlicher Versuchungen, und nur wenige unter uns bewegten sich, kurz gesagt, in Richtung des weitoffenen Tores der Hölle. Auf diese Weise konnten uns die Kommunisten leicht an unseren Gewohnheiten - oder sollte ich besser sagen, an unserem Mangel an schlechten Angewohnheiten - erkennen. Ende der fünfziger Jahre betrat der KGB die Oberstufen der Schulen und verteilte Fragebögen. Trinkst Du? Rauchst Du? Glaubst Du an Gott? Auf diese Art und Weise konnten sie das Feld eingrenzen und die Christen aufstöbern. Auf die Frage, ob wir an Gott glaubten, hatten wir kaum eine andere Wahl, als mit "nein" zu antworten. Wir wollten uns nicht unserer schützenden Decke entledigen. Und wenn die Schul- oder Universitätsverwaltungen entdecken sollten, daß wir heimliche Katholiken waren, würden unsere Stipendien gestrichen oder wir würden aus der Schule verwiesen.

Ich war mit gewissen Charakterzügen gesegnet, die mir als Leiter im Untergrund sehr halfen. Ich war kühn, unnachgiebig und erfindungsreich. Meine Schmerzschwelle war hoch, und ich fürchtete mich wenig. Und meine Hinneigung zur Bauernschaft war absolut. Wer immer in seinem eigenen Herzen die Liebe einfacher Arbeiter und Bauern verspürt hat, weiß, daß er für eine Sache lebt. Ich liebte meine Berge, mein Volk, die Flüsse, jene Tannen. Und zunehmend wurde ich bereit, mein Leben für den Glauben an den Allmächtigen hinzugeben. Überdies ererbte ich die Kühnheit von meinem Vater. Ich war von Natur aus ausdauernd und kräftig. Meine Beine waren muskulös, und ich entwickelte mich zu einem guten Boxer. Ich begann damit 1958. Ich hatte zwei schnelle Fäuste, und ich wußte, daß ich, wenn ich gewinnen wollte, zuerst und mit voller Kraft zuschlagen mußte.

Meine Eltern hatten eine fabelhafte Bibliothek, was mein Leben zu Hause zum Vorteil machte. Ich war ein begieriger Leser. Mir bereiteten die Weltklassiker viel Spaß, besonders die Gedichte von Victor Hugo. Ich legte eine große Bibliothek religiöser Bücher an. Ich las Pascal. Und wir hatten Bücher von Dietrich Bonhoeffer, der über den Satanismus schrieb. Es gab nicht nur Hinweise auf eine verborgene, religiöse Strähne bei meinem Vater, sondern auch eine subtile Abneigung für den Kommunismus. Er war ein Beamter in der Verwaltung, aber er wurde angewidert von den Grausamkeiten, die meine Mutter überwachte, und war entsetzt über die Zerstörung der ukrainischen Kultur. Der Kreis seiner Freunde versammelte sich, um christliche Kunstwerke zu betrachten, die man der Öffentlichkeit nicht zu sehen gestattete, und während sie in der Öffentlichkeit kommunistische Wahlsprüche wiederholten, begannen sie im privaten Kreis, eine stille, intellektuelle Opposition zu Moskau zu bilden.

Die 10. Klasse verbrachte ich in einer Berufsschule, in der ich in Möbelschreinerei unterrichtet wurde. Danach besuchte ich ein Institut in Kiew. Nachdem ich meine Studien am Institut beendet hatte, begann ich, in der großen Stadt zu arbeiten. Dort traf ich eine junge Dame, die auf den Namen Olena hörte und eine Studentin im 2. Semester Medizin war. Wir wurden Freunde - zwei Studenten, die danach trachteten, ihren Berufsweg zu bahnen. Aber was ich wirklich war, war ein militanter Katholik. Ich wurde völlig trotzig. Welches Recht hatten die Roten, unsere Priester zu verjagen, unsere Bischöfe zu töten, unsere Kapellen und Schreine zu zerstören. Die älteren Kinder der Eltern, die in der Untergrundkirche waren, gaben sich nach und nach mit Befreiungsgruppen ab. Es ist schwer zu sagen, ob das weise war oder nicht, aber die natürliche Neigung drängte dazu, sich mit Partisanen zu vereinen und uns von den Russen abzusondern.

Denken Sie einmal darüber nach, was Sie verspüren würden, wenn Ihre Regierung es Ihnen verböte, am Gottesdienst teilzunehmen. Auch Sie würden sich allmählich auf antisowjetische Gruppen zubewegen. Chruschtschow gab 1961 den Befehl, alle Kirchen und, was dies anbetrifft, jegliches Zeichen von Religion zu zerstören. Das sollte bis 1965 erledigt sein. Schnell wurden derartige Symbole, besonders Wegkreuze, in der ganzen Gegend entfernt. Zwischen Prag und Moskau gab es nicht ein Kreuz am Wegrand.

Zwei oder drei Kilometer vom Dorf Otinewitschi, im Kreis Lemberg, befand sich eine hübsche Kapelle mit einer schönen Statue unserer Seligen Mutter. Sowohl römisch- als auch griechisch-katholische Gläubige mochten diese Statue gern. Während Chruschtschows erneuter Kampagne gegen die Kirche wurde die Entscheidung gefällt, diese Kapelle abzureißen. Der Führer der kommunistischen Jugend des Dorfes ging mit zwei Freunden zur Kapelle, und sie rissen die Statue nieder, indem sie sie mit Hämmern zertrümmerten. Jeder von ihnen erhielt ungefähr 100 Rubel für diese Tat. Es war Juli 1961. Hinterher gingen sie aus und betranken sich von dem Geld. Sie fuhren in einem Motorrad mit Beiwagen und vergnügten sich, indem sie mit sehr hoher Geschwindigkeit herumrasten. Aber als sie umkehrten, stieß das Motorrad gegen den Sockel der ruinierten Statue und kippte um, wobei einer der Insassen sofort getötet wurde.

In jenem Jahr führte ich zum ersten Mal die Feier des Letzten Abendmahls nach der Eucharistiefeier in den Katakomben ein. Wie sah eine solche Feier aus? An einem Freitag fing der Gottesdienst um Mitternacht an. Wir verhängten die Fenster, zündeten Kerzen an und begannen mit dem Gottesdienst. Nach der Messe deckten die Damen den Tisch und trugen gebackenes Brot, Backpflaumen und Kohlrollen, die mit Pilzen gefüllt waren, auf. Nie schnitten wir das Brot, sondern brachen es, wie Christus es getan hatte. Und wir kochten Bohnen und gossen Sonnenblumenöl darüber. Einer der Ältesten leitete das Gebet, und nach dem Gebet aßen wir. Nach dem Essen begannen wir unsere Diskussionen, und während dieser Gespräche entschieden wir, wo es wohl am besten sei, uns beim nächsten Mal zu treffen. Wir waren alle eng miteinander verknüpft, und selten ließen wir jemand von außerhalb der Gruppe hinzu. Jede Gebetsgruppe betete nur untereinander. Jede Gebetsgruppe hatte ihren eigenen Untergrundpriester, der die Taufe spendete oder Beichte hörte. Manchmal kam auch ein anderer Priester aus einer entfernteren Gegend. Diese mußten sehr vorsichtig sein. In der Sowjetunion wurden Priester zu drei Jahren Gefängnis verurteilt, wenn sie Religionsunterricht erteilten, oder sie erhielten 18 Monate dafür, daß sie am Bett eines Kranken beteten. Fünfzehn Jahre gab es für Kritik am Regime.

Die aktiven Elemente nahmen zu, und die Bischöfe nahmen uns sehr ernst. Aus unserem Apostolat gingen einige der besten Priester und Bischöfe hervor. Jene, die seit ihrer Kindheit zusammen gebetet hatten, blieben lebenslang Freunde. Sie erinnerten sich gern an ihre ersten geheimen Messen oder an die guten Werke, die sie vollbrachten, wie die Gelegenheiten, bei denen wir hingingen, um einer Witwe den Rasen zu mähen, ohne daß sie davon erfuhr, wer es getan hatte. Solche Erfahrungen verbinden Personen miteinander, und nie trennten wir unsere Verbindungen. Statt dessen fuhren wir fort, einen eng verknüpften Untergrund aufzubauen. Wir hatten unser eigenes kleines Verteidigungssystem und sogar Leute, die für uns im KGB arbeiteten.

Das waren so meine Beschäftigungen Anfang der sechziger Jahre. Wir unterstützten Kirchen, die der Gefahr ausgesetzt waren, zerstört zu werden. Wir versuchten, zerbrochene Relikte und Monumente zu restaurieren. Am 22. Juni 1961 kamen fünf Autos, in denen örtliche Miliz und Kommunisten in Zivil saßen, gegen Mitternacht in der kleinen Stadt, Dratschino, nicht weit von Swaljawa, an, um mit der Zerstörung einer römisch-katholischen Kirche zu beginnen. Die Nachricht verbreitete sich schnell, und die Dorfbewohner umzingelten sie. Die Menschen standen in drei Reihen um die Kirche mit verschränkten Armen, und in der Kirche läuteten mehrere Frauen die Glocken. Die Leute schwangen Sicheln und Waschhölzer als Waffen. Die Polizisten sahen ein, daß sie nichts erreichen konnten, und verließen den Ort. Aber zwei Tage später fuhr der KGB in das Dorf ein und hielt vor dem Haus der Frau, die den Schlüssel zur Kirche verwahrte. Sie nahmen sie zum Rathaus mit, aber sie weigerte sich, ihnen den Schlüssel auszuhändigen. Das schreckte sie nicht ab. Schnell fuhren sie zur Kirche zurück, brachen die Tür ein und machten sich daran, die Ikonen und gestickten Verzierungen herunterzureißen. Wie die Wandalen fielen sie über den Altar her und entfernten die Meßbücher.

Einer der Dorfbewohner bemerkte den Aufruhr und erneut umzingelten die Menschen die Kirche. Ein paar Frauen sprangen zu den KGB-Offizieren hoch und schlugen mit Nudelhölzern auf sie ein. Es gelang den Leuten, den KGB außerhalb der Dorfgrenzen zu vertreiben - und sogar einige von ihnen in einen Graben zu werfen - aber es war unmöglich, daß eine kleine Gruppe von religiösen Bauern das Regime von Nikita Chruschtschow abschrecken würde, der geschworen hatte, die Nation von allem Christlichen bis 1964 zu befreien. Am Morgen erschienen vier Panzer, zwei Jeeps mit aufmontierten Maschinengewehren und fünf weitere Militärfahrzeuge in dem Dorf. Dennoch versammelten sich die Dorfbewohner wieder mit verschränkten Armen um die Kirche herum und verweilten dort für drei Tage. Aber schließlich gelang es Sowjetsoldaten, mit ihren Panzern den Turm niederzureißen.

In der Stadt Mukatschiw erteilte ein Beamter namens Holownitsch den Befehl, ein Kloster auf einem Hügel, Tschernetscha Hora genannt, zu zerstören. Es war ein Nonnenkloster. Sie hatten es in ein russisch-orthodoxes Gebäude umgewandelt. Es war eine heilige Stätte, und die Dorfbewohner waren sehr verärgert. Die Katholiken in der Stadt beteten drei Tage und Nächte lang - weder aßen noch schliefen sie. Und die Orthodoxen beteten mit ihnen. Es gab keine feindselige Begegnung - sie beteten zusammen. Der örtliche Beamte plante, das Kloster am Abend des dritten Tages zu zerstören, aber an jenem Abend hatte er eine Auseinandersetzung mit seiner Frau, die ihm sagte, daß er sich doch aufhängen solle. Er machte das tatsächlich! In einer unglaublichen Umkehr der Ereignisse betrank sich der Beamte in seiner Verzweiflung darüber, daß seine Frau ihn verließ, und erhängte sich.

Wir gaben niemals auf. Wir kämpften mit Hingabe und Geduld. Wir predigten nicht nur, sondern wir versuchten das, was ruiniert worden war, zu ersetzen. Es gab einen sehr starken, jungen Mann, Wasil Bohowitsch, der in den Bergen lebte und gelähmt war. Aber trotz seiner Behinderung machte er sich daran, ein sechseinhalb Meter hohes Kreuz aus Granit anzufertigen. Er brauchte dafür ein Jahr. Er skulpierte auch eine sehr schöne Christusfigur. Eines Tages, nachdem er seine Arbeit beendet hatte, stand er morgens aus seinem Bett auf, und er konnte nach vielen Jahren zum ersten Mal gehen.

Bei der Zerstörung der Kirchen in den Jahren 1961 und 1962 befiel die Gläubigen eine tiefe Verzweiflung. Manche mögen ja denken, daß wir nur beteten, wenn uns eine Kirche zur Verfügung stand, aber so war es nicht; wir versammelten uns bei den ruinierten Kreuzen und zerstörten Klöstern. Wenn die örtlichen Kommunisten das erfuhren, begannen sie sich erneut auszutoben. Sie verpflichteten sich zur völligen Vernichtung von allem Religiösen. Die örtlichen Kommunisten versuchten sich bei Chruschtschow beliebt zu machen. Bei allen Christen machte sich vielfache Empörung laut. Einige Leute versammelten sich mit Äxten, um ihre Kirchen zu verteidigen, und es lag in der Luft, was die Sowjets am meisten fürchteten: ein allgemeiner Aufstand in der kostbaren, mit reichen Bodenschätzen ausgestatteten Ukraine.

Im Angesicht eines solchen Aufruhrs verlangte das Zentralkomitee im Juli 1962, daß die örtlichen Parteibosse die völlige Liquidierung der Kirche herbeizuführen hätten. Die Kreisbehörden sandten Berichte dahingehend ab, daß alle Arten von Christentum - nicht nur wir, sondern auch die unabhängigen Orthodoxen und Baptisten - ausgerottet würden. Sie machten Müll aus Moscheen und Synagogen. Auf dem Papier war das Christentum zu Ende. Noch mehr barocke Kirchtürme kamen heruntergepurzelt. Noch mehr Kreuze wurden zerschlagen. Satan hatte ein Sportfest.

Der KGB zog alle Fäden, deren er sich bedienen konnte, insbesondere in der russisch-orthodoxen Kirche. Kurz vor den Pogromen im Jahre 1960 ersetzten die Sowjets den russisch-orthodoxen Metropoliten Nikolai (der sich noch einen moralischen Sinn bewahrt hatte) mit dem Metropoliten Nikodim. Dem früheren KGB-Agenten Peter Derjagin zufolge war der neue Offizial der Orthodoxen in Wirklichkeit ein KGB-Offizier namens Wirjukin, der in der Abteilung für Emigranten gedient und der gegen Kirchenleute im Ausland gearbeitet hatte, bevor man ihn mit einer falschen Identität ausstattete und ihn in die orthodoxe Hierarchie einflocht. Im Jahre 1978 starb Nikodim plötzlich während eines Treffens in Rom genau zu Füßen Johannes Pauls I.

Das schien wie ein weiteres Zeichen göttlicher Vergeltung zu sein. Es gab darüber hinaus noch andere, derartige Anzeichen. In dem Dorf Dowhe gab es ein schönes Holzkreuz. Es war im Jahre 1803 geschnitzt worden. Das Kreuz wurde von drei Leuten mit Hämmern zertrümmert, die erneut für die Kommunisten arbeiteten. Eine Woche später begaben sich diese drei nach Chust, um einen Kieslastwagen abzuholen. Sie setzten sich in den Lkw, aber obwohl das Fahrzeug noch neu war, ging mitten auf der Straße der Motor aus. Der Mann, der am meisten mit dem Hammer auf das Kreuz eingeschlagen hatte, befand sich im Führerhaus des Lkw, während die beiden anderen unter die Motorhaube schauten. Plötzlich fing der Motor Feuer und der Mann im Führerhaus verbrannte bei lebendigem Leibe.

Ironischerweise arbeiteten die Berichte aus den kommunistischen Kreisbehörden, die einen Sieg bei der Liquidierung des Christentums verkündeten, später gegen sie. Weil sie Chruschtschow versichert hatten, daß die Kirche vernichtet wäre oder sich im Zustand der Zerstörung befände, waren ihnen im Umgang mit den Gebetsgruppen, die auf dem Besuch zerfallener Monumente und der Versammlung in großer Zahl beharrten, die Hände gebunden. Was konnten die Behörden tun: eine große Szene und damit Moskau darauf aufmerksam machen, daß sie ihre Aufgabe nicht erfüllt hatten?

Das half uns in einem gewissen Maße, und während der nächsten 17 Jahre hielt die Untergrundkirche geheime Gottesdienste ab. Wir waren schwer zu fassen und zu verurteilen. Das einzige, wofür sie uns belangen konnten, war der Nationalismus.

In den sechziger Jahren war ich ein sehr populärer Boxer in dem Sportclub "Trudowi Reserwi". Es war zur Zeit meiner Immatrikulation an der Hochschule für Bauwesen. Ich boxte schon ein paar Jahre lang und hatte schon einen Kampf im Kulturpalast. Im Jahre 1959 sah mich ein Trainer und nahm mich in den Club auf. Im darauffolgenden Jahr bereitete ich mich für die Kreiswettbewerbe vor. In diesen Kämpfen gab es starke Gegner, und als Neuling war ich mir meiner selber nicht allzu sicher. Man konnte sie mit Trägern schwarzer Gürtel vergleichen, während ich nur zweiter Klasse war. Meine Technik war nicht allzu ausgefeilt.

Aber, wie gesagt, war ich kräftig, mit starken Beinen, und ich konnte leichtfüßig von einer Ecke des Rings zur anderen springen. Und so gewann ich, indem ich schnell meinen ersten Schlag versetzte. Mit dem Gong begann ich den Kampf. Ich sprang in den Ring und schlug auf meinen Gegner ein. Meine Linke war stärker als meine Rechte. Ich traf meinen Gegner an der Stirn, und das war gewöhnlich das Ende des Kampfes. Wenn der Mann verdutzt war, gewann ich den Sieg.

Zweimal, 1960 und 1961, war ich ukrainischer Meister der Mittelgewichtsklasse.

Wenn ich den Ring betrat, wurden die kleinen Jungen ganz wild. Und wenn ich ihn wieder verließ, rissen sie an meiner Turnhose. Ich wurde mir dessen bewußt, daß dies alles nur eitel und leer war - abgesehen davon, daß es ein erschöpfender, brutaler Sport war - und meinen letzten Kampf bestritt ich am 14. Dezember 1961. Ich verließ den Ring, verbeugte mich vor den Jugendlichen und sagte: "Gott hat mir große Kraft gegeben, und ich werde sie in einer anderen Arena benutzen. Verzeiht mir, aber wer mir folgen möchte, der komme mit."

Egal, was die Konsequenzen sein würden, ich würde das Evangelium verkünden. Für meine Mutter war ich eine Qual. Stellen Sie sich vor, wie peinlich es für sie sein mußte. Anläßlich von Kreistagungen der Kommunisten erklärte sie gewöhnlich, daß ich aus dem Gleichgewicht geraten sei und in eine psychiatrische Anstalt geschickt werden sollte. Aber die Leute kannten mich, wußten, daß ich in der Gemeinde aktiv und ein Mitglied einer Volkstanzgruppe war. Sie wußten, daß ich nicht verrückt war, obwohl meine Mutter darauf bestand.

## Soldat für Christus

Zu jener Zeit waren wir besonders entzweit, weil ich einer jener war, die die Zerstörung der Kirche in der Stadt nahe bei Swaljawa aufzuhalten versucht hatten. Ich arbeitete in Kiew und kehrte wegen jenes Ereignisses in die Transkarpaten zurück. Meine Mutter sagte mir, daß ich Schande über die Familie gebracht hätte und daß sie mir nie verzeihen würde. Damals wurden 24 Leute wegen des Zwischenfalls in der Nähe von Swaljawa verhaftet und verurteilt, und ich sollte auch vor Gericht gestellt werden, aber ich wurde entlassen, weil meine Mutter eine Kommunistin von hohem Rang war. Sie behauptete, daß ich mit noch stärkerer Überzeugung aus dem Gefängnis entlassen würde, wenn sie mich verurteilten, und so drängte sie darauf, daß sie mich in eine psychiatrische Anstalt schicken sollten, in der sie meine eigenen Gedanken zerstören konnten.

Hätte sich meine Mutter nur die Dinge objektiv aus der Nähe angesehen, hätte sie den metaphysischen Kampf um uns herum erkannt. Während jene, die die Orte der Verehrung verteidigten, durch Heilungen oder andere wunderbare Belohnungen entschädigt wurden, traten für die, die zerstörten, geheimnisvolle Unglücksfälle ein.

Ein weiteres Beispiel: In dem Dorf Tschernik befahl der Leiter der LPG und Mitglied des Komitees meiner Mutter, zwei große Granitkreuze abzureißen. Dafür heuerte er drei ehemalige Soldaten an. Sie waren Traktorfahrer auf der LPG, und er sagte ihnen, daß sie die Kreuze bei Nacht niederreißen und in den Fluß werfen sollten. Sie erhielten für diese Tätigkeit Geld und Schnaps.

Am nächsten Morgen waren die Dorfbewohner betroffen, als sie ihre verehrten Monumente nicht mehr vorfanden. Sie waren sehr verärgert. Sie riefen aus Protest einen Streik in der Fabrik aus. Das war kein organisierter Streik. Es war spontan. Die Leute gingen einfach nicht zur Arbeit.

An jenem Tag begannen starke Regenfälle. Einen Monat lang regnete es wie aus Kübeln. Alles verfaulte auf den Feldern, und die Leute waren sehr erschrocken, weil wir noch nie solch starke Regenfälle gehabt hatten. Und der Leiter des Kollektivs in Tschernik - der Mann, der ursprünglich den Befehl gegeben hatte - war plötzlich gelähmt und konnte nicht mehr sprechen.

Der Mann siechte durch die unheilbare Krankheit sehr schnell dahin. Seine Frau, eine Lehrerin, die auch Mitglied der kommunistischen Partei war, begann, Wahrsager aufzusuchen, bei denen sie nach Heilpflanzen ausschaute, die ihren Mann retten könnten. Eine ältere Dame, eine Ungarin aus dem Nachbarkreis, sagte der Frau, daß ihr Mann das aus dem Fluß zurückholen müsse, was er hineingeworfen habe. Die Frau, der man nichts von den Kreuzen erzählt hatte, wußte nicht, wovon die Dame sprach. Diese Frau eilte sofort zu meiner Mutter - sie waren gute Freundinnen - und erzählte ihr, was bei der ungarischen Hellseherin passiert war. Und meine Mutter sagte der Frau, daß sie einen Wagen schicken würde, der die Wahrsagerin in eine Irrenanstalt bringen sollte.

Immer noch betroffen, ging die Frau nach Hause und erzählte ihrem Mann von dem geheimnisvollen Rat, den die Hellseherin ihr gegeben hatte. Er aber verstand die Mitteilung und schickte nach den drei Traktorfahrern, um sie genau das tun zu lassen, was die Seherin gesagt hatte, nämlich die zwei Kreuze zu bergen. Innerhalb von zwei Tagen hörte es in den Transkarpaten auf zu regnen, und nach einer Woche konnte der Mann wieder sitzen und sprechen. Dann begab er sich ins Kreisbüro und lieferte seinen kommunistischen Ausweis ab. Er wollte nichts mehr mit der Partei zu tun haben.

Meine Mutter dachte, daß auch er in eine Irrenanstalt gehörte.

Im Jahre 1961 gab es in dem Dorf Pnjatin einen Mann namens Iwan Kriwi, der auch ein Kreuz niedergerissen hatte. Dies war ein weiterer, kleiner Beweis des Zornes Gottes. Drei Tage nach der Zerstörung des Kreuzes starb sein zehn Jahre alter Sohn an einem eingeklemmten Zahn.

Zufall? Folklore? Einiges davon mag sein, aber unterschätzen Sie nicht die außergewöhnlichen Ereignisse, die sich auf jenem schrecklichen, spirituellen Schlachtfeld, Sowjetunion genannt, ereigneten. Ich nehme für mich nicht in Anspruch, Historiker zu sein. Manche der Datums-, Zeiten- und Namensangaben mögen ungenau sein. Ich mache das Beste aus meinen Notizen, Archiven und aus dem, was ich gesehen und gehört habe. Natürlich ist mir am besten bekannt, was in meinem eigenen Leben geschah, und 1962 war für mich ein bedeutendes Jahr. Während meine Mutter und ihre Gefolgsleute die Kapellen, Schreine und Kirchen in der ganzen Ukraine zerstörten, zog ich meine ärmliche Bekleidung an und nahm an Gottesdiensten teil. Meine Eltern waren geschockt. Meine Mutter hörte nicht auf zu sagen, daß ich halsstarrig sei und in eine psychiatrische Anstalt eingeschlossen gehöre. Ich war 19 Jahre alt und wurde zur Sowjetarmee eingezogen. Ich weigerte mich. Und dafür wird man in der Sowjetunion verurteilt. Am letzten Tag, an dem es mir möglich war, der Einberufung Folge zu leisten, erwachte ich mit der Mitteilung für meine Eltern, daß ich mich der Armee zur Verfügung stellen werde. Sie waren sehr glücklich. Sie sagten: "Wir wußten, daß du dich früher oder später deiner Torheiten entledigen und zu Verstand kommen würdest."

Ich ging auf mein Zimmer, schnallte mir den Rucksack auf den Rücken, nahm mit mir zwei Ikonen, einen bestickten Schal, einen Katechismus und die Bibel und ging zum Kreiswehrersatzamt. Die Behörden, die mich kannten, riefen den Prokurator, damit er mich ins örtliche Gefängnis abführe. Sie dachten, daß ich gekommen sei, um einen öffentlichen Affront aufzuführen. Wie überrascht waren sie, als sie hörten, daß ich es mir noch einmal überlegt habe und ich der Armee beitreten wolle.

Sie wußten nicht, wie sie sich verhalten sollten. Einer der Offiziere fragte: "Was ist mit Ihnen geschehen?"

Ich sagte, daß ich es mir überlegt und mich entschieden habe, der Einberufung zu folgen.

Er wollte wissen: "Was haben Sie da in dem Sack?"

Ich antwortete: "Bücher, die ich in der Armee lesen möchte."

"In der Armee haben wir so viele Bücher, daß Sie selber keine mitzubringen brauchen", erwiderte er.

"Aber ich habe meine eigenen Bücher, und ich möchte meine eigenen Bücher mitbringen", beharrte ich.

"Zeigen Sie uns, was Sie haben."

Ich zeigte Ihnen die Bücher.

"Wofür ist das?" fragten sie und starrten auf die Bibel und den Katechismus. Einige der Offiziere dachten, daß ich in eine religiöse Sekte verwickelt sei. "Was ist das?" fragten sie erneut.

Meine Antwort: "Ich bin gekommen, um in der Sowjetarmee das Evangelium zu verkündigen."

## 6. Kapitel

# IM INNERN
# DER BESTIE

Die sowjetischen Atheisten waren auf eine solche Antwort nicht vorbereitet. Für sie war das keine Antwort. Es war eine Herausforderung. Doch war dies keine neunmalkluge Antwort von mir. Ich meinte es tatsächlich so. Niemand brauchte die Evangelisation mehr als die jungen Burschen, die man möglicherweise im Namen Moskaus in die Schlacht schickte.

Die Behörden konnten mir keinen Prozeß aufgrund meines religiösen Aktivismus machen, weil sie ja angeblich schon die Katholiken des östlichen Ritus liquidiert hatten. Wie könnte ich ein Aktivist sein, wenn aller Aktivismus vorgeblich aufgerieben worden war. Statt dessen klagten sie mich wegen Nationalismus an. Am 4. September 1962 wurde ich zusammen mit meinem Bruder Boris verhaftet. Sie warfen mir vor, Waffen zu besitzen. Während der Durchsuchung fanden sie vier Patronen, die zu einer Pistole kleinen Kalibers gehörte. Obwohl wir uns zur Selbstverteidigung Waffen besorgt hatten und ein geheimes Lager von eintausend Bibeln unterhielten, fanden sie diese zuerst nicht. Die Kugeln, die sie "fanden", waren von den Untersuchungsbeamten zuvor versteckt worden. Für jede Kugel wurde ich zu einem Jahr Gefängnis verurteilt. Vier Jahre. Das war ein entmutigender Gedanke.

Die Sowjets hatten ein Netzwerk von Gefängnissen und Arbeitslagern entwickelt, das ohne seinesgleichen in der Geschichte war. Es erstreckte sich vom südlichen Zipfel der Ukraine bis nach Mordowien und Sibirien. Niemand konnte die Zahl derer zählen, die darin umgekommen waren. Aber die Zahl belief sich auf viele Millionen. Und die Berichte vom Leben hinter Gittern waren völlig deprimierend. Die Sowjets waren bekannt dafür, daß sie ihre Gefangenen wie Untermenschen behandelten. Die Eingekerkerten fanden sich wie zusammengetriebenes Vieh wieder, eingepfercht in Zellen, in denen es gerade genug Platz zum Stehen gab. Zum Überleben erhielten sie sehr wenig Brot. Sie durften nicht lesen. Es war ihnen strengstens untersagt zu beten. Und bei der geringsten Übertretung wurden sie in die Isolationszelle gesteckt. Die Gefängnisse waren entweder zu heiß oder zu kalt. Der Boden in einigen Zellen bestand aus Erdreich und Wasser. Schimmel wuchs auf dem Brot in der Zeit zwischen Frühstück und Mittagessen. Und die Gefangenen mußten in feuchten Betten schlafen. Im Vergleich dazu sind die schlimmsten westlichen Strafanstalten wie Klubhäuser. Die Sowjets erfanden nur jede denkbare Weise, um den Geist zu brechen.

Nach unserer Verhaftung bezogen wir eine Woche lang kräftig Schläge, bevor man uns am 12. September in das Gefängnis in Uschgorod nahe der tschechoslowakischen Grenze abtransportierte. In Uschgorod konnte man in Isolationshaft gesteckt werden, wenn man beim Gebet ertappt wurde. Zehn Tage lang verhörte man uns an einem Ort, danach für zehn Tage an einem anderen. Gelegentlich wurde ich nach Kiew geflogen.

Sie fuhren fort, uns zu verschiedenen Zentren des Verhörs herumzubewegen. Meine Mutter war bei einem solchen Verhör meines Bruders anwesend, der im Alter von 17 Jahren der jüngste in der Gruppe der mit mir Verhafteten war. Als der Untersuchungsbeamte das Zimmer verließ, nahm Boris seine Akte - die Beweisstücke gegen ihn - und steckte sie in einen brennenden Ofen. Dann fingen sie an, uns noch mehr Schläge zu erteilen. Ich lachte darüber. Aber es war schwer. Einmal schlug ein Unteroffizier namens Horoch, der dafür bekannt war, in den vierziger Jahren eine Reihe von Leuten getötet zu haben, meinem Bruder mit einem riesigen Hausschlüssel auf den Kopf. Zwei Monate lang durften wir uns weder duschen noch baden. Dann beauftragte der KGB in Kiew eine andere Gruppe von Untersuchungsbeamten und fing an, zu uns auf einfühlsamere Weise zu sprechen. Jetzt versuchten sie es mit "Zuckerbrot", nachdem die Peitsche versagt hatte.

Die Verhöre fanden in Swaljawa statt. Sie gaben uns Decken und meine Mutter brachte Essen von zu Hause. Die Behörden erlaubten uns auch genügend Trinkwasser. Aber es nutzte trotzdem nichts. Ich wollte nichts mit den Sowjets zu tun haben. Sie versuchten alles, um uns ein Geständnis zu entlocken. Einmal fand mein Bruder sich in einer Zelle wieder, die Boksik genannt wird, einer besonderen Zelle, die etwa 90 Zentimeter breit war, wie ein kleiner, eingebauter Kleiderschrank mit einer kleinen Bank. Sie schoren unsere Köpfe kahl, nahmen uns unseren Schmuck (inklusive unserer Kreuze natürlich) ab und steckten mich in die 34. Zelle auf dem dritten Stock zusammen mit neun anderen Leuten.

Ich betrat die Zelle und entdeckte schnell, daß meine Mitgefangenen keine politischen Häftlinge, sondern Verbrecher waren. Da war ein riesiger Gefangener - ein Koloß wie ein Berg - dessen ganzer Körper mit Tätowierungen überzogen war. Wenn er aufstand, um seine zwei Meter an Körperbau auszustrecken, fürchtete ich mich sehr und fühlte mich verunsichert. Über seiner linken Brust befand sich ein Brustbild Lenins und über seiner rechten ein Porträt Stalins. Sein Rücken war mit einer großen Tätowierung bedeckt, die eine Kirche mit dem Kopf von Karl Marx in ihrer Mitte zeigte. Ein anderer Mann war ein Zuhälter. Alle diese Verbrecher behaupteten, daß sie Antikommunisten wären, und ich fragte sie, wenn dem so sei, warum der große Kerl mit den Tätowierungen marxistischer Führer überzogen sei. Er antwortete mir, daß es deshalb sei, weil er sich dachte, daß die Schützen nicht die Nerven hätten, auf die Porträts von Lenin und Stalin zu schießen, sollte er jemals vor ein Erschießungskommando gestellt werden.

In diesem Gefängnis war es nicht allzu schlimm. Unsere Beziehungen zu den anderen Leuten war sehr gut, weil sie Sympathie für unsere Sache hatten. Was die Wachen betraf, so kamen wir ohne weitere Schläge davon. Während der Verhöre richteten sie Scheinwerfer auf unsere Augen, aber sie schlugen uns nie.

Nach einiger Zeit - ich denke, es war Dezember - nahmen sie mich nochmals ins Verhör. Der KGB hatte einen alten Mann aus der Bandera-Gruppe gefunden, der sich 25 Jahre lang versteckt gehalten hatte. Sein Führer, der im Exil lebende Nationalist Stefan Bandera, war vom KGB drei Jahre zuvor in München getötet worden - indem man ihm eine Ampulle Blausäure ins Gesicht gespritzt hatte.

Sie stellten mich dem Mann aus der Bandera-Gruppe gegenüber, um festzustellen, ob wir uns kannten. Sie befragten ihn im KGB-Zentrum in Lemberg. Als ich den Raum betrat, zwangen sie mich, meine Hände hinter meinem Kopf zu verschränken, meine Stirn gegen die Wand gedrückt, und meine Beine zu spreizen. Dann hörte ich, wie sich die Tür öffnete und jemand das Zimmer betrat.

Es war der Mann aus der Bandera-Gruppe. Sie bearbeiteten ihn und wollten wissen, ob er mich kenne, erwähnten meinen Untergrunddecknamen, welcher "Woron" gewesen war. Ich hörte, wie sie Maidan nannten, das Dorf in dem mein Großvater gelebt hatte. Der alte Bandera-Mann sagte den Befragern, daß er nie dort gewesen sei. Sie fragten ihn, ob "Woron" in Wirklichkeit "Terelja" bedeute. Der

Mann sagte, daß er mich nicht kenne und mich noch nie gesehen habe. Sie forderten mich auf, mich umzudrehen, und ich erkannte den Mann aus der Bandera-Gruppe. Ich hatte Angst. Ich hatte das Gefühl, daß sie an meinem Gesichtsausdruck erkannten, daß ich wußte, wer der Mann war.

Ich begann nervös zu zappeln, und meine Hände schwitzten sehr. Es ist leicht, im Kopf vorher zu planen, wie man sich verhalten oder was man in solchen Situationen sagen sollte, aber es ist eine ganz andere Angelegenheit, es unter den tatsächlichen Umständen auch auszuführen. Mein Körper reagierte auf die Möglichkeit, daß mein Schweigen oder mein Dementieren in Folterung enden würde. Sie befahlen mir, mich auf einen Stuhl zu setzen, und sie banden meine Arme und Beine daran fest. Ich bemerkte einen elektrischen Draht, der zur Armlehne führte. Der Beamte forderte mich auf, den Bandera-Mann etwas genauer zu betrachten. Kannte ich ihn? Ich zuckte mit den Achseln: "Nein."

Einer der Beamten schritt um mich herum und schlug mir mit einem harten Rohr auf den Hinterkopf. Der Schmerz war nicht gerade qualvoll, aber angenehm war es auch nicht. Es war furchterregend. Ich begann aufzuschreien und loszuheulen. Er drückte mir auf die Brust und sagte, daß er mir in die Nieren schlage, sollte ich weiterschreien. Es ist nicht schwer, einen Neunzehnjährigen einzuschüchtern. "Ich habe Dich bis jetzt noch nicht geschlagen", knurrte er. "Ich habe Dich nur gestreichelt. Und wenn Du nicht mit uns zusammenarbeitest, dann fange ich an, Dich wirklich zu schlagen." Sie fuhren einen kleinen Tisch auf Rädern heran, ähnlich dem, den ein Zahnarzt benutzt, und auf ihm befanden sich mehrere Gegenstände, die mich dazu veranlaßten zusammenzuzucken. Es gab dabei Haken, Drähte und anderes Zahnarztgerät. Aber dies war keine Zahnarztpraxis. Sie zogen den Tisch neben mich und sagten: "Du solltest uns jetzt sofort alles sagen. Wenn Du es nicht tust, werden wir mit diesem Verhör in solcher Weise fortfahren, daß Du singen wirst."

Es war ein psychologisches Spiel. Durch die Gnade Gottes wurde es mir ermöglicht, die Zahnfolter zu vermeiden und zugleich nichts zu offenbaren. Ich wurde noch einmal geschlagen, war aber nicht ernstlich verletzt. Dennoch war mein Verstand von Furcht wie gelähmt und meine Kleidung naß von Schweiß. Nach einer Weile banden sie mich los und brachten mich in meine Zelle zurück.

Die Regeln sind, daß die Untersuchungsbeamten ein Affidavit oder eine Erlaubnis vom örtlichen Prokurator brauchen, wenn Häftlinge gefoltert werden sollen. Wie so häufig in der Sowjetunion fanden die Offiziellen immer Wege, ihre eigenen Regeln zu umgehen.

Wenn sie an jemanden heranwollten, steckten sie ihn einfach in eine Zelle zusammen mit Häftlingen, die sich bereit erklärt hatten, mit dem KGB zusammenzuarbeiten.

Am nächsten Tag brachten sie mich in dasselbe Verhörzimmer zurück. Es gab dort einen hölzernen Tisch, und es bereitete mir Unbehagen festzustellen, daß er mit etwas bespritzt war, das wie Blut aussah. Der Tisch war am Boden festgeschraubt. Sie befahlen mir, mich darauf zu setzen, und zwei Offiziere in Zivil betraten den Raum. Das zeigte mir, daß sie dem KGB angehörten. "Wer hat Dir erlaubt zu sitzen?" schrie mich einer von ihnen an. "Leg Dich auf den Tisch und zieh Deine Kleider aus!"

Ich mußte mich bis auf meine Unterhose ausziehen. Dann begannen sie ein Spielchen vom guten und bösen Polizisten. Einer sagte zum anderen: "Josip ist ein guter Kerl. Wir brauchen das hier nicht zu tun. Er wird uns alles erzählen."
Sein Freund erwiderte: "Was? Bist Du verrückt? Wir müssen diesen Burschen verprügeln. Die Regierung brachte ihm alles bei, ließ ihn am Unterricht teilnehmen, und nun versucht er, die Regierung zu stürzen, die ihm so viel gab. Wir sollten ihn verprügeln."
Plötzlich stimmte der andere zu. "Zieh Deine Kleider an!" befahl man mir jetzt.
Ich betete sehr schnell und zog meine Kleider an. Als ich mir die Schuhriemen band, sah ich, wie der eine dem anderen zuwinkte, so daß mir klar wurde, daß sie mit mir ein Spielchen trieben. Ich saß auf dem Tisch und sie vergewisserten sich, daß ich sah, daß sie über mich eine Akte hatten. Sie fingen das Verhör damit an, daß sie mich nach Informationen über den Mann aus der Bandera-Gruppe befragten und mir versprachen, daß niemand herausfinden würde, daß ich ausgesagt hätte. Als das nichts nutzte, versuchten sie mich glauben zu machen, daß der alte Mann über mich ausgesagt und bestätigt hätte, daß mein Deckname im Untergrund "Woron" sei. Ich sagte ihnen, daß ich es gerne von dem Bandera-Mann persönlich hören würde. Aber sie waren ziemlich überzeugend. Ich glaubte ihnen, daß er vielleicht gegen mich ausgesagt hatte.
Aber dennoch wünschte ich ein Stück Papier zu lesen, das angeblich seine Aussage enthielt. Sie schauten sich an und gaben es mir dann. Es war Unfug. Darin war ein Satz, der mir einen Anhaltspunkt gab - einen Satz, den er nie verwendet hätte.
Ich sagte: "Töten Sie mich! Ich kenne diesen Mann nicht." Ich wurde hysterisch und riß mir mein Hemd offen. "Schlagen Sie mich oder tun Sie, was immer Sie wollen!" sagte ich. "Ich kenne diesen Mann

nicht." Sie forderten mich auf, mich zu beruhigen. Das einzige, was sie wirklich wissen wollten, war, wo die Schatzkammer unseres Apostolats verborgen sei. Ich sagte ihnen, daß ich mit Geldangelegenheiten nie etwas zu tun gehabt habe. Ich hätte meine Antwort anders gestalten müssen, denn, obwohl es ein Dementi meiner eigenen Verwicklung mit der Schatzkammer war, zeigte sie, daß eine solche Geldreserve in der Tat existierte. Sie versuchten durch mich, an das Zentrum des katholischen Untergrunds heranzukommen.

Sie klopften mir auf die Schulter und meinten, daß es für mich in Ordnung sei, in meine Zelle zurückzukehren und mich zu entspannen. Es war die Zeit des Mittagessens, und das bedeutete eine wäßrige Suppe mit kleinen Stückchen Fisch und Kohl. Sie gaben uns das bloße Minimum, gerade genug, um zu überleben. Mein Kopf schmerzte von Hunger, und ich griff nach einem Löffel für die "Suppe", als ein Wachbeamter durch den kleinen Schlitz in meiner Zellentür knurrte. "Hab Deine Sachen in fünf Minuten bereit!" Sie planten offensichtlich, mich irgendwohin zu bringen.

Eilig trank ich die Suppe und machte mich so schnell wie möglich fertig. Ich hatte kaum Zeit, meine Habseligkeiten zusammenzupacken, als sie schon die Tür öffneten und jemand sagte: "Los! Mach Dich auf den Weg!"

Da war eine Gruppe von KGB-Leuten, die darauf warteten, mich in das Gefängnis in Uschgorod zurückzubringen. Es war eine Fünf-Stunden-Fahrt, und als wir dort ankamen, ging es gleich zurück ins Verhörzimmer. Diesmal hatten sie sich eine neue List ausgedacht. Sie hatten Orte durchsucht, an denen ich mich häufig aufhielt, und waren auf einen Sack meiner Habseligkeiten gestoßen - einen Ball, ein paar wertlose Kinkerlitzchen, vertraute Erinnerungsstücke meiner Kindheit. Das mag unschuldig genug erscheinen, aber in dem Sack befanden sich auch Gelder der katholischen Bewegung und eine Liste der Spender.

Glücklicherweise hatte ich nur die Initialen jener Spender verwendet.

Sie behaupteten auch, daß sie ein Gebet in meiner Handschrift gefunden hätten, das den Satan anprangerte. Eigentlich war "Bolschewik" das Wort, das verwendet wurde. In unserer Kirche war das Wort "Bolschewik" gleichbedeutend mit "Babylon" oder "Satan". Ich wußte nicht, was ich sagen sollte. Aber ich hatte schon am vorhergehenden Tag gelernt, daß man im Verhör am besten gar nichts sagt. Ich kniete mich vor den Befragern nieder, machte das Kreuzzeichen und begann, laut zu beten - Glaubensbekenntnisse, Vater-unser, Gegrüßet-seist-Du-Maria. Ich betete und ließ nicht nach.

Aus irgendeinem Grund - vielleicht um mich guter Laune zu stimmen und von mir ein Geständnis zu erhalten - ließen mich die Beamten gewähren und sahen mir schweigend zu. Einer rauchte nervös. Sie fragten mich, ob ich noch lange beten würde. Ich antwortete ihnen, daß ich gerade erst angefangen hätte. Ich betete fast vier Stunden lang. Sie schauten immer wieder auf ihre Uhren. Sie waren sehr ungeduldig, aber sie warteten ab. Dann betrat ein Major Timko das Zimmer. Ich schaute nicht auf. Ich betete mit meinem Kopf in meinen Händen. Der Major schlug mir auf den Hinterkopf, und ich fiel auf den Boden. Dann deutete er den anderen an, das Zimmer zu verlassen. Nachdem sie es getan hatten, drehte er sich zu mir um, nannte mich einen "Gotteskrämer" und fing an, mich zu bedrohen. "Ich werde nicht soviel Geduld wie sie mit Dir haben. Und ab morgen unterstehen die Verhöre mir", sagte er und fügte hinzu: "Wenn Du noch ein Wort über Gott sagst, bring ich Dich um."

Es war nach Mitternacht. Sie brachten mich in meine Zelle zurück. Sie ließen mich zwei oder drei Stunden schlafen, aber die Furcht vor dem Verhör am nächsten Tag hielt mich wach. So gab ich den Wunsch zu schlafen auf und wusch mir das Gesicht und den Nacken. Danach wurde mir ein Frühstück gereicht, das so versalzen war, daß ich es nicht essen konnte. Es war im Grunde nur gekochtes Wasser. Sie brachten mich in den Raum zum Verhör zurück und fuhren fort, mein ganzes Leben zu durchleuchten. Die meisten ihrer Fragen waren harmlos, und keine von ihnen brachte eine wirkliche Information hervor. Aber es gelang ihnen, meine Stimme auf ein verstecktes Tonband aufzuzeichnen. Das konnten sie meinen Freunden vorspielen, welches sie dazu verleiten könnte zu denken, daß ich auspackte. Und auf diese Weise gelang es ihnen, eine Reihe von Dokumenten gegen mich zu erhalten.

Es genügt zu sagen, daß ich volle vier Jahre hinter Gittern vor mir sah, und sogleich begann ich für etwas Pläne zu schmieden, wofür ich später berühmt werden sollte: Ausbruch. Ich war nie jemand, der lange still sitzen konnte. Insgesamt hielt ich mich in mehr als dreißig Gefängnissen, Lagern und Krankenhäusern auf und entkam doch neunmal. Diese Zahl enthält nicht die kleineren Begebenheiten wie das Losreißen von Bewachern und solche Dinge wie durch ein offenes Fenster springen oder eine Wand hochklettern.

Ich war kühn, entschlossen, wütend. In der Welt draußen deuteten alle Anzeichen darauf hin, daß das Christentum völlig ausgemerzt würde, wohingegen der Rote Drache seinen Griff nur fester klammerte. Die Katholiken des östlichen Ritus waren schon dezimiert - 4 119 unserer Kirchen und Kapellen waren zerstört oder der russisch-orthodoxen Kirche einverleibt worden, - und Chruschtschows antireligiöse Kampagne schritt immer noch weiter gegen die mit Rom unierten Katholiken voran. Die überwiegende Mehrheit der römischen Kirchen war jetzt geschlossen, und die wenigen übriggebliebenen Pfarreien waren ohne Bischof. So unbarmherzig waren die Sowjets und so voller Haß wider alles, was mit Gott zu tun hatte, daß sie selbst das einzig sanktionierte Glaubensbekenntnis, die Russisch-Orthodoxen, verfolgten, welche bis Mitte der sechziger Jahre 10 000 Kirchen verloren und denen nur noch 7 500 zur Verfügung standen.

Am 4. Januar 1963 gelang mir mein erster, größerer Ausbruch. Ich kann Ihnen dazu keine Einzelheiten aufgrund einer Reihe von privaten Gründen geben. Lassen Sie mich nur sagen, daß es ein äußerst nebeliger Tag war - draußen konnte man die Leute nur schemenhaft erkennen - und daß wir zu viert entflohen. Niemand war je aus jenem Gefängnis entkommen, weder als es unter tschechischer noch als es unter ungarischer Verwaltung war. Das Gefängnis wurde 1934 von französischen Ingenieuren errichtet. Es war ein technischer Ausbruch. Diese Ausbrüche wurden immer sehr genau geplant. Aber ich wurde gefaßt und gelangte so in noch größere Schwierigkeiten. Nach einem Ausbruch konnte man auf vielerlei Weise wieder aufgefunden werden, auch durch Untergrundpriester, die als Informanten des KGB dienten. Das Leben war verräterisch. Als sie mich faßten, banden sie mir die Hände hinter meinem Rücken zusammen und führten mich zurück hinter den Stacheldraht. Sie verurteilten mich zu zusätzlichen fünf Jahren.

Meine Mutter war wütend. Sie und mein Vater hatten fast meine Freilassung erreicht, und jetzt hatte ich noch eine zusätzliche Strafe abzusitzen, nur weil ich ungeduldig war. "Du wirst in eine strengere Anstalt eingewiesen", sagte sie. "Sei vorsichtig! In einem halben Jahr wirst Du zu Hause sein."

Ich wurde in ein spezielles Konzentrationslager geschickt, wo Gefangene festgehalten wurden, die ein hohes Risiko darstellten. Es war bekannt unter dem Namen P-JA-128-42 und lag in Manewitschi, der nordukrainischen Seenlandschaft. Das Lager befand sich mitten in einem schlammigen Gebiet - Seen und Sümpfe, wie eine Insel darin mit einer Zufahrtsstraße aus Holzplanken. Ich war der jüngste Häftling. Da gab es viele Männer, die zu 25 Jahren verurteilt waren und die ihre Familien für lange Zeit nicht gesehen hatten. Die älteren Männer nahmen mich wegen meines jungen Alters in Schutz, und nicht einer der Wächter wagte sich, mir etwas anzutun, weil sie sich fürchteten, daß die anderen Gefangenen sich meiner annehmen würden. In einem Block befanden sich 220 Häftlinge, und insgesamt waren mehr als 5 000 in diesem einen Lager. Während ein Gefängnis oft nur ein großer Klotz aus Beton war, waren die Lager meist wie Kasernen, und es war uns möglich, mit vielen anderen bei der Arbeit oder im Hof in Kontakt zu kommen.

Auf Grund des schlammigen Bodens und der Sümpfe war es unmöglich, zur Flucht aus P-JA-128-42 einen Tunnel zu graben. Ich begann mich nach verschiedenen Fluchtwegen umzusehen. Ich erkannte eine Möglichkeit, wie man Materialien, die zur Flucht unabdinglich waren, in Fächern in den Maschinen, an denen wir arbeiteten, verstecken konnte, aber es war unmöglich, in einer Gruppe zu entkommen. Der beste Weg nach draußen schien mir über die Hochspannungsleitung zu gehen, die das Lager durchkreuzte. Sie war 41 Meter hoch und es waren ungefähr 300 Meter von einem Turm zum nächsten. Wenn ich bis zu den Drähten und irgendwie bis zum nächsten Turm gelangen könnte, wäre ich außerhalb der Sperren. Der folgende Turm befand sich auf einer kleinen Insel jenseits eines Wassers. Ich machte mich an die Aufgabe, die nötigen Materialien zu sammeln. Ich stahl ein Paar Gummihandschuhe und versteckte sie sehr sorgfältig. In diesem Lager verrichteten wir Holzfällerarbeiten, und wir benutzten Rollen, um die Stämme fortzubewegen. Von jenen stahl ich auch einige. Es war dies eine erfindungsreiche, ja vielleicht ungewöhnliche Flucht, aber nein, die Idee dazu habe ich nicht in einem Film gefunden. Es war das einfach eine Sache der Beobachtung. Ich wußte, daß ich die Drähte berühren konnte, ohne einen Stromschlag zu erhalten, solange meine Füße nicht mit einem geerdeten Teil in Berührung kamen. Ich hatte das einfach daran bemerkt, wie sich Vögel auf den Leitungsdrähten niederließen. Was ich machte, war, an die Rollen einen Griff zu schweißen, einen Harnisch aus einem Gürtel herzustellen und auf ein gutes Gewitter zu warten. Warum ein Gewitter? Weil ein Großteil der Elektrizität sich entlädt, wenn es heftig blitzt.

Das Gewitter kam am 18. Mai 1963, ich kletterte zu den Drähten hoch und befestigte meinen Apparat an den Stromkabeln. Dann wie an einem Skilift hängend, stieß ich ab und rollte an dem Stromkabel herunter, der Freiheit entgegen.

Der Wind war stark, und in der Nähe des nächsten Turms kam ich zum Stillstand, und es ging nicht mehr weiter. Ich brauchte eine Stunde, bis ich den Turm erreichte. Ich war völlig erschöpft. Ich kletterte hinab und ließ die Rollen im Wasser verschwinden, damit niemand erfahren konnte, wie ich entkommen sei, und ich beschloß, daß ich von der Gefängnisinsel wegschwimmen müßte.

Es waren 200 Meter zu durchschwimmen, und der See endete in Binsen und moorigem Boden. Dort gab es Schlangen, aber ich hatte keine andere Wahl, als an ihnen vorbeizuschwimmen. Bald würde die Morgendämmerung hereinbrechen, und wenn sich der Nebel legte, würden die Hubschrauber kommen.

Es war ein Alptraum. Ich mußte aufpassen, daß meine Füße nicht in den Schlamm gerieten, weil es Treibsand war. Und ich mußte die gleitenden, schnell daherschießenden Schlangen vermeiden. Man nannte sie die "europäischen Schlammschlangen" und, wie man mir sagte, waren sie sehr giftig. Sie schwammen überall um mich herum.

Natürlich betete ich die ganze Zeit über, und Gott gewährte mir, daß mich nicht eine der Schlangen berührte. Sie hätten dabei sein und die Anzahl der Schlangen sehen müssen, um zu verstehen, daß dies eine Art von Wunder war. Ich kam an einer Insel mit festem Boden an und war so erschöpft, daß ich zusammenbrach und bis zum Mittag schlief. Die Schlangen waren immer noch ein Problem. Auf der Insel gab es Hunderte von ihnen, die sich durch den Schlamm hin- und herschlängelten. Ob sie über mich herkrochen, während ich schlief, weiß ich nicht. Ich begann darüber nachzudenken, wie ich wohl von dort wegkommen könnte. In der Ferne hörte ich das Bellen von Hunden und Warnschüsse. Aber Hubschrauber flogen nicht über die Insel hinweg.

Ich vermute, daß sie dachten, daß sich niemand in Richtung der Sümpfe davonmachen würde. Auf dieser Insel gab es kleine Bäume mit biegsamen Zweigen und ich besaß ein Messer, das ich mir im Lager heimlich zurechtgebastelt hatte. Aus diesen verbiegbaren Ästen flocht ich mir so etwas wie ein Paar Schneeschuhe zusammen, so daß ich über den Schlamm gehen konnte. Den Gürtel, den ich noch hatte, zerschnitt ich in zwei Teile, band damit die "Schneeschuhe" an meinen Füßen fest und begann das Moor zu durchqueren.

Ich mußte mich Millimeter für Millimeter vortasten, um nicht einzusinken. Um es kurz zu machen, ich brauchte drei Tage, um aus dem Sumpf herauszukommen. Aber diese Zeitspanne war nur zu meinem Vorteil. Sie suchten nach mir in weiterer Entfernung, wohingegen ich doch noch nicht einmal mehr als einen Kilometer vom Lager entfernt war.

Ich kam aus dem Moor heraus, gelangte an eine Eisenbahnlinie und trat kaum in Erscheinung. Sie hatten reguläre Einheiten der Armee, den KGB und die Wachen zur Suche nach mir angesetzt. Aber Gott war mit mir; Er lenkte meine Gedanken. Es wurde mir klar, daß es keinen Sinn hatte, zu einem Bahnhof zu gehen. Statt dessen beschloß ich, mich unter einem Eisenbahnwagen zu verstecken. Es waren ältere Zugmodelle und unter jedem Waggon gab es einen Bereich, in dem sie Vorräte verwahrten, in einer Art Unterbau um die Achsen herum. Ich kletterte in eine solche Box, und obwohl es auch nicht sehr bequem war, war es dennoch recht sicher. Wann auch immer die Züge angehalten wurden, um sie zu durchsuchen, dachte niemand daran, dort hineinzusehen. Ich kam in den Karpaten an, und obwohl es wunderbar war, wieder in meinem Heimatland zu sein, wurde die Fahrt immer gefährlicher, weil der Zug durch Tunnel fuhr, die alle durch Hunde bewacht waren, die einen verborgenen Fahrgast aufspüren konnten. Ich kletterte aus dem kleinen Unterbau heraus und machte mich zu Fuß auf, in die Berge.

Es gelang mir, für einen Monat unbemerkt zu bleiben, bevor ein KGB-Offizier sah, wie ich in einen Bus kletterte. Der Bus brachte mich nach Mukatschiw, und dort warteten schon die Hunde auf mich. Alle stiegen aus, und ich blieb im Innern. Einer der Freunde meines Vaters, ein Major, stieg in den Bus und fragte mich, wie ich entkommen sei. Die Sowjets sind besessen von der Idee, jegliche Fluchtmöglichkeit aus ihrem Gefängnissystem zu verhindern. Ich sagte nichts.

Im Laufe der Jahre 1963 und 1964 fand ich mich in einer Reihe von Gefängnissen wieder, davon eines in Winnizja. Dort verbrachte ich einen Monat, in einer Zelle eingesperrt. Keine körperliche Bewegung. Überhaupt nichts. Ich dachte, daß sie mich wegen meiner Flucht bis zum Ende Dezember 1963 vor Gericht stellen und verurteilen würden. Statt dessen kamen aus Kiew die Oberbosse angereist, um mich zu sehen, ein Oberst des KGB der ukrainischen Republik eingeschlossen, ein wohlbekannter Mann namens Lisenko, der für alle Aktionen gegen Katholiken und Protestanten verantwortlich war. Sie kamen direkt in meine Zelle, was äußerst ungewöhnlich war. Nur unter besonderen Umständen suchen sie eine Zelle auf und bringen Äpfel oder eine Schokoladentafel mit, um zu versuchen, von einem Häftling Informationen zu erhalten. Das war die Methode für mich - er brachte Weißbrot, Schokolade und einen Apfel, legte sie auf einen Tisch neben mir und begann zu lachen. "Wie zum Teufel bist Du da nur rausgekommen?" wollte er wissen. Der Oberst versicherte mir, daß er nicht von der Abteilung der KGB sei, die mit Hilfe der Folter agierte. "Ich will bloß wissen, wie Du entkommen bist."

Ich sagte ihm, daß ich geflohen sei und sonst nichts. Er meinte: "Du bist ein junger Bursche mit viel Talent, und es ist eine Schande, daß Du hier sitzen mußt. Wir könnten Deine Talente für das Vaterland gebrauchen."

Ich sagte ihm: "Nun, was schlagen Sie vor? Sie würden mir keine Arbeitsstelle geben oder sonst etwas. Ich stehe auf der schwarzen Liste."

Er meinte: "Sei nicht so pessimistisch. Warum trittst Du nicht bei uns ein und hilfst uns?"

Ich versuchte so zu tun, als ob ich nicht verstünde, daß er von mir wünschte, ein Informant zu werden. Aber natürlich wußte ich das. Das war die einzige Arbeit, die sie für Leute im Gefängnis zur Verfügung hatten. "Welchen Rang werde ich einnehmen?" spielte ich weiter mit. "Werde ich ein Offizier sein?"

"Du verstehst das nicht richtig", antwortete er. "Zunächst einmal bleibst Du in Deiner Zelle und hältst die Ohren offen und berichtest uns über alles, was Du hörst."

Ich wußte, daß ich mit dem KGB nicht für allzulange herumscherzen konnte. Wenn man sie an der Nase herumführte, konnte man sich auf schreckliche Schläge gefaßt machen. Ich stand auf und sagte ihnen frei heraus, die Zelle zu verlassen. Ich würde nicht mit ihnen zusammenarbeiten.

Er fuhr fort zu scherzen und sagte mir, daß ich nicht allzuschnelle Schlüsse ziehen sollte. Dann zog er seinen Notizblock hervor und meinte, daß er mir ein paar Fragen stellen wolle. "Wenn Du mir antworten willst, schön, wenn nicht, auch gut. Sieh Dich um. Du brauchst vor nichts Angst zu haben. Ich habe weder Instrumente noch ein Tonbandgerät."

Darauf würde ich kaum hereinfallen. "Sie wissen selbst, daß alle Zellen mit Wanzen versehen sind und alles kontrolliert wird", sagte ich.

Er versuchte, mir zu versichern, daß das nicht der Fall sei. Der KGB kann es sich nicht leisten, jede Zelle mit Wanzen auszustatten. Ich blieb verstockt. Ich sagte ihm, daß er mir beweisen solle, daß ich nicht in einer solch besonders ausgestatteten Zelle untergebracht sei. Er wurde ein bißchen eingeschnappt. "Wenn Du eine solche Einstellung hast, können wir auch in offizieller Weise weiterreden. Ich werde Dich in das Kabinettzimmer bringen und Dich verhören. Wir brauchen nicht freundlich miteinander zu sein."

Er versuchte, von mir Informationen zu erlangen, weil sie (der KGB) unter großem Druck standen, eine jede Flucht zu erklären. Man bedrängte sie auch, jegliches noch vorhandene Christentum auszulöschen. Er erwähnte den Namen eines Untergrundbischofs, Pawlo Wasilik. Ich sagte, daß ich ihn nicht kenne. Er zog ein Foto des Bischofs hervor und bellte: "Hier, sieh mal. Du und Deine Tante, ihr habt im Jahre 1959, als Wasilik aus dem Gefängnis entlassen wurde, einen Exerzitienort, Sarwanizja genannt, besucht."

Es war meine Tante Olena, die auch eine Aktivistin war und tatsächlich einige meiner Sachen versteckt hatte. Ich sagte ihm, daß ich nichts mehr zu sagen habe. "Ich bin schon verurteilt. Ich brauch' da nichts mehr hinzuzufügen."

Er meinte: "Gut, ich notiere, daß Du nichts von ihm weißt."
Ich sagte ihm, er könne schreiben, was immer er wolle. Er war nur dabei, mich in eine Falle zu locken. Er wollte auch wissen, wo die Kasse der Untergrundkirche aufbewahrt wurde. Er war sehr schlau, indem er vorgab, über mehr Informationen zu verfügen, als er in Wirklichkeit besaß. "Wir möchten Dir vertrauen", sagte er. "Wir haben schon die Kasse und haben alle verhaftet, aber wir möchten herausfinden, ob Du wirklich ein Christ bist, weil Christen nicht lügen."

Ich sagte ihm, daß ich nichts weiter zu sagen habe. "Ich bin kein Babylonier. Es ist sinnlos, die Perlen den Säuen vorzuwerfen, sagte Christus; und ich will mit Ihnen nichts zu tun haben."

Lisenko war erzürnt. "Da bin ich mit Dir so nett gewesen, und Du nennst mich ein 'Schwein'."

"Ich habe Sie nicht ein Schwein genannt", erwiderte ich. "Ich sagte, daß Christus lehrte, daß wir die Perlen nicht den Säuen vorwerfen sollen, aber sobald Sie sagen, daß Sie ein Schwein sind, dann sind Sie auch eins."

"Ich beende die Befragung", meinte er drohend.

Ich sagte ihm, daß er alle Informationen, deren er bedürfe, habe, wenn er so viele Verhaftungen durchgeführt habe, und daß es keinen Zweck habe, weiterzumachen. "Wenn Sie über meine Ausbrüche sprechen wollen, dann fahren Sie bitte fort, aber ansonsten habe ich nichts verbrochen."

Lisenko sagte, daß er noch eine Frage stellen wolle, bevor er über die Ausbrüche spreche. In Wirklichkeit war es eine weitere Reihe von Fragen über die Verbindungen zwischen dem ukrainischen Untergrund und dem im benachbarten Rumänien. Er wollte wissen, wie Informationen über die Grenze gelangten, von der die Sowjets glaubten, daß sie undurchlässig sei. Ich sagte ihm, daß ich nicht im Grenzbereich gelebt habe und es nicht wüßte. Er wurde sehr erregt, hob seine Stimme und sagte: "Wer denkst Du, wer Du bist. Wir haben die gesamte Grenze geschlossen, so daß selbst eine Fliege nicht durch kann. Du mußt es uns sagen!"

Ich erwiderte ihm, daß, wenn die Grenze so gut kontrolliert sei, es doch sein müsse, daß wirklich nichts durchkäme. Es war eine naseweise Antwort. Er stand auf und zündete sich eine Zigarette an. Ich zielte herausfordernd auf sein Bedürfnis zu rauchen ab, indem ich sagte, daß ich dachte, daß Leninisten Nerven aus Stahl hätten. Wie Sie sehen, war ich sehr widerspenstig. Ich glaubte nicht an irgendeine Form des Kompromisses mit des Teufels eignen Kreuzfahrern. Er drohte mir, mich in ein "offizielleres" Verhörzimmer zu bringen, und sagte mir dann, daß ich Winnizja am nächsten Tag verlassen und nach Charkiw gebracht würde, das sich im Norden der Ukraine, nahe der russischen Grenze befand. Ich glaubte dem Kerl nicht viel. Unsere Gespräche führten zu nichts, und ich wußte, daß sie mit mir noch nicht fertig waren. Sie hatten schon einen Plan. Was sie machen wollten, war, mich mit einem geheimen KGB-Agenten in eine Zelle zu stecken, der dann versuchen würde, Informationen aus mir zu entlocken.

Sie brachten mich nach Charkiw und ich erkannte sofort, daß etwas nicht stimmte, weil sie mich mit Glacéhandschuhen anfaßten. Ich brauchte nicht einmal für den Waschraum anzustehen. Sie untersuchten mich auf Läuse und wiesen mich in eine Zelle für zwei Personen ein. Mein Mithäftling war ein Intellektueller. "Ehre sei Jesus Christus!" begrüßte ich ihn.
Er schaute mich über den Rand seiner Brille an, dann nahm er sie ab. "Ehre an Jesus Christus", antwortete er.
Das erweckte in mir automatisch Sympathien für ihn. Er nannte sich Dmitro. Wir freundeten uns an, und er erzählte mir, daß er an einer Militärakademie als Professor angestellt gewesen sei. Er geriet mit den Behörden aus irgendeinem Grund in Konflikt und erhielt 15 Jahre Gefängnisstrafe. Das war es jedenfalls, was er mir erzählte. Wir kamen ins Gespräch, und ich sagte ihm, daß ich aus dem Gefangenenlager ausgebrochen sei und daß sie mich nun in ein anderes Gebiet gebracht hätten. Als ich von meiner Flucht erzählte, schien sich seine Einstellung zu verändern und ich begann zu spüren, daß etwas nicht in Ordnung war. Eine ganze Woche lang saßen wir zusammen in der Zelle.
Dann, eines Tages - ich kann mich an das genaue Datum nicht mehr erinnern, es war Ende Januar 1964 - brachten sie uns beide in ein Konzentrationslager im Gebiet von Donbas Komisarowka. Es war unter der Bezeichnung PJA-128-22 bekannt. Ich nahm an einem Treffen teil, in dessen Verlauf ich als "Gottesanbeter" und Mitglied der Bandera-Gruppe gebrandmarkt wurde. Dmitro kam mir zu Hilfe, indem er sie aufforderte, mich nicht so streng zu behandeln, und dafür wurde er vom Leiter des Konzentrationslagers, Major Wichrow, und seinem Assistenten, Hauptmann Lemeschko, zu 20 Tagen Einzelhaft verurteilt.
Ich war betrübt. Einzelhaft war eine zermürbende Prüfung. Es bedeutete, daß man in einem Zimmer von der Größe eines Wandschrankes ohne Fenster und mit überall tropfendem Wasser eingeschlossen war. Die Wände waren mit Salz bestrichen, so daß die Luftfeuchtigkeit nicht entwich. Es gab nur eine Glühbirne, und es war sehr kalt. Es bedeutete auch eine Verringerung der Mahlzeiten. In Einzelhaft erhielt man nur einmal am Tag zu essen: Zwei Tassen Wasser, 400 Gramm Brot und 63 Gramm Fisch. Eine Person in Einzelhaft

wird so hungrig, daß sie dazu neigt, selbst das Salz von den Wänden abzulecken. Zusammen mit der Kälte führt die Einnahme des Salzes dazu, daß der Körper eines Häftlings schmerzhaft anschwillt.

Ich beschloß, daß ich meinem "Freund" Dmitro zusätzliche Nahrung besorgen müsse. Brot. Ich müßte ihm irgendwie Brot zuschmuggeln. Aber wie?

Ich wußte, daß sie einmal in der Woche bei ihm vorbeikamen, um seinen Toiletteneimer auszuleeren. Sie gingen mit ihm zum Ausleeren, und dort befand sich ein Zaun, in den ich ein kleines Essenspaket mit ein paar Notizen einklemmte. Ich wurde dabei erwischt, und sie führten mich in das Verwaltungsbüro. Schwierigkeiten. Große Schwierigkeiten. Der Verwalter sagte: "Sie sind gerade hier angekommen, und schon brechen Sie die Lagerregeln, und darüber hinaus stellen Sie sich als ein Gläubiger, ein Christ, vor. Wenn Sie ja bloß Brot weitergereicht hätten, würden wir das ja verstehen, aber Sie gaben auch einige Zeilen mit. Sie sind jung, und wir müssen Sie für das, was Sie getan haben, bestrafen. Aber Sie kommen aus einer kommunistischen Familie, und vielleicht können wir zu einem Einverständnis kommen."
Ich sagte ihnen, daß ich nicht wüßte, wie ich ihnen helfen könnte. Sie antworteten, daß ich tatsächlich von großer Hilfe sein könnte. Sie meinten, daß die anderen Gefangenen aufgrund meiner wagemutigen Ausbrüche viel von mir hielten und daß ich diese Anerkennung dazu nützen könnte, um der Verwaltung zu helfen.
Wenn ich mit ihnen zusammenarbeitete, würde ich frühzeitig entlassen werden.
Erneut versuchten sie, mich zu einem Spitzel zu machen. Niemand würde davon erfahren, sagten sie, und ich machte das Spiel für eine Zeitlang mit, aber am Ende verkündigte ich ihnen, daß ich nichts mit ihnen zu tun haben wolle.
Der Verwalter zog ein blaues Dokument hervor. "Nun", betonte er, "wenn das so ist, wie Sie sich hier verhalten wollen, dann habe ich hier für Sie eine Anordnung für 15 Tage Einzelhaft."
Ich sagte nichts. Er wollte, daß ich das Dokument unterzeichne zur Anerkennung einer Übertretung. Ich sagte ihm, daß ich nichts unterzeichne. Er drückte auf einen Knopf und zwei Männer, die wie Gorillas gebaut waren, betraten das Zimmer, ergriffen meine Arme und zogen mich zu einer Zelle, die der von Dmitro gegenüberlag.

Mein Raum war ein bißchen größer als seiner. Es befanden sich noch mehrere andere darinnen, Verbrecher, die Trunkenbolde waren oder mit Rauschgift in Verbindung standen. Wir nannten sie "Rauschis", und es war bekannt, daß sie mit der Lagerverwaltung für besondere Begünstigungen, Versorgung mit Rauschgift eingeschlossen, zusammenarbeiteten. Zwei Tage später wurde Dmitro uns zugesellt. Bald stellte sich eine Auseinandersetzung ein, und einer der Rauschis fing an, unschöne Worten über die Leute der Bandera-Gruppe und andere ukrainische Partisanen herzusagen. Sie bearbeiteten mich auf psychologische Weise. Zu jener Zeit war ich vom Boxen her noch in guter Kondition und fürchtete mich nicht vor vielen Häftlingen. Ich sagte dem einen Aufhetzer, er solle den Mund halten, aber er hörte nicht auf. Plötzlich schlug ihm Dmitro mit der flachen Hand ins Gesicht, und ein Kampf entstand. Wir gegen sie. Die Wände waren blutverschmiert, und wir lagen einer über dem anderen auf dem Boden.

Sie entfernten uns aus der Zelle und brachten uns in unsere normalen Zellen zurück, so daß ich meine 15 Tage Einzelhaft nicht völlig zu beenden hatte. Statt dessen ließen sie uns die schlimmste Arbeit tun, eine Beschäftigung, die darin bestand, Ätznatron zu zermahlen und zu verpacken. Die Wächter ließen sich dort nie sehen, weil man sich von den herumfliegenden Chemikalien den Mund verklemmte.

Im Herbst 1964 war es so schlimm, daß es zu einem schrecklichen Streik der Häftlinge kam. Niemand von uns ging zur Arbeit. Es gab 5 000 Gefangene, die meisten von ihnen junge Männer wie ich selbst, und wir schlugen auf sämtliche Spitzel ein. Es war eine Frage des Überlebens. Mehr als vierzig Leute erlitten tödliche Schlagverletzungen, und zwei Männer wurden mit Benzin übergossen und in Brand gesteckt. Ich überlebte drei solcher Lageraufstände, und lassen Sie mich Ihnen sagen, daß sie etwas Unglaubliches sind.

Die meisten der Leute im Lager waren dort wegen geringerer Straftaten - Schlagen einer Ehefrau oder Diebstahl in einer LPG. Neben diesen Gefangenen bestand die nächst größere Gruppe aus Häftlingen wie ich selbst, die den Dienst in der Armee auf Grund ihres christlichen Glaubens verweigerten. In einer weiteren Gruppe von religiösen Gefangenen waren Evangelische mit eingeschlossen. Dann kamen die Nationalisten und Dissidenten. Zuletzt gab es noch tatsächliche Verbrecher: Mafiosi, die oberen Ränge des russischen, organisierten Verbrechertums. Sie waren eine kleine Gruppe, aber sie kontrollierten das Gefängnis. Sie spielten Karten, und der Verlierer mußte denjenigen töten, auf den die Mafia es zuletzt abgesehen hatte.

Dann gab es verschiedene Gefangene wie Homosexuelle, die man ins Gefängnis gesteckt hatte, um sie loszuwerden.

Die Erpresser brauchten nicht zu arbeiten; jeder mußte für sie arbeiten. Sie besaßen die Kontrolle über alle jene Leute, die das Hilfspersonal ausmachten. Im Lager gab es eine höhere Schule, und einige der Lehrerinnen waren mit verschiedenen Beamten der Lagerverwaltung verheiratet. Eine der Ehefrauen, die Englisch unterrichtete, wurde von einem der Mafiosi, der als ihr Zuhälter auftrat, zu einer Prostituierten gemacht. Ich möchte nur, daß Sie das böse Umfeld erkennen, in das ich hineingeworfen wurde. Häftlinge besuchten die Schule, und ein Zimmer war abgesondert worden, welches als Stelldichein mit ihr diente. Um sich in dieser Umwelt der Lust zu bewahren, mußte man geistig schon besonders stark sein.

Während die Ehefrauen ihre Körper verkauften, bestahlen die Verwaltungsbeamten ihre eigenen Gefängnisse oder verkauften Rauschgift.

Da war ich nun jeglichem denkbaren Bösen ausgesetzt, in einem Alter, in dem ich an Orten wie Nordamerika zu jung gewesen wäre, daß man mir Bier oder Schnaps verkauft hätte. Still betete ich Vaterunser nach Vater-unser, unzählige Gegrüßet-seist-Du-Maria, unzählbare Glaubensbekenntnisse. Es waren jene Gebete, die mich jenseits der Korruption und Versuchungen zum Königreich unseres Himmlischen Vaters sehen ließen, der wohl auf das Durcheinander in der Sowjetunion mit einem Stirnrunzeln geschaut haben muß, das breiter als das ganze Weltall war.

Ich befand mich im Innern der Bestie. Satan war in voller Wut losgelassen. Wenn Sie auf das Jahr 1884 zurückblicken, jenes Jahr, von dem es heißt, daß Papst Leo XIII. eine erschreckende Vision hatte, in der er den Satan hörte, wie er schwor, daß er die Kirche zerstören könne, wenn ihm dazu genügend Zeit gegeben würde. Papst Leo war so beunruhigt, daß er sofort das berühmte Gebet zum Heiligen Michael verfaßte, ein Gebet, das nach jeder stillen Messe gesprochen wurde und welches jetzt tragischerweise außer Gebrauch gekommen ist. Es heißt, daß dem Satan ein Jahrhundert gewährt wurde, zu versuchen, sein teuflisches Ziel zu erreichen. Einhundert Jahre. Und schauen Sie sich an, was seither geschehen ist: giftige Chemikalien, Radioaktivität, riesige Kriege und die Bedrohung durch noch gewaltigere Kriege, Okkultismus, Drogen, Abtreibung, Humanismus, zügellose Geschlechtlichkeit und Theorien von gottloser Evolution. Kirchenbänke wurden leerer, während Kinos, die pornographische und gewalttätige Filme zeigten, sich füllten.

Aber bei der Sache, in der Gott Satan eine Zeitspanne gewährte, gab es einen Haken. Sollte es Satan nicht gelingen, die Kirche zu zerstören, dann würde er selbst, eine vernichtende und demütigende Niederlage erleiden. Wir sind nahe vor dem Ende jenes Zeitalters. Die große Auflösung ist angekommen. Im Gefängnis wurden mir diesbezüglich Visionen gewährt. Wie ich schon im ersten Kapitel andeutete, sah ich die Muttergottes, während ich eingekerkert war, lange vor Hruschiw. Aber ich eile der Geschichte schon zu weit voraus. Lassen Sie mich fortfahren, Ihnen zu zeigen, wie das Leben in den Klauen des Satans aussah.

Zurück zu den Aufständen: Ich sah einen Fall, bei dem die Gefühle so aufgepeitscht waren, daß es, um einen Aufruhr herbeizuführen, nur dazu bedurfte, daß einer der Wächter eine Krähe erschoß, die wir gezähmt hatten. (Der Vogel, der sich auf unsere Schultern niederließ, wurde aufgenommen, als er mit einem gebrochenen Flügel gefunden wurde.) Andere Aufstände wurden von den Lagerverwaltern angestiftet, denen es daran lag, daß Teile des Lagers zerstört wurden, insbesondere die Lagerhallen, um ihre Diebstähle zu verdecken. Wenn das nicht genug sein sollte, Ihnen den Sinn der Hoffnungslosigkeit zu vermitteln, dann weiß ich nicht, welch andere Sache das bei Ihnen erreichen könnte. Von Februar bis August 1964 zählte ich 240 Leute, die für sich keinen anderen Ausweg sahen, als Selbstmord zu begehen. Von ihnen starben 154. Einige schlitzten sich die Adern auf oder sie durchstachen ihre Mägen, erhängten sich, vergifteten sich mit Gas. Oder sie steckten ihre Hände in Hochspannungsgeräte. Traurigerweise zählten diese Leute zu den in sittlicher Hinsicht besten Individuen im Gefängnis. Viele von ihnen versuchten durch ihren Tod eine Erklärung abzugeben, eine Erklärung, die dafür plädierte, daß die Behörden das drakonische System änderten. Diesbezüglich schrieben sie Abschiedsbriefe, aber keinerlei Verbesserung wurden durchgeführt, weil die Gefängnisse bloß ein Abbild des ganzen Sowjetsystems waren.

In der Ukraine gab es 210 Konzentrationslager und 36 Gefängnisse, in denen 450 000 Leute festgehalten wurden. Wieviele von ihnen begingen Selbstmord? Für das gesamte System konnte ich nie Zahlen erhalten, aber ich weiß, daß Leute quer durch die ganze Weite der Sowjetunion, die ganze Nation umfassend, ihr Leben beendeten, ob sie nun eingekerkert oder frei waren. Und so war es, weil es wirklich keine Freiheit gab. Jeder, der in der Sowjetunion lebte, befand sich im Gefängnis. Im ersten Jahr der Herrschaft Leonid Breschnews (1965) begingen 39 550 Menschen in der Sowjetunion Selbstmord. Darin sind die Selbstmorde in den psychiatrischen Anstalten, Konzentrationslagern und Haftanstalten nicht enthalten. Am Ende der Breschnew-Ära stieg die Zahl auf 81 417 an.

Die Verhältnisse im Gefängnis waren besonders streng für Priester. Wenn zwei oder drei Priester sich zum Gespräch zusammenfanden, brachen die Wachen sofort die Unterhaltung ab, und die Priester wurden oft mit 15 Tagen Isolationshaft bestraft.

Was blieb mir anderes übrig, als zu beten, als heimlich zu beten. Wenn man Sie beim Gebet ertappte, würde man Sie in Einzelhaft stecken oder Sie bis zur Bewußtlosigkeit schlagen. Sie versuchten mich auf Schritt und Tritt zu verfolgen. Und den Priestern erging es genauso schlimm. Sie mußten "vortäuschen", die Messe zu lesen, in ihrem Geiste sich vorstellen, daß sie die heilige Eucharistie in ihren Händen hielten und die Kommunion austeilten. Nur auf diese Weise konnte man mit dem gesunden Verstand in Berührung bleiben. Wenn zwei oder drei Priester sich versammelten, wurde dies sogleich der Gefängnisaufsicht berichtet, und der Kommandant - ohne auch nur den Fall zu untersuchen - steckte die Priester in Bestrafungszellen.

Dennoch aber hörten diese tapferen Kleriker nicht auf zu predigen. Und sie schrieben die Heilige Schrift von Hand ab und verteilten die Kopien unter mögliche Anwärter für eine Bekehrung oder an jene, die schon im Glauben standen. Sie bemühten sich ständig um die jungen Leute. In der Haftanstalt kamen sich die meisten Menschen verloren vor. Neben den religiösen und politischen Gefangenen gab es Männer, die man aufgrund von Inzucht oder anderer, widerwärtiger Verbrechen anklagte. Wir versuchten, Seelsorger für solche Leute zu sein. Wir können nicht behaupten, daß wir viele von ihnen zu Gott bekehrten, aber die Tatsache, daß wir diese Kategorie von Menschen nicht per se ablehnten, erweckte uns gegenüber eine allgemeine Haltung der Sympathie. Die Mafiosi waren abergläubig. Und einige von ihnen halfen uns, nicht aufgrund ihres Glaubens, sondern weil sie sich fürchteten, daß Gott ihnen beim Stehlen nicht helfe, wenn sie Hand an uns legten oder einem Glaubenden sonstwie etwas Qualvolles antaten. Die am meisten litten, waren jene, die aufgrund ihres Nationalismus eingesperrt waren.

Erinnern Sie sich an Olena, jene Medizinstudentin, die ich in Kiew getroffen hatte, bevor ich zum ersten Mal in Haft kam. Sie hielt Kontakt mit mir, sooft sie konnte. Aber schon hatte ich, wie immer, damit angefangen, die Lageranlagen zu studieren, immer auf der Ausschau nach Fluchtmöglichkeiten. Das Lager Donbas war in Blöcke, die voneinander durch hohe Wände getrennt waren, eingeteilt . Diese Wände bestanden aus eisernen Gittern, die die Baracken und Tummelplätze einschlossen. In jeder Ecke befanden sich Türme, die von Wachen besetzt waren.

Es sah nicht danach aus, daß eine Flucht leicht sein würde, aber wie sehr sehnte ich mich danach, es zu versuchen. Der Ort war dermaßen elend. Dort gab es homosexuelle Verbrecher - immer auf der Lauer, jemanden zu vergewaltigen - wohin man auch nur schaute. Junge Häftlinge wurden eingewiesen, und das Lagerpersonal setzte alles daran, diese Menschen zu demoralisieren. Sie lieferten sie dem Abschaum (Petuschatnik) aus, der sie vergewaltigte und ihre Geisteshaltung auf Dauer verdarb. Ich glaube, daß einige Leute eher stürben, als von einem Homosexuellen vergewaltigt zu werden. Bei einem Aufstand wurden 49 Homosexuelle getötet und 240 weitere verbrannt. Die 240 wurden in eine Baracke eingeschlossen, die Türen zugenagelt, Benzin darüber ausgegossen, und sie wurden bei lebendigem Leib verbrannt. Die Armee umzingelte das Lager mit Panzern, zog mit Gummiknüppeln herein und schlug auf jeden ein. Zusammen mit fünfzig weiteren Gläubigen kletterte ich in eine Dachstube, um dem Gemetzel zu entgehen. Die Verwaltung bemerkte, wo wir uns aufhielten, und forderte uns durch ein Megaphon auf herunterzukommen. Sie bezeichneten uns als "Gebetsleute". Wir fürchteten uns gewaltig. Aber anstatt Folter - jedenfalls diesmal - wurden wir in ein anderes Lager in der Ukraine geschickt.

Zusammen mit Dmitro wurde ich nach PJA-128-59, im Gebiet von Pischtschanka, gebracht. Man schrieb Januar 1965, und es wurde Zeit für einen weiteren Ausbruch. Der für die Verteidigung des Lagers verantwortliche Hauptmann hieß Wlasenko, und verantwortlich für den normalen Ablauf war Leutnant Dimarow. Mir fiel sogleich auf, daß das Lager nicht gut gebaut war.

Ich war ein junger Mann von 22 Jahren, der noch nie mit einer Frau intim gewesen war, und der KGB beschloß, mich mit einer Frau zu verkuppeln. Sie setzten diese Frau, Schanna genannt, die dort als Ingenieurin arbeitete, auf mich an, und sie gab vor, sich in mich zu verlieben. Sie war verheiratet und hatte einen dreijährigen Sohn, und bald wurde unsere Beziehung enger, als es jemals erwünscht war - nicht in sexueller Hinsicht, sondern in geistiger Weise. Sie erklärte mir die Intrige des KGB, und ich belehrte sie über den christlichen Glauben. Sie machte selbst eine Fahrt in die Karpaten, um getauft zu werden.

Schannas Ehemann war ein Offizier im Lager, und ihm gefiel die enge Beziehung seiner Frau zu mir gar nicht. Aber auf der anderen Seite verabscheute er mich nicht. Tatsächlich hatte er mir geholfen, Briefe in die Karpaten hinauszuschmuggeln. Als Schanna von ihrer Taufe zurückkehrte, brachte sie ein Kreuz und Bilder von mir und meiner Familie mit. Ihr Mann fand die Bilder und konfrontierte mich damit. Zu der Zeit bestand meine Arbeit darin, Traktorensitze herzustellen - eine angenehme Arbeit in einem ansonsten unangenehmen Lager. Ich hatte mein eigenes Büro und war mir ziemlich selbst überlassen. Sie kam oft dorthin. Es gab niemals etwas Intimes zwischen uns, weil ich, was Ehe anbetrifft, völlig anders dachte. Dennoch verliebte ich mich langsam in sie. Wir waren beide von Erstaunen, Verwunderung und Furcht ergriffen. Ihr Mann kam zu mir und zeigte mir die Bilder. "Josip", sagte er. "Ich liebe meine Frau. Du mußt diesen Ort verlassen."

Er würde mir bei meiner Flucht helfen. Weil er ein geheimer Mitarbeiter des MWD (vormals NKWD oder Ministerium des Inneren) war, wußte er, was der KGB vorhatte, und sagte mir, daß ich nicht alleine fliehen könnte, solange mich der KGB so genau beobachtete. Ich begann, meine Flucht vorzubereiten. Es wurde mir klar, daß dies der einzige Ausweg war. Ich suchte meine Freiheit, und ich wollte nichts tun, was seine Ehe in Gefahr bringen könnte. Bis auf den heutigen Tag sind wir Freunde. Zu jenem Zeitpunkt war mir noch nicht bekannt, daß die Anweisungen des KGB an sie tatsächlich soweit gingen, sich mit mir zu verheiraten. Die Regierung würde sie mit einer guten Position belohnen. Meine Mutter war im Hintergrund tätig, indem sie versuchte, mich von der Religion abzubringen und zugleich ein Einverständnis für meine vorzeitige Entlassung mit den Behörden zu erreichen.

Was mich betraf, so hatte ich noch neun lange Jahre Haft vor mir. Hätte ich Kenntnis von den unglaublichen Ereignissen gehabt, die mich noch erwarteten, wäre meine Absicht, den Lagern und Haftanstalten zu entfliehen, umso größer gewesen. In meiner Zukunft lagen Pläne, mich dauerhaft zu verstümmeln und mich zu ermorden. Aber das einzige, was ich zu jenem Zeitpunkt wußte, war, daß ich eine Gelegenheit vor mir hatte, und ich begann, einen Plan zu schmieden, der vorsah, daß fünf von uns fliehen sollten.

## 7. Kapitel

# AUF DER FLUCHT

Es war eine Flucht durch einen Tunnel. Im Lager wurden Besen hergestellt, und wir gruben uns durch einen tiefen Schacht unter einer riesigen Kreissäge heraus. Der Tunnel führte unter den Absperrungen hinweg zu einem Feld, das mit Sorghum bepflanzt war. Mein guter Freund Dmitro zählte auch zu den Ausbrechern. Es fiel ihnen erst später beim Appell auf, daß wir entflohen waren.

Wir wußten, daß der KGB sämtliche Straßen in diesem Teil der südlichen Ukraine absuchen würde. Also beschloß ich, mich in Richtung der benachbarten Moldaurepublik zu bewegen. Es war Sommer - der 2. August - und wir schwammen durch den Dnjestr-Fluß, den wir in der Nähe von Kamjanka überquerten. Ich hatte einen Freund in einem Kloster, und dort versteckten wir uns. Von uns waren noch drei übrig. Die beiden anderen waren in eine andere Richtung geflohen. Einer von ihnen hatte einen Stiefvater, der der Leiter des MWD in Lemberg war. Ein paar Tage später ging Dmitro in Richtung der Bahngleise. Aus irgendeinem Grund folgte ich ihm, und als ich auf Sichtweite herankam, beobachtete ich Dmitro an einem Bahnhof. Es gelang ihm, eine erste Gruppe von Gleisen zu überqueren, und bald darauf gelangte er zum Bahnsteig. Der MWD war dort mit Hunden, und zu meiner Überraschung sah ich, wie ein Hauptmann auf Dmitro zuging und ihn umarmte. Panik brach in mir aus. Es war mir unbegreiflich, was da geschah. Sie betraten ein Büro, und Dmitro kam mit ein paar Paketen heraus. Er machte sich in Richtung Kloster auf den Weg.

Ich lief zum Kloster und versteckte mich im Heu. Ich teilte Alexander, dem dritten Flüchtling, nichts mit. Er war der Sohn eines sehr bekannten Nationalisten. Da kam schon Dmitro und erzählte uns, daß er einige Nahrungsmittel - er behauptete, sie wären gestohlen - und etwas Geld habe. Ich spielte ihm vor, daß ich darüber erfreut sei. Aber dann nahm ich das Geld und einige Pässe, die man Dmitro ebenfalls gegeben hatte, und schlich mich ungefähr einen Kilometer vom Kloster entfernt zurück zum Dnjestr-Fluß. Ich dachte mir, daß der MWD jetzt unseren Plan kannte, uns in Richtung der Karpaten abzusetzen, und so bewegte ich mich statt dessen nach Süden, auf das Schwarze Meer und die alte Stadt Odessa zu.

Ich hatte vor, dort etwa einen bis zwei Monate zu bleiben, bevor ich mich wieder zurück in die Karpaten begäbe. Ich nahm einen großen Baumstamm, zog ihn in den Fluß und trieb darauf flußabwärts, zuerst bis Tiraspil und dann über Land östlich nach Odessa.

Im Donbas-Lager hatte ich einen bedeutenden Erpresser getroffen, der in Odessa wohnte, und es blieb mir keine andere Wahl, als ihn aufzusuchen. Das entwickelte sich zu einem unglaublichen, lustigen Spiel. Der Erpresser hatte politische Beziehungen und hatte ganz bestimmt keine Geldsorgen. Am Ende trug ich dazu bei, daß dieser Erpresser sich zum katholischen Glauben bekehrte (er hat jetzt seine Vergangenheit hinter sich gelassen und sendet mir religiöse Gedichte), aber zu jener Zeit befand er sich noch voll im "Geschäft". Seine "Stelle" war die des Direktors der Kreisfrüchteverteilung, aber in Wirklichkeit war es die sowjetische Form der Mafia.

Ich ging zu ihm, und er beschloß, mich in seiner 120 Kilometer entfernten Datscha zu verstecken. Dort ereignete sich die Komödie. Der Ort war luxuriös ausgestattet: Sauna, beheiztes Schwimmbecken. Und einmal im Monat kamen Freunde zum Kartenspiel. Während der Zeit, in der ich mich dort befand, tauchten nur Generäle, KGB-Offiziere, Prokuratoren und Staatsminister und ein hoher Beamter aus Kiew namens Ljaschko auf. Da war ich also inmitten sowjetischer hoher Tiere, deren eigene Männer nach mir suchten.

Die Regierung und die Mafia waren sehr miteinander verstrickt. Die Mafia besorgte Frauen, die in der Öffentlichkeit als Filmschauspielerinnen galten, aber die in Wirklichkeit Callgirls waren. Sie machten Glücksspiele, tranken und vergnügten sich miteinander. Weil die Mafia mein Gastgeber war, konnte keiner an mich ran. Für den Moment ließen sie es gewähren. Aber wäre es ihnen gelungen, mich aus der Datscha herauszulocken, hätte es Schwierigkeiten gegeben. Ein Generalmajor des KGB sagte, daß niemand mich verhaften würde, während ich mich in der Datscha befand (die Verhaltensregel war, daß man vorübergehend nicht aufgegriffen werden durfte, wenn man von der Mafia vorgestellt worden war), aber wenn er mich nur hundert Meter von der Datscha entfernt packen könnte, würde er mich ins Gefängnis zurückbringen und die Belohnung kassieren. Er meinte, daß er noch zwei Sterne und den Rang eines Oberstleutnants erhalten würde.

Ich verbrachte eine Woche in der Datscha, und der Erpresser fälschte Papiere für mich. So wurde ich umbenannt in Kowatsch Iwan Fedorowitsch. Manchmal verkleidete ich mich mit einer roten Perücke oder gebrauchte andere falsche Namen. Da mein Fahndungsfoto in vielen Teilen der Sowjetunion ausgestellt war, war es eine nervöse Zeit. Es gelang mir, dem KGB aus dem Weg zu gehen, und ich verbrachte einen Großteil meiner Zeit in Luhans'Ske, im östlichsten Teil der Ukraine, nahe an der Grenze zur Republik Rußland. Mit meinen falschen Papieren ausgerüstet, schrieb ich mich in einem landwirtschaftlichen Institut ein. Man hatte mir den Status eines "leitenden kommunistischen Jugendlichen" oder Komsomol gegeben, was die Eingangsstufe in die kommunistische Partei ist. Tagsüber war ich ein Komsomol, während ich in der Nacht Josip Terelja war, ein katholischer Aktivist, der wegen Ausbruchs gesucht wurde.

Schließlich mußte ich in das Bergbaugebiet fliehen, wo ich in einer Stätte angestellt war, die Geflügel aufzog. Und dann im März 1966, nach sieben Monaten auf der Flucht, kam meine Freiheit zu einem plötzlichen und vorhersehbaren Ende. Der KGB sah und griff mich in Luhans'Ske auf. Sie brachten mich nach Winnizja, in ein Gefängnis mit erhöhten Sicherheitsvorkehrungen, in dem sie schon eine Zelle für mich bereitgestellt hatten. Sie hatten den Plan gefaßt, mich zu töten.

Es war ein sehr schlechtes Gefängnis. Fünf Leute waren in meiner Zelle - hartgesottene Verbrecher. Ich glaube, daß zwei von ihnen Jurkin und Tichomirow hießen. Eine Woche lang saßen wir zusammen in der Zelle, und mir kam es langsam verdächtig vor. Alle zwei Tage ging einer von ihnen zum Arzt. Was in Wirklichkeit geschah, war, daß sie sich mit dem Leiter des Vollzugs trafen und über mich berichteten.

Ich war schon fast zu schwach, darüber nachzudenken. Mir war kalt, und ich war schlecht ernährt. Meine Energie war geschwunden. Und während ich fast verhungerte, kamen diese Burschen rülpsend vom "Arzt" zurück, als ob sie gerade eine große Mahlzeit eingenommen hätten.

Am 7. Mai 1966 wurde ich vor Gericht gestellt. Ich wurde zu sieben Jahren strengsten Konzentrationslagers verurteilt. Die bisher noch ausstehende Zeit mußte natürlich auch noch abgesessen werden. Meine Mutter war bei der Gerichtsverhandlung anwesend, und sie verhielten sich mir gegenüber sehr höflich. Ich war sehr überrascht, als sie mir reichliches Essen zu Mittag und zu Abend gaben, sogar Süßigkeiten. Wie immer machte ich guten Gebrauch von der Gelegenheit und verzehrte alles, was sie mir anboten.

Die Sowjets hatten jedoch noch anderes im Sinn als bloß eine Verurteilung zu strengster Haft. Am Abend brachten sie mich in die Zelle zu denselben Übeltätern zurück. Jurkin und Tichomirow hatten den Oberkörper entblößt. Ich erkannte, daß sie betrunken waren, was bedeutete, daß die Verwaltung ihnen Alkohol als Bezahlung für ihre geheimen Tätigkeiten zugeschmuggelt hatte. Aber ich tat so, als ob ich nichts Verdächtiges wahrnähme. Einer kam und fragte, ob ich etwas trinken wolle. Ich verneinte es. "Du willst nicht mit uns trinken?" sagte er empört.

"Ich habe meinen Glauben", sagte ich. "Ich rauche und trinke nie. Und darum rede nicht so mit mir!" Ich drehte mich herum und legte mich in die untere Schlafkoje. Ich war sehr müde, und wenn ich übermüdet bin, kann ich nicht einschlafen. Aber schließlich sank ich in einen tiefen Schlaf, nur um plötzlich von einem brennenden Schmerz aufgeweckt zu werden.

Überall blutete ich. In meinem ganzen Körper verspürte ich Schmerzen. Blut schoß aus meinen Armen und Beinen. Einiges davon flog zwei oder drei Meter weit. Meine Mitgefangenen hatten mir die Venen auf der Rückseite meiner Beine - bis zu den Muskeln, Nerven und Sehnen - mit großen Gartenmessern und krummen Klingen aufgeschnitten sowie meine Unterarme in der Nähe des Ellbogens aufgetrennt.

Ich versuchte mit einer Hand gegen die fünf Männer anzukämpfen. Überall war Blut. Die Wächter hörten den Höllenlärm und stürmten herein. Offensichtlich war ihnen nicht bekannt, daß der KGB diesen Männern die Vollmacht gegeben hatte, mich zu töten.

Bei all dem Lärm und Gebrüll wurden die anderen Häftlinge aus dem Schlaf gerissen. Als ihnen klar wurde, was geschehen war, begannen sie zu rufen: "Mörder! Mörder!" Der Prokurator kam und brachte mich zur Chirurgie. Ich bin dem Arzt, der mich chirurgisch behandelte, dankbar. Er vernähte meine Wunden meisterhaft. Aber er hatte auch schlechte Nachrichten für mich. Er sagte mir, daß ich mich weder fortbewegen noch meine Hände je wieder gebrauchen könne.

Ich war ein Krüppel, war wie ein Querschnittsgelähmter. Er sagte mir, daß ich den Rest meines Lebens im Rollstuhl verbringen würde. Im Alter von 22 Jahren war ich ein hilfloser Mensch.

Davon wollte ich nichts wissen. Ich war entschlossen, meine Hände wieder gebrauchen zu können. Viele Monate lang machte ich eine Übung, die darin bestand, meine Hände zusammenzupressen und mich mit den Händen rückwärts von der Wand abzudrücken, oft neun Stunden am Tag, bis ich meine Kraft und Koordination wiedergewann. Ich habe nicht mehr die Kraft, die ich einmal besaß, und die Glieder sind noch taub, aber der Herr gewährte mir, am Leben zu bleiben und gehen zu können. Die Tatsache, daß ich hier vor Ihnen stehe, deutet auf Gottes Eingreifen hin. Ich konnte meine Glieder wieder gebrauchen.

Das ganze Gefängnis war verärgert über diese Tat. Zu jenem Zeitpunkt waren dort viele Gläubige, einige in Einzel- andere wieder in Doppelzellen, aber insgesamt, nach meiner Schätzung, mehr als fünfhundert Gläubige. Der Kommandant war General Kaschirin, eine wirklich schreckliche Person. Es gefiel ihm, in die Zellen zu gehen und die Gefangenen zu terrorisieren. Er zog sich einen Handschuh über seine rechte Hand und gab einem mit der Faust einen Boxhieb in die Magengrube. Wenn man dann nicht sofort zusammensackte, verordnete er Einzelhaft, suchte einen dann in der Einzelhaft auf und wartete darauf, daß man ihn anflehte - auf die Knie fallend und seine Stiefel küssend - mit den Worten: "Unser Gott ist Kommandant Kaschirin. Ich bekenne mich schuldig. Ich habe wider das Sowjetsystem gesündigt."

Wenn sich der Häftling dann erhob, verabreichte er ihm einen weiteren Fausthieb in den Magen.

"Du kannst dich glücklich wähnen, jetzt unter dem Schutz des KGB zu stehen", teilte mir Kaschirin mit. "Andernfalls kämst du hier nicht lebend heraus."

Der Angriff auf mich hatte genügend Aufruhr erzeugt, so daß der KGB davon abließ, mich zu verstümmeln, und dazu überging, seine Aktivitäten zu verschleiern. Die offizielle Version war, daß sie nicht in den Angriff verwickelt wären. In der Zwischenzeit sahen sich die, welche mich niedergestochen hatten, einem unfreundlichen Schicksal ausgesetzt. Zwei der jungen Angreifer wurden von Häftlingen getötet, die mich als einen "Heiligen" betrachteten. Sie wurden in einem Untersuchungsgefängnis in Kiew ermordet.

Ein mystischer Sinn hatte sich bei mir noch nicht entwickelt, aber ich betete und predigte unaufhörlich. Allmählich konnte ich auf Krücken laufen und, wie ich schon sagte, erlangte ich den Gebrauch meiner Hände wieder. Meine Eltern waren entsetzt, als sie hörten, was mir geschehen war, und begannen im Hintergrund aktiv zu werden. Meine Mutter kaufte für mich Heilkräuter und erwarb für den Chirurgen, der mir geholfen hatte, Schmuck im Werte von 15 000 Rubel. Meine Eltern legten für mich mehr als 100 000 Rubel aus. Warum war der KGB plötzlich zu meinem Schutz da - zumindest für den Augenblick? Weil mein Vater einen General namens Fedortschuk, dem der ukrainische KGB unterstand, persönlich aufsuchte und bei ihm die Angelegenheit vorbrachte. Es war eines der wenigen Male, daß es von Vorteil war, Kommunisten in der Familie zu haben.

Mir wurde gesagt, daß ich mich in diesem Gefängnis nicht mehr allzulange aufhalten, sondern daß ich wieder in ein anderes Konzentrationslager gebracht würde. Als ich fortging, meinte der Arzt: "Halten Sie Ihre Übungen bei. Wir können nicht verstehen, wie Sie laufen können, aber es scheint, daß der Wille des Menschen funktioniert." Der Wille des Menschen und der Wille des Heiligen Geistes. Es war nur der Anfang einiger wirklich ehrfurchtgebietender Zeichen des Himmels. Sie werden in Kürze zu schätzen wissen, was ich meine. Mir wurden auch gewisse Erleuchtungen gegeben. Als ich mich zum Beispiel im Gefängnis befand, war ich verhältnismäßig frei, mich umherzubewegen, und ich hatte auch die Möglichkeit, an Papier zu gelangen. Ich begann welches zu stehlen, und mir kam die Idee für eine rudimentäre Druckerpresse. Ich beschloß, eine kleine Gebetskarte für die Häftlinge zu drucken - das Vater-unser und das Gegrüßet-seist-Du-Maria. Ich stahl eine Glasplatte und nahm sie mit zurück in meine Zelle. In meiner Zelle befand sich ein neuer Mithäftling, ein Mitglied der Sekte, die man die Zeugen Jehovas nennt. Er riß den hinteren Teil eines Stiefels ab, und wir verbrannten ihn, womit wir Asche erhielten. Wenn ich eine Druckerpresse haben wollte, brauchte ich Druckerschwärze. Ich nahm Butter und Zucker, vermischte alles zusammen und machte daraus ein Pigment. Ich fügte etwas Glyzerin hinzu, schrieb die Gebete in Spiegelschrift auf das Glas, und da war es, ein Vervielfältigungsgerät.

Im Juli 1966 war ich im Konzentrationslager PJA-128-39 bei Hubnik. Das war nicht weit, vielleicht neun Kilometer, von meiner Freundin Olena, der Medizinstudentin, entfernt. Dort wurden spezielle Gefangene festgehalten, insbesondere Ausbrecher. Ich war schon als eine Art Gefängnis-Houdini bekannt.

Der fürs Regime Verantwortliche war ein Bursche mit dem Namen Jarmosch, ein Sadist, der nicht nur die Gefangenen folterte, sondern auch gerne seine Zigaretten auf den nackten Brüsten seiner Frau ausdrückte. Er saß auf einem Stuhl, der wie ein Thron hergerichtet war, drehte sich darauf wie ein Verrückter im Kreis herum und verlangte, daß wir um Gnade bettelten. Einer der Hauptleute war in dem Gefängnis gewesen, aus dem ich 1965 ausbrach, und er hatte eine schöne Begrüßung für mich. Er hob seine Arme und sagte: "Terelja! Nun bist du in meinen Händen. Hier wirst du niemals mehr herauskommen."

Trotz seiner Drohung plante ich innerhalb eines Monats einen erneuten Ausbruch. In Gedanken beschäftigte ich mich mit vielen Dingen. Das erste war die Druckerei in dem vorhergehenden Gefängnis. Die Glasplatte wurde gefunden. Neben den Gebeten hatten wir auch Aufrufe an die freie Welt veröffentlicht und hatten sie mit Hilfe der Krankenschwestern herausgeschmuggelt. Dafür konnte ich zumindest noch einmal drei Jahre bekommen. Der KGB aus Kiew und Uschgorod suchte mich diesbezüglich auf. Das war einer der Gründe, weswegen ich fliehen wollte. Dann gab es noch die Medizinstudentin Olena. Nach der Angelegenheit mit Schanna hatte ich damit begonnen, Olena nicht nur als eine Brieffreundin, sondern als mögliche Ehefrau zu betrachten. Ich wünschte, mich mit ihr zu treffen.

Die Behörden sagten mir, daß ich Besuche von ihr erhalten könnte, wenn ich ihnen die Informationen gäbe, auf die sie es abgesehen hätten. Ich teilte Ihnen nichts mit, und sie drohten mir mit weiteren zehn Jahren.

Glücklicherweise setzten sich meine Eltern immer für mich ein; jeder andere wäre während der vielen Jahre, die ich im Gefängnis verbrachte, erschossen worden. Nichtsdestoweniger war ich im Gefängnis. Ich überlegte hin und her über mögliche Fluchtwege. Meinen Beobachtungen zufolge gab es drei Arten von Ausbrüchen, die aus jenem Lager versucht werden konnten, und ich untersuchte eine jede Möglichkeit sorgfältig. Zur gleichen Zeit, als ich Fluchtmöglichkeiten erforschte, war ich auch damit beschäftigt, eine religiöse Gruppe zu organisieren, die heimlich erneut Aufforderungen und religiöse Botschaften zu drucken begann. Wir veröffentlichten Briefe, Poster und Flugblätter, die wir hinausschmuggelten, indem wir sie in großen Säcken versteckten, die in der Haftanstalt für eine Schokoladenfabrik hergestellt wurden. Auf einem Flugblatt schrieb ich einen endzeitlichen Aufruf, in dem ich behauptete, daß die Macht des Satans bald zusammenbrechen werde. Dies mag Ihnen später wie Ironie vorkommen. Auf jeden Fall gingen diese Säcke von Stadt zu Stadt, so daß unsere Botschaften bald in Kiew und an anderen Orten auftauchten.

Ein Offizier des KGB erkannte meine Handschrift auf den Flugblättern, und ein General der Geheimpolizei besuchte mich. Erneute

Schwierigkeiten. Ich betrat das Büro des Lagers, und er begann zu fluchen und zu lästern. "Was machst du denn da?" fragte er. "Deine Mutter war gerade hier. Sie bat mich einzuschreiten. Dein Vater sagte, daß du dich benehmen würdest. Wir können dies nicht verschleiern, weil Moskau davon erfahren hat. Sie denken, daß es einen großen religiösen Untergrund gibt, und dabei bist nur du es mit ein paar seltsamen Käuzen."

"Nun dann stellen Sie mich doch vor Gericht", antwortete ich. Es hatte keinen Sinn, etwas zu leugnen. Meine Veröffentlichungen waren auf Radio Liberty (Freiheit) zusammen mit meinem Namen erwähnt worden. Manchmal unterschrieb ich trotzig meine gedruckten Aufrufe mit "Josip Terelja, wahrer Katholik". Radio Liberty ist eine Abteilung des Radios Free Europe (Freies Europa) und hat seinen Sitz in München, Deutschland.

Während meines Aufenthalts in Hubnik fand ich mich oft in Isolationshaft wieder. Es war erbärmlich. Es war, wie wenn man in einer Kiste lebte. Es gab nichts zu essen, nichts zu lesen. Es war kalt, und das einzige, was man tun konnte, war Beten. Aber Beten ist alles, was man braucht. Lassen Sie mich Ihnen erzählen, daß es mir möglich war, durch das Gebet Zeugnis abzulegen vor vielen Häftlingen, sogar vor Gefängnisaufsehern und einem Direktor der inneren Sicherheitsorgane, der dem MWD angehörte. Die Frage stellt sich oft: Wie beten wir, und wie hören wir auf Gott? Wie dienen wir Ihm, und wie sind wir Ihm gehorsam?

Erinnern Sie sich der Worte Christi, als er mit der Samariterin sprach. Gott ist Geist, und jene, die Ihn anbeten und sich vor Ihm verneigen, müssen Ihn im Geiste, und in der Wahrheit anbeten.

Was bedeutet es, sich vor dem Herrn zu verneigen? Vor Gott? Durch das Gebet werden wir eins mit Gott. Wenn ein Mensch, der glaubt, immer danach trachtet, Gott in seinem Herzen zu bewahren, wird er mit dem Allmächtigen eins. Wir müssen uns auf unsere Knie hinabbegeben. Lassen Sie mich Ihnen erklären, daß das Gefängnis bei mir einige der erfreulichsten Erinnerungen hinterlassen hat, indem ich solches tat und Leute zum Glauben bekehrte, selbst die schlimmsten Wächter. Ich weiß, daß dies unglaublich klingt. Aber genau das ist es, was Gebet, Selbstverleugnung und Glaube bewirken kann. Das Gefängnis war für mich eine läuternde und frohmachende Erfahrung - die sich bald, wie ich sagte, in eine Erfahrung wirklicher Mystik entwickelte.

Jedenfalls, was die Isolationshaft anbetraf: Einmal befand ich mich dort, und während ich herausgekommen war, um Wasser zu holen, fingen fünf Männer an, auf mich einzuschlagen, auch ein Wächter namens Michailo Sajenko. Später begann ich für ihn zu beten. Ich bat die göttliche Allbarmherzigkeit, diesen Mann zu erleuchten, damit die Gnade Gottes auf ihn berabkomme.

Als er meine Anrufungen hörte, öffnete der Wächter verärgert das Pförtchen und rief aus: "Ruhe, Terelja, oder ich töte dich!"

Ich betete laut weiter für ihn. Eine Stunde später öffnete er das kleine Fenster erneut und sagte: "Terelja, ich bin ein Atheist, ein Kommunist. Selbst wenn du einhundert Jahre lang betest, nützte es mir nichts. Und solltest du nicht aufhören zu beten, werden wir wieder kommen und dich schlagen."

Ich fuhr fort, laut weiterzubeten, und er konnte dies nicht ausstehen. Er öffnete das Fensterchen noch einmal. Diesmal brachte er einen Hocker, um darauf zu sitzen. Er sagte: "Sieh mal, Terelja, ich habe dich geschlagen. Ich habe dich schlecht behandelt. Warum betest du für mich? Es gibt keinen Gott."

Ich antwortete: "Du sagst, daß es keinen Gott gibt, aber vor fünf Stunden schlugst du mich fast zu Tode. Du hättest mir kein Glas Wasser gegeben. Und jetzt sprichst du vernünftig und ruhig mit mir."

Er wurde ganz rot im Gesicht, schloß das Fensterchen und schlug die Tür zu. Ich fuhr fort, für ihn und seine Familie laut zu beten. Er öffnete noch einmal das Fenster. Diesmal zeigte er ein völlig anderes Benehmen. Er hatte ein Stück Brot und eine Kanne heißes Wasser bei sich. Er zog seinen warmen Rock aus. "Sieh mal", sagte er. "Du gehst zurück, schläfst und deckst dich mit diesem Rock zu. Eine Stunde vor dem Wecken komme ich zurück, um mir meinen Rock zu holen."

Während meines Aufenthalts führte ich viele Diskussionen, wenn dieser Mann Wachdienst hatte. Schließlich verließ er den MWD und wurde ein ukrainischer katholischer Aktivist. Sechs Jahre nach seiner Bekehrung - im Jahre 1972 - wurde dieser ehemalige Wächter verhaftet und zum ersten Mal verurteilt.

Mein Aufenthalt in Hubnik schloß sowohl Bekehrungen als auch eine weitere Flucht ein. Soweit ich mich erinnere, geschah der Ausbruch an einem Dienstag, im Herbst des Jahres 1966.

Auf dem Hof gab es Metallfässer für Dieselkraftstoff, die, wenn sie leer waren, mit einem Lastwagen abtransportiert und wieder aufgefüllt wurden. Es gelang mir, eines der Fässer in zwei Hälften zu zerschneiden und von innen Klammern anzubringen, so daß jemand sich in die untere Hälfte setzen, die obere herunterlassen, beide Teile verklammern und es so aussehen lassen konnte, als ob es sich um ein ganzes Faß handelte, bei dem der Deckel noch völlig intakt war.

Ich ließ mich in ein solches Faß ein, und, wie geplant, wurde es auf einen Lastwagen verladen, und ich horchte mit großem Herzklopfen, wie wir uns an den Lagerabsperrungen vorbeibewegten.

Die Hunde konnten mich wegen des öligen Geruchs nicht riechen, aber nach einer Weile gab es ein anderes Problem: bei mir stellte sich Klaustrophobie ein. Ich mußte nach draußen, aber die Klammern öffneten sich nicht. Ich fürchtete, daß wir an unser Ziel gelangen und sie, bevor ich herausklettern könnte, einen Schlauch hereinstecken und das Faß mit Diesel füllen würden. Ich betete, und dann kam mir ein Gedanke: Stoß mit dem Kopf gegen den Deckel. Ich begann mit meinem Kopf gegen den Deckel zu stoßen - so heftig, daß bald Blut an meinem Gesicht herunterlief.

Aber es funktionierte. Schließlich brach ich den Deckel, warf das Faß weg und versteckte mich in einer bewaldeten Gegend.

## 8. Kapitel

# WÖLFE DER WELT

Meine Freiheit währte nicht lange, bevor ich wieder gefaßt wurde. Sie brachten mich zum Lager zurück, und ich handelte mir heftige Schläge ein. Von November an verbrachte ich zwei volle Monate in Isolationshaft. Man gab mir nicht mehr als kaltes Wasser und durchsiebten Haferschleim. Nicht einmal einen Fetzen drittklassiges Fleisch.

Die Wachen bearbeiteten mich mit ihren Fäusten und Stiefeln, oder sie weckten mich auf, indem sie eisigkaltes Wasser über mich ausgossen. Jarmosch, ein Sadist, war der Leiter der Disziplin. Ich glaubte nicht, daß ich es überleben würde. Meine Arbeit bestand darin, Bordsteine aus Felsbrocken, die aus einem nahegelegenen Steinbruch stammten, herzustellen. Ich mußte davon zwei am Tag anfertigen - eine äußerst mühselige Aufgabe - und wenn ich es schließlich geschafft hatte, erschien Jarmosch mit einem Vorschlaghammer, um sie zu zertrümmern, so daß ich zwei weitere Steine fertigstellen mußte. Diese ganze Arbeit wurde auf der Grundlage von einer täglichen Nahrungsaufnahme von lediglich 300 Gramm bewältigt.

Das sind so die Techniken, die im sowjetischen GUlag angewendet werden, um den Willen der Menschen zu brechen. Viele Lager und Gefängnisse haben auch sogenannte "Hurenzimmer", in denen Homosexuelle festgehalten wurden. Diese perversen Personen arbeiten mit dem KGB und dem MWD zusammen und vergewaltigten Gefangene, die zu ihnen in die Zellen geworfen wurden.

Ich besaß ein Kreuz und eine Ikone Unserer Lieben Frau. Beide waren die Quelle gewaltiger Verärgerung der Behörden. Aber sie gingen nicht soweit, sie mir direkt abzunehmen. Sie wollten, daß ich sie freiwillig aushändigte. Es war ein psychologischer Kniff. Sie versuchten, mich dazu zu bringen, zu meiner eigenen Entscheidung zu gelangen. Ein Entschluß, solche heiligen Reliquien aufzugeben, wäre ein Schritt in die Richtung gewesen, mich vom Christentum loszureißen.

Natürlich weigerte ich mich, und Jarmosch meinte, daß ich die Gefängnisordnung verletzt hätte. Darauf wurden mir diese langen Aufenthalte in der Isolationshaft gegeben. Dennoch weigerte ich mich, ihnen meine heiligen Gegenstände zu überlassen. Um mich umzustimmen, begannen sie, mich draußen in der Kälte, nur mit einem Hemd als Schutz gegen die Witterung bekleidet, stehen zu lassen. Es war ein sehr kühler Herbst mit reichlich Regen und Graupelregen. Eines Tages wurde ich zur Arbeit herausgeholt, in die Reihe gestellt und dann öffneten sie meine Akte: "Glaubst Du an diesen Gott?"

Ich schwieg, weil ich ungeachtet dessen, was ich sagte, geschlagen wurde.

Ein Hauptmann Wolenko knurrte, daß ich möglicherweise nicht zu sprechen gelernt hätte. "Vielleicht willst du nicht mit Kommunisten sprechen", grinste er zynisch. Sie brachten meine Ikone heraus und befahlen mir, sie festzuhalten. "Wir werden sehen, wie Gott dir hilft", sagte er und ließ mich fröstelnd in der kalten Brise zurück.

Ich wurde dort zurückgelassen, und am nächsten Tag vollzog sich der gleiche Vorgang. Jeden Morgen erschienen alle Führungskräfte, um zu sehen, ob ich das Kreuz ausziehen würde. Sie sagten mir, daß sie mich dort behalten würden, bis ich das Kreuz auszöge. Dann übergossen sie mich mit Wasser an einem Tag, als es schneite. Alles an mir gefror. Dies geschah immer und immer wieder. Ich stand da acht Stunden ununterbrochen. Sie entzogen mir auch meine regulären Rationen, indem sie meine Suppe durch einen Verbandmull siebten, um das Gemüse zu entfernen.

Auf wunderbare Weise wurde ich bald von dort verlegt, für ein paar Tage in Winnizja festgehalten (wo ich schon einmal war), und dann am 5. Januar in das Gefängnis in Odessa überführt, in dem ich zwei Monate verbrachte. Es war bereits das Jahr 1967. Frohes Neues Jahr!

Am 24. oder 25. Februar 1967 wurde ich in das Lager PJA-128-6, in der Kreisstadt Kirowograd, gebracht. Der Kommandant war Oberst Tscheprasow und der politische Adjutant war Loktjew. Bei der Begrüßung waren sie freundlich zu mir - das bedeutet, daß ich nicht sofort geschlagen wurde - aber der KGB hatte besondere Anordnungen und war auf der Lauer, um sich an mir zu rächen.

Es ist nicht leicht, sich an alle Schrecken der Gefangenschaft zu erinnern. Während meiner Jahre in Haft sah ich Beispiele, in denen Gläubige gezwungen wurden, ihren eigenen Urin zu trinken oder ihren eigenen Kot zu essen. Mir wurde auch erzählt, daß bei Gelegenheit der Kot in die Gestalt einer Hostie geformt wurde. Wer anders als Satan könnte zu solchen gotteslästerlichen Handlungen anstiften? Man mußte diese abstoßende Umgebung ignorieren und am christlichen Weg festhalten. Wo immer ich mich befand, fuhr ich fort, bei jeder Gelegenheit Flugblätter zu veröffentlichen und das Evangelium zu verkünden.

Man darf niemals aufgeben. Man darf niemals faule Kompromisse mit der Welt eingehen. Man darf niemals dem Teufel gegenüber nachgeben.

Für einen Augenblick möchte ich die Aufmerksamkeit auf den Sachverhalt der Ökumene richten. Während jenes Zeitraums in Kirowograd oder den Übergangsgefängnissen hatte ich oft Gespräche mit anderen Gläubigen. Eine Zeitlang war mein Mithäftling ein Leiter in der Sekte, die unter dem Namen Siebenten-Tags-Adventisten bekannt ist. Sein Name war Kosirow. Er war rumänischer Staatsbürger. Was dachte ich über solche Konfessionen? Erstens verteidige ich alle Gläubigen - Protestanten, Juden, Orthodoxe, Muslime. Aber ich neigte dazu, jedem auszuweichen, der sich selber einen Christen nannte und dennoch die Heilige Schrift kritisierte. Ich suchte keine Gemeinschaft mit jenen, die die erlösende Macht des Blutes Jesu Christi leugneten. Wenn ich sie nicht überzeugen konnte, dann mied ich sie.

Ich muß die Protestanten bitten, die dies lesen, mich zu entschuldigen, aber es ist meine Überzeugung, daß wir die Kirche sind, die auf den von Jesus errichteten Grundmauern aufgebaut ist. Der protestantische Glaube wurde von Luther am 31. Oktober 1517 eingeführt. Es war eine ungestüme Zeit, die die christliche Einheit zerstörte. Ich glaube, daß die Muttergottes uns zur Ökumene aufruft, aber meine Begriffsbestimmung von Ökumene umfaßt eine Person, die wahrhaftig Christus empfangen hat und nach dem Ritus der katholischen Kirche getauft ist. Ich weiß, daß dies derzeit radikal, selbst vielleicht intolerant klingt. Aber ich glaube nicht an neutrale Kirchen. Ich bin nicht gegen die Protestanten. Ich habe ihnen immer geholfen. Ich habe immer Zeugnis für sie abgelegt. Aus ihren Reihen kommen gute, aktive Christen. Aber wir Katholiken müssen einen wirklich authentischen Ökumenismus betreiben, und es ist unser Apostolat, die Muttergottes wider die Angriffe gewisser fehlgeleiteter Konfessionen zu verteidigen und unsere Aufgabe unter den Ungläubigen zu sehen. Christus keinen Glauben zu schenken oder seine Mutter abzuwerten ist das Werk dämonischer Kräfte. Und das sind auch alle Spaltungen, die sich seit dem 11. Jahrhundert ereignet haben, als sich die Griechisch-Orthodoxen tragischerweise vom Vatikan im "Großen Schisma" trennten.

Im Gefängnis versuchten wir immer, Leute zu bekehren. Selbst wenn man nur eine Seele zur Umkehr bewegt, ist die Frucht reichlich und süß.

Bekehrung ist ein läuternder Vorgang und eine Bestätigung des eigenen Seins. Wir bekehrten viele der Gefangenen, und mit Hilfe des Gebets reinigten wir uns fortwährend. Es gibt so viele Hindernisse, um ein gottesfürchtiges Leben zu führen. Sie brauchen bloß mich anzuschauen. In diesem Moment bin ich ruhig und im nächsten Augenblick verärgert und ungeduldig. Die Muttergottes selbst, als sie mir später in einer Gefängniszelle und dann in Hruschiw erschien, tadelte mich wegen meiner Ungeduld. Wir können nie wissen, wann wir sündigen werden. Ein Christ erreicht das höchste Gut, wenn er gute Werke vollbringt, nicht nur Gebet, sondern auch gute Taten. Man muß seinen Glauben verkünden. Man muß das Böse bloßstellen und es korrigieren. Wenn ein Mensch betet, aber nicht handelt, wenn er einen anderen Menschen in Not sieht oder wenn er Böses bemerkt, begeht er die Sünden des Schweigens und der Unterlassung des Handelns. Der Mensch, der zu der Sünde nicht Stellung nimmt, begeht eine größere Sünde als der Mensch, der die Sünde tatsächlich ausführt.

Kein Wunder, daß Jesus uns unter die Wölfe der Welt geschickt hat. Wir müssen uns unter die Ungläubigen und die Gleichgültigen mischen. Die Gleichgültigen sind die gefährlichsten. Es ist möglich, einen Verbrecher zur Umkehr zu bewegen - er bereut - aber es ist viel schwieriger, einen bösen Diener zu bekehren, einen Bürokraten oder Intellektuellen, der wissentlich Gott verächtlich zurückweist. Und doch müssen wir. Wir müssen die geistige Blindheit hinwegnehmen. Wir können das Böse nicht ignorieren. Wir durchleben äußerst schreckliche Zeiten, den Höhepunkt teuflischer Aktionen. Wir müssen die künstliche und häretische Unterscheidung zwischen "weltlich" und "religiös" niederreißen. Die erste Ketzerei entstand auf dieser spitzfindigen Unterscheidung. Die Kirche begann dem Staat unterstellt zu sein. Der Kaiser Konstantin wurde Haupt der griechisch-orthodoxen Kirche und ersetzte den Patriarchen.

Auf diese Weise entstehen religiöser Atheismus und weltlicher Humanismus. Nur dort, wo das Sakrament des Priestertums existiert, findet man den eucharistischen Christus. In der katholischen

Kirche gibt es das sakramentale Priestertum. In der russisch-orthodoxen Kirche findet man es nicht. Es ist unsere Aufgabe, die Massen darüber zu belehren, daß sie keine Kompromisse mit der Welt und dem Satan eingehen dürfen. Ein Psychiater im Gefängnis erklärte: "Ihr frommen Leute seid dabei, einen einzigartigen, geistigen Masochismus zu entwickeln. Ihr findet Gefallen daran, geschlagen zu werden. Niemand verhält sich so. Ihr trennt euch von den Massen." Vielleicht schieden wir uns von der Welt ab, aber wir vereinten uns mit dem gekreuzigten Christus und beantworteten seinen Ruf zu den Waffen. Dies war die Wurzel meines kompromißlosen Wagemuts. Wir müssen unnachgiebig sein und uns auf die schrecklichen Zeiten vor uns vorbereiten.

In Kirowograd versuchten sie, mir eine Arbeit im Lager zu geben und mich zugleich unter ständiger Beobachtung zu halten. Das Lager Nummer sechs war verantwortlich für die Herstellung von landwirtschaftlichen Maschinen, die nach Afrika und in andere Länder verschickt wurden. Es gab dort im Lager eine Schule, die Schlosser ausbildete. In jener Schule war ich Hausmeister. Auf dem 2. Stock war ich in einer kleinen, gläsernen Kammer untergebracht, und wir mußten Maschinen säubern, Öl nachfüllen und Emulsionen anfertigen. Es gab auch eine Gruppe, die Zeichenpapier herstellte, und mir kam die Idee, aus der Zeichenmaschine eine Druckerpresse zu machen. Ich organisierte eine Gruppe, die sich an diese heimliche und gewagte Aufgabe machte. Ich weigerte mich, mit dem kommunistischen System einen Kompromiß einzugehen, ungeachtet dessen, wieviele Jahre sie noch zu meiner bestehenden Verurteilung hinzufügen würden. Drei Offiziere des MWD und die Frau eines Offiziers halfen uns dabei. Wir hatten eine Rotationsmaschine und einen Edelstahlzylinder, um die Platten abzudrucken, und konnten von einem Wachsoriginal 110 Abzüge anfertigen.

Schließlich besaßen wir mehr als 10 000 Flugblätter. Es war schon eine logistische Herausforderung, sie aus dem Lager herauszuschmuggeln. Einige unserer Veröffentlichungen waren in dem landwirtschaftlichen Gerät versteckt und gelangten so in weit entfernte Länder. Welches Aufsehen das später erregte! Aber wir hatten noch viel mehr, die ausgeliefert werden mußten, und Mitte Juli 1967 faßte ich einen neuen Plan. Wir würden die Flugblätter in den Wind werfen. Ein nationaler Motorradwettbewerb sollte in der Nähe stattfinden, was uns ein großes Publikum besorgte. Die Veranstaltung war für den 18. bis 21. Juli geplant.

In der zweiten Nacht der Vergnügungen schlichen wir uns mit den Flugblättern zum Schornstein der Fabrik, der sehr hoch war und riesige Ventilatoren zum Ausstoß der Emissionen besaß. Wir fingen an Flugblätter in den Aufwind einzuschleusen, und die Ventilatoren trieben sie aus dem Schornstein hinaus, und sie wurden über eine Strecke von zwanzig bis dreißig Kilometer verteilt. Der KGB begann eine seiner unvermeidlichen Untersuchungen, aber sie konnten zu keinem Ergebnis kommen. Zuerst meinten sie, daß ein Flugzeug oder ein Hubschrauber verwendet worden sei. Sie suchten die ganze Gegend ab, wobei doch in Wirklichkeit die Flugblätter von ihrem eigenen Gefängnis ausgegangen waren.

Nun, es ist schwer, bei einem so groß angelegten Streich unentdeckt zu bleiben. Sie schickten uns Untersuchungsbeamte der Spionage und der Spionageabwehr. Sie stellten eine Liste über Gefangene auf, die in der Vergangenheit im Zusammenhang mit solchem Humbug aufgefallen waren. Ein Major namens Jakimowitsch stellte fest, daß der Ton, in dem die Schreiben gehalten waren, nach mir klang. Am 14. August 1967 umstellten sie das Fabrikbüro, in dem ich arbeitete, und verhafteten mich.

Mit allzuviel Nachsicht konnte ich nicht mehr rechnen. In Anbetracht meiner Ausbrüche und meiner Neigung für Veröffentlichungen verurteilten sie mich für weitere acht Jahre. Ich befand mich in Schwierigkeiten wegen einer Reihe von Aktionen, darunter dem Ausbruch aus Hubnik und einem weiteren Fluchtversuch aus Kirowograd. Man sagte mir, daß ich nicht mehr länger in ukrainischen Lagern festgehalten würde. Ich würde nach Norden verschickt werden, was soviel bedeutete, daß ich daran war, die wahrhaft schlimmsten der sowjetischen Haftanstalten kennenzulernen.

Insgesamt wurde ich achtmal in sowjetischen Gefängnissen verurteilt, und in einigen Fällen hätte es genügt, um frühzeitig meine Freiheit wiederzuerhalten, daß ich ein Dokument unterzeichnete, worin ich meinen Aktivitäten widersprach und zustimmte, der russisch-orthodoxen Kirche beizutreten. Ich widersetzte mich jedes Mal. Was die Flugblätter anbetraf, wollten sie wissen, wo sich die versteckte "Druckerpresse" befand. Sollte ich es ihnen sagen, so versprachen sie mir eine Krankenhausdiät, was soviel wie Milch, Butter, etwas Fleisch und Früchte bedeutete. Ich sagte ihnen, daß sie sich in einer karpatischen Höhle befände. Sie machten sich auf, um danach zu suchen, und fanden sie natürlich nicht. Ich wußte, daß sie mich schlagen würden, sobald sie herausfanden, daß ich sie auf eine falsche Fährte geführt hatte, aber es gab mir etwas Zeit, mich auszuruhen, bevor ich die neue Runde von Bestrafungen antreten mußte.

Als sie zurückkehrten, wurde ich für einen Monat in Isolationshaft gesteckt, an einigen Tagen ohne Nahrung oder Wasser. Ein weiteres Problem war die Wärmeregelung in der Zelle. Sie war so eingerichtet worden, daß es entweder fröstelnd kalt oder unausstehlich heiß war. Sie wollten mich auf psychologische Weise brechen. Ein wenig Kälte konnte ich aushalten, aber nicht die Hitze. Wenn es kalt war, schritt ich auf und ab, um mich warm zu halten, und wenn es sehr heiß wurde, legte ich mich auf den Boden, um durch eine Spalte am unteren Ende der Tür zu atmen. Als Folge davon entwickelten sich bei mir ziemlich starke Hämorrhoiden.

Aber war ich "gebrochen"? Nein. Und ich war gewiß nicht weniger trotzig. Ich sammelte Stückchen Brot und schnitt daraus Figuren von Marx, Lenin und Engels. Dann löste ich einen Faden aus meinem Rock und machte daraus eine Schlinge. Ich gebrauchte den Holzblock, der als mein Schemel diente, und spielte ein scheinbares Gerichtsverfahren, um meine Frustrationen loszuwerden und mir die Zeit zu vertreiben. Ich "knüpfte" Marx und Engels "auf". Ich schnitzte auch kleine Tierfiguren, die als Gerichtspublikum dienten. Sie stürmten in meine Zelle und hielten mich davon ab, Lenin aufzuhängen.

Sie brachten mich zur republikanischen Psychiatrieabteilung am Charkiwer Medizininstitut. Ein Professor Silberstein fragte mich, ob es wahr sei, daß ich dächte, daß Tiere Menschen und Menschen Tiere seien. Ich antwortete, daß die Tiere menschlicher seien als es Marx und Lenin gewesen waren.

"Haben Sie Kommunisten aufgeknüpft?" fragte er.

"Nein", erwiderte ich. "Ich habe Satan aufgehängt."

Im September durchlebte ich, was sich als der Beginn einer Reihe von außergewöhnlichen Traumerlebnissen erweisen sollte. Zu der Zeit befand ich mich in Verhören für eine weitere Verurteilung. Auch debattierte ich häufig mit zwei Zeugen Jehovas und dem Burschen, der zu den Siebenten-Tags-Adventisten gehörte. Die Tage zogen sich lange hin, und es war langweilig ohne inneren Frieden. Wie im Scherz ereignete es sich nach einer Diskussion über die Unsterblichkeit der Seele - woran die beiden Zeugen Jehovas nicht glaubten - daß ich einen Traum hatte, der sich genau auf das Thema des letzten Zufluchtsortes der Seele bezog. Wir legten uns zum Schlafen hin, und in dem Traum sah ich ein gewaltiges Feld, das mit Blumen bedeckt war, die ich noch nie gesehen hatte - vor allem weiße. In der Mitte des Feldes befand sich eine kleine Kirche und daneben ein Haus. Vor dem Haus war ein Brunnen.

Ich flog über das Feld und die Städte hinweg und kam vor der Kirche und dem Haus an. Ich hörte den Gesang eines Chores in der Kirche. Der Gesang hörte sich wohlklingender an als alles, was ich je zuvor gehört hatte. Mein Großvater Iwan und meine Großmutter Anna Sofija kamen aus dem Gebäude heraus. Hinter ihnen war mein jüngerer Bruder Sergi, der 1951 gestorben war. Ich hatte ihn kaum gekannt. Sergi hatte weiße Kleider an, die mit blauem Garn bestickt waren. Er ging zum Brunnen und schöpfte daraus Wasser für meine Großeltern. "Sergi", sagte ich zu ihm. "Gib mir etwas davon zu trinken. Ich habe schon lange nichts mehr zu trinken gehabt."

"Dieses Wasser ist nicht für dich bestimmt, weil du nicht bei uns bist," erwiderte er. "Ich werde Tante Olena etwas zu trinken geben."

Meine Tante kam das Feld heruntergespaziert, ganz in weiß gekleidet, mit schimmerndem Haar und drei Kerzen in ihrer Hand - eine grüne, weiße und gelbe. Dies erschien mir seltsam, weil alle anderen verstorben waren, aber soviel ich wußte, lebte meine Tante Olena noch. Sie betrat die Kirche, und erneut hörte ich den schönen Gesang. Es war ein Chor von Engeln, der die Muttergottes pries.

Ich wollte verweilen. Dort war es schön, wohingegen ich auf der Erde einem neuen Gerichtsverfahren ausgesetzt war. Aber in dem Traum sprach meine Tante zu mir. Es war, als ob sie meine Gedanken lesen könnte, und das erweckte Furcht in mir. "Du hast noch eine Aufgabe auf der Erde zu erfüllen", sagte sie. "Noch ist alles nicht vollendet, was du tun mußt, Josip. Bitte die Muttergottes, und Gott wird dir helfen."

Wir gingen hinter die Kirche, und von dort konnte ich das Ende eines weiten Feldes sehen. Mir kam der Gedanke, daß dies Gottes Wiese sei. Meine Großmutter drehte sich zu mir um und sagte: "Schau! Siehst du die Frau in den roten Gewändern?"

Ich schaute mich um und sah eine Frau, die zu uns hinüberblickte. Meine Seele wurde von einer unbezähmbaren Furcht erfüllt. Mein Herz wurde von Trauer und Kummer gequält. Ich sah sie an und erstarrte. Meine Tante sagte: "Bete für diese Frau, aber berühre ihren Körper nicht."

Ich blickte hin und sah, wie diese Frau anfing, ihre Kleider auszuziehen. Ihr Körper war schwarz und von schrecklicher Krätze bedeckt. Ich war noch zu weit entfernt, um ihr Gesicht erkennen zu können. Ein weißer Vogel flog vom Himmel herab und in seinem Schnabel befand sich ein Tropfen Wasser.

Ich verspürte großen Durst und hätte gerne den Tropfen Wasser getrunken. Mein Großvater hielt mich davon ab und sagte: "Du hast für jene Sünderin noch nicht gebetet." Dennoch ging ich auf den Vogel zu. Er entfernte sich und flog auf die Frau zu.

Das Feld verschwand, und ich sah, wie ich im Schlamm stand. Und die Frau - betrunken und beschmutzt - begann mich anzuschreien. Als ich näher kam, erkannte ich, daß die Frau Rußland darstellte. Ich weiß nicht, wie ich das wußte. Sie fing an auszurufen, daß ich nicht für sie beten dürfe. Sie sprach so, als ob sie von einem bösen Geist besessen sei.

Aus ihrem Mund quoll Schaum hervor, und in ihren Augen brannte ein satanisches Feuer. Ich war völlig entnervt. Ich wußte nicht, wie ich mich verhalten sollte. Dann kam der weiße Vogel zu mir herübergeflogen und gab mir einen Tropfen Wasser, und ich spürte, wie sich meine geistige Stimmung besserte. Ich kroch aus dem Schlamm heraus und bereitete mich darauf vor, nach Hause zu fliegen, weil ich wußte, daß ich dort bis zum Morgen zurück sein mußte.

Dann sah ich meine Tante in einem Sarg liegen, und neben ihr waren auch dieselben Kerzen, die sie bei der Kirche in der Hand gehalten hatte. In diesem Augenblick erreichte mich die rot gekleidete Frau mit ihrem abscheulichen Gesicht und dem Haß auf Christus, der in ihren Augen brannte. Sie schwor, daß sie den Glauben an Gott auslöschen werde. Von Furcht war ich wie gelähmt, aber ich fand genug Kraft, um mich hinzuknien und zu beten. Die Frau beugte sich und schrie: "Ich will das nicht! Mach das nicht!" Ich fuhr mit meinem Gebet fort, sie drehte mir den Rücken zu und begann wegzulaufen. Hinter ihr sah ich viele Menschen heimlich beten. Ich erkannte auch, daß sie sehr müde und mit Ketten gefesselt war.

Eine Stimme sprach zu mir: "Bete zu Unserer Lieben Frau von Fatima, und diese Frau wird gerettet werden." Ich zitterte und wachte aus diesem Traum auf. Ich war mit Schweiß bedeckt, und meine Hände zitterten. Genau einen Monat später, am 27. Oktober, meinem 24. Geburtstag, erhielt ich ein Telegramm über den Tod meiner Tante Olena.

Wie Sie sehen werden, war jener Traum nur der Anfang einer neuen mystischen Dimension in mir. Und wie schwer es war, von jener himmlischen Kirche zurückzukehren! Wie schwer war es doch, der realen Welt und der Wirklichkeit, meine Jugend in Haft zu verbringen, ausgesetzt zu sein.

Im November wurde ich von einem Kreisgericht verurteilt, und sofort darauf begann ich meine Reise nach Norden, in eine Reihe von Lagern in der Gegend von Mordowien. Mordowien liegt südlich von Gorki und ist eine Hauptattraktion, was politische Gefangenenlager anbetrifft. Auf dem Weg dorthin wurde ich in einer Reihe von Übergangsgefängnissen untergebracht, jenes von Charkiw eingeschlossen, in dem ich zwei Wochen in einer Todeszelle verbrachte, weil es keine gesonderten Räume für politische Häftlinge gab.

Die nächste Zwischenstation war in Potma, und sobald wir dort ankamen, erschienen alle Lagerdirektoren, um uns unter die Lupe zu nehmen. Dort wurden wir so lange festgehalten, bis sie das Lager an unserem Zielort, an dem wir verbleiben sollten, vorbereitet hatten. In Mordowien gab es eine getrennte Einheit, PJA-385-5, die nur ausländischen Gefangenen vorbehalten war, und es gelang mir im zentralen Krankenhaus, mich unter sie zu mischen.

Am 18. Januar 1968 erschien ein Auto und der diensthabende Wächter rief den Standardbefehl in meine Zelle, was soviel bedeutete, daß ich mich zur Abfahrt fertigmachen mußte. "Mach deine Sachen fertig! Abmarsch in zwei Minuten!" Ich war etwas verwirrt, weil ich mit anderen zusammen war, die für das gleiche Verbrechen verurteilt worden waren. Die Wächter schienen uns offensichtlich zu trennen. Wir fingen an, uns voneinander zu verabschieden. Die Wachen liefen hinein und nahmen neun von uns mit sich. Bei mir befand sich P. Jaroslaw Lesiw, der für Aktivitäten mit der ukrainischen nationalen Front verurteilt worden war. Wir wurden zum Lager PJA-385-11, in dem Dorf Jawas, gebracht.

Es war eine kalte, feuchte Gegend, die von Sümpfen umgeben war. Während der Jahre 1968 und 1969 verbrachte ich die meiste Zeit in Nummer 11, aber im Jahre 1969 hielt ich mich auch in PJA-385-3, in Baraschowo, und PJA-385-19, in Umor, auf. Wir mußten uns völlig entkleiden, und dann wurden wir durchsucht. Selbst der kleinste Teil von ziviler Bekleidung wurde uns abgenommen. Mit mir ging man wegen meiner Bekanntheit für Fluchtversuche besonders gründlich um. In Mordowien gab es zehn politische Gefangenenlager, und sie steckten mich in eine Einheit für Gefangene, die ein erhöhtes Risiko darstellten, wie zum Beispiel ausländische Spione. Der Major näherte sich mir und sagte: "Nun, Terelja, solltest du noch einmal ausbrechen, werden wir dich vor ein Erschießungskommando stellen. Wir lassen uns auf keinerlei Spielchen mehr ein. Was du in der Ukraine erlebt hast, waren nur Blüten. Hier wirst du die Beeren ernten."

Als ich das Lager betrat, warteten dort fünfhundert Gefangene. Sie versuchten, Neuigkeiten von den ankommenden Häftlingen zu erfahren. Wir wurden zum Magazin des Lagers geführt, wo man uns Matratzen, Gefängniskleidung und Seife aushändigte. Es gab eine Verordnung, nach der ich keine Besucher empfangen durfte. Das war eine weitere Form der Bestrafung. Im GUlag verbrachte man Monate oder Jahre ohne Besuche von Familienangehörigen und, abhängig vom jeweiligen Lager, eine gleichlange Zeit ohne Zeitung oder Briefe. Ein Vetter von mir befand sich dort, der zu 25 Jahre Arbeitslager verurteilt worden war, aber er wurde ein paar Tage später verlegt, damit ich keinerlei emotionale Unterstützung erfahren könnte. Ich wurde zu Schwerarbeit im Holzdepot eingeteilt. Es war kalt und naß. Meine Arbeit bestand darin, Holzstämme mit einer Eisenstange auf ein Sägewerk zuzubewegen. Einmal sprang ich ins Wasser und begann zu rufen, daß die Russen mich zu töten versuchten. Ich sprang, um die Aufmerksamkeit auf mich zu lenken. Ich schrie und rief aus Leibeskräften - und sie zogen mich heraus. Der Wind war so stark, daß alles an mir gefror. Sie brachten mich nach drinnen und mußten die Kleider aufschneiden.

Ich fing an, selber meine Spielchen zu treiben. Wenn man mich ins Büro des Personals brachte, gab ich vor, kein Russisch zu verstehen und nur einen karpatischen Dialekt zu sprechen. Eine Woche später erschien ein Offizier des KGB aus Kiew. Die Behörden hatten schon eine ganze Akte über mich. Der Offizier war Major Tschornjak. "Du verstehst kein Russisch, he!" wollte er wissen. "Du bist der Sohn des früheren Delegierten im Kampf gegen den bürgerlichen Nationalismus und du behauptest, Russisch nicht sprechen zu können. Ein Monat Isolationshaft. Das kommt von mir persönlich. Und nach dem Monat kann die Lagerverwaltung dir erteilen, was sie denkt, was hier angebracht ist."
Die Isolationszelle bestand aus Beton und hatte oben ein kleines Fenster sowie in der Mitte einen Baumstumpf zum Sitzen. Die Zelle war vielleicht 90 Zentimeter breit und 1,80 Meter bis 2,10 Meter lang - ein Wandschrank. Von der Wand hing eine Kette, und wenn man geschlagen wurde, wurde man angekettet wie in den mittelalterlichen Verliesen, so daß man an den Armen hing und mit den Zehen kaum den Boden berührte. Manchmal ließen sie Gefangene 24 Stunden ununterbrochen so hängen.
Der Boden war mit Sägemehl bedeckt, und da ich nichts zum Lesen und niemand zur Unterhaltung hatte, ging ich hin und her, um mich warm zu halten. Zum Sitzen war es zu kühl, und ich hatte nicht allzuviele Kalorien, die aufgebraucht werden konnten. Zum Essen gab man mir pro Tag zwei Tassen heißes Wasser, 400 Gramm Brot, 63 Gramm Fisch, fünfzig Gramm Bohnen und etwas Salz. Nach den Regeln mußten die Bestrafungszellen auf 16° Celsius (oder 29° Fahrenheit, was eh nicht allzu warm ist) gehalten werden, aber oft war die Temperatur noch niedriger.
Nachts war es am kältesten, und wegen der Kälte konnte ich nicht schlafen. Normalerweise trugen wir ein Unterhemd und unsere Gefängnisjacken, aber in Isolationshaft erlaubte man uns nur ein Hemd. Die Wächter drehten die geringe Wärmezufuhr am Ende ihres Dienstes ab. Ich mußte mir ständig meine Glieder massieren, um nicht zu sehr abzukühlen, und wenn man mir meine tägliche Ration von 400 Gramm Brot und das heiße Wasser gab, aß ich sofort alles Brot und trank das meiste vom Wasser, wodurch ich ein wenig aufgewärmt

wurde. Für ein wenig Erwärmung steckte ich meine Finger in das Wasser und rieb es mir in meine Haut. Dann ließ ich mich auf dem Boden nieder, um für eine Stunde oder etwas länger in Tiefschlaf zu versinken - um dadurch den Schlaf nachzuholen, den ich verlor, wenn ich nachts auf- und abging, um warm zu bleiben. Ich betete fortwährend, und die meisten Häftlinge dachten, daß ich verrückt sei, weil ich mich immer im Zustand der Meditation befand. In den politischen Lagern gab es nur wenige gläubige Menschen, und obwohl wir die gleiche Abneigung gegen das sowjetische System teilten, waren die meisten politischen Dissidenten Agnostiker oder Ungläubige, deren Anliegen völlig pragmatischer Art waren - nicht geistig. Andererseits waren die Nationalisten gläubige Menschen.

Am 3. März entließ man mich aus der Isolationshaft, aber es sollte nicht das letzte Mal sein. Tatsächlich landete ich dort so häufig, daß ich anfing, diese Zelle als meine Privat-Datscha zu betrachten. Einmal wurde ich zu zehn Tagen verurteilt, nur weil ich meinen Hemdkragen nicht richtig zugeknöpft hatte.

Obwohl es dort so grausam zuging, war es in der Einzelhaft in Mordowien, um den Dezember 1968 oder den Januar 1969 herum - ich bin mir über den genauen Monat nicht sicher - als ich außergewöhnliche Erfahrungen machte. Man hatte mich geschlagen, und ich versuchte mich davon in einer Ecke des Zimmers zu erholen. Ich verbrachte die Zeit im Halbschlaf, bis es mir zu kalt wurde, worauf ich hin- und herging, um mich aufzuwärmen. Während einer solchen Ruhephase war es, daß ich eine nahezu unbeschreibliche Vision hatte. Während dieses Wachtraumes befand ich mich nicht mehr auf der Erde. Ich befand mich auf einem anderen Planeten - oder vielmehr in einer anderen Dimension. In der Umgebung gab es keine Lebewesen, keine Bäume, Büsche oder wilde Tiere, nur Steine und ein sehr starkes Licht, wahrlich unglaublich. Ich wanderte in dieser ziemlich sterilen Landschaft umher, als ich einen weißen Berg sah, der das Licht wiederspiegelte, und ein herrschaftliches Wohnhaus, das ich nur als kosmisch beschreiben kann. Die Gebäude sahen nicht wie unsere Häuser aus; es war, als ob sie aus Kristallen beständen; sie waren durchsichtig. Sie sahen wie Häuser auf einem anderen Planeten aus. Ich betrat das herrschaftliche Wohnhaus, blickte nach rechts und sah eine aufragende Struktur, die so etwas wie eine Stufenpyramide war; das heißt, daß darin Schichten waren, die zu einem weißen Thron hinaufführten. Auf den unteren Schichten befanden sich viele Menschen in weißen und blauen Kleidern, und kurz unter der Spitze waren 12 Weise mit langen weißen Bärten. Es machte auf mich den Eindruck, daß dies die zwölf Apostel Christi wären.

Auf dem weißen Thron saß Christus, der König. Er hatte blondes Haar und war vielleicht dreißig Jahre alt. Auch er trug weiße Gewänder, aber sein Mantel war mit purpurnen Fäden bestickt und hatte Verzierungen aus Gold. Ich fühlte mich wohl und näherte mich. Es sah so aus, als ob diese kosmischen Menschen Patriarchen wären, die die Prüfungen, die für mein Leben bestimmt waren, besprachen und wie ich mit diesen Herausforderungen zurechtkäme. Als ich hinsah, konnte ich alle Einzelheiten erkennen - die Farbe ihrer Augen, ihre Hautfalten, ihre strengen, aber wohlwollenden Gesichter. Mir wurde sehr warm, und ich hatte das Gefühl großer Behaglichkeit. Unglücklicherweise war es genau in diesem Augenblick, daß ich aufwachte, nur um festzustellen, daß ich mich immer noch in Mordowien befand.

Bei mir gab es keinen Zweifel, daß Jesus nach mir ausschaute, aber meine Zeit, in seiner Gegenwart zu sein, war noch nicht gekommen.

Als ich eines Tages zu meiner Zelle zurückkehrte, fand ich dort einen anderen Mann vor. Er war sehr seltsam. Er stand auf dem Kopf und atmete durch ein Nasenloch. Ich wußte nicht, worauf er es abgesehen hatte. Ich begrüßte ihn, aber eine halbe Stunde lang sagte er nichts.

Ich saß in einer Ecke und beobachtete ihn argwöhnisch. Dann ließ er sich aus dem Kopfstand nieder, setzte sich hin, reichte mir die Hand und sagte, daß er Kawalauskas heiße und ein litauischer Nationalist sei. Er hatte aus Brot ein schönes Kreuz gemacht und es mit Stroh bestickt. Wir wurden schnell Freunde. Er stand fest im katholischen Glauben, und wir meditierten und beteten zusammen. Er fertigte Rosenkränze aus kleinen Brotbällchen an, und das Kreuz bastelte er aus Streichhölzern, die einer der Wächter, der rauchte, fallen ließ.

Wir wurden von einem Mann namens Schwed beim Gebet ertappt, einem Unteroffizier, dem die Isolationshaft unterstand. Er war an uns herangeschlichen und begann laut zu rufen. "Ihr Söhne von Hündinnen! Ihr betet zu den Göttern! Das ist lächerlich. Was tut Gott denn für euch? Da betet ihr und werdet bestraft, und ich bete nicht, und mir geht es gut."

Das war der Beginn eines außergewöhnlichen Verhältnisses. Trotz seiner anfänglichen Feindschaft begann er dem Gespräch über Christus zuzuhören, und am Schluß wurde Schwed sehr zutraulich und erzählte mir persönliche Dinge aus seinem Leben. Er hatte dort 35 Jahre lang gearbeitet, und sein Leben war so leer wie eine Einöde. Er berichtete mir, daß er nach Abschluß seiner Schulzeit nach Mordowien gebracht worden sei, um in den Lagern zu arbeiten, und schon nach kurzer Zeit sei er in das Exekutionskommando aufgestiegen.

Mordowien war als der Ort berühmt, an dem Verurteilte vor Erschießungskommandos gestellt wurden. Es fanden zahlreiche Exekutionen statt, und Schwed hatte an einer großen Anzahl von ihnen teilgenommen. Frauen waren nicht dazu geneigt, Scharfrichter zu heiraten, und sein romantisches Leben gestaltete sich nur aus Prostituierten vom Schwarzen Meer.

Schwed erzählte mir von einer der größten Travestien, die mir je zu Ohren gekommen ist. Eines Tages werde ich darüber einen vollständigen Bericht anfertigen. Es geschah um 1945 herum. Die Sowjets hatten 2 300 Nonnen und Novizinnen aus dem Baltikum und der Ukraine verhaftet und in dieses Gebiet transportiert. In der Nähe befand sich ein Kloster, das man geschlossen und mit Stacheldraht umzäunt hatte, um es als zusätzliches Lager zu verwenden. Es lag etwa vierzig Kilometer von unserem Lager entfernt. Und dort wurden, dem Berichte Schweds nach, die Nonnen und Novizinnen hingerichtet. Er erinnerte sich, daß die Henker in das Lager gebracht wurden, wo sie sich mit 400 Gramm Alkohol vollaufen ließen und dann den Befehl erhielten, in die Baracken einzudringen. Es wurde ihnen gesagt, daß sie machen könnten, was immer sie wollten, solange sie die Nonnen töteten, wenn sie mit ihnen fertig wären. Es war nachts, und die betrunkenen Henker fingen an, die Schwestern zu vergewaltigen und sie mit Bajonetten aufzuspießen. Einige der Nonnen erstiegen einen alten Turm und ließen sich zu Boden fallen. Andere lagen demütig auf dem Boden und warteten darauf, daß die Totschläger ihre Sache verrichteten. "Wir ermordeten sie alle", sagte mir Schwed, "und dann gruben wir ein Massengrab. Ein paar Tage später säten wir das Grab mit Birkensamen ein."

Es war unheimlich, auf den kleinen Hain zu starren, unter dem sich ein Massengrab versteckte. Es war auch unheimlich, daran zu denken, daß auch wir jeden Augenblick getötet werden konnten - aber auf viel heimlichere Art. Man mußte immer sehr vorsichtig sein, weil es bekannt war, daß sie der Medizin oder Nahrung eine Prise Gift beimischten und daß sie immer versuchten, uns Glaubende bloßzustellen. Einmal brachten sie drei von uns - mich, Jaroslaw Lesiw und Wolodimir Kultschizki, der ein Mitglied des Untergrunds war - in ein Frauenlager, das etwa 1,5 Kilometer entfernt war. Dort reizten sie uns mit einer Frau im Minirock, die uns rasieren wollte (wir weigerten uns, ihre Dienste in Anspruch zu nehmen), und anderen Frauen, die den Boden vor unserer Zelle säuberten, wobei sie mit ihren entblößten Hinterteilen in unsere Richtung zeigten. Es bestand kein Zweifel daran, daß sie "Vergewaltigung" rufen würde, sollte ein Mann eine solche Frau berühren. Und dieser Mann würde als Strafe zusätzliche 15 Jahre erhalten. Es war alles ein abgekartetes Spiel.

Sie sagten mir, daß ich jede Frau haben könnte, die ich wollte, sollte ich mit den Behörden zusammenarbeiten. Sie wollten aus uns Informanten machen. "Sie sind ein junger Mann", sagte einer der Beamten. "Sie wissen nicht, was es mit einer Frau auf sich hat. Wir geben Ihnen einen Tag, es zu überdenken." Sie gebrauchten dieselbe Versuchung bei den anderen.

Als sie versuchten, eine Frau in unseren Raum zu schicken - angeblich, um ihn zu reinigen - verweigerte ich ihr den Zutritt, und statt dessen nahm ich den Eimer und goß das Wasser durch das Gitter aus, wobei es den Hauptmann durchnäßte. Diese kühne Handlung rettete mich vor seinen Herausforderungen.

Aber es handelte mir auch zwei weitere Monate Einzelhaft ein.

Bald zog ich mir eine starke Erkältung zu. Ich spuckte große Mengen Blut, und die Spannung setzte meinem Magen zu. Ich wurde ins Gefängniskrankenhaus gebracht. Dort freundete ich mich mit einem amerikanischen Spion namens Blomberg an, der in Lettland verhaftet worden war. Er sollte ursprünglich hingerichtet werden, aber dies wurde auf 25 Jahre Haft umgewandelt. Ich glaube, daß er 1954 verhaftet worden war, und ich dachte immer, daß es seltsam sei, daß die USA nicht mehr für ihn taten. Ich schätze, daß dies das Glücksspiel der Spionage ist.

Wir verbrachten drei Wochen zusammen, und in jener Zeit befreundeten wir uns so eng, daß wir anfingen, Fluchtmöglichkeiten zu besprechen. Es würde leichter sein, es vom Krankenhaus aus zu versuchen.

Kurz darauf gesellte sich uns ein weiterer Spion hinzu, Ostrik, ein Weißrusse, der für den britischen Spionagedienst gearbeitet hatte. Er hatte Geschichtswissenschaft in Oxford studiert und war auch Student in Belgien gewesen. Wir trafen uns heimlich im Leichenhaus, in dem wir uns zwischen den Leichen unterhielten, da hier der KGB keine Abhörgeräte untergebracht hatte. Unser Plan war es, vom Leichenhaus einen Tunnel zur Freiheit zu graben.

Wir gewannen die Hilfe anderer Häftlinge und waren in der Lage, einen Tunnel anzufangen, obwohl der KGB Vorsorge gegen einen weiteren meiner Fluchtversuche getroffen hatte. Der Tunnel führte unter dem Wachtturm hindurch in einen Wald, aber wir mußten diesen Ausbruchsversuch aufgeben, als er entdeckt wurde. Wir wurden zur Einheit in Umor gebracht, das 25 Kilometer entfernt liegt.

Sofort machten wir uns an einen noch größeren Fluchtversuch mittels eines Tunnels. Diesmal organisierten wir es so, daß einhundert Gefangene ausbrechen konnten. Er wurde sehr sorgfältig durchgeführt, und aus Sicherheitsgründen kannte jede darin verwickelte Person nur die Namen von fünf anderen Beteiligten. Wir begannen damit, ein 45 Meter langes Loch zu graben, das drei bis fünf Meter unter der Oberfläche verlief. Warum so tief? Es gab dort einen hohen Stacheldrahtzaun, der drei Meter ins Erdreich hinabreichte. Er war ein Teil einer riesigen Barrikade, die aus einem Holzzaun, Stacheldraht, Pufferzonen und mehr Stacheldraht bestand. Es gab dort auch elektronische Meßfühler, die dazu dienten, jegliche Ausgrabtätigkeit in der Umgebung zu entdecken. Aber die Sensoren waren darauf abgestimmt, Metallschaufeln zu entdecken, weswegen wir Spaten aus Hartholz verwendeten. Neben dem Krankenhaus und der Lagerstraße befand sich ein leeres Gefängnisgebäude, unter dem es viel Platz gab.

Es war leicht, weil das Erdreich nur aus gelbem Sand bestand. Wir füllten Säcke mit dem Sand und schlichen uns damit in den Keller des leeren Gefängnisgebäudes. Um das Loch nachts zu verdecken, fertigten wir eine hölzerne Abdeckung an, die in der Mitte ein Scharnier hatte, und versteckten dies wieder unter einem Stück Gras.

Leider hatten die Wächter einen Verdacht, daß sich etwas zutrug, und schließlich stellten wir fest, daß sich ein KGB-Informant in unsere Gruppe eingeschlichen hatte.

Ich wurde vor Gericht gestellt und am 25. September 1969 zu zusätzlichen drei Jahren verurteilt – diesmal nicht Lagerhaft, sondern in dem berüchtigten und abscheulichen Zuchthaus in Wladimir.

Obwohl die Sowjets mich nicht gleich getötet hatten – dank der Hilfe Gottes und der Beziehungen meiner Familie – waren sie überdrüssig geworden, politische Spielchen zu treiben.

Sie wollten letztlich meinen Fall endgültig erledigen und sich meiner ein für alle Mal entledigen. Sie waren dabei, mich in dem Zuchthaus mit höchsten Sicherheitsvorkehrungen und unter Bedingungen, die meine Gesundheit ruinieren sollten, unterzubringen.

Es war fraglos, daß der Tod mich in Wladimir erwartete, aber die Jungfrau Maria ebenso.

## 9. Kapitel

# DIE JUNGFRAU DER ZELLE NUMMER 21

Ich kann Ihnen nur berichten, was ich gesehen, gehört und verspürt habe. Ich erzähle die folgenden Berichte nur ungern, weil ich nicht den Ehrgeiz habe, als "Visionär" oder "Mystiker" gekennzeichnet zu werden. Ich scheue mich auch deshalb, weil spirituelle Erfahrungen zutiefst persönlicher Natur sind. Aber man hat mich gedrängt, sie jenen mitzuteilen, die ein Interesse an übernatürlichen Ereignissen haben, insbesondere nach Hruschiw und Medjugorje; und ich glaube, daß sie zeigen, daß der Heilige Geist über uns wachte und an uns tätig war trotz des Jahrhunderts, das dem Teufel überlassen worden war.

Jene, die sich mit spirituellen Phänomenen nicht auskennen oder sie schlechthin ablehnen, werden zu der Überzeugung kommen, daß die Ereignisse, von denen ich berichte, Beweis dafür sind, daß ich nicht normal bin. Das war die Einstellung, die die Sowjets einnahmen. Jene, die an das Übernatürliche glauben, aber noch nicht Gottes tiefe und "zufällige" Methoden erfahren haben, werden hoffentlich erkennen, daß die Ereignisse, die später wie ein glorreicher Vulkan in Hruschiw ausbrachen, keine vereinzelten Geschehnisse waren, sondern lediglich den Höhepunkt eines lange ausgetragenen, metaphysischen Krieges darstellten. Es war eines in einer verborgenen Kette von Ereignissen.

Einige Leute behaupten, daß ich ein Mystiker sei. Andere wieder denken, daß ich heilig sei. Zweifellos gibt es solche, die mich für einen Wahnsinnigen halten. Ich behaupte von mir nur, ein katholischer Aktivist zu sein, der menschliche Fehler und Schwächen hat.

Auch denke ich nicht, daß eine Erscheinung an und für sich entscheidend ist. Was wichtig ist, ist die Wirkung der Erscheinungen Unserer Lieben Frau.

Der entscheidende Punkt ist der: Lange vor meinen Erfahrungen in Hruschiw erhielt ich Besuche der Jungfrau Maria und anderer himmlischer Wesen. Sie traten in Gestalt von zwei Erscheinungen und einer Reihe von Visionen und Träumen auf. Ich bin davon überzeugt, daß man entdecken wird - sofern und sobald bessere Möglichkeiten des Informationsaustausches zwischen der Sowjetunion und der Außenwelt bestehen - daß es noch viele andere solche Berichte von Ereignissen gibt, die sich hinter dem Eisernen Vorhang während der dunkelsten Tage des kommunistischen Materialismus zugetragen haben. Ich kenne noch andere, die die Erfahrung übernatürlicher Ereignisse gemacht haben. Und ich erwähnte auch schon, daß die Ukraine eine lange Geschichte von marianischen Erscheinungen kennt.

Fügen Sie den 12. Februar 1970 und dann genau zwei Jahre später den 12. Februar 1972 im Sondertrakt 2 des Wladimir-Zuchthauses zur Liste Ihrer Erscheinungen hinzu.

Wladimir ist ein Komplex von mehrstöckigen Gebäuden, die so eintönig sind wie irgend etwas, von dem man bei Dickens liest. Es liegt auf einem Hügel, etwa 165 Kilometer (oder einhundert Meilen) nordöstlich von Moskau. Innerhalb der Mauern befinden sich vier Gebäude für Häftlinge. Weiterhin gibt es noch eine Militärschule, ein Gebäude für Offiziere, ein Eingangstor und - das Wichtigste - einen Friedhof. Viele berühmte Gefangene wurden dort festgehalten, und viele haben dort einen anonymen Tod gefunden. Wladimir war der Aufenthaltsort für Leute wie den amerikanischen Spion Gary Powers, in dessen ehemaliger Zelle ich mich bald dahinsiechen sah.

Wladimir ist auch als ein kalter, überfüllter Ort bekannt. In einigen Fällen standen 20 bis 30 Leute in einer Zelle, die dreimal drei Meter maß. Aber wenn auch nicht viel Tageslicht Einlaß fand, gab es dennoch keinen Mangel an künstlichem Licht. Wladimir ist berüchtigt für seine Glühbirnenbehandlung. Helle Lampen brannten Tag und Nacht, was Gefangene zum Wahnsinn trieb.

Ich kann die schlechten Auswirkungen des ständigen Lichts bezeugen. Nach einem Monat fing ich an, meine Sehkraft zu verlieren. Es ist eine Art von "Hühnerkrankheit". Wenn das Licht fortlaufend brennt, gelangt man an einen Punkt, wo man nichts mehr sehen kann, sobald die Abenddämmerung eintritt. Ich bin oft gefragt worden, was die schlimmste Bestrafung war, und ich muß sagen, daß es das Erdulden der elektrischen Lichter war, die 24 Stunden am Tag brannten. Das Gefühl war, als ob jemand mir Eisennägel in den Schädel schlüge und Salz in die Augen streute.

Die Menschen, die beteten und an Gott glaubten, konnten es aushalten, aber es war für niemanden leicht. Wenn man sich im Lager befand, ausgenommen in Isolationshaft, konnte man mit vielen Leuten Gespräche führen und umhergehen oder auf dem Hof arbeiten. In Wladimir war man auf seine Zelle beschränkt und war lange Zeit der Isolation ausgesetzt. Wenn es auch Zeitspannen gab, während deren noch andere Häftlinge in meiner Zelle untergebracht waren, war man zu anderen Zeiten dazu gezwungen, Notizblätter herauszuschmuggeln oder in einem alphabetischen Kode an die Wand zu klopfen, um mit anderen Menschen Verbindung aufzunehmen.

Wenn man über lange Zeiträume hinweg mit denselben Menschen zusammensitzt, wird eine Unterhaltung schwierig, und das Gebet macht alles leichter. Jeden Abend warf ich mich 120 Mal vor Gott auf den Boden. Man mußte jedoch sehr vorsichtig sein, weil ansonsten diese frommen Äußerungen zu Einzelhaft führen konnten. In den Haftanstalten waren die Leute gerne mit mir zusammen. Einmal waren neun von uns politischen Gefangenen beisammen. In unserer Zelle ging es ziemlich angenehm zu, aber dennoch war die Haft für mich etwas, was ich nicht allzulange aushalten konnte. Ich mußte da heraus. Und da die anderen Häftlinge meinen Charakter kannten, baten sie mich, nichts zu tun, was dazu führen könnte, daß wir alle bestraft würden. Ich dachte mir mögliche Fluchtwege aus, und wenn ich sie auch selbst letztlich nicht ausführte, so wurde einer der Pläne 1970 von einigen anderen Häftlingen während eines berühmten Ausbruchs angewandt.

Ich fühlte mich nicht wohl. Meine acht Jahre Haft begannen ihre Auswirkungen auf meinen Körper zu zeigen. Der Leib des jugendlichen Boxers war auf etwa 55 Kilogramm aus Haut und Knochen zusammengeschrumpft. Manchmal sank mein Gewicht noch weiter ab. Wir sahen wie die Überlebenden von Auschwitz aus. Und die Schläge, unzureichende Ernährung und die Kälte in den Lagern hatten mich krank gemacht. Ich hatte eine große Anzahl von körperlichen Folterungen erleiden müssen. Einmal hatte man mir die Knochen meiner Hand zertrümmert und mein Handgelenk mit einer Nadel durchstochen. Seit 1962 war ich fortwährend getreten, mit Knüppeln, mit der Hand und der Faust geschlagen worden, insbesondere nach solchen Streichen wie dem der Flugblätter aus dem Schornstein oder nach Fluchtversuchen. Ich hatte überall Schmerzen, und ich begann, starkes Rheuma zu bekommen. Meine Nieren und Leber waren in schlechtem Zustand, und meine Wirbelsäule war verkrümmt. Damals, in Uschgorod, zwangen sie mich, auf dem Bauch zu liegen, und dann drückten sie meine Knie soweit zurück, daß drei Wirbel heraussprangen. Als die Knochen verheilten, wuchsen sie verkrümmt zusammen.

Die Schläge konnte ich verkraften - ich hatte ein System, das mich Schmerzen nicht wahrnehmen ließ - aber die Folterungen waren weitaus schwieriger. Einmal wurde ich auf einen Schemel vor einer 1 000 Watt-Lampe gesetzt. Es war qualvoll. Selbst jene, die von kräftiger Natur waren, konnten es nicht länger als ein paar Minuten vor der Lampe aushalten. Oder die Sowjets schlugen mit Rohren, die mit Salz oder Sand gefüllt waren, auf jemanden ein, und man war für nahezu zwei Stunden bewußtlos.

In Wladimir sah ich weiterhin menschliche Qualen. Es gab dort dauernd wiederhallende Angstschreie auf den Gängen und unbarmherzige Unterdrückung. Bei ihren täglichen Ausgängen an die frische Luft fanden die Gefangenen nur Asphalt und Beton als Unterhaltungspartner vor. Es war ihnen nicht gestattet, zur Seite oder nach oben zu sehen. "Schau auf deine Stiefel! Mach keinen Schritt zur Seite! Beeil dich oder du wirst erschossen!" Bis auf seinen Mithäftling sah man niemanden außer den überall anwesenden Wachen. Von den 4,50 Meter hohen Wänden starrten sie - drohend - herunter.

Die einzige Nahrung im Überfluß war gekochtes Wasser. Zwei oder drei Tassen am Tag. Die Wächter waren allgegenwärtig und überprüften alles. Obwohl uns nach der Gefängnisordnung gestattet war, bestimmte Angelegenheiten mit der Post zu verschicken (jeder Häftling hatte das Recht, Briefe an höhere Dienststellen zu senden), und obwohl Wladimir keine schlechte Bücherei hatte, welche die Monotonie auflockerte, wenn man Zugang zu den Büchern erhielt, wurde uns dennoch die meiste Zeit jeder Kontakt nach außen verwehrt. Unsere Kontakte untereinander waren auf das äußerste Minimum beschränkt. Häftlinge in Wladimir waren dafür bekannt, durch die Toilette miteinander Verbindung zu suchen. Sie entfernten das Wasser mit Hilfe eines Putzlappens oder auf andere Weise, steckten den Kopf in die Toilette und wisperten durch die Röhren zur nächsten Zelle, um auf diese Weise Informationen weiterzugeben. So weit waren wir erniedrigt worden, daß wir in die Toiletten sprechen und dabei vorsichtig sein mußten, daß uns die Wächter dabei nicht beobachteten. Später benutzte ich andere Kommunikationsmittel darunter einen Stock, mit dem wie mit einer Angel eine Notiz zur nächsten Zelle weitergeleitet wurde.

Zunächst befand ich mich in Gebäude oder Trakt vier. Ich mußte nicht nur eine verlängerte Haft absitzen, sondern wurde auch mit einem halben Jahr verringerter Diät bestraft. Mein Gewicht sank schließlich auf 45 bis 50 Kilogramm ab. Ich war ein atmendes, mit hervorquellenden Augen versehenes Skelett. Ursprünglich waren es neun von uns, die dieser verringerten Diät ausgesetzt waren, und einen Monat lang hielt ich es wie die anderen aus, bevor ich mich dazu entschloß, von der Verordnung Gebrauch zu machen, die uns erlaubte, Briefe an Gefängnis- oder Regierungsbehörden zu schicken.

Ich schrieb eine Notiz an Leonid Breschnew persönlich. Breschnew, ein Mann wie ein Bulle, der wie ein Boß der Mafia aussah, war der erste Sekretär der kommunistischen Partei geworden, als Chruschtschow sich 1964 zurückzog. Ich bemerkte in meinem Brief, daß mein Vater mir von der Nahrung in den Nazi-Lagern erzählt hatte, und daß sie besser wäre, als das, was uns die Kommunisten gaben. Ich erwähnte auch, daß die Wachhunde besser als wir ernährt würden. Ich wollte damit nicht sarkastisch sein. Es entsprach den Tatsachen. Ich hatte ein Heft gelesen, daß den Titel Wissenschaft und Leben trug und in seiner Dezemberausgabe von 1969 in einem Artikel beschrieb, wieviel den jungen, wachsenden Wachhunden an Nahrung gereicht wurde: 500 Gramm Weißbrot, 380 Gramm Müsli, 180 Gramm Zucker, zwei Eier, ein halber Liter Milch und drei Kilogramm Fleisch. Woraus bestand meine Nahrung? Ungefähr 400 Gramm Brot, 250 Gramm Haferschleim, kein Gramm Fleisch, kein Zucker, kein Öl, 15 Gramm Salz, 50 Gramm gesalzenes Müsli und 63 Gramm Fisch.

Es wäre besser gewesen, ein Hund zu sein.

Dies alles schrieb ich an Breschnew und teilte ihm mit, daß sie mir ein Metallhalsband anlegen sollten und daß ich dann bellen würde, um wie ein Wachhund ernährt zu werden.

Trotz der zähen Gefängnisüberwachung gelang es mir, meine Erklärung in den Westen zu schmuggeln. Sie erreichte einen Radiosender - ich glaube, daß es Radio Freies Europa oder BBC war. Das machte die Behörden zornig. Nach etwa einer Woche kam eine Kommission und entfernte mich aus meiner Zelle. Der russische Prokurator nahm kein Blatt vor den Mund. "Sie beteiligen sich an antisowjetischer Agitation und Propaganda, und wir werden Sie dafür vor Gericht stellen. Warum haben Sie diese Erklärung geschrieben? Hier posaunen Sie das in die ganze Welt hinaus."

Alle in Wladimir wußten von meinem Brief, und ich wurde als eine Art Abtrünniger angesehen. Die Behörden verhörten mich für eine Zeitspanne von über zwei Wochen. Sie gaben mir etwas bessere Nahrung, nachdem mich ein Gefängnisarzt untersucht und gesehen hatte, wie ausgemergelt ich war. Ich war auf 45 Kilogramm heruntergekommen, und sie wollten mein Gewicht auf 55 Kilogramm zurückbringen. Meine Haut schälte sich wie die einer Schlange, die ihre Haut ablegt, und obwohl meine Augen irgendwelches gutes Essen verschlungen hätten, war mein Magen dazu nicht in der Lage. Ich begann anzuschwellen. Es war sehr schwierig, Selbstkontrolle zu bewahren. Ich war im Gefängniskrankenhaus, und sie stopften mich bis zum Zerbersten voll.

Kurz darauf nahmen sie mich, zogen mir Zivilkleidung an, setzten mich in ein Auto und fuhren mit mir von Wladimir zu einem Herrschaftshaus, das wie eine Klinik oder ein Krankenhaus aussah. Leute gingen in weißen Kleidern umher. Es war eine Landesklinik für Psychiatrie, die an das Serbski-Institut für Gerichtspsychiatrie in Moskau angeschlossen war. Major Winogradow war vom Landesbüro des KGB gekommen, weil sie aus meinem letzten Brief einen kriminellen Vorgang machen wollten und sie Dokumente für eine weitere Gerichtsverhandlung gegen mich sammelten. Das System schreibt vor, daß man von einem Psychiater untersucht wird, wenn man wegen eines politischen Vergehens angeklagt wird. Eine Gruppe von Soldaten und KGB-Agenten begleiteten mich zum dritten Stockwerk, und ein Arzt kam auf mich zu. Insgesamt waren es zwölf Ärzte, die in der Klinik versammelt waren.

"Warum haben Sie ihn hierher gebracht?" fragte der Chefpsychiater den KGB.

"Er sagt, daß er ein Hund sei", antwortete ein Oberst.

Der Doktor fragte mich, ob das wahr sei. Ich sagte: "Nein, sie sind die Hunde, ich bin ein Mensch." Der Arzt nahm das nicht sehr ernst, und er meinte auch nicht, daß ich an irgend etwas litt. Aber der KGB bestand darauf. Sie erwähnten den Kommentar, den ich an Breschnew geschrieben hatte, und der Psychiater verlangte, ihn zu sehen. Der KGB war über diese Bitte überrascht, und sie schickten einen Beamten, den Brief zu holen, und sagten ihm, daß kein anderer ihn sehen dürfe. Aber der Doktor ließ ihn herumreichen, und die anderen Ärzte lachten.

Der KGB wurde nervös. Es war eine Angelegenheit, die die öffentliche Aufmerksamkeit geweckt hatte. Der Chefarzt gab ihnen einen Verweis und sagte, daß seine Klinik keine Untersuchung durchführen könne, weil an mir psychisch nichts auszusetzen sei. Mein körperlicher Zustand war jedoch eine andere Angelegenheit. Eine

Frau näherte sich und bat mich, meinen Mantel auszuziehen. Ich entblößte meinen Oberkörper, und schweigend starrten sie auf meinen Zustand. Das einzige, was man sehen konnte, waren Rippen und eiternde Wunden. Meine Beine waren so von Gangrän durchsetzt, daß sie ihre Augen schlossen. Die Ärzte fragten, warum ich so heruntergekommen aussähe, und der KGB log, daß ich in Übergangsgefängnissen verletzt worden sei. "Das ist nicht wahr", stieß ich heraus. "Man hat mich in Wladimir geschlagen."

Der Arzt verkündigte sein Ergebnis. Ich war eine Person im vollen Besitz meiner geistigen Fähigkeiten. Was ich geschrieben hatte, lachte er in sich hinein, sei ein Beispiel gesunden ukrainischen Humors.

Niemand im Zuchthaus war allzusehr von meinem ukrainischen Humor erheitert, am wenigsten der Kommandant, Sawjalkin, sein Gehilfe, Oberst Solotow, und ein weiterer Assistent, Hauptmann Fedotow. Sie würden sich auf irgendeine Art an mir rächen. Der Prokurator aus Moskau, Juri Nosow, wollte, daß ich einen Brief schreibe, in dem ich meine vorherige Erklärung dementierte und worin ich aussagte, daß ein anderer Lügen über die Bedingungen im Gefängnis unter meinem Namen verbreitete. Sie wollten mein Dementi in der Tageszeitung Iswestija drucken. Sie verlangten auch, daß ich im Radio und Fernsehen ein Dementi abgeben solle. Natürlich weigerte ich mich. Es entwickelte sich immer mehr zu einem traurigen Lustspiel.

Ich erwähne diese Geschichte, weil ich dadurch in ein Gebäude verlegt wurde, das unter dem Namen Sonder- (spez ausgesprochen) Trakt 2 bekannt ist, dem TON (Tjurma Osobogo Nasnatschonija). Dieser Trakt war einer der einsamsten Orte im ganzen sowjetischen Gefängnissystem. Es ist wie ein Zuchthaus in einem Zuchthaus, ein backsteinernes Gebäude, das von seinen eigenen Mauern umgeben ist. Es war einem nicht einmal gestattet zu sehen, wer sich noch in dem Trakt befand, und die Namen derjenigen, die dort inhaftiert waren, waren ein strenges Geheimnis. Der Spezialtrakt unterstand direkt der Führung in Moskau. Es gab dort mindestens 34 Häftlinge, darunter einen lybischen Spion. Wie gewöhnlich fand ich Wege, das herauszufinden.

Ich befand mich in Zelle Nummer 21, und ich kann Ihnen versichern, daß es selbst am Maßstab von Wladimir gemessen elendig war. Zur Bestrafung hatten sie die Möglichkeit, Kaltluft in die Zelle zu leiten, und das mitten im berüchtigten russischen Winter - Februar 1970. Die Wände waren mit einer Salzschicht versehen, die Verkalkung bewirkte und die Feuchtigkeit festhielt, welche sich schließlich als Raureif oder Eis an den Wänden festsetzte. In der Zelle befand sich ein eisernes Bett mit Metallbändern und einer dünnen Matratze, welche mit Seetang gefüllt war. Es gab auch einen kleinen Tisch, auf dem ich meine Kleider ablegen, einen Haken, an dem ich mein Handtuch aufhängen, und eine Ecke, in der ich eine Tasse, eine Schüssel und einen Löffel abstellen konnte. Das Handtuch wurde alle zehn Tage gewechselt, und während die anderen Häftlinge im Wladimir-Zuchthaus sich alle anderthalb Wochen duschen konnten, durfte man sich in der Isolationshaft nicht vollständig waschen. Ich saß dort zwei Monate lang, ohne mich baden zu können. Man hatte eine Steppdecke, aber es war so kalt, daß man die ganze Nacht über seine gefütterte Winterjacke tragen mußte. Das Fenster von der Größe eines Wandbildes war mit einem eisernen Gitter versehen und jenseits des Gitters gab es noch ein Metallnetz. Dann waren da noch Holzläden, so daß man nicht nach draußen sehen oder den kleinsten Lichtstrahl erhaschen konnte.

Oft wurde ich mitten in der Nacht wach und dann betete ich. Das war auch am 12. Februar 1970 so, aber während ich mich zum Gebet niederwarf, verspürte ich, wie eine ungewöhnliche Wärme meinen Körper durchfloß. Es ist schwer, sich nach zwanzig Jahren an die genauen Einzelheiten zu erinnern, und ich neige dazu, gewisse Details dieser Erscheinung mit denen jener zu verwechseln, die sich zwei Jahre später ereignete, aber wovon ich noch die beste Erinnerung habe, ist, daß es ganz bestimmt nach zweiundzwanzig Uhr war. Ohne Uhr und wenn man öfters einschläft und wieder aufwacht, verliert man sein Zeitgefühl. Die Leute schliefen schon für einige Zeit, und so mag es denn früh am Morgen gewesen sein. Jedenfalls war es lange vor der Morgendämmerung. Die Hauptlichter waren ausgeschaltet, aber ein schwaches Licht war über der Zellentür zu sehen. Als ich mich wieder aufs Bett legte, wurde die Zelle plötzlich von einem ganz anderen Glanz erfüllt.

Es war ein völlig ungewöhnliches Licht, ähnlich dem, das ich zwei Jahre später in demselben Zuchthaus und 15 Jahre danach in Hruschiw sehen sollte. Ein solches Licht hatte ich nie zuvor gesehen. Es war silbern und doch nicht silbern. Es sah wie Mondlicht aus und war doch nicht wie Mondlicht. Die Sache, auf die ich es noch am besten beziehen kann, ist die Aureole um den Mond in einer Nacht, in der der Mond außergewöhnlich hell scheint. Das Lichtfeld umgab mich völlig und, wie in Hruschiw, schien es, eine lebendige, atmende Beleuchtung neben meinem Bett zu sein.

In diesem Licht erschien die Selige Mutter. Es war eine kurze Erscheinung, viel kürzer als die Erscheinungen, die sich später ergeben sollten, und sie dauerte nur ein paar Minuten. Aber diese Augenblicke bedeuteten für mich mehr als alles auf der Welt. Es gab bei mir nicht den geringsten Zweifel, daß sie gegenwärtig war. Es war nicht wie in einem Traum, und während ich mich zunächst wunderte, ob ich halluzinierte, waren die Stärke der Gegenwart und die Kraft jenes Lichts jenseits bloßer psychischer Erfahrung.

Auch hatte ich die Empfindung von Furchtlosigkeit und Frieden. Von jenem Augenblick an verlor ich nahezu jede Regung von Angst. Ich fühlte mich unerklärlich geborgen trotz meines Aufenthaltsortes und dem, was mich in der unmittelbaren Zukunft erwartete. Sie schaute mich mit dermaßen durchdringenden Augen an, daß man die Macht ihres Blickes verspüren konnte. Sie hatte dunkelblaue Augen, und obwohl sie nicht schön war im Sinne eines Modefotografen, war sie jenseits aller uns bekannten Schönheit. Das Wort "freundlich" kommt mir immer wieder in den Sinn. Ich war von ihrer Freundlichkeit überwältigt. Eine sehr angenehme, junge Frau. Sie trug einen hellblauen, nahezu azurnen Schleier. Ich sah weder ihr Haar noch ihre Füße. Ihre Kleidung schien trotz der Kälte in meiner kalten, feuchten Zelle sommerlich zu sein.

In einem solchen Augenblick streckt sich der Geist nach einem Halt aus, tastet und kommt nahezu zum Stillstand. Es war schwierig, die ganze visuelle Information aufzunehmen, die in solch außerweltlicher Pracht vorgestellt wurde. Man kann davon nicht genug bekommen. Sie war wie ein riesiger Juwel in dem schimmernden Licht - unbeschreiblich majestätisch, so wirklich wie die Wände und die luftdichte Tür. Mein Geist war dermaßen darauf gerichtet, daß ich sie ohne Frage annahm. Sanft, aber bestimmt sprach sie zu mir.

Sie ging auf meine persönlichen Nöte ein und richtete ihr Augenmerk auf meine Persönlichkeit. Sie sagte mir, daß ich meine heftigen, ungeduldigen Gefühle überwinden und daß ich lernen müsse zu vergeben. Sie belehrte mich, daß ich jedem vergeben müsse, selbst den Kommunisten, die mich und mein Land so brutal behandelt hatten. Dies sei sehr wichtig, sagte sie: vollständiges Vergeben. Sie bedeutete, daß alle Ukrainer so handeln müßten. Sollten wir nicht vergeben, bereuen und Jesus Christus annehmen, sagte sie, so würde es gewaltige Unruhen geben, in die die Ukraine verwickelt wäre. Sie lehrte mich, zum Engel der Ukraine zu beten. In ihrer rechten Hand hielt sie einen Rosenkranz.

Ihre Anwesenheit fuhr fort, in einer seltsamen Weise auf mich einzuwirken. Ich war der Zeuge einer Botschafterin Christi. Ich verlor alles Mißtrauen. Mein Glaube wurde in einem unauslotbaren Maße verstärkt. Sie sagte mir, daß ich vier von fünf Pfaden in meinem Leben vollendet hätte. Ich verstand das sofort, aber es ist unmöglich, dies zu vermitteln. *"Du hast diese vier durchschritten"*, sagte sie, *"die fünfte Straße beginnt erst gerade."*

*"Einerseits hast du großen Glauben, aber andererseits vergißt du deinen Feinden nicht, den Moskauern"*, sagte sie. *"Bis du dich nicht selbst überwindest und fähig wirst zu vergeben, wirst du in dir keine Kraft empfinden, und dein Glaube wird schwach sein. Du mußt lernen, denen zu vergeben, die dich am meisten verfolgen. Ich werde immer bei dir sein. Aber du bist noch nicht bereit. Du zweifelst. Du stellst dir Fragen. Du mußt durch dies alles hindurchgehen. Du mußt dein Leben ändern und lernen, den Russen zu vergeben und dich selbst zu verstehen, damit du nicht wie Kain sein wirst. Vor dir liegen schwere Jahre der Erprobung und der Demütigung, aber von heute ab wirst du nie mehr Furcht haben. Ich werde bei dir sein. Ich habe viele Tränen geweint. Viele Menschen leugnen das zukünftige Leben. Sie leugnen meinen Sohn. Uns umgibt eine sehr heftige Intoleranz. Rußland verweilt in der Dunkelheit und im Irrtum und verbreitet seinen Haß auf Christus, den König. Solange die Menschen nicht ernsthaft bereuen und die Liebe meines Sohnes annehmen, wird es keinen Frieden geben, weil der Friede nur dort einkehrt, wo Gerechtigkeit herrscht. Bete für deine Feinde! Vergib ihnen, und vor dir wird ein sehr heller Pfad liegen."*

Sie bedeutete mir, nach rechts zu sehen. Ich drehte meinen Kopf zum Fenster hin und sah, wie sich ein Dunstschleier legte. Ich erkannte vier Pfade oder Straßen.

*"Schau nach rechts!"*

Ich sah Feuer. Ich erkannte Feuer und Panzer und wußte, daß Krieg zwischen Rußland und einem anderen Land stattfinden würde.

*"Von diesem Tag an werde ich immer bei dir sein"*, wiederholte die Jungfrau. *"Dir soll kein Schaden widerfahren."*

Ich verstand dies im Zusammenhang mit der Heiligen Schrift, in der Jesus davon spricht, daß jedes Haar auf unserem Haupt gezählt ist und alles in unserem Leben von oben behütet wird.

Unsere Liebe Frau verschwand, aber das Licht verweilte noch für ungefähr zehn Minuten.

Allmählich erlosch auch das Licht, indem es auf die Größe eines Balles und dann die eines Punktes zusammenschrumpfte und ausging, womit ich wieder der Dunkelheit des Gefängnisses überlassen war.

## 10. Kapitel

# EIN ENGEL AUS FLEISCH UND BLUT

In jenen kostbaren Augenblicken der Gemeinschaft mit Unserer Lieben Frau waren alle meine Leiden, jeglicher Schmerz, der mir von meinen Gegnern zugefügt worden war, alle langweiligen und ängstlichen Stunden völlig und auf unaussprechliche Weise verbannt. Nach acht Jahren strengster Haft war mein Glaube vollkommen bestätigt und mein Leben unwiderruflich verändert worden. Ich war von einer Kraft erfüllt, die nur wenige Grenzen kannte. Ich war entschlossen, mich voller Vertrauen vorwärts zu bewegen und öffentlich vor allen christliches Zeugnis abzulegen.

Es gab in mir - tief in meinem Innern - etwas, was nicht nur bestätigt, sondern fühlbar gestärkt worden war. Obwohl ich derselbe abgezehrte Häftling in Trakt 2 war, war ein neues und helles Licht in die Tiefen meines erbärmlichen Seins vorgedrungen. Von dieser Art ist die Macht der Muttergottes. Von jenem Tag an gelobte ich, mich nicht mehr darum zu sorgen, was ich sagen würde, nicht mehr aufwendig zu planen, was ich in Verhören antworten würde, sondern dem Heiligen Geist das Sprechen und Denken zu überlassen.

"Ich werde immer bei dir sein."

Während sich mir zwei Jahre lang keine Erscheinung mehr zeigte, häuften sich faszinierende Träume, wie ich sie schon in Mordowien und Kirowograd gehabt hatte. Es waren Träume, die in helles Licht eingehüllt waren. Ich sah Maria, ich sah Jesus, ich sah viele Dinge, die nicht von dieser Welt waren - sicherlich nicht aus dem Wladimir-Zuchthaus. Alles besaß einen Glanz, aber nicht von der Art, wie man ihn in der Natur vorfindet. Sie schienen so weit von der Erde entfernt zu sein. Viele dieser Träume waren mit Ereignissen in meinem Leben verknüpft, und als ich später die Mittel dazu hatte, begann ich, sie in einem Tagebuch aufzuzeichnen. Oft waren diese Träume kleine Weissagungen.

Ich gebe Ihnen ein Beispiel. Es war etwas später als zum jetzigen Zeitpunkt, im Jahre 1972. Wir sitzen in einem anderen Teil des Wladimir-Zuchthauses, ungefähr um die Mittagszeit, als ich mich gegen das Bett lehne und einschlafe. Ich weiß nicht, ob es für zehn Minuten oder zehn Sekunden war. Vor mir erscheint ein Gesicht. Die Türe der Zelle wird geöffnet, die Wachen betreten den Raum, aber sie sind alle in Schwarz gekleidet. Sie beginnen die Zelle zu durchsuchen. Der diensthabende Wächter, Stjunin, ist in Schwarz gekleidet.

Ich erzählte meinen Mitgefangenen von diesem Gesicht. Ich sagte ihnen, daß Stjunin kommen würde. Er hatte die Fähigkeit, unsere Verstecke zu entdecken. Ich sagte, daß er schwarze Kleidung tragen würde. Meine Mitgefangenen erwiderten: "Was redest du immer von schwarz? Die Uniformen sind doch nicht schwarz."

Wir beendeten unsere Mahlzeit, spülten das Geschirr, und es trug sich zu, wie ich es vorausgesehen hatte: die Wachen betraten den Raum in schwarzer Kleidung, und meine Mitgefangenen standen mit offenem Mund da. Wie es sich herausstellte, hatten die Arbeiter im Zuchthaus an diesem Tag neue Uniformen erhalten. Meine Mithäftlinge baten mich, ihnen den Traum erneut zu erzählen. Und sie begannen alle meine Gesichte - Tag-, Abend- und Nachtträume - aufzuzeichnen. Innerhalb von fünf Jahren füllten wir mehrere Notizbücher.

Der KGB ließ mich in Ruhe, weil sie sehr erfreut darüber waren, daß ich mit meiner gerade entdeckten Mystik so beschäftigt war. Sie dachten, daß es sich um Yoga handele. Sehr oft hatte ich eine Vision, wenn ich meine Augen schloß, und ich sah ein Gesicht oder eine geistige Schau, welche in den darauffolgenden Tagen reale Gestalt annahm. Ich kann mich an einige Träume erinnern, weil ich sie auch in Briefen an Olena erwähnte, wenn ich eine Möglichkeit hatte, ihr zu schreiben. Oft träumte ich von der Muttergottes, und weil dadurch mein Gefühl, ihr nahe zu sein, gewachsen war, fühlte ich mich später in Hruschiw verletzt, als sie mir nicht gleich erschien. Manchmal sprach sie, aber nicht häufig. Sollten auf mich oder einen guten Freund unangenehme Ereignisse zukommen, hatte ich eine Vision von einer Kirche, und die Jungfrau erschien darin in klösterlichen Gewändern. Für mich bedeutete das, daß eine Gerichtsverhandlung, ein Urteil oder Pogrom bevorstand. Andererseits, wenn sich etwas Angenehmes anbahnte, "sah" ich die Muttergottes in einer strahlenden Sonne.

In demselben Jahr, in dem sich die Erscheinung zutrug, machte ich noch eine andere, seltsame Erfahrung. In einem Traum oder einer Vision - es ist schwer zu sagen, ob ich tatsächlich schlief, weil es so wirklich aussah - schaute ich mich selbst in schwarzen, klösterlichen Gewändern mit einem weißen Gürtel oder Seil. Es war ein schöner, sonniger Tag, und die Bäume standen in voller Blüte. Einer trug schon Früchte - schöne Äpfel. Aber ich spürte, daß ich nicht fliegen könnte, sollte ich einen Apfel pflücken.

In meinen Träumen flog ich nahezu immer wie ein freier Geist. Ich sah Berge, und es war, als ob ich mich im 12. Jahrhundert befände, als die Tartar-Mongolen durch die Täler zogen. In der Nähe lag ein Kloster, und ich mußte die Mönche warnen. Die Mongolen sahen mich und begannen, Pfeile zu schießen. Ich war dabei zu fliegen. Ich flog über wilde Rosen und Disteln, wobei mein Gewand von der rauhen, vorbeistreifenden Vegetation aufgerissen wurde. Ich erreichte das Kloster, welches von einem spitzen, hölzernen Zaun umgeben war, und rief zu den Mönchen hinauf. Aber es war zu spät. Die Mongolen kamen mit brennenden Pfeilen, und schon bald ging das Kloster in Flammen auf. Ich war der einzige, der entkommen konnte.

Später hatte ich einen ähnlichen Traum. Es war wieder ein schöner Tag, und ich sah einen Waldweg und hatte das Gefühl, als ob ich diesen Weg schon einmal gegangen wäre. Die Muttergottes erschien und lächelte. Wir kamen an einen Zaun, und es sah wie die Mauern des alten Klosters aus. Aber diesmal war es in der Gegenwart - nicht im 12. Jahrhundert.

Viel später, 1984, teilte ich die Träume einem Basilianermönch, P. Meleti Malinitsch, mit. Ich beschrieb die Hügel, den Waldweg, die Mauerreste. Er war ziemlich erstaunt. Er nahm mich bei der Hand und sagte: "Knie nieder! Wir wollen beten!" Seine Augen waren feucht von Tränen. Dann nahm er ein Album mit alten Bildern, darunter eines von dem Kloster und sprach: "Josip, ich kenne dich seit dem ersten Schuljahr. Du bist jetzt ein Erwachsener. Ich zeige dir dieses Buch zum ersten Mal." Bis zur Zeit der Mongoleninvasion hatte an dem Ort ein Holzkloster gestanden, genau so wie ich es in der Vision gesehen hatte. Dieses Kloster, erklärte er, war durch ein Feuer zerstört worden.

"Die Tatsache, daß die Muttergottes dich zu den Mauern dieses Klosters brachte und daß du es sahst, bevor es zerstört wurde, ist ein Zeichen dafür, das die Kirche sich wieder erheben wird - auferstehen wie ein Phönix aus der Asche", sagte er. "Du bist für diese Rolle erwählt worden, und deine Verpflichtung ist es, diese Last bis zum Ende zu tragen, ohne Rücksicht darauf, wie schwer sie ist."

Es ist mir nicht möglich zu erklären, worum es sich handelte, aber der Mönch gab mir auch zu verstehen, daß es sehr schwierig sei, Träume auszulegen und daß es besser sei, sie nicht allzuoft zu analysieren. Je mehr ich gefoltert wurde oder von Gefühlen bedrückt war, umso mehr hatte ich diese Visionen. Ich wurde davon fasziniert. Ich begann, sie nach geraden und ungeraden Tagen einzuordnen. Dann bildete ich Untergruppen von Abend-, Tages- und Nachtträumen. Verstandesmäßig können wir es nicht vollständig begreifen, aber aufgrund meiner eigenen Erfahrungen kam ich zu dem Ergebnis, daß Träume nicht einfach etwas sind, was sich zufällig ereignet, sondern daß die Person - das Unbewußte - geistig tätig ist. Wenn jemand im Leben ein Ziel hat, so schloß ich, dann sind die Träume auf jenes Ziel hingerichtet. Wenn jemand emotional schwach ist, dann sind auch die Träume bedeutungslos.

Ich hatte auch Alpträume, durch die ich schwitzend und erschöpft aufgeweckt wurde. Es gab Augenblicke, in denen ich das Böse dieser Zeit verspürte. Das waren keine Symbole, sondern wirkliche, echte Situationen, und alles, was ich sah, trug sich tatsächlich zu. Die Nachricht von meinen Fähigkeiten verbreitete sich im Zuchthaus, und wenn die Gefangenen aufwachten, verlangten sie von mir, daß ich ihre Träume analysierte.

Lassen Sie mich Ihnen noch ein Beispiel meiner nächtlichen Abenteuer geben. Ich überlasse es Ihnen zu entscheiden, ob es sich um einen bedeutungslosen Traum oder eine mystische Erfahrung handelte. Es war gegen Ende November 1970, und es betraf eine ukrainische Frau namens Alla Horska, die Tochter eines Generals des KGB. Wir beide, Olena und ich, kannten sie, und wir wußten, daß sie, obwohl sie mit der Lektüre von Philosophen wie Schopenhauer aufgewachsen war, zu dem Ergebnis gekommen war - vom Lesen der Schriften dieser pessimistischen Philosophen - daß Gott in der Tat existierte.

Vielleicht war es die Öde dieser atheistischen Philosophien, die Alla davon überzeugte, daß sie nicht ins Schwarze trafen. Wie immer der Fall auch sein mag, war Alla, selber eine Künstlerin, mit einem Maler verheiratet, der Sarizka hieß, und sie ließ sich sehr auf ukrainische Angelegenheiten ein. Dieser Nationalismus und ihr Glaube an Gott führten zu heftigen Auseinandersetzungen mit ihrem Vater. Hätte sie aus einer geringeren Familie gestammt, wäre sie gleich beseitigt worden. Aber weil sie die Tochter eines hochrangigen Kommunisten im Militär war, wurde zuerst versucht, ihr unorthodoxes Denken und Verhalten zu vertuschen. Obwohl sie die Kinder von Mitgliedern der Partei verfolgten, zögerten sie wegen der Familie dennoch, sie zu töten.

## Ein Engel aus Fleisch und Blut

Der Traum, der von Alla handelte, begann damit, daß ich mich von meinem Bett im Gefängnis erhob. Meine Zelle war von einem starken Licht erfüllt. Ich wußte nicht, woher das Licht kam, und ich verspürte Angst. Ich wußte, daß ich an einen fernen Ort reisen mußte, aber ich mußte mich beeilen, damit ich vor der morgendlichen Wecksirene wieder im Gefängnis angelangt wäre.

Ich schwebte zur Zellendecke und sah mich dort im Bett liegen. Durch die Wand sah ich den Wächter. Es war so, als ob ich ein Röntgenbild sähe. Das intensive Lichtfeld, das in meine Zelle hineingekommen war, trug mich zwischen den Gittern hindurch, und ich begann, schnell über die russische Republik in Richtung auf die Ukraine zuzufliegen.

Unter mir sah ich Städte vorbeifliegen und an den Bahnhöfen die Namensschilder verschiedener Orte. Alles ereignete sich im Schnellgang. Ich näherte mich der Ukraine und begann über sie zu fliegen. Ich beschrieb einen Kreis über Kiew und flog dann zu einer kleinen Stadt, Wasilkowo, in der ich noch nie gewesen war. In diesem Traum spürte ich, daß sich dort etwas zutragen würde. Der Traum dauerte so lange, daß ich Zeit hatte, über die Ereignisse hin und her zu überlegen, weswegen ich so bestürzt war. Ich flog so, als ob ich Flügel hätte.

Ich schaute nach unten, sah zwei Autos und begann ihnen zu folgen. Da war die Straße und Obst- und Gemüsegärten. Es war typisches Hügelland. Ich flog in Richtung Boden, aber ich war sorgfältig genug, nicht den Boden selbst zu berühren, weil ich irgendwie wußte, daß ich stark abgebremst würde, sollte ich den Boden berühren. Statt dessen schwebte ich mehrere Zentimeter über dem Gras.

Jemand stieg aus einem Auto, und dann sah ich, daß da drei Leute waren. Sie gingen zu einem Haus, klopften an eine Fensterscheibe, und dann erschien das zweite Auto mit drei weiteren Leuten. Sie gingen um das Haus herum und stürzten sich durch die Tür. Dort stand Alla, die mit weit geöffneten Augen die Fremden anstarrte. Ich folgte ihnen. Sie konnten mich nicht sehen.

Ich stand hinter einem dieser Männer und atmete vorsichtig. Ich achtete darauf, nicht auf dem Boden zu stehen, damit ich nicht wie ein sterbliches Wesen sei. Sie brachten Alla in ein Zimmer am Ende des Flurs, und dort fand eine aufgeregte Unterhaltung statt. Einer der Männer hatte unnatürlich kräftige Augenbrauen.

Ich schaute in das Zimmer und sah mit Schrecken, wie sie Alla vergewaltigten und schlugen. Nach einer angsterfüllten Weile brachten sie sie heraus. Sie hatten ihr einen Mantel umgehängt, und zum Ausdruck ihrer Verachtung hatten sie ihr den Büstenhalter von außen darübergestreift.

Der Bursche mit den dicken Augenbrauen hielt einen Hammer in der Hand. Er näherte sich Alla, und sie keuchte, als er mit dem Hammer auf ihren Kopf so hart einschlug, daß Blut und Teile ihres Gehirns an die Wand gespritzt wurden.

Ich zitterte am ganzen Leib. Ich erhob mich und flog davon. Ich erkannte, daß die Zeit der Wecksirene im Gefängnis gekommen war, und als sie ertönte, schnellte ich aus diesem erschreckenden und hellsichtigen Alptraum auf.

Nach meiner Entlassung aus dem Gefängnis, sechs Jahre später, war ich in einer Gesellschaft und erzählte von meinem Traum. Die Leute waren entsetzt. Ich erfuhr, daß zwei Wochen nach meinem Traum Alla tatsächlich auf die brutale Weise, wie ich es in meinem Traum gesehen hatte, ermordet worden war. Mir berichtete eine Frau mit Namen Nadija Switlitscha davon, die zusammen mit dem Poeten Jewgen Swerstjuk, einem Dissidenten, in diese Stadt gereist war und die Szene des Verbrechens gesehen hatte. Allas Körper, der einen eingeschlagenen Schädel aufwies, war tatsächlich in dem Keller zurückgelassen worden, wohin man sie zusammen mit dem Mantel und Büstenhalter geworfen hatte. Die Wände waren gereinigt worden, aber eine Untersuchung ergab, daß sie zuvor mit Blut bespritzt waren. Nadija fand auch falsche Augenbrauen im Müll. Die Untersuchungsbeamten hatten den Müll nicht durchsucht, aber Nadija tat es. Sie sprach zu niemandem darüber, und wie Nadija es ausdrückte, war mein Traum so präzise, daß sie dachte, daß ich, wenn ich zu der Zeit des Verbrechens nicht erwiesenermaßen im Gefängnis gewesen wäre, während des wirklichen Geschehens hätte anwesend sein müssen.

Ich hatte viele ähnliche Träume. Manchmal, wenn ich himmlische Visionen hatte, wachte ich, umgeben von einem schönen Duft, auf, der mit uns Bekanntem nicht zu vergleichen war, und einmal betrat ein Wächter meine Zelle, weil er ein solches Aroma gerochen hatte. Da er wußte, daß ich monatelang kein Bad genommen hatte, fing er an, nach etwas zu suchen, von dem er sicher war, daß es Parfüm sein mußte. Ich weiß nicht, ob dies Träume, Visionen oder außerleibliche Erfahrungen sind, aber ich erfahre es so, als ob ich leiblich bei diesen Ereignissen und Szenen anwesend wäre.

In Wirklichkeit befand ich mich natürlich noch in Wladimir und war schrecklich einsam: Alles, was ich besaß, waren meine Träume und eine kleine Maus, die sich so sehr an mich gewöhnte, daß sie aus meiner Hand fraß und auf meinem Hut schlief. Mehr als einmal fand ich mich in Trakt 2 wieder. Ich wußte, daß der amerikanische Spion und Pilot, Gary Powers, dort gewesen war, weil er seinen Namen mit einer Nadel in eine der Wände geritzt hatte. Er war auch in Zelle

Nummer 25 gewesen. Dort oben wurden die Gefangenen dauernd verlegt. Wie ich schon hervorgehoben habe, wurden im ersten und zweiten sowie in einigen Räumen des dritten Stocks Häftlinge festgehalten, deren Namen nicht erwähnt wurden.

Doch nach und nach erfuhr ich, wer sich dort aufhielt. Einer der Gefangenen war ein Mann, der Zeuge einer berüchtigten Massenhinrichtung polnischer Offiziere im Jahre 1941 wurde, als er ein zwölfjähriger Knabe war. Die Sowjets hassen Zeugen. Sein "Verbrechen" war: er wußte, daß die Sowjets Tausende von Polen ermordet hatten und es den Nazis anhängten. In Zelle Nummer 33 befand sich der schon erwähnte arabische Militärattaché, und ich erfuhr auch von einem Mann namens Nik Budulak-Scharigin, der Verbindungen zur britischen Spionage hatte.

Der interessanteste aller Häftlinge jedoch war ein alter, ausgemergelter Schwede mit Namen Raoul Wallenberg. Ich muß Ihnen an dieser Stelle ein paar geschichtliche Hintergrundinformationen geben. Es sind dies Tatsachen, die mir erst später bekannt wurden, als ich mit anderen Gefangenen sprach, oder Tatsachen, von denen ich erst nach meiner Entlassung erfuhr. Wallenberg war ein wirklich bemerkenswerter und historischer Mensch. Er wurde bekannt als "der aufrichtige Heide"[2] oder der "Held des Holocaust". Nur wenige Worte könnten ihn richtig beschreiben. Er war eine außergewöhnliche Seele. Er war wie ein Engel aus Fleisch und Blut.

Wallenberg, der 1912 als Sohn einer reichen Lutheranerfamilie in Schweden geboren wurde, arbeitete an der Botschaft seines Landes in Budapest. Seine Sendung war es, ungarische Juden zu retten. Viele Leute glauben, daß Wallenberg mehr Juden vor den Nazis bewahrte als jede andere Einzelperson. Indem er sie versteckte oder ihnen schützende schwedische Pässe aushändigte, soll Wallenberg, Mitte der vierziger Jahre dieses Jahrhunderts, möglicherweise zwischen 30 000 und 100 000 Männer, Frauen und Kinder vor deutschen Todeslagern bewahrt haben. Er war ein selbstloser Mensch, der Tag und Nacht daran arbeitete, schwedische Papiere an jüdische Frauen auszuhändigen, die sich auf Todesmärschen befanden.

Wenn ein Jude den Klauen des Todes entrissen worden war - einer Familie zurückgegeben, die diese Person schon als tot aufgegeben hatte - dann gab es ein Wort auf den Lippen der Familie, die es kaum glauben konnte und ewiglich dankbar war: *Wallenberg.*

---

[2] *Anmerkung des Übersetzers:* "Gentile" ist das englische Wort, das im Alten Testament für einen Nichtjuden, sprich Heiden, verwendet wird. Die Heiden aus christlicher Sicht oder solche, die Vielgötterei betreiben, nennt man "pagans".

Es ist jenseits meiner Fähigkeiten, an dieser Stelle die selbstlosen und mutigen Leistungen Wallenbergs in aller Ausführlichkeit zu beschreiben.

Gegen Ende des Krieges hatte Wallenberg mit den Russen, die sich am Rande Budapests befanden, Kontakt aufgenommen und bat sie um Lebensmittel und andere Vorräte für die Juden, die er beschützte. Am 17. Januar 1945 verließen er und sein Fahrer, Vilmos Langfelder, Budapest, um sich mit dem russischen Kommandeur, Marschall Malinowski, zu treffen. Das war das letzte Mal, daß jemand Wallenberg als freien Menschen gesehen hatte. Er wurde in den Verwahrsam des NKWD genommen und verschwand im sowjetischen GUlag.

Warum kümmerten sich die Russen um Wallenberg? Warum sollten die Sowjets, die gerade selbst kaum den Nazis entkommen waren, einen Feind des Dritten Reiches angreifen? Erinnern Sie sich, was ich darüber gesagt habe, daß Nazis und Kommunisten untereinander streiten, aber wie beide dem Reich Satans angehören? Erneut war es Verfolgungswahn und Unvernunft. Stalin war so wahnsinnig, daß er sogar überzeugte Kommunisten verhaftete, wenn sie aus dem Ausland stammten. In seiner Vorstellung wimmelte es von Intrigen und Gegenintrigen. Im Falle Wallenbergs nahmen die Sowjets vermutlich an, daß er eine Art Spion sei.

Als Schweden sich nach dem Aufenthaltsort Wallenbergs erkundigte, erwiderte Rußland die Lüge, daß Wallenberg von den Nazis oder ungarischen Faschisten getötet worden sei. Um 1957, als sich der Druck zur Aufklärung seines Schicksals noch ständig erhöhte, änderten die Sowjets ihre Taktik und stellten ein falsches Dokument vor, wonach Wallenberg zehn Jahre zuvor im Lubjanka-Gefängnis, in Moskau, gestorben sei. Jetzt hatten sich die Sowjets in ein Netz ihrer eigenen Lügen verfangen. Wallenbergs Inhaftierung stellte eine internationale Peinlichkeit dar, und im Strafsystem gab es kein größeres Geheimnis als Wallenbergs Aufenthaltsort. Warum die Sowjets ihn nicht töteten und damit den Fall erledigten, ist jedermanns Spekulation anheimgestellt. Versuchen Sie sich die Psychose des Bösen zu erklären.

Aber die Tatsache besteht, daß Wallenberg nicht tot war. Vereinzelt wurde er in Gefängnissen wie Lubjanka, Wladimir und dem Wadiwowo-Lager in Sibirien gesehen. Die meisten dieser Sichtungen, wie ich später erfuhr, ereigneten sich in den fünfziger und sechziger Jahren dieses Jahrhunderts, und wer auch immer nur erwähnte, ihn gesehen zu haben, war der sofortigen Todesstrafe sicher. Kein Thema stand unter einem größeren Tabu im GUlag als das des Raoul Wallenberg. Zumindest ein Offizier, der dazu beigetragen hatte, Wallenberg zu verhören, wurde hingerichtet; frühere Mithäftlinge wurden für längere Zeit in Isolationshaft eingewiesen; und nachdem es Dr. Alexander Mjasnikow - Chruschtschows Leibarzt - bei einer internationalen Medizinertagung herausrutschte, daß er Wallenberg in einer psychiatrischen Klinik gesehen habe, erlitt dieser geschätzte Arzt plötzlich einen tödlichen "Herzinfarkt".

Im Jahre 1970 wußte ich von all dem nichts. Ich wußte nur, daß ich mich in der surrealistischen Unterwelt der Gefangenschaft befand. Im April wurde ich von Zelle Nummer 21 auf Nummer 30 im selben Stock verlegt. In der Zelle war ein russischer Nationalist und Monarchist namens Igor Ogurzow. Er entstammte einer alten, russischen Familie und war ein gläubiger Mensch, ein gemäßigter Orthodoxer. Wir kamen gut miteinander aus. Auf der anderen Seite des Flurs, in Zelle Nummer 25, befand sich ein geheimnisvoller Häftling, der später auf Zelle Nummer 33 verlegt wurde. Ich erhaschte einen Blick von ihm, während ich nachts zur Toilette ging, in der ich unsere *Paraschas* leerte, den Eimer, den wir als unsere Latrine benutzten.

Es war ungefähr Mitte April, zwei Monate nach der Erscheinung Unserer Lieben Frau. Die Toilette befand sich neben Zelle Nummer 36 in Trakt 2. In der Nähe war ein Ausgang und auch ein Schreibtisch der Sicherheitsorgane, Telefon und ein Wächter für die Etage. Gewöhnlich begleitete der Wächter die Gefangenen zur Toilette, indem er mit Zelle Nummer 18 anfing, aber manchmal änderten sie auch die Reihenfolge. An diesem Tag war der geheimnisvolle Häftling Vorletzter in unserem üblichen Besuch der Toilette.

Meine Zelle stand an letzter Stelle. Die Wachen achteten normalerweise sorgfältig darauf, daß Gefangene von einer Zelle Häftlinge einer anderen nicht zu Gesicht bekamen, indem sie unsere Tür nur dann öffneten, wenn der Gefangene aus der vorhergehenden Zelle die Toilette verlassen hatte. Aber an diesem Tag beeilte sich der Sicherheitsbeamte zu sehr, so daß seine Zeiteinteilung nicht ganz stimmte. Er öffnete unsere Zelle, ehe der Gefangene der vorhergehenden Zelle von der Toilette zurück war.

Die Tür zur Toilette stand offen, als ich im Flur ankam, und ein Mann kam heraus, der bis auf zweifingerbreites Haar an den Seiten eine Glatze hatte und eine Windjacke trug - was ungewöhnlich war, insofern solche Kleidung sicher nicht normale Sträflingskleidung war. Die Jacke war dunkelbraun, geflickt, aber sauber, und er war allein. Offensichtlich hatte er keinen Mithäftling.

Ich beschloß, mit diesem seltsamen Gefangenen aus einfacher Neugierde Kontakt aufzunehmen. Das war möglich, weil der Wächter in jener Nacht ein Mann war, der unter dem Titel "der Dummkopf" bekannt war. Wir nannten ihn so, weil er unter Blähungen litt und er oft im Flur sich dieser laut und in einem komischen Schauspiel entledigte. Er war ein ungewöhnlicher Wächter, insofern er einen Sinn für Humor hatte für das, was ihn selbst anbetraf. Man konnte ihn auch für kleinere Dinge leicht bestechen - wodurch ich einen gewissen Kontakt mit der Außenwelt bewahrte - und in seiner Gegenwart fühlte ich mich freier, als ich es normalerweise war. Ich ging an dem geheimnisvollen Häftling vorbei, der dünn und seinem Alter nach etwa Ende fünfzig war, und zunächst sagte ich nichts, aber als ich die Toilette betrat und er in die Zelle Nummer 25 zurückkehrte, fragte ich in Ukrainisch: "Von wo sind Sie?"

Der Wächter rief mir zu, mich ruhig zu verhalten. Aber ich wiederholte die Frage, diesmal in Russisch. Der Mann schwieg weiterhin. Dann rief ich ihm in Ungarisch zu. Der alternde Gefangene zitterte, und aus seiner Parascha ergoß sich ein wenig Inhalt - frisches Wasser und eine Chlortablette - auf den Boden.

"Der Dummkopf" schob diesen Häftling in seine Zelle zurück, und ich mußte das Wasser, das übergelaufen war, aufwischen, weil ich schuld war, daß der Gefangene gezittert hatte. Der Wächter fürchtete sich sehr, weil dies ein geheimer Häftling war und ich ihn gesehen hatte. Der KGB gab acht, und so mußten wir alle aufpassen. Während einiger der folgenden Parascha-Entleerungen begann ich zu fragen: "Wer ist der Gefangene?" Der Wächter antwortete, daß es sich um einen Faschisten handele, der viele Menschen getötet habe. Der Wächter selber wußte nicht, wer der Häftling war.

Einige Tage später gelang es mir, mir heimlich einen langen Nagel zu besorgen, und damit bohrte ich ein paar Löcher, so daß ich einen besseren Einblick in den Flur und auf das "Erholungs"-Gebiet hinter den Zellen hatte. Die Wände waren aus Betonplatten gefertigt und ein Loch in der Nähe der Tür gestattete eine seitliche Sicht. Ich begann die Bewegungen des hellhäutigen Häftlings in Zelle Nummer 25 zu beobachten. Eines Tages sah ich, wie der alte Mann aus seiner Zelle mit all seinen Sachen herausgeführt wurde. Sie verlegten ihn auf Zelle Nummer 33. Die Tür fiel laut ins Schloß. "Der Dummkopf" hatte Wache in jener Nacht, und ich fragte ihn, ob ich einen Tisch haben könne, von dem ich wußte, daß er in der Zelle war, die gerade geräumt worden war. "Der Dummkopf" mochte mich. Es gefiel ihm, mir zuzuhören, wenn ich von meinen Erfahrungen und Anschauungen sprach. Ich bat ihn, mir einen harmlosen Gefallen zu tun und mir den Tisch aus der Zelle Nummer 25 zu bringen. Er tat es. Und am 25. April 1970, dem letzten Samstag vor den Feierlichkeiten zum 1. Mai, als alles blank geputzt werden mußte, fing ich an den Tisch zu säubern, und als ich ihn umdrehte, sah ich, daß es jemandem gelungen war, etwas auf die Unterseite zu schreiben. Dort war ein großer Kreis zu sehen und die Worte "Miranda Martina". Darunter standen in purpurner Kopiertinte die Worte "Schweden Raoul Wallenberg" und noch mehrere Zeilen mit einem Datum am Schluß. Es war vermutlich in Schwedisch. Ich verstand nichts.

Auf diese Weise erfuhren wir, daß der geheimnisvolle Häftling ein Ausländer mit dem Namen Raoul Wallenberg war. Es war das erste Mal, daß wir von ihm gehört hatten. Ich beschloß, mehr über ihn zu erfahren, und nahm mit ihm Kontakt auf, indem ich ihm eine winzige Notiz auf dem Toilettenpapier zurückließ. Wir richteten sofort ein System ein, mit Hilfe dessen wir weitere Botschaften austauschten. Obwohl es Aufgabe der Wächter war, eine jede Spalte der Toilette zu untersuchen, nachdem es ein Insasse einer jeden Zelle benutzt hatte, führten sie solche Kontrollen nur unregelmäßig durch, und so erkannten sie viele der Vorgänge nicht. An einer Wand der Toilette gab es einen Pflock, an dem man seinen Rock und Hut aufhängen konnte. Wir reichten einander Informationen weiter, indem wir den Pflock herauszogen, Zettel hineinschoben und dann den Pflock zurücksteckten.

Ich stellte mich ihm vor und Wallenberg schrieb in Russisch, daß er ein Diplomat sei, den man 1945 verhaftet habe. Er berichtete mir, daß er mit seinem Fahrer verhaftet worden sei. Er wünschte zu wissen, ob jemand wußte, was mit seinem Fahrer, Vilmos Langfelder, geschehen sei. Das schien alles zu sein, was er sich wünschte: Kenntnis darüber, wie es seinem Freund ergangen sei.

Die Notizen, die mit Wallenberg ausgetauscht wurden, waren bloß von der Art: Wer sind Sie? Woher kommen Sie? Ich hatte die Adressen, die sich auf dem Tisch befanden, abgeschrieben und in meinen Mantel eingenäht. Miranda Martina war eine Freundin Wallenbergs, und ich zeichnete ihre Adresse auf. Nachdem man mich entlassen hatte, übermittelte ich diese Informationen persönlich an Wallenbergs Familie und an die amerikanische Botschaft, welche sich wenig darum kümmerte.

Soviel wir wissen, lebt Wallenberg noch.

## 11. Kapitel

# DIE RÜCKKEHR MARIENS

Das war also meine Begegnung mit einer anderen Art von himmlischem Botschafter. In der Hauptsache jedoch hatte ich Kontakt zu den Botschaftern der Hölle: Wächter, KGB, sadistische Ärzte und Krankenschwestern.

Im Jahre 1971 wurde ich in einen großen Trakt verlegt, in dem sich zehn Männer auf einer Zelle befanden. Es war einer jener Orte, in denen ich meine vielen Traumerfahrungen machte. Warum waren die Sowjets nicht gegen solche Mystik? Sie verstanden nicht, woher sie kam. Vermutlich dachten sie, daß ich mich auf Yoga eingelassen hätte, was für sie in Ordnung war. Die Sowjets gestatteten den Gefangenen nicht nur, sondern sie ermutigten sie sogar, sich mit Yoga zu befassen, indem sie kostenlos Bücher zu diesem Thema verteilten, genauso wie sie vermutlich Bücher ausgeben würden, die von New Age und Okkultismus handelten.

Auf dem vierten Stock des Traktes befanden sich fünf politische Zellen, und fünfzig Leute wurden zugleich zur Bewegung an der frischen Luft herausgebracht. Die politischen Häftlinge sprachen darüber, sich zu weigern, die erforderliche Gefängnisarbeit zu erledigen, aber ich argumentierte, daß wir damit fortfahren sollten, unsere Arbeit zu verrichten, damit wir die Möglichkeit hätten, religiöse Flugblätter zu verbreiten. Wir verpackten Gegenstände und verschickten Notizen mit den Paketen, wie ich es schon zuvor getan hatte. Mittlerweile war ich sowohl inner- als auch außerhalb des GUlags ein bekannter Häftling geworden. Meine Ausbrüche, Proteste, Verlautbarungen und Briefe hatten viele Leute auf meinen Widerstand aufmerksam gemacht. Manchmal wurde ich im Radio erwähnt. Als ich die Verwaltung dazu verleitete, mich in der Verpackungsabteilung arbeiten zu lassen, verbreiteten die Sowjets im Radio, daß dies der Beweis dafür sei, daß ich jetzt mit ihnen zusammenarbeite und mich rehabilitiere.

Die erste Sendung von Flugblättern wurde verschickt - fünfhundert Stück. Wie wurde eine solche Aufgabe erledigt? Unsere Arbeit bestand darin, kleine Zuckertüten herzustellen, und wir versteckten unsere Notizen darin. Leider fand sich eine dieser Tüten beim politischen Kommissar wieder. Seine Frau öffnete das Paket Zucker und fand die Notiz.

Davon wurde er in Schrecken versetzt, weil er dadurch seine Arbeitsstelle verlieren konnte. Sie kamen ohne Umwege in meine Zelle, aber in Wirklichkeit wußten die Behörden nicht, was sie mit mir anfangen sollten. Es gelang mir dieser oder jener Trick, und sie wechselten alle Wächter. Als der Kommissar noch weitere unserer Flugblätter fand, fragte er, ob welche ins Ausland verschickt worden seien. Ich gab zu, daß es so sei. Dadurch wurden sie äußerst paranoid. Gewiß wollten sie nicht, daß etwas aus dem GUlag in den Westen gelangte, wo man auch angefangen hatte, von mir Kenntnis zu nehmen.

Andere Lager stellten auch diese Tüten her, und so mußten sie Tausende davon beschlagnahmen und verbrennen. Sie folterten mich nicht, weil Moskau aufgrund meiner Notizen schon genügend in Schwierigkeiten war. Aber die Absicht der Sowjets, die Verbreitung von irgend etwas über Christus zu unterbinden, war so groß, daß sie um diese Zeit herum in Lettland Papier, das von Baptisten verwendet wurde, mit radioaktiven Stoffen markierten, so daß sie mit Hilfe von Sensoren an Hubschraubern den Transport des Papiers in ein Gebäude auf dem Land verfolgen konnten, in dem die Baptisten Ausgaben des Neuen Testaments druckten.

Meine eigenen, kleinen Druckerzeugnisse machten die Sowjets verrückt, aber ich trieb sie so richtig zum Wahnsinn, als ich einen Redestreik begann. Das heißt, daß ich für ein volles Jahr kaum ein Wort sprach. Vom 21. Mai 1970 bis zum 21. Mai 1971 verständigte ich mich hauptsächlich nur mit Hilfe von Notizen.

Warum gebrauchte ich meine Stimmbänder nicht? Es war zugleich ein Protest als auch zum Ausdruck meiner Trauer. In der Ukraine hatte eine große Überschwemmung stattgefunden, und die Sowjets taten sehr wenig, um den Opfern zu helfen. Hunderte wurden getötet, und wenn sich eine solche Katastrophe ereignet, müßte die Sowjetunion eine nationale Trauerperiode von drei Tagen ausrufen. Aber nichts geschah in diesem Fall. So beschloß ich das auszugleichen, indem ich selber für ein Jahr trauerte. Ich trauerte auch wegen eines Erdbebens im Kaukasus.

Sie kamen aus Kiew, um mich in meinem anstehenden Fall zu verhören, aber ich weigerte mich zu sprechen. Statt dessen schrieb ich eine Protesterklärung. Sie versuchten alles, um mein Schweigen zu brechen - Schokolade, Äpfel - und als sie meine Entschlossenheit nicht zerstören konnten, schickten sie mich zurück in Isolationshaft.

Ich hatte mich an die Isolationshaft gewöhnt, selbst an die kalten Zellen in Trakt 2, aber ich wußte nicht, was mich erwartete. Es gab Gerüchte, daß sie eine neue, härtere Form der Isolationshaft entwickelt hätten, aber ich dachte, daß es nur ein Trick sei, um uns einzuschüchtern.

Dem war nicht so. Die Verwaltung des Wladimir-Zuchthauses hatte es wieder geschafft. Sie hatten eine wirklich höllische Folterung entwickelt. Im Innern des Zuchthauses, in der Tiefe des Verlieses, waren Löcher im Betonboden und aus diesen Löchern, die wohl an einen Abwasserkanal angeschlossen waren, entwich die kälteste, übelriechendste Luft, der ich jemals ausgesetzt war, welche die hohe, enge Strafzelle in ein stinkendes Sibirien verwandelte.

Man konnte die Kälte förmlich aus den Löchern entweichen sehen. In kürzester Zeit verspürte ich krampfartige Schmerzen. Was sollte ich tun? Ich begann auf der Stelle zu laufen, wodurch ich den Blutkreislauf aufrecht erhielt, aber es war nahezu unmöglich, die ekelhafte Luft zu atmen. Ich zog meinen Rock aus und bedeckte damit zwei der Löcher, zog meine Hose aus, um damit das dritte zu verdecken, und ich legte mein Unterhemd ab, um es in die vierte Öffnung zu stopfen. Auf diese Weise konnte ich es eine Weile aushalten, was die Wachen ziemlich verwirrte, die nicht sahen, was ich getan hatte. Gewöhnlich ertrug es ein Häftling darin nur zwei Stunden lang, bevor er abscheulich zu schreien begann, aber ich schien es gut auszuhalten, und wenn ich sie kommen hörte, kleidete ich mich eiligst wieder an, so daß sie nicht wußten, was ich machte. Der Herr gab mir Kraft, solche Umstände zu ertragen, aber man wurde ganz schön auf die Probe gestellt. Die Wände waren feucht und schmierig, und ich hustete einen schwarzen Schleim aus.

Die "Loch"-Behandlung wurde mir auch als eine Art von verspätetem Weihnachtsgeschenk im Dezember 1971 auferlegt. Meine Mutter hatte mich besucht, und sie hatte im Grunde versucht, mir in einer Art von Gehirnwäsche klar zu machen, daß ich meinen Glauben für mich selbst behalten sollte. Sie schlug mir vor, daß ich meine nationalistischen Tendenzen aufgeben und mich als ein orthodoxer Priester zur Ruhe setzen sollte. "Gib Deinen Nationalismus auf, schreib eine Erklärung, und in einer Woche wirst Du zu Hause sein", sagte sie. "Wir haben für dich sogar eine Frau gefunden. Du wirst in Uschgorod wohnen. Denk darüber nach!"

Ich weiß nicht warum, aber nach ihrem Besuch mußte ich zwanzig Tage in Isolationshaft verbringen. Vermutlich war es dazu gedacht, meine Entscheidung schneller herbeizuführen. In der Isolationshaft war es kalt, aber aushaltbar, weil die Zelle nahe beim Schreibtisch des Wächters war, und er fortwährend für sich selbst die Heizung hochdrehte. Jedoch nach 15 Tagen jenes idyllischen Daseins wurde ich in Raum 9 verlegt.

Innerhalb einer Stunde verspürte ich die übermäßige Kälte, die aus drei faustdicken Löchern entwich. Die Haut in meinem Gesicht wurde steif, und ich war kaum in der Lage, meine Lippen zu bewegen. Dann erhöhten sie vorübergehend die Temperatur.

Ich war von Wut erfüllt und schrie wie ein Besessener. Ich kann mich nicht mehr daran erinnern, was ich ausrief, weil in mir leidenschaftlicher Haß und Zorn aufbrauste. Ich konnte es selber nicht glauben. Ich konnte nicht glauben, daß ich solcher Gefühle fähig war. Als ein Wächter erschien, um mich zu fragen, ob ich etwas wünschte - in der Erwartung, mich darum betteln zu hören, in eine andere Zelle gebracht zu werden - antwortete ich stur, daß ich nichts von ihm nötig hätte. Bald wurde es so kalt, daß ich mich fast nicht mehr bewegen konnte.

Zur Zeit des Abendessens wurde mir eine Tasse heißen Wassers gereicht. Ich hörte, wie ein Freund von mir mit dem Aufsicht führenden Wächter stritt, und ich verlangte laut von dem Wächter mehr Wasser, damit mein Freund meine Stimme hören konnte und so wußte, daß ich mich im benachbarten Zellblock befand. "Wächter, gib mir Wasser!"

Der Wächter lief zum Fenster und zischte: "Warum schreist Du? Möchtest du noch weitere 15 Tage in Isolationshaft verbringen?"

Ich bat ihn um noch eine Tasse heißen Wassers. Er antwortete: "Auf keinen Fall." Der Wächter war ein junger Ukrainer. Die Gefangenen konnten ihn nicht ausstehen. Er schrie uns immer an: "Ich werd's euch zeigen. Ihr untergrabt die Stärke Rußlands." Die anderen Sträflinge lachten und nannten ihn einen Skinhead.

Eine Art von wahnsinnigem und wildem Gebrüll brach unter den Gefangenen aus. Es war fast wie ein Aufruhr, und bald schon kam eine Gruppe von Wächtern in die Abteilung für Isolationshaft gestürmt und begann, Häftlinge in Zwangsjacken zu stecken. Ich war von Furcht wie gelähmt und vergaß zu beten. Aber ich wurde nicht geschlagen. Kommandant Sawjalkin kam in meine Zelle. Doch man ließ mich in Ruhe. Aber die Kälte begann erneut, meiner Haut frostig zuzusetzen.

Ein wilder Zorn stieg in mir wieder auf und hielt mich davon ab, mich zu konzentrieren. Wie leicht es doch ist, einen Menschen dazu zu veranlassen, zum Tier zu werden. Ich hörte einige Geräusche, so als ob sich etwas in einer Nachbarzelle zutrug, wie auch die Stimme des Gefängnisarztes. Bald darauf kamen die Wachen mit einem hölzernen Feldbett in meine Zelle und stellten es über die Löcher, aus denen die kalte Luft entwich. Kurz darauf brachten sie einen Gefangenen, den man heftig geschlagen hatte, und legten ihn auf das Feldbett. Er stöhnte und bat um Wasser. Sie ließen mir eine Tasse heißen Wassers zurück, und der diensthabende Wächter sagte: "Du, Maler, kümmerst dich um ihn! Sollte etwas geschehen, klopfst du an die Tür!"

Wir beide blieben allein zurück. Ich trank einen Schluck von den heißen Wasser, was ein Ärgernis war, weil es sein Wasser war. Ich war froh, daß sie die Löcher mit dem Feldbett zugedeckt hatten, und begann zu beten. Aber meine Gebete waren steif, und ich konnte mich immer noch nicht konzentrieren. Ich schlummerte, so gut ich konnte, aber ich bemerkte bald, daß mein neuer Mithäftling nicht das geringste Geräusch von sich abgab. Ich fürchtete, daß er tot sei. Langsam stand ich auf und ging zu ihm. Er war so kalt wie Eis. Ich begann auf die Tür einzuschlagen. Der Wächter kam und fragte mich, was ich brauchte. Ich sagte ihm, daß mein Nachbar sich nicht mehr bewege.

Die Tür öffnete sich, und der Kommandant kam zusammen mit dem Arzt hereingestürmt, der den Puls des Mannes abtastete und seine Augenlider öffnete. "Er ist bereit", war der einzige Kommentar, und sie trugen die Leiche weg.

Am nächsten Tag brachten sie mich aus dem Isolationsblock und wiesen mich in Zelle Nummer 12, im ersten Block, ein. Ich entfernte das Wasser aus der Toilette und sprach mit meinem Freund durch die Rohre. Wir wurden dabei ertappt, und in derselben Nacht fand ich mich in Isolationshaft für erneute zehn Tage wieder.

Auf vielerlei Weise versuchten sie, unseren Willen zu brechen. Dort und anderswo gaben sie uns nichts zu trinken. Sie steckten mich in eine Zelle, die so klein war, daß ich meine Knie gegen die Wand eingeklemmt hatte, wenn ich mich auf einen Schemel setzte. Man wurde dreißig Tage lang unter derartigen Umständen in Isolation gehalten, was zu heftiger Platzangst führte. Bei anderer Gelegenheit wurde ich mit mutlosen Häftlingen umgeben, die zur Exekution vorgesehen waren. Meine Gebete und meine Eltern waren das einzige, was mir das Leben erhalten hatte. Bisher hätte ich schon fünfmal den Tod durch Exekution erleiden sollen. Aber die Jungfrau hielt ein wachendes Auge auf mich, und meine Eltern, trotz ihrer Verlegenheit, gaben im Hintergrund ein kleines Vermögen aus, um den Tod von mir fernzuhalten.

Ich schätzte ihre Anstrengungen, aber mein ganzes Sein war dazu da, Protest zu sein. Ich weigerte mich, mich in das kommunistische System einzufügen. Es gelang mir, Kontakte zur Untergrundkirche aufrechtzuerhalten, und in meiner Bereitschaft schlechthin, den Aufenthalt im Gefängnis zu ertragen, lag eine große Kraft. Es gab meinen Botschaften an die Kirche einen bedeutungsvollen und aufmunternden Charakter.

Ich hatte im Gefängnis nicht die Möglichkeit, in geordneter Weise zu studieren, aber ich verschlang alle Bücher, die ich erhalten konnte, und studierte auf diese Weise Physik, Chemie und sonst alles mögliche. Und dann gab es noch meine eigenen "Bücher". Erneut gab Gott mir die Gelegenheit, selbst im Gefängnis meine Literatur zu drucken. Im Wladimir-Zuchthaus veröffentlichte ich mehrere Broschüren, indem ich die Glasplattenmethode verwendete - wobei ich Druckerschwärze aus verbranntem Schuhgummi herstellte, welches mit Zucker- und Brotpaste vermischt war. Eine der Veröffentlichungen war Der Triumph Satans von Sinowi Krasiwski. Wir machten davon vier Exemplare. Es enthielt selbst Illustrationen. Dann gab es auch noch eine Sammlung meiner eigenen Gedichte, die Hirkoti genannt wurde (was soviel wie "Gift" bedeutet). Es war den Behörden unerklärlich, auf welche Weise solche Untergrundliteratur ihren Weg in das Wladimir-Zuchthaus gefunden hatte.

Sie begannen das gesamte Zuchthaus zu durchsuchen. Zur gleichen Zeit gab ich auch einen Aufsatz unter dem Titel "Briefe der Muttergottes an das ukrainische Volk" heraus. Der KGB wußte, daß ich dahintersteckte, aber konnte es nicht beweisen.

Einige von jenen, die halfen, meine Briefe herauszuschmuggeln, waren Wächter, die Sympathien für unsere Sache entwickelt oder sich bekehrt hatten. Die Macht Gottes setzt sich in den härtesten, widrigsten Umständen durch. Es ist das eine lustige Sache mit Wächtern und Gefangenen: Sie entwickeln oft eine wechselseitige, psychologische Abhängigkeit voneinander und ein gegenseitiges Einfühlungsvermögen füreinander aufgrund der Vertrautheit miteinander, und weil beide wirklich eingeschlossen sind. Es findet eine Angleichung der Charaktere statt. Leider entwickeln andere Wächter hingegen eine Abneigung gegen Häftlinge und praktizieren Sadismus.

So stellte sich das Leben im Waldimir-Zuchthaus dar, während draußen, unten in der Ukraine, die katholische Kirche des östlichen Ritus offiziell ausgelöscht worden war. Jetzt konzentrierten sich die Kommunisten auf die Evangelischen und Baptisten. Lutherische

Prediger wie S. Ostapowitsch befanden sich im Exil in Sibirien, und obwohl Konfessionen wie die Siebenten-Tags-Adventisten vom Staat offiziell anerkannt waren, wurden sie trotzdem sowjetischer Folter ausgesetzt. Zeugen Jehovas wurden auch strengstens verfolgt. Auch wurden geheime jüdische religiöse Gruppen verfolgt wie die Juden, die das Land zu verlassen versuchten.

Am 11. Februar 1972 begannen die Verhöre hinsichtlich meiner Artikel, Gedichte und anderer Veröffentlichungen. Meine Verhaftung erfolgte nach Artikel 70 und 72; sie wurden mir von Major Jewsejew, einem KGB-Agenten, und dem Prokurator vorgelesen.

Zuerst befand ich mich in Zelle Nummer 20, auf dem dritten Stock des vierten Blocks, aber dann, am 12. Februar, nach der offiziellen Verhaftung, verlegten sie mich auf Zelle Nummer 21, in Trakt 2, zurück, derselben Zelle, in der mir die Jungfrau 1970 erschienen war. Diesmal versprach dieser Eisklumpen von einer Zelle, meine Endstation zu sein. Die Sowjets würden mich töten, ohne äußere Zeichen der Gewaltanwendung zu hinterlassen. Wenn man jemanden erfrieren läßt, kann niemand beweisen, daß der Häftling absichtlich getötet wurde. Auf diese Weise vermieden sie die rechtlichen Angelegenheiten, die sich aus einer formalen Exekution ergeben, sowie die politischen Rückwirkungen in der Außenwelt.

Die Zelle Nummer 21 hatte man in einen wahren Eisschrank verwandelt. Es war mitten im Winter, und sie leiteten Kaltluft in die Zelle ein. Die Wände waren mit einer solch dicken Eisschicht bedeckt, daß man einen Ring erzeugen konnte, wenn man mit einem Gegenstand darauf einklopfte. Sie entledigten mich meiner Winterkleidung und ließen mich in meinem leichten Hemd zurück. Innerhalb einer halben Stunde verspürte ich, wie meine Kiefer zusammenfroren. Ich konnte sie nicht bewegen. Und selbst in meinen Haarwurzeln fühlte ich Schmerzen.

Mein Geist funktionierte. Ich war mir dessen bewußt, daß ich fror, und ich sammelte meine Kräfte. Ich kletterte am Gitter der Zellentür hoch, um meinen Kopf an der Glühbirne in der Decke zu wärmen.

Der diensthabende Wächter schaute durch das Guckloch herein, erkannte dies und schaltete das Licht aus. Ich setzte mich auf mein Bett und fror. Da war eine alte Steppdecke, durch die man durchsehen konnte, und in die wickelte ich mich ein, um das bißchen Wohlgefühl, das sie mir noch geben konnte, etwas zu verlängern. Zu schwach, legte ich mich schließlich hin, betete und erwartete mein Schicksal. Innerhalb der nächsten zehn Minuten bewegten sich meine Lippen nicht mehr, und meine Augenlider fühlten sich an, als ob sie auch zugefroren wären. Mein Kopf, meine Augen, mei-

## Die Rückkehr Mariens

ne Schläfen, meine Kinnbacken schienen zu zerreißen. Ich konnte noch denken, aber ich konnte meine Glieder nicht mehr bewegen. Ich war dabei zu erfrieren.

Es war zu jenem Zeitpunkt, als ich mir eines intensiven Lichtblitzes, der durch den Raum ging, bewußt wurde. Es war ein sehr starkes Licht, und es kam mir vor, als hörte ich jemanden durch die Zelle gehen. Meine Augenlider waren verklammert. Es war mir unmöglich zu sagen, wer es war. Was geschah, ist mir unerklärlich - wie ich da mit geschlossenen Augen lag in einem Zustand, der sich völliger Lähmung näherte -, aber irgendwie wurde ich mir dessen bewußt, daß der Raum erleuchtet war. Und es fühlte sich an, als ob die Zelle sich erwärmte. Auf meinen Augenlidern verspürte ich die Hand einer Frau, und ich roch den sanften, reinen Duft von Milch.

Als die Hand abhob, war ich in der Lage, meine Augen zu öffnen. Dort, vor meinen Augen, war die Jungfrau, die ich vor genau zwei Jahren in derselben Zelle gesehen hatte. *"Du hast mich gerufen"*, sagte sie, *"und ich bin gekommen."*

## 12. Kapitel

# RUSSLAND IN FLAMMEN

Weil ich nahezu bewußtlos gewesen war, wunderte ich mich, ob ich einer Sinnestäuschung ausgesetzt war. Ich wußte, daß Leute sich oft einbilden, nicht vorhandene Dinge zu sehen und zu hören, wenn sie kurz davor sind zu erfrieren. Aber der Anblick war zu außergewöhnlich. Dort war sie direkt neben mir. Diesmal trug Unsere Selige Mutter ein mit vielen Falten ausgestattetes, dunkelblaues Kleid und ein mit Fransen versehenes Kopftuch, wie es die karpatischen Bergfrauen tragen. Statt der kühlen Sommerkleidung hatte sie einen altmodischen Kirchenschleier an.

In jeglicher anderer Hinsicht sah sie genauso aus wie im Jahre 1970, dasselbe junge, in überwältigender Weise angenehme Gesicht.

Es war nicht wie in den Träumen und Visionen. Es war eine Erscheinung. Ich sah sie mit meinen körperlichen Augen, und ich hörte ihre liebliche Stimme mit meinem Trommelfell.

*"Du glaubst nicht, daß ich es bin"*, sagte sie mit jener sanften, schönen Stimme. *"Aber ich bin es. Du hast nach mir in deinen täglichen Gebeten gerufen und ich bin zu dir gekommen."*

Ich versuche mein Bestes, um mich an die genauen Worte zu erinnern. Es mag sein, daß ich mich in der Reihenfolge täusche, aber ich gebe Ihnen den wesentlichen Inhalt der Erscheinung wieder. Lassen Sie es mich wiederholen, daß ich manchmal gewisse Einzelheiten dieser Erscheinung mit denen der vorherigen verwechsle. Zwei Jahrzehnte sind vergangen, seit sie sich ereigneten. Ich erinnere mich, daß ich sehr ruhig blieb. In der Zelle wurde es beständig wärmer. Erneut war sie von derselben riesigen Lichtaura umgeben, welche auch mich umhüllte. Mein Körper begann sich anzufühlen, als wenn ich mich vor einem Ofen befände.

Mein ganzer Körper war heiß - mein Gesicht war heiß, meine Handflächen waren heiß. Mir kam es so vor, als spräche ich mit ihr, genauso wie ich hier jetzt sitze und mit meinem Dolmetscher und meinem Mitautor rede. Gerade so, wie ich mit Ihnen sprechen würde. Der einzige Unterschied ist, daß ich eine gewaltige Gefühlsverbesserung verspürte. Ich war aufgeregt, als wenn ich Lampenfieber hätte. Ich kann immer noch dieselben Empfindungen verspüren, ich kann immer noch jede Einzelheit von ihr in meiner Vorstellung wieder erkennen, selbst bis auf die Wimpern.

*"Du wirst das Gefängnis so bald noch nicht verlassen"*, informierte sie mich. *"Du hast erst die Hälfte hinter dir, aber sorge dich nicht, weil ich immer bei dir sein werde. Vor dir liegen noch viele Jahre der Haft und des Leidens. Jener Weg, von dem ich zu dir sprach, fängt jetzt an. Laß dich dadurch nicht beunruhigen. Du wirst nicht nach Hause entlassen werden. Du wirst zu diesem Zeitpunkt nicht entlassen werden."*

Ich konnte es immer noch nicht glauben. Es war meinem Verstand unmöglich, es zu akzeptieren. Die Jungfrau Maria war dort in der Fülle ihres Seins. Sie war weder ein Hologramm noch ein luftiges Gespenst. Ich streckte meine Hand aus und tatsächlich berührte ich sie. Sie fühlte sich normal an; es war dort ein fester Körper. Ich hatte keine Halluzination. In der rechten Hand hielt sie wieder ihren Rosenkranz. Sie lächelte und sagte: *"Warum glaubst du nicht? Ich bin es."*

Während der nächsten zwei Stunden starrte ich sie an, betete und hörte der Muttergottes zu, wie sie mich tröstete und unterrichtete. Sie sagte, daß mir kein Schaden widerfahren würde, obwohl ich erst die Hälfte meiner Zeit im Gefängnis zurückgelegt hätte und daß gewisse Situationen schmerzhaft und unsicher sein würden. Sie begann Ereignisse in meinem persönlichen Leben vorauszusagen, Begebenheiten, die in der Zwischenzeit bis ins kleinste Detail eingetroffen sind. Sie sagte, daß ich im April 1976 (sie gab kein genaues Datum an) aus der Haft entlassen würde, aber daß es offensichtlich sei, daß ich nach meiner Entlassung verfolgt, wieder verhaftet und ins Gefängnis eingewiesen würde.

Sie gab mir auch Voraussagen über die ganze Menschheit. Sie öffnete mir prophetische Visionen. Die Wand schmolz, und statt der Erfrierungszelle sah ich, wie vor meinen Augen gewaltige, lebensechte Bilder Gestalt annahmen. Während solche Visionen im Jahre 1970 in Nebel gehüllt waren, waren sie diesmal so klar und wirklich wie jede andere Sache, die man mit den Augen betrachten kann. Diese Gesichter, die mir gezeigt wurden, waren nicht wie etwas, was man am Fernsehen sieht, sondern statt dessen waren sie in voller Größe und ereigneten sich vor mir.

*"Jetzt, schau hin!"* waren ihre Worte, wobei sie ihren linken Arm ausstreckte.

Ich sah eine Landkarte und Teile darauf brannten. Rußland. Überall in Rußland brachen Feuer aus. Nachbarländer waren auch darin verwickelt. In verschiedenen Teilen der Erde sah ich Flammen. Das sei es, was geschehen könnte, wenn die Menschheit nicht zu ihrem Sohn zurückkehre. Ich sah ganze Landschaften. Ich sah einen Fluß, den ich erkannte, den Amur. Ich weiß nicht, wie ich erkannte, daß es jener Fluß war. Ich sah dort viele Inseln. Auf sowjetischer Seite sah ich Panzer - aber nicht sowjetische Panzer - und eine Stadt, die in Flammen stand. Sibirien stand bis zum Ural in Flammen. Ich sah Moskau, und die Leute dort hatten Gesichter, die verdreht und entstellt waren. Moskau war dabei abzusinken, und in der ganzen Stadt liefen seltsame Geschöpfe in den Straßen herum. Ihre Gesichter waren wie die von Ratten, und ihre Schwänze waren lang und dick mit schuppiger Haut und Haaren, die wie Nägel hervorstanden. Sie waren so groß wie Hunde, und wer von den Geschöpfen bespuckt wurde, fiel zu Boden, als ob er vergiftet worden wäre. Moskau war von gewaltiger Furcht erfüllt, und die Stadt versank in der Erde. Ich sah Hügel, Wälder, Städte, Mauern. Die ganze Gegend stand in Flammen. Und jene Explosionen, die stattfanden . . .

Es ist schwer, Voraussagen auszulegen, und sie sind nicht immer unabänderlich, als wären sie in Beton gegossen. Handelte es sich um Bürgerkrieg, oder war es ein Krieg mit einer fremden Macht? Das einzige, was ich verstand, war, daß es sich um Krieg handelte und daß dieser Krieg gegen ein Land ausgetragen wurde - China. Die Panzer waren chinesische Panzer. Dieser Krieg ist unvermeidlich, und ich hatte das Gefühl, als ob sich dieser Krieg vor dem Jahre 2000 ereignen würde. Sollte es so eintreten, so wird dieser Krieg eine Warnung an das ganze Gottesvolk sein. Die Jungfrau sprach nicht, aber ich verstand die Bedeutung einiger Begebenheiten. Es machte einen solch deutlichen Eindruck auf mich, daß ich es malen könnte. Und obwohl das meiste davon Feuer und Rauch war, endete es mit einem Tag voller Sonne.

*"Die Ukrainer sollten auch bereuen"*, sagte die Jungfrau. *"Ihr seid ein unglückliches Volk, weil ihr einander so wenig liebt. Ihr habt eure besseren Kräfte darauf ausgerichtet, gottlose Ziele zu erreichen. Gott bestraft eine Nation, wie er Kain für den Mord an Abel bestrafte."*

Dann sah ich mich selbst inmitten meiner Leute im Dorf Sarwanizja, und ich sah mich unter den Völkern aus anderen Nationen. Ich wurde verfolgt. Ich sah einen König mit einem Zepter in seiner Hand. Er trug eine Krone und saß auf einem Thron. Der König trug ein weißes Gewand, das purpurn bestickt war. Ich dachte bei mir, das ist ein Märchenbild, eine Fata Morgana. Aber als ich das dachte, hörte ich erneut die Stimme der Jungfrau, die mit ihrer Botschaft fortfuhr:

*"Du mußt dem Weg folgen, der für dich festgelegt ist. Es soll viele Bauleute geben, aber viele sind ohne meinen Sohn und ohne Seine Liebe. Es wird viele geben, die in Seinem Namen auftreten, um sich selbst herauszustellen. Aber fürchte dich nicht. Sie sind nicht die Bauleute. Die Bauleute sind die, die meinem Sohn demütig ergeben sind. Ohne Liebe und ohne Glauben können sich die Menschen ihre eigenen Wünsche erfüllen, aber nicht das, was vom Herrn Jesus Christus, meinem Sohn, vorausgesagt worden ist. Ich werde immer bei dir sein. Bete und arbeite für die Bekehrung Rußlands zu Christus, dem König. Verliere nicht das Vertrauen. Die Welt ist kalt und geistlos, wie es in der Zeit vor der Sintflut war."* Und die Frau fuhr fort, davon zu sprechen, was stattfinden würde.

Sie bat uns, zu bereuen und uns zu läutern. Sie bat uns, wachsame Gewissen zu entwickeln. Sie bat uns, die Morde an unseren Brüdern zu bereuen. Dies sind alles grundsätzliche Aufgaben, und die Alternative zu ihrer Verwirklichung ist in klarster Weise eine Zukunft, die sich keiner wünscht.

Nach einer langen Weile verschwand die Muttergottes in einem erneuten, machtvollen Lichtblitz. Der bezaubernde Duft von frischer Milch blieb zurück. Er verweilte selbst nach ihrem Fortgehen. Jahre nachdem ich aus der Haft entlassen worden war, erzählte ich einem Arzt von dieser Erscheinungserfahrung und fragte ihn, was er davon halte, warum die Jungfrau einen solchen Duft verbreitete. Der Arzt sagte mir, ich möge mich an meine Kindheit erinnern und an die liebsten Erinnerungen im Zusammenhang mit meiner Großmutter denken. Ich tat so und erinnerte mich an einen Ostersonntag, als ich im zweiten Schuljahr war - einen sehr glücklichen Tag, ein schönes und freudiges Osterfest. Ich war nach Hause gekommen, und meine Großmutter war dabei, für das Osterfrühstück den Tisch zu decken. Sie streichelte mein Haar, und ihre Hand roch nach Milch, da sie gerade die Kuh gemolken hatte. Der Arzt, der ein guter Freund von mir war, erklärte, daß, selbst wenn ich es damals noch nicht wahrgenommen hätte, das Streicheln meiner Großmutter in Wirklichkeit die erste Liebkosung Gottes war.

Der Arzt fuhr mit seiner Befragung fort und wollte wissen, was ich roch, als ich die Flammen während der Erscheinung gesehen hatte. Es war nicht der Geruch von Rauch, so wie ich mich erinnere, son-

dern eher wie modriges Gras oder verwesende Pilze. Der Arzt meinte, das klinge wie der Geruch, den er empfinde, wenn er bei Autopsien Kadaver aufschneide.
Es war der Geruch des Todes.

Nachdem die Selige Jungfrau am 12. Februar 1972 entschwunden war, zog ich mein Hemd aus und begann in der Zelle umherzugehen. So warm war es. Ich schwitzte. Ich hörte das Geräusch von Stiefeln, wie die Wächter den Flur auf- und abliefen. Scheinbar hatten sie etwas von dem Lichtblitz gesehen, und sie dachten, daß es sich vielleicht um ein Feuer handele. Eine Sirene heulte auf.

Sie fingen an, das kleine Guckloch in der Tür zu öffnen, und Leute betrachteten mich. Nach einer halben Stunde kam der KGB und die Gefängnishierarchie mit dem Arzt in meine Zelle. Sie konnten es nicht fassen, daß ich noch lebte. Sie konnten es nicht glauben, daß ich dort ohne mein Hemd stehen konnte. Sie waren, mit sehr warmen Mänteln und Pelzmützen bekleidet, hereingestürmt. Man konnte ihren Atem sehen. Sie tasteten meine Hände ab und untersuchten mich. Der Leiter der Gefängnisverwaltung erschien, sein Gesicht in wildem Haß verzerrt. Sie fragten mich, was ich in Brand gesetzt hätte. "Da ist doch kein Rauch", machte ich ihnen klar. "Was verlangen Sie von mir?"

"Was haben Sie gemacht?" wollten sie wissen. "Sind Sie umhergegangen? Haben Sie gebetet?"

"Die Muttergottes hat mich besucht, und nichts ist mir geschehen", antwortete ich.

Während der ersten Untersuchung und in den darauffolgenden Tagen versuchten der KGB, die Gefängnisverwaltung, die medizinischen Experten, Psychiater vom Serbski-Institut für Gerichtspsychiatrie in Moskau eingeschlossen, zu verstehen, was geschehen war. Ein Arzt gab den Kommentar, daß ich meinen Verstand verloren haben müßte. Die übergeordneten Behörden, General Sawjalkin und Oberst Sotow, versuchten erst gar nicht die Tatsache zu verheimlichen, daß man mich in die Erfrierungszelle eingewiesen hatte, damit ich dort sterbe. Sie waren außer sich. Sie konnten nicht begreifen, wie ich umhergehen konnte und wie sich meine Haut erwärmt haben könnte. Sie bildeten eine Kommission, an der sich auch Psychologen und Physiker beteiligten.

Sie transportierten mich zwischen den Büros im Wladimir-Zuchthaus und in Moskau hin und her, wo ich 1972 meine Zeit am Serbski-Institut und in Gefängnissen wie Lubjanka, Butirka und vor allem der Hauptuntersuchungshaftanstalt des KGB, Lefortowo, verbrachte. In der UdSSR sind diese Gefängnisse genau so berüchtigt wie Attica und Die Gräber (The Tombs) in Amerika. Vor allem bekannt ist Lubjanka. Es heißt, daß der bloße Name den Durchschnittsrussen zum Zittern bringt. In der Stalinzeit war es nicht nur ein Folterzentrum, sondern auch - sollte es jemand überleben - das Eingangstor nach Sibirien. Es liegt in demselben Komplex wie das KGB-Hauptquartier am Dserschinski-Platz - ein paar Straßenzüge vom Kreml entfernt. Und Hunderte von berühmten Männern der Sowjetgeschichte, darunter mehrere diskreditierte Leiter des Sicherheitsdienstes, erlitten ihr Schicksal in Lubjanka, indem sie in die Exekutionskammern getrieben wurden.

Und doch genoß ich meine Besuche in Lubjanka nahezu, welches eine Art von Verhör- und Untersuchungszentrum war. Zum einen gab es besseres Essen in Lubjanka als in den anderen Haftanstalten, und ohnehin hatte ich mich fast an die Grausamkeiten gewöhnt. So schrecklich waren einige der Folterungen in den Lagern, daß im Jahre 1966 ein junger Mann versuchte, dem ein Ende zu machen, indem er eine Glühbirne verschluckte. Was konnten wir tun, außer das Vater-Unser zu beten, während die Evangelisten Psalmen sangen.

So war Lubjanka nichts Besonderes, und ich wurde dort auch nur zum Verhör hingeschickt. Meine Besuche dauerten jeweils nur ein paar Stunden und höchstens ein paar Tage. Neben dem besseren Essen war es auch eine schöne Fahrt dorthin. Sie sprachen fünfzehn bis zwanzig Minuten mit mir, und dann erhielt ich mein Mittagessen. Etwas mehr Zeit verbrachte ich in Lefortowo, wo ich im Juni 1972 ankam. Es war ein normales Höllenloch mit denselben trüben Mauern und düsteren Asphaltböden und den Gefangenen, deren Augen in einem unmenschlichen Blick erstarrt waren.

Die Behörden setzten ihren neuen Fall gegen mich auf, und alles, was mir in der Erscheinung vorausgesagt wurde, begann sich zu erfüllen. Sie schickten mich von einem Arzt zum anderen. Es war eine starke Verfolgung. Oft mußte ich ganz allein sein, und selbst die Wächter durften nicht mit mir reden. Major Winogradow hatte die Untersuchung der Justiz begonnen, und sie machten mir klar, daß sie mich nach allem, was passiert war, nicht freilassen konnten. Ich fragte sie: "Warum lassen Sie mich nicht frei, wenn meine Strafzeit beendet ist?" "O", sagten sie, "Sie haben sich in der Haft nicht anständig benommen, und wir eröffnen gegen Sie ein weiteres Verfahren." Ich hörte, wie Winogradow sagte: "Wenn wir ihn freilassen, werden es alle Fanatiker wissen. Die Katholiken werden zu ihm aufschauen. Sie werden einen Heiligen aus ihm machen."

Eine der "Experten", die sich mit meinem Fall befaßte, Jelena Butowa, eine namhafte Gefängnisärztin, die ebenso als eine lesbische

Sadistin bekannt war, hatte sofort erklärt, daß das, was mir widerfahren sei, durch mich selbst herbeigeführt wurde. "Terelja hat Yoga praktiziert, und er hat sich selbst in einen solchen Zustand gebracht", sagte sie, womit sie die unbegreifliche Wärme in der Erfrierungszelle in der Nacht der Erscheinung zu erklären versuchte.

Yoga! Sie suchten vergeblich nach Erklärungen. Ich sagte ihnen, daß die Muttergottes mich besuchte, und daß die Gottesmutter mich errettet habe. Die Gefängnisärzte bestanden darauf, daß ich mich in einer durch Yoga herbeigeführten Trance befunden habe. Sie verlangten von mir, daß ich ihnen die Meditationstechnik verrate sowie die Psychodynamik, die ich benutzt hätte.

"Die Muttergottes besuchte mich, und es wird einen Krieg geben", beharrte ich gegenüber mehreren Befragern. "Vor dem Jahr 2000 wird Rußland in einen Krieg verwickelt sein. Zwölf Jahre lang wird dieser schrecklich feurige Krieg dauern. Viele werden sterben."

Sie fragten mich, gegen wen der Krieg geführt werde.

Ich erzählte ihnen von meinem Eindruck, daß es China sein könnte. "Aber noch vor diesem Ereignis", fügte ich hinzu, "wird es *bedeutende* Änderungen in Ihrem Land geben."

Sie notierten diese Dinge höhnisch und ungläubig am Rande. Wie kann ein Atheist einen außerweltlichen Besuch akzeptieren? Bloß der Gedanke daran versetzt Wissenschaftler und jene anderen in Wut - sowohl im Osten wie im Westen - deren gesamtes Gedankensystem begrenzt und materialistisch ist, eingeschränkt auf die körperlichen Sinnesorgane. Es erzürnt besonders jene, deren Gedanken und Handlungen - deren Muster von intellektuellem Bösen - nach der falschen Idee geformt wurde, daß es keine ewige Bestrafung gebe. Ein atheistischer Wissenschaftler unterscheidet sich in keiner Weise von einem eingefleischten Kommunisten. Tatsächlich war der Vorstoß, Religion durch Wissenschaft zu ersetzen, der einzig größte Vorstoß des Totalitarismus. Das Mikroskop wurde zur Bibel, die Kosmonauten wurden zu Heiligen, und die Institute für Mathematik und Psychologie wurden die neuen Kathedralen. Priester und Bischöfe wurden durch Physiker ersetzt. Der Beichtstuhl wurde gegen das Büro eines gottlosen Psychiaters ausgetauscht.

Diese Ärzte und Psychologen bestanden darauf, daß ich mich über sie lustig mache. Nein, versicherte ich ihnen ohne Furcht, dem sei nicht so. Die Jungfrau Maria rettete mich und erwärmte die Erfrierungszelle.

Es war dort auch eine junge Psychiaterin, die Stella hieß, und sie war die einzige, die mir glaubte. Heute ist sie eine fromme Katholikin. Aber die anderen waren nicht nahezu so aufgeschlossen. Und neben allen anderen Dingen hatten sie einfach Angst.

Ich betete und glaubte, was mir die Jungfrau gesagt hatte, trotz der Ereignisse, die ihr zu widersprechen *schienen*. Während mir Unsere Selige Mutter mitgeteilt hatte, daß ich im April 1976 freigelassen würde, hängten die Behörden weitere 15 Jahre an meine schon bestehende Haftstrafe, was soviel bedeutete, daß ich nicht vor 1999 entlassen werden könnte, wenn man die 15 Jahre zu der noch ausstehenden Strafe hinzurechnete. Ich verhielt mich schweigend und sprach nicht mit meinen Bewachern. Manchmal zogen sich die Verhöre sechs Stunden am Tag hin. In Lefortowo sagte ich nicht ein Wort - nicht einmal "Guten Tag" noch "Auf Wiedersehen", nichts. Ich ging zurück in meine Zelle, fiel auf die Knie und betete. Sie schrieben mir ihre Fragen auf, und ich antwortete nicht mit einem Wort. Generalmajor Bokow vom KGB sagte, daß ich im psychiatrischen Sinne abnormal sei und daß es keinen Sinn habe zu versuchen, mit mir zu sprechen. Die Strafverfolgung wurde von Hauptmann Pleschkow geleitet, der auch dem KGB angehörte. Sie wollten mich aus dem politischen Feld entfernen und mich loswerden.

Ich verbrachte eine lange Zeit in dem psychiatrischen Institut, das für seine gefälschten Diagnosen und seine Drogen-"Therapien" bekannt war. Am 5. Juli wurde ich dorthin gebracht. Der Chefpsychiater, in meinem Fall, war der KGB-General Daniil Lunz. Er leitete eine besondere Diagnoseabteilung, die Menschen mit gesundem Menschenverstand, aber oppositionellen, politischen und religiösen Ansichten zu Kranken erklärte, die an paranoider Schizophrenie litten. Lunz sagte: "Gut, Terelja, wir wissen, daß du ein gläubiger Fanatiker bist, aber wir wollen wissen, welches System du angewendet hast, um die Erfrierungskälte zu überwinden. Steh zu dem Yogasystem, das du benützt hast, um dein Erfrieren zu verhindern."

"Ich sage Ihnen, was ich gesehen habe", beharrte ich. "Ich werde nicht zu lügen anfangen, nur um Ihnen gefällig zu sein."

So begannen meine fortwährenden Untersuchungen am Serbski-Institut. Neben Lunz erinnere ich mich noch an andere, die mich untersuchten, wie Margareta Talze, Adalbert Fokin und das Akademiemitglied Snischnewski. "Sag es uns! Warum bist du so stur?" wollte Talze wissen. "Leugne, daß du die Muttergottes gesehen hast, und du kannst morgen nach Hause gehen. Wir müssen Experimente durchführen, um zu sehen, was wir mit dir machen sollen. Du mußt mit uns zusammenarbeiten."

Die Ärzte sagten, daß sie an mir als einer Fallstudie interessiert seien. Ich erinnere mich, daß Margareta mich fragte, wie ein junger Mann wie ich, der in guten sowjetischen Schulen erzogen wurde, an Gott glauben könne, und darüber hinaus, wie ich so dumm sein kön-

ne, an die jungfräuliche Empfängnis zu glauben. "Hast du in der Schule keinen Biologieunterricht gehabt?" fragte sie.
"Doch."
"Weißt du, wie Zellen geformt werden? Weißt du, was Samen und Eizelle sind? Leugnest du, daß ein Kind im Leib seiner Mutter empfangen wird?"
"Nein, ich leugne das nicht", erwiderte ich. "Das ist, wie Menschen geboren werden. Aber Gott wurde nicht auf diese Weise geboren. Er ist kein gewöhnlicher Mensch."
Manchmal, wenn sie in ihren Fragen verharrte, wurde ich verärgert. "Sie sind schrecklich, Sie sind häßlich", schrie ich Margareta an. "Der KGB soll mich wegbringen. Sie sind ein Anhänger des Satans."
"Wir wollen uns über religiöse Themen weiter unterhalten", sagte Dr. Lunz bei anderer Gelegenheit. "Warum glauben Sie an Gott?"
"Ich lasse mich nicht auf Babylonier ein", erwiderte ich und weigerte mich, ihm zu antworten.
Er sagte: "Wir wissen, daß Sie ein intelligenter Mensch sind, und wir möchten dies auch beweisen. Glauben Sie wirklich, daß eine Frau ohne einen Mann ein Kind empfangen kann?"
"Das ist eine verbindliche Lehre unseres Glaubens. Ich will zu diesem Thema nicht sprechen, weil es meine religiösen Überzeugungen verletzt."
"Sie glauben das?
"Ich bin völlig davon überzeugt", sagte ich. "Ich selbst kann eine Frau aus der Ferne schwängern."
Die Behauptung über die Schwängerung war ein Trick von mir. Nicht nur verteidigte ich meinen Glauben, sondern ich strebte auch danach, als schizophren diagnostiziert zu werden. Ich *wollte* für verrückt erklärt werden. Und so gab ich ihnen einen Grund zu denken, daß ich irrsinnig sei. Ich hatte mich dazu entschieden, daß es in einer psychiatrischen Anstalt besser sei, als in die Lager oder Gefängnisse zurückzugehen. Obwohl Orte wie das Serbski-Institut auch für Folterungen bekannt waren - sie steckten Insassen in nasse Zwangsjacken, die zusammenschrumpften, wenn sie trockneten und dadurch die sturen "Patienten" nahezu zu Tode quetschten - bestand doch die Wahrscheinlichkeit, daß meinem Leben ein Ende bereitet würde, sollte ich ins Gefängnis zurückkehren. Ich wurde nach den Paragraphen 70 und 72 des Strafgesetzbuches verurteilt. Paragraph 70 klagte mich wegen antisowjetischer Aufwiegelung und Propaganda an, aber schlimmer war Paragraph 72, der von der Errichtung und Betreibung subversiver Organisationen handelte. Darauf stand die Todesstrafe.

Ich verhielt mich normal während der Verhöre, aber von Zeit zu Zeit äußerte ich Sätze, die sie zur Vermutung führen sollten, daß ich nicht normal sei. Ich schrie die Ärzte an. Ich täuschte vor, daß ich unter einem Verfolgungswahn litt. Ich kritisierte Margaretas Aussehen. Ich war so unverschämt, ihre Kugelschreiber zu stehlen und zu behaupten, daß sie mir gehörten. Indem ich mit ihrer Besessenheit über meinen Glauben an die jungfräuliche Empfängnis spielte, fuhr ich fort vorzugeben, daß ich selbst jemand aus einer Entfernung schwängern könne. Ich behauptete, der Sohn eines tausendjährigen Prinzen und der intelligenteste Mensch in der Sowjetunion zu sein.

Einmal wurde ich vor eine riesige Versammlung von Ärzten aus dem Ostblock gestellt und gebeten, meine Behauptung zu wiederholen, Frauen aus der Entfernung schwängern zu können. Lunz machte die Einführung zu dieser Darstellung. Es war dazu da, mich einer Lüge zu überführen. Ich behielt die Scharade bei. "Ich werde dies beweisen", sagte ich vor der Versammlung auf der Bühne. "Ich werde von hier aus Frauen schwanger machen. Ich bitte alle, die Jungfrauen sind, aufzustehen." Ich wußte, daß sich nicht eine Jungfrau im Publikum befand. Jene Ärzte verhielten sich nicht sehr moralisch. Sie brachen in Gelächter und Applaus aus.

Obwohl die Ärzte am Serbski-Institut vermuteten, daß ich den Wahnsinn nur vortäuschte, fanden sie die Idee, aus der Entfernung jemanden schwanger machen zu können, so bizarr, daß ich tatsächlich meinen Verstand verloren haben müßte. Es war nur der Gnade Gottes und dem Versprechen der Gottesmutter, daß sie auf mich achtgeben würde, zu verdanken, daß ich jene Zeitspanne erfolgreich überstand und die Todesstrafe vermied.

Selbst im Serbski-Institut gelang es mir, Informationen an die Außenwelt weiterzureichen, und in gewisser Weise war das Leben dort und in den folgenden Irrenanstalten relativ angenehm. Das Essen war sicherlich wesentlich besser. Im Januar 1973 wurde ich nach Sitschowka gebracht, einem psychiatrischen Konzentrationslager in der Gegend von Smolensk. Mein Gesundheitszustand war nicht vom besten - meine Leber und mein Magen machten mir Kummer - und ich litt unter den Schlägen der Krankenpfleger, die mich einmal zwei Monate lang an mein Bett fesselten. Ich litt auch darunter, daß ich die Gewalttätigkeiten und Morde der Mafiosi mitansehen mußte, die sich durch Schmiergelder den Zugang zum Gefängnis verschafft hatten. Aber es war mir gestattet, Pakete von meiner Freundin Olena zu erhalten, die ich elf Jahre lang nicht gesehen hatte.

Es waren etwa dreihundert politische Gefangene im zehnten Block dieses psychiatrischen Lagers, darunter Muslime, ein litauischer Katholik, ein evangelischer Christ, der 1941 verurteilt worden war, und ein ukrainischer Katholik. Dort befand sich auch ein örtlicher Sekretär der kommunistischen Partei, den man dorthin gesandt hatte, weil er an Gott glaubte. Andere Häftlinge waren wirklich geistig labil, arme Seelen, die tatsächlich an psychischen Erkrankungen litten. Neben den Morden fanden homosexuelle Vergewaltigungen, Einflößung von Medikamenten und kleinere Folterungen statt, bei denen politische Gefangene dazu gezwungen wurden, lebendige Frösche zu verschlucken.

Es geschahen so viele Ungerechtigkeiten, daß ich sie unmöglich alle aufzeichnen konnte. Im Sowjetsystem war es nicht ungewöhnlich, daß ein Mann, der seine schwangere Frau ermordet hatte, nach nur einem Jahr freigelassen wurde, während ein politischer Häftling auf fünf Jahre zur "Therapie" geschickt wurde.

In der Zwischenzeit wurde draußen vor den schäbigen, zweistöckigen Gebäuden und den Reihen von Stacheldraht jede Spur der offiziellen Kirche wie ein kleines Lagerfeuer ausgetreten. Im Jahre 1974 wurde ein Nonnenkloster im Untergrund in Lemberg entdeckt, und der Bischof der Unierten, Wasil Welitschkowski, mußte die UdSSR verlassen, nachdem er seine Gefängnisstrafe abgebüßt hatte. Er starb in Kanada, nachdem seine Gesundheit im Gefängnis ruiniert worden war. Ein anderer Priester, Iwan Kriwi, wurde dafür verhaftet, daß er 3 500 Exemplare eines ukrainischen Gebetbuches neu gedruckt hatte. Wie der Historiker Walentin Moros es so treffend ausdrückte, war die antikatholische Kampagne gleichbedeutend mit einem Angriff auf das eigentlich geistige Gefüge der Nation.

Wieder schickte der Göttliche Vater Warnungen an jene, die Seine Kirche zerstörten. In dem Dorf Sokilniki, einem Vorort von Lemberg, lebte eine Studienrätin für Fremdsprachen namens Marija Pantschenko, die auf fanatische Weise den Atheismus verbreitete. Sie war eine wahre Kommunistin. Sie betrieb ihren Atheismus so nachdrücklich, daß selbst die offiziellen Parteiorgane sie kritisierten, weil sie es in ihren antireligiösen Aktivitäten zu weit trieb. Während einer ihrer Unterrichtsstunden, Ende Juni 1973, sagte sie in etwa folgendes: "Wenn es einen Gott gibt, dann soll er mich doch bestrafen. Unser Gott ist unsere Partei, unser Lenin. Wenn ihr uns nicht gehorcht, können wir euch bestrafen. Aber wo ist euer Gott?"

Nach dem Unterricht sollte sie mit dem Bus nach Lemberg zurückfahren, wo sie wohnte. Aber sie entschied sich zurückzugehen, und als sie auf ihrem Heimweg war - an demselben Tag, an dem sie Gott herausgefordert hatte - begegnete ihr ein großer Lastkraftwagen, von dem sie getroffen wurde. Sie wurde gegen einen Mast geschleudert, wobei ihr Rücken schwer verletzt wurde. Danach verbrachte sie ihre Zeit im Rollstuhl. Und jeder, der sie besuchte, konnte von ihr hören, daß Gott sie wegen ihres Atheismus bestraft hätte.

Meine Bestrafung erfolgte durch den allgegenwärtigen KGB. Sie waren erzürnt darüber, daß es mir gelungen war, in eine psychiatrische Klinik eingewiesen zu werden, und gelobten, daß ich dort nicht lange verbleiben würde. Sie wollten mich wieder in den richtigen Gefängnissen sehen.

Mein Urteil war lebenslänglich, und ich sollte eigentlich noch dort sein. Aber Gott gewährte, daß meine Eltern sich einmischten. Zusammen mit gewissen einflußreichen Freunden (darunter der Vetter meines Vaters, der der erste Sekretär der karpatischen kommunistischen Partei war) heckten sie ein fiktives, juristisches Verfahren aus, wonach angenommen werden mußte, daß ich von meiner Schizophrenie geheilt sei. Es war ein weiteres, kleines Wunder. Der Richter war ein Mann, der meinen Vater kannte, weil sie zusammen in einem Nazigefängnis inhaftiert gewesen waren. Sie setzten einen Entlassungsbescheid auf, und, darauf unvorbereitet, hatte der KGB nicht genügend Zeit, Widerspruch einzulegen.

Wie die Muttergottes es vorausgesagt hatte, wurde ich im April 1976 entlassen.

*Olena, Josip und Tochter Marianna - 1981*

## 13. Kapitel

# DAS
# KREUZ

Das genaue Datum meiner Entlassung war der 7. April. Ich war nicht darauf aus, mich auszuruhen und meine Freiheit zu genießen. Ich machte mich sogleich daran, Aktive in der Kirche und Feiern der Untergrundliturgie zu organisieren.

In dieser Freiheitsperiode, die ein Jahr lang dauerte, heiratete ich auch Olena. Wir hatten jetzt mit Unterbrechungen 15 Jahre lang Korrespondenz geführt. Und sie sollte Bestrafungen dafür erdulden müssen - darunter internes Exil - daß sie darauf bestand, den Kontakt mit mir aufrechtzuerhalten. Olena war in den letzten Semestern ihres Medizinstudiums, eine tapfere Frau von 34 Jahren. Ich war 33 Jahre alt. Sie wohnte in Winnizja, und wir heirateten in dem Gebiet gegen Ende Mai.

Die Hochzeit war sehr romantisch. Wir zogen in die karpatischen Berge, wo ein Bischof der Katakomben unser mitternächtliches Treffen vorbereitet hatte. Sie hatten Vorbereitungen für ein Zimmer in einem Gasthof in einem der Dörfer für unsere Hochzeitsreise getroffen, und der Besitzer wußte nicht, wer dort übernachten würde. Wie alles andere mußte unsere Ehe heimlich geschlossen werden.

Überall am Radio konnte man die Nachricht von meiner Entlassung hören, und der KGB kochte vor Wut. Meine Freilassung war natürlich nicht wirklich legal. Es war eine spitzfindige politische Machenschaft, durch das Krankenhaus das reguläre Gefängnissystem zu umgehen. Wie ich schon sagte, war es die Gruppe um meinen Vater, die es durchführte - an einem neutralen Gerichtshof in Mukatschiw. Sie druckten eine gefälschte Verlautbarung, auf die der örtliche Richter seinen Stempel setzte. Als Grund für meine Entlassung gaben sie an, daß sich mein geistiger "Gesundheits"-Zustand verbessert und daß ich angeblich meine fanatischen, religiösen Überzeugungen aufgegeben hätte.

Zu jener Zeit machten sich ein paar interessante Änderungen bei meinem Vater bemerkbar. Er verriet bei Gelegenheit eine verborgene Spur von Nationalismus, aber jetzt zeigten sich bei ihm auch Zeichen für eine Bekehrung zum Glauben seiner Eltern. Er hatte eine Art innerer Krise durchlebt und hatte jetzt seine Gewohnheiten zu trinken und zu rauchen aufgegeben. Im stillen half er auch katholischen Familien. Er hielt Verbindungen zu einem Untergrundpriester aufrecht (der als Dechant in der orthodoxen Kirche auftrat) und beschäftigte Katholiken, nachdem sie ihre Gefängnisstrafen beendet hatten. Insgeheim unterstützte er auch eine Pfarrei finanziell, oder er nützte seine Verbindungen dazu, junge Männer von den Lagern fernzuhalten.

Meine Mutter war nicht allzu erfreut über meine Heirat mit Olena, und sie wollte ganz bestimmt, daß ich mein offenes, christliches Bekenntnis etwas in den Hintergrund stelle. Sie wurde dabei von dem Gedanken geleitet, daß ich meine Freiheit beibehielte, indem ich mich vom Katholizismus abwendete und der offiziell anerkannten russisch-orthodoxen Kirche beiträte. In Wirklichkeit war es nur ein Spiel, aber es war auch das einzige, was die Kommunisten wollten: Ich sollte mich öffentlich vom Katholizismus lossagen und von nationalistischen Elementen fernbleiben.

Das wäre ein Schlag gegen den Untergrund gewesen und hätte zu weiterem Glaubensabfall geführt. Vielfach hatte sich mir die Gelegenheit geboten, aus dem Gefängnis entlassen zu werden, wenn ich bloß einen Widerruf unterschrieben hätte. Nach meiner Freilassung hatte man mich aus den Karpaten verdrängt, und mir wurde von der Regierung befohlen, in der weniger nationalistischen und katholischen Ostukraine zu wohnen und zu arbeiten. Aber ich arbeitete für die Kirche, wo immer ich mich befand. Einer unserer größten Leiter, Bischof Fedorik, war erkrankt, und so hatte ich viel Arbeit. Es war Verwaltungsarbeit. Ich war verantwortlich für die Untergrundkasse, indem ich Geld für verfolgte Nonnen und Priester sammelte. Zur gleichen Zeit organisierte ich Sommerlager für die "Kirche der Wälder". Ich mußte viele der heimlichen Treffen planen, Kindern Katechismusunterricht geben und einen kurzen Abriß über die Geschichte der ukrainischen Kirche vortragen.

In der Ukraine gibt es große Flächen von Urwäldern, wo wir uns oft zu religiösen Jugendlagern trafen. Wir gaben vor, daß die Kinder, die in jenen Wälder umherstreiften, sowjetische Pfadfinder wären.

Im Wald hatten wir Zelte, einen tragbaren Altar und eine Ikone "Unserer Lieben Frau zur Immerwährenden Hilfe". Dort gab es auch einen Kerzenständer und Rosenkränze.

Die Kinder wurden um 8 Uhr geweckt, wuschen sich und versammelten sich dann zum Gebet. Es folgte der Appell mit Verteilung der Aufgaben. Die Jugendlichen wurden in verschiedene Altersgruppen aufgeteilt, und jede Gruppe erhielt unterschiedlichen Unterricht. Solche Treffen fanden in verschiedenen Teilen der Karpaten statt. Um ihnen einen Sinn für die Wirklichkeit zu geben, wurden die Schüler oft von Aktivisten wie Wasil Kobrin oder mir besucht. Für die jungen Leute war es aufregend, einem geheimnisvollen Aktivisten zu begegnen, und ich nehme an, es war wie meine jugendlichen Erfahrungen mit den nationalistischen Guerillas.

Man hat mich manchmal beschuldigt, religiöse Fanatiker ausgebildet zu haben. Lassen Sie mich beeilen zu sagen, daß sie *keine* Fanatiker waren, sie waren sehr feste Katholiken. Wir predigten Liebe, nicht Haß, Verzeihung und nicht Rache. Die Kinder erhielten ein Frühstück aus Marmeladebrötchen und gingen dann in den Wald, wo eine Nonne oft das Gebet leitete.

Während des Mittagessens las ein älterer Junge aus der Bibel vor oder sagte ein Gebet auf. Einige Leute fragen, ob es sinnvoll sei - während des Essens zu lesen. Nun, es hatte eine wichtige Bedeutung. Die Kinder erfuhren eine echte, christliche Beziehung, und ihnen wurde das klösterliche Leben schmackhaft gemacht.

Dann fand die Mittagsruhe statt und danach: Laufen, Schwimmen und mehr Gebet. Am Abend hörten sie sich Geschichten über solche Größen wie den heiligen Alfons oder den heiligen Johannes Bosco an. Es gab auch intensive Gespräche, in denen sie ihre tiefsten Gedanken austauschten, und die Kinder entwickelten eine tiefe Freundschaft miteinander, genauso wie ich es in der katholischen Aktion getan hatte. Wir führten auch die Tradition des "Letzten Abendmahls" fort, wobei wir Brot brachen und Früchte, Kohlblätter mit Pilzen und gekochten Bohnen aßen. "Herr, barmherziger Gott, sende Deine Schutzengel auf alle Wege aller hier anwesenden Menschen", war eine der Lieblingsbitten. Das Abendgebet dauerte eine Stunde lang, und dann war die Zeit zum Schlafen gekommen. Die jungen Leute waren stolz und glücklich.

Während unserer Versammlungen vereinbarten wir, welche römische Kirche wir zum Meßbesuch aufsuchen sollten. Neun Jahre lang konnte der KGB nicht verstehen, wie wir in dem Gebiet untereinander Kontakt hielten. Sie versuchten alles, um es herauszufinden, und hatten erst Erfolg, als sie einen KGB-Agenten aus Lemberg herschickten mit der Aufgabe, sich bei uns einzuschleichen. In einigen Gegenden wurden die Katholiken noch geduldet - obwohl nur äußerst gering - und während der Messe kamen die Menschen aus allen Gebieten zusammen und tauschten untereinander Nachrichten aus. Wie in meinen Jugendjahren fanden auf der Chorempore heimliche Beichten des östlichen Ritus statt.

Die römisch-katholischen Priester setzten für uns ihr Leben aufs Spiel. In den Karpaten waren von ihnen nur noch 11 übriggeblieben. Die meisten der noch erhaltenen Kirchen wurden von uns Katholiken des östlichen Ritus benutzt.

Neben der Erschließung von Orten, die man zum Gottesdienst nutzen konnte, mußten wir auch neue Wege für Veröffentlichungen suchen. Es war schwirig, Zugang zu Druckmaschinen zu erhalten, weil sie nach Nummern in Listen eingetragen waren. Wir hatten junge Gruppen aus der katholischen Aktion und dem Apostolat des Gebets, die nach Schulschluß Gebete, Psalmen und Teile der Liturgie von Hand abschrieben. Eine solche Veröffentlichung, ein Evangelienbuch, wurde dem Heiligen Vater überreicht und befindet sich jetzt in einem Museum des Vatikans. Obwohl er keine Ahnung davon hatte, wieviele es von uns gab, wußte er doch von der Existenz unserer Kirche, weil einige unserer Dokumente der internationalen Presse übergeben oder über Berichte der Basilianermönche an Rom weitergeleitet wurden.

Unter der Leitung von Bischof Fedorik machten wir mit der Organisation des Untergrunds und der Übersetzung katholischer Literatur weiter. Wir hatten dreihundert Laienmissionare, und wir teilten sie in Gruppen von fünf oder zehn auf. Ihre Sendung: Sie sollten sich heimlich in die Gymnasien und Grundschulen einschleichen, um die atheistische Propaganda umzukehren. Viele Menschen kannten nicht einmal das Kreuzzeichen, viel weniger noch irgendein Gebet; und am Anfang waren die einzigen religiösen Bücher, an die wir herankommen konnten, drei Bände eines Katechismus, der sich in der Büchersammlung meines Vaters befand.

Es gab da eine ganze Gruppe von Leuten, die diese Bücher an einer Art von Untergrundfließband fotokopierten. Sie hätten niemals zugegeben, wer es getan hatte, weil sie ansonsten eine Gefängnisstrafe erwartet hätte. Mein eigener Eifer hätte nicht größer sein können. Die Erscheinungen der Jungfrau hatten in mir eine engere Verbindung zum Heiligen Geist erweckt. Obwohl ich immer gläubig gewesen war, erfuhr ich erst im Alter von 28 Jahren die Wirklichkeit und Wahrheit Gottes - 1970.

Es ist wahr, daß jede Person ihren eigenen Zugang zu Gott hat, und wenn ich jemanden frage, ob er an Gott glaubt, möchte ich etwas von seinen Erlebnissen mit dem *lebendigen* Gott erfahren. Daß man zur Kirche geht und etwas von Gott weiß, hat nichts mit dem Glauben an Gott zu tun. Wir müssen Gott *erfahren*, Seine Gnade verspüren, und diese Erfahrung erhält nicht jeder zur gleichen Zeit und in gleicher Weise. Es gibt gute Christen, die ihr ganzes Leben hindurch niemals den lebendigen Gott erfahren. Was können wir tun, daß für sie Gott lebendig wird? Man muß daran denken, beständig den Schwung des Glaubens weiter aufzubauen, indem man sich ins Gedächtnis zurückruft und darüber meditiert, wie kleine Gebete Erhörung fanden, dann sich an größere, himmlische Gunsterweisungen erinnern, und schließlich sollte man voller Vertrauen wissen, daß - sollte es Gottes Wille sein - selbst die größten Gebete erhört werden. Ein kleiner Zweifel kann ein ansonsten tiefes Gebet vergiften.

Nach den nächtlichen Gottesdiensten widmete ich mich gewöhnlich kirchlichen Angelegenheiten und sprach über die Probleme mit den Russisch-Orthodoxen - wie sie von den Kommunisten kontrolliert wurden. Die Sowjets waren überall. Eine unserer Gläubigen war die Mutter eines brutalen Milizen, der sich einen Spaß daraus machte, Kreuze und andere religiöse Gegenstände zu zerschmettern. Er ließ sich mit einer Frau von zweifelhafter Moral ein, und seine Mutter betete unaufhörlich für ihn. Zu jener Zeit befand ich mich unter ständiger Beobachtung, und der KGB hatte in Erfahrung gebracht, daß die Mutter des Milizen sich mit unserer Gruppe traf. Das bedeutete Ärger. Tatsächlich hätte es fast zu meinem Tod geführt. Einer unserer Treffpunkte war nur über einen Pfad an einem Steilabhang zu erreichen, und er war so steil, daß die Spitzen der Kiefern unter uns waren. Nun, eines Abends vermißten wir die Frau während unseres Gottesdienstes, und spät in jener Nacht, als ich über diesen unsicheren Steilabhang zurückkehrte, sprangen in der sternklaren Nacht mehrere Männer von hinten auf mich los und schoben mich so heftig, daß ich anfing, kopfüber nach vorne zu rollen.

Nach den Regeln der Wahrscheinlichkeit hätte ich neun Meter tief fallen und auf spitzen Felsen aufschlagen müssen, aber als ich zu fallen begann, verfing sich mein Rock in einem Dornbusch. Ich rumpelte hin und her und kam leicht zur Landung.

Ich hatte nicht einmal einen Kratzer.

Als ich jedoch nach oben schaute, brach mir der kalte Schweiß aus. Es war grausig, mir bewußt zu werden, wie nahe ich ein frühes Ende verfehlt hatte. Ich wurde schwach, und meine Beine fingen zu zittern an. Ich begann zu beten und weinte wie ein kleines Kind.

Aber danach ging ich auf direktem Wege zum Haus des Milizen, um mich ihm gegenüberzustellen, und sie hätten sein Gesicht sehen sollen. Es war nicht Furcht. Es war wilde Angst. Es war, als ob er ein Gespenst gesehen hätte. "Ist deine Mutter zu Hause?" fragte ich ihn ruhig, aber scharf.

"Ja, sie ist zu Hause."

Mittlerweile war es Morgen geworden. Ich sprach: "Sag deiner Mutter, daß wir uns heute Abend an dem und dem Ort versammeln." Ich drehte mich um und ging. Aber er verstand. Die Furcht vor Gott hatte von ihm Besitz ergriffen. Und er war sicherlich darüber besorgt, daß ich seiner Mutter von dem Versuch, mich zu töten, erzählen würde.

Tatsächlich erzählte ich der Frau nie davon. Die einzige, der ich davon berichtete, war Olena, nachdem wir verheiratet waren. Ich möchte den Namen dieses Mannes nicht erwähnen. Er ist jetzt Oberst und hat sich im stillen zum Glauben bekehrt. An jedem ersten Freitag geht er zur Beichte, und er ist zu seiner ersten Frau zurückgekehrt.

Wenn es mir gelang, Wächter im Gefängnis zu bekehren, konnte ich sicherlich Mitglieder der Miliz zur Umkehr bewegen. Gott gibt uns allen eine festgelegte Rolle, und es hängt davon ab, wie jeder von uns daran gearbeitet hat. Es gibt keinen Zweifel darüber, daß der Satan es mit einer Person versucht, solange sie auf Erden lebt. Aber wir müssen vorwärts gehen. Der Mensch befindet sich in einem fortwährenden Kriegszustand.

Meine Landsleute haben den Satan über siebzig Jahre lang bekämpft, und aus meiner eigenen Erfahrung bin ich zu der Überzeugung gelangt, daß eine Person, die noch nie in einem inneren Konflikt gestanden hat oder nichts von ihren eigenen Fehlern wissen will, niemals in der Lage sein wird, Gottes vollkommenes Reich aufzubauen. Es ist sehr leicht, jemand anderem zu sagen, er solle dies oder das tun, aber es ist schwer, es selbst zu vollbringen. Die leichteste Sache auf der Welt ist es, in Sünde zu fallen. Im Grunde ist dieser Kampf ein Ringen um die Seele des Menschen. Unsere schlimmste Sünde ist es, wenn wir uns schweigend verhalten, wenn wir verstehen, daß wir durch die Unterlassung von Handlungen sündigen, und dennoch im Schweigen verharren. Ich kann es nicht genug betonen, daß ein Mensch, der schweigt, eine größere Sünde begeht, als der, der die eigentliche Sünde ausführt. Jesus ist zu uns gekommen, damit auch wir Sünder zur Umkehr bewegen, und jetzt sind wir alle Zeugen der Reinigung. In der Sowjetunion sind seit 1915 mehr als fünfzig Millionen Menschen umgekommen, während in Amerika der Holocaust die Gestalt von Verbrechen und Abtreibung annimmt. Nichts verlangt unsere kräftige Meinungsäußerung so sehr wie die Streitfrage der Ermordung des ungeborenen Lebens.

Wenn ich sage, daß wir uns nicht schweigend verhalten dürfen, dann beziehe ich auch scheinbar so unwichtige Dinge mit ein, wie ein Kreuzzeichen zu machen, wenn man an einer Kirche vorbeigeht. Überall müssen die Katholiken den Ungläubigen ein Beispiel geben, und eine Weise, das zu tun, ist, öffentlich unsere Verehrung Christi, des Königs, zu zeigen. Wieviele Menschen in den westlichen Ländern machen ein Kreuzzeichen in der Öffentlichkeit? Lassen Sie mich an Ihrer Stelle die Frage beantworten: sehr wenige. Jedoch in der Sowjetunion, in der Menschen aufgrund ihres Glaubens getötet wurden, zogen ältere Leute öffentlich ihren Hut und bekreuzigten sich, wenn sie an einer Kirche vorbeigingen, in der Hoffnung, daß sie damit bei den Atheisten Eindruck erwecken könnten.

In der Sowjetunion wendet der Satan Leiden und Mangel an; im Westen dagegen Reichtum und Wohlsein. Beiden ist gemeinsam die Seuche der Abtreibung. Lassen Sie mich das Thema mit der Tatsache beenden: Ein Arzt, der eine Abtreibung vollzieht, ist nicht besser - und vielleicht schlimmer - als der Kommandant eines Konzentrationslagers.

Öffentlichen Protest gegen die Sünde zeigte man in der Ukraine, indem man einen Rosenkranz im Bus in den Fingern hielt oder sich in einer überfüllten Straße bekreuzigte. Besonders schwer war es für die Katholiken, die in einer LPG arbeiteten. Sie verdienten vielleicht 22 Rubel netto im Monat und konnten doch mit 50 Rubel bestraft werden. Aber die Antwort darauf war nicht, Handlungen einzustellen. Wir zogen den Schluß, daß die aktiven Elemente sich nicht mehr länger schweigend verhalten könnten. Wir verstärkten die öffentliche Bekundung unserer Verehrung, und die Atmosphäre wurde so gespannt, als ob sie unter elektrischem Strom stände. Die Kommunisten verschärften ihre Überwachung (durch die Gebietskomitees der Partei), und den Aktiven wurden ständig höhere Geldbußen auferlegt, oder ihnen wurde gedroht, in psychiatrische Anstalten eingewiesen zu werden.

Sich selber in Gefahr zu bringen, 12 Jahre im Arbeitslager oder einer Irrenanstalt zu verbringen heißt, von jemandem viel zu verlangen. Jemand mußte sich erheben und ein Beispiel von Kühnheit zeigen. Ich dachte oder hoffte zumindest, daß ich nicht sogleich verhaftet würde, weil ich mittlerweile wohlbekannt und gerade erst entlassen worden war. Deshalb beschloß ich vorzutreten. Ich schrieb einen Brief an den Vorsitzenden des KGB, Juri Andropow, in dem ich mich offen dazu bekannte, ein Katholik zu sein, und daß unsere Kirche in den Katakomben lebte - trotz der Behauptungen des KGB, daß wir völlig ausgelöscht worden seien.

Der KGB war davon überrascht. Er war auch sehr verärgert. Ich wurde verhaftet und in das Landesbüro in Kiew in der Rosa-Luxemburg-Straße 16, Zimmer Nummer sieben, gebracht. Dort war ein Major Hupak anwesend, und das gesamte Beweismaterial lag auf dem Tisch. "Gehört Ihnen das?" fragte er.

Ich wartete ab, was sie zu sagen hatten, und was sie mir mitteilten, war, daß sie den Brief an mich zurückgaben.

Er war an Andropow adressiert, und ich wollte, daß er ihn erhielt. "Wie kommt es, daß er in Ihrem Büro gelandet ist", verlangte ich zu wissen. "Ich werde eine neue, offene Erklärung schreiben, daß der KGB in der Ukraine es nicht gestattet, daß Briefe aus der Ukraine die Behörden in Moskau erreichen."

Sie warnten mich, keine Faxen zu machen. Sie sagten mir, daß ich unter offizieller Überwachung stände auf Grund eines Beschlusses, der vom Prokurator der Ukraine unterzeichnet worden war. Sie meinten auch, daß sie die Erlaubnis hätten, mich zu verhören. Sie wollten, daß ich ein Papier unterzeichne, das unsere Unterhaltung festhielt, aber ich weigerte mich, weil es den Schluß zuließ, daß die katholische Kirche nicht mehr existiere und daß sie statt dessen Teil der russisch-orthodoxen Kirche war. In anderen Worten hätte es soviel bedeutet wie meinen Eintritt bei den Orthodoxen.

"Ich unterschreibe nicht."

"Dann werden Sie diesen Ort nicht verlassen."

Aber nach fünf oder sechs Stunden ließen sie mich mit der Verwarnung gehen, besser keine weiteren Briefe dieser Art zu verfassen.

Ich machte mir nichts daraus und begann, offene Briefe an die westlichen Länder zu schreiben. Ich erklärte, daß unsere Kirche existiere, aber gezwungen sei, im Untergrund zu verweilen. Daraufhin fing der KGB an, meinen Entlassungsbescheid in Augenschein zu nehmen, um zu erreichen, daß er für nichtig erklärt werde. Aber in gewisser Weise war es schon zu spät. Mein Name war in den Vereinigten Staaten und in anderen Ländern bekannt geworden.

Ich verwendete viel Zeit darauf, die Pfarreien in Olenas Gebiet, Winnizja, zu organisieren. Zeitweise wurde ich von einem russischen Offizier in Schutz genommen, der ein Mitglied des Untergrunds war - unsere Leute waren überall vertreten -, aber die Behörden begannen von mir zu verlangen, daß ich diesen Bezirk verlasse und mich an einem anderen Ort niederlasse. Der KGB ließ verlauten, daß es für sie einfacher sei, mich zu töten, als mich hinter Gitter zurückzubringen. Und einer der Beamten sagte, wenn ich etwas mit den Juden zu tun hätte, würde er mir wirklich nachstellen.

Eine andere Sache, woran sie sich sicher störten, war eine meiner Streiche mit der russisch-orthodoxen Kirche. Die Kirche hatte mir Vorschläge gemacht, und ich beschloß, mich bei ihr einzuschleichen. Wie wollte ich das anstellen? Indem ich ein orthodoxer Priester wurde. Zuerst wurde mein Antrag von Bischof Agafangel aus Winnizja abgelehnt, aber bald schon änderte er seine Meinung und entschied sich dazu, mich aufzunehmen. Am 21. September 1976 besuchte ich den orthodoxen Bischof. Er sagte, daß er beschlossen habe, mich zum Priester zu weihen und mich für weitere Studien nach Leningrad zu schicken. Später fand ich heraus, daß mein Vater hinter all dem steckte. Sie wußten, daß es hoffnungslos war, aus mir einen Sowjetmenschen zu machen, aber sie hofften dennoch, daß mein religiöser Eifer in eine annehmbare Richtung gelenkt werden könnte. Mein Vater hatte selbst den ersten Sekretär der kommunistischen Partei der Ukraine besucht. Sie dachten sich aus, mich zum Bischof zu machen.

Der orthodoxe Bischof sagte mir, daß ich mich offiziell in St. Georg in Winnizja als Psalmist einrichten solle, was ich auch tat. Der Vorgesetzte oder Rektor an dieser Kirche war P. Nikolai, der auch ein Major der Armee war. Er forderte mich heraus, um festzustellen, ob ich es ernst meinte.

Aber für einen Augenblick zurück zum 21. September. Da ist ein weiterer Vorgang, der die Strömungen und Gegenströmungen des Kommunismus aufzeigt. Nach meiner Unterhaltung mit dem Bischof war ein junger Mann an mich herangetreten. "Sind Sie Terelja?" Es war dunkel, und in der Nähe stand eine große Limousine.

"Ja", antwortete ich. "Ich heiße Terelja."

Wir stiegen in das Auto ein. Man hatte sie geschickt, um festzustellen, was in dem Gespräch vorging. Ich dachte, daß sie mich zu einem Parlamentsgebäude bringen würden. Sie sagten mir, daß sie mit mir sprechen wollten und daß ich Winnizja verlassen und mich in meinen Heimatbezirk zurückbegeben sollte.

Ich meinte, daß ich das nicht könne, weil ich von da auch schon vertrieben worden sei, daß man dabei sei, mich aus allen Kreisen zu verjagen. Später erfuhr ich, daß diese Männer in der Limousine KGB-Agenten waren. Offensichtlich gefiel es nicht, was ich tat, und man hatte sie beauftragt, meinen religiösen Eifer abzukühlen.

Einer der Eindringlicheren sagte: "Sieh mal, bilde dir doch diese Dinge über Jesus Christus nicht ein. Das sind doch alles nur Einbildungen." Er meinte, wenn ich nicht damit aufhörte, würden sie für mich schon das rechte Mittel haben.

Ich erwiderte ihnen, daß ich weiterhin zur Kirche gehen würde, ungeachtet dessen, was sie mir sagten. Ich hatte das Gefühl, daß sie mich nur auf die Probe stellen wollten, um herauszufinden, ob ich tatsächlich ein überzeugter Christ wäre. Mir war immer noch nicht klar, wer sie waren.

Sie fuhren weiter. Wir verließen Winnizja und bewegten uns auf einen aufgegebenen Friedhof zu. Es gab viele verlassene Begräbnisstätten in der Umgebung von Winnizja. Sie veranlaßten mich auszusteigen, und als ich es tat, schlug mich einer, so daß ich zu Boden fiel. Sie begannen auf mich einzuschlagen.

Als ich wieder zu mir kam, waren sie dabei, mich an einem Kreuz festzubinden. Die Schnur schnitt sich schmerzhaft in mein Fleisch ein. Um meinen Mund banden sie einen Schal, und dann sagten sie mir, daß ich mir alles noch einmal überlegen sollte.

Ich hing an dem Kreuz vom 21. bis zum 23. September - drei Tage auf dem Friedhof. Die meiste Zeit davon verbrachte ich bei halbem Bewußtsein. Zum Glück war es draußen noch nicht allzu kalt, aber trotzdem war es kein Vergnügen, dort oben zu hängen. Ich litt nicht so sehr körperlich als geistig. Es war ruhig - es war kein Wind zu verspüren, da das Kreuz von Bäumen umgeben war - und jedes Mal, wenn ich ein seltsames Geräusch hörte, erhöhte sich mein Herzschlag. Ob es ein Eichhörnchen war, das herumtollte, oder eine Krähe, die vorbeiflog, es gab mir fast einen Herzanfall.

Als die Männer zurückkehrten, banden sie mich los und schlugen noch einmal auf mich ein. Sie schoben mich in ihr Auto zurück und warnten mich, daß ich in einer psychiatrischen Anstalt enden würde, sollte ich zu jemandem darüber sprechen.

Vielleicht hatten sie davon erfahren, daß ich mich in die orthodoxe Kirche einschleichen wollte, oder sie versuchten, meinem Vater einen "Gefallen" zu tun, indem sie meinen religiösen Eifer zu zähmen suchten. Jedenfalls hatten diese Mitarbeiter offensichtlich ihren Auftrag extrem ausgedehnt, und ihre Ideen hatten wohl das Maß überschritten. Ich glaube nicht, daß jemand diese Folterung angeordnet hatte, und ich weiß, daß höhere Dienststellen nicht wollten, daß ihre Namen mit dieser Angelegenheit in Verbindung gebracht wurden.

Wenn es seltsam erscheint, daß ich mich in die russisch-orthodoxe Kirche einschleichen wollte, dann erinnern Sie sich daran, daß ich gesagt habe, daß die Kommunisten die Hierarchie jener Kirche kontrollierten. Ich begründe eine solche Aussage nicht mit Gerüchten, sondern mit Tatsachen. Wie der amerikanische Journalist, John Barron, berichtet hat, war der Erzbischof der russisch-orthodoxen Kirche für ganz Afrika ein schwerer Trinker und KGB-Agent namens Anatoli Kasnowezki, der Wodka neben seinem Bischofsstab und seiner Bischofsmütze aufbewahrte. Er war nur einer der Kirchenführer, die in Wirklichkeit KGB-Agenten waren.

Meine Probleme mit der russisch-orthodoxen Kirche reichten weiter als ihre prosowjetische Hierarchie. Obwohl die Katholiken des östlichen Ritus Gottesdienste besuchen, die dem ungeübten Auge gegenüber so auszusehen scheinen, als hätten sie mehr Ähnlichkeiten mit der orthodoxen Messe als der römisch-katholischen Liturgie, haben sich doch die Orthodoxen vom Papst getrennt, und ihre Liturgie unterscheidet sich von der katholischen Messe in gewissen versteckten, aber grundsätzlichen Weisen.

Meine Gedanken über die katholische Kirche und die Konfessionen, die sich abgespalten haben, wie etwa die Orthodoxen, sind folgende: Die Hierarchie der russisch-orthodoxen Kirche lehrt, daß Gott nicht Einer in Drei Personen, sondern deren zwei ist. Äußerlich erscheint es, daß die Orthodoxen an die Dreifaltigkeit glauben, genau so wie wir es tun, aber bei näherem Hinsehen ergibt sich, daß der Sohn nicht wesensgleich mit dem Vater ist, und daß der Heilige Geist nicht vom Sohn ausgeht, sondern nur vom Vater.
Ist der Sohn nicht mit dem Vater gleich?
Die wahre und echte Kirche lehrt, daß Marias heilige Seele sich niemals im Zustand der Erbsünde befand. Unser heiligster Gott, indem er sie darauf vorbereitete, Seine Mutter zu werden, bewahrte sie vor der Sünde, damit Satan niemals sagen könnte, daß die Muttergottes zu irgendeinem Zeitpunkt in der Gewalt des Bösen gewesen sei.

Für 2 000 Jahre war die Weltgeschichte engstens mit dem Namen "Jesus Christus" verbunden. Der Einfluß des Namens Jesu reicht weit in die Geschichte und das Leben der meisten Nationen hinein. Setzen Sie die Bedeutung Jesu niemals herab, und übersehen sie niemals die Hoffnung, die er gab. Als Jesus die Kirche gründete, sagte Er zu Petrus, daß er der Fels sei und daß die Pforten der Hölle die Kirche, die auf diesem Felsen errichtet sei, nicht überwältigen würden.
Was sind die Pforten der Hölle?
Die Feinde der wahren Kirche, die Dämonen und der Satan.
Wer sind diese?
Jene, die absichtlich teuflische Handlungen wider die Kirche anstiften. Kommunisten, Freimaurer und Atheisten sind vorzügliche Beispiele.
Jesus warnte uns vor diesem Kampf und sagte uns, daß unser Geist darüber nicht niedergeschlagen sein solle. Wir Katholiken müssen uns sicher sein, daß die Hölle die Kirche nicht überwältigen wird, aber zugleich sollten wir sehr vorsichtig sein und unsere Kirche als gute Verwalterin des Weinberges Gottes verteidigen.

## Das Kreuz

Vor unseren Augen rollten die Ereignisse in der Ukraine als der Fortschritt der Bataillone der Gegner Gottes ab. Die Kommunisten gingen einen Bund mit den religiösen Atheisten der russisch-orthodoxen Kirche zum gemeinsamen Kampf gegen die Kirche Christi ein. Diese Verschwörung gegen unsere Kirche ist dermaßen weitreichend, daß wir davon überrascht sind, daß sie uns noch nicht vernichtet haben. Und erneut erschallen die Worte Christi wie ein Echo in unseren Ohren: *Die Pforten der Hölle werden die Kirche nicht überwältigen.*

Wir müssen uns dem Angriff gegen unseren christlichen Glauben in den Weg stellen. Jeder wahre Christ muß verstehen, daß die Kirche Christi ein und dieselbe ist, selbst wenn die Form verschieden sein mag. In der katholischen Kirche gibt es nicht so etwas wie Mode oder Erscheinungsformen. Die Kirche verkündet nur eine unabänderliche Wahrheit, während das Sowjetsystem Selbstgefälligkeit verbreitet, tierische Eigenliebe pflegt und Haß nährt.

Was ist ein ukrainischer Katholik? Ein treuer Sohn des Landes, der den Kommunisten nicht die Gelegenheit gab, die Leistung und Kultur unserer Vorfahren zu zerstören. Wir verkünden und erklären die wahre, alte, ukrainische Orthodoxie. Der geistige Horizont des Katholiken ist sehr weit: von der Ursache des Universums bis zur Frage des letzten Ziels des Menschen. Der ukrainische Katholik hat immer einen Sinn für die Würde und Freiheit der Person gepflegt. In allen Angelegenheiten folgt der Katholik der Regel des Vorrangs des Geistigen über das Stoffliche.

Unsere Kirche denkt nicht daran, Zugeständnisse in bezug auf den Idealismus zu machen, aber zugleich bildet sie uns in spirituellem Realismus aus. Und manchmal verlangt dieser Realismus, daß man kämpferisch ist.

Das verkündigte ich meinen kommunistischen Folterern, und es ist zugleich die Einstellung, von der ich nicht abwich. Die ständigen Belästigungen während der Jahre 1976 und 1977 schienen nicht enden zu wollen. Der KGB lud mich fortwährend zu Verhören vor, und am 4. November 1976, als ich als Schreiner in dem Krankenhaus, in dem Olena angestellt war, arbeitete, erschien die Miliz, um mich aufzugreifen, einfach aus dem Grund, um mich vor dem Nationalfeiertag am 7. November - dem Festtag der Revolution der Bolschewiken - aus dem Verkehr zu ziehen. Es ist eine Zeitspanne, von der man weiß, daß Dissidenten und Nationalisten unangenehm zum Vorschein kommen, nehme ich an, und so wurde ich einen Monat lang in einer psychiatrischen Anstalt abgesondert. Sie mögen sich wundern, warum es die Sowjets kümmert, bisweilen leise aufzutreten, während sie bei anderen Gelegenheiten selbst ihre eigenen Regeln übertreten. Ich weiß es nicht. Es muß mit der nationalen Geisteskrankheit, die ich schon erwähnte, zusammenhängen. Sehen Sie, die UdSSR sorgt sich darüber, was die Außenwelt über sie denkt, und damit sie sich wie eine rechtmäßige Nation verstehen kann, halten sich die Sowjets an gewisse gesetzliche Regeln. Als ich zum Beispiel als "schizophren" diagnostiziert worden war, konnten sie mich nicht einfach liquidieren; wenn sie das versuchen wollten, mußten sie es heimlich machen.

Meine Kontakte zum Westen erhielten mir auch das Leben - die Briefe und Erklärungen, die an Diplomaten und Radiostationen in Europa weitergeleitet wurden. Diese Nachrichten verkündeten die Existenz unserer Kirche und die Bedingungen in verschiedenen Gefängnissen, in denen die Verfolgten festgehalten wurden. Die Sowjets haßten das mehr als alles andere - daß die zivilisierte Welt von den kommunistischen Grausamkeiten erfahren sollte. Es war eine empfindliche Zeit, weil das Abkommen von Helsinki und andere Meschenrechtsübereinkommen vom Ostblock, Westeuropa und den Vereinigten Staaten (vor der Rußland die größte Furcht hatte, weil sie eine starke Militärmacht waren) gerade erst unterzeichnet worden war.

Bald gründeten sich überall in den kommunistischen Ländern Gruppen zur Überwachung der Einhaltung der Verträge von Helsinki. Sie setzten sich aus Dissidenten und Demokraten zusammen, die mit westlicher Unterstützung von den kommunistischen Regierungen verlangten, daß sie ihre Versprechungen bezüglich der Menschenrechte und Freiheit einhielten. Ich unterstützte sie, aber ich wurde kein aktives Mitglied, weil ich der Meinung war, daß sie den wichtigen Unterschieden zwischen gewissen religiösen Gruppen nicht genügend Aufmerksamkeit schenkten und weil die Abkommen von Helsinki die Grenzen der UdSSR (welche die baltischen Staaten und die Ukraine einschloß) als unantastbar erklärten, während die sowjetischen Grenzen tatsächlich künstlich zustande gekommen und unrechtmäßig waren.

Ich war auch der Meinung, daß bestimmte Dissidenten ein wenig zu schnell zu sozialistischen Gedankensystemen hinneigten. Sie machten dort Zugeständnisse, wo sie doch hätten festbleiben sollen. Man kann mit dem Bösen keinen Kompromiß schließen.

Ich war zur heißen Kartoffel geworden, und es wurde für die Sowjets noch heißer, als Leute in Westeuropa während meiner illegalen Inhaftierung darauf spürbar ihre Aufmerksamkeit richteten. Selbst die Stimme Amerikas (Voice of America) veröffentlichte diese Tatsache, daß ich erneut verhaftet worden war. Die Sowjets versuchten mich unglaubwürdig zu machen, indem sie in einem lächerlichen Artikel behaupteten, daß ich nicht einen Tag im Gefängnis gesessen wäre. Andere Zeitungsberichte sagten aus, daß meine religiösen Handlungen nur ein Deckmantel für meinen Nationalismus seien.

Im März 1977 verließen Olena und ich Winnizja, in der es zu wohnen unmöglich geworden war wegen des Lärms, den man gegen mich in solchen Veröffentlichungen wie Schowtnewi Sori oder "Oktobersterne" erhoben hatte. Uns wurde befohlen, Winnizja zu verlassen, oder ich würde erneut verhaftet. Wir kehrten nach Swaljawa zurück, wo meine Eltern lebten.

Der KGB arbeitete fieberhaft daran, den Richter aufzuspüren und den fiktiven Gerichtsprozeß zu enträtseln, aufgrund dessen ich aus dem psychiatrischen Gefängnis entlassen worden war. Der Richter, der 73 Jahre alt war, wurde verhaftet und strengsten Verhören unterzogen. Dabei verlor er das Bewußtsein, und sie weckten ihn wieder auf, indem sie den armen, alten Mann mit kaltem Wasser übergossen.

Eines Samstags, als wir von der öffentlichen Badeanstalt zurückkehrten, bemerkten Olena und ich, daß uns ein Wagen folgte. Als wir uns meinem Haus näherten, kamen mehrere Autos an. Mein Vater stand im Eingang und rief zu uns hinüber. Es war das letzte Mal, daß ich ihn dort sehen sollte. Er starb im nächsten Jahr.

Ich wurde ins Auto gezerrt, und Olena sprang nach mir hinein. Kühne Olena! Sie saß auf dem Schoß eines der Offiziere und begann aus lauter Stimme zu schreien.

Sie faßten sie nicht zimperlich an, so daß blaue Flecken zurückblieben, aber es ist schwer, Olena von etwas abzuhalten, wenn sie es sich in den Kopf gesetzt hat. Als wir auf eine Brücke zukamen, stürzte sie sich auf den Fahrer, und wir wären fast abgestürzt. Sie hielten sie zurück, indem sie sie beim Nacken faßten.

Zu jener Zeit war sie mit unserem ersten Kind - Marianna - schwanger.

Sie brachten uns zum Kreisbüro der Miliz, setzten mich hin und zeigten mir ein Dokument, demzufolge ich erneut ins Gefängnis geschickt wurde. Die Anklage war eine sehr ernsthafte Angelegenheit: "antisowjetische Aufwiegelung". Die Verhaftung erfolgte am 28. April 1977, und der Erlaß über meine vorherige Entlassung wurde für null und nichtig erklärt.

## 14. Kapitel

# MICHAEL UND DER ADLER

Ich wurde in die Landeshaftanstalt in Uschgorod (wo ich schon einmal als viel jüngerer Mann festgehalten worden war) eingewiesen, bevor man mich in einem Geleitzug in ein Sondergefängnis in Dnjepropetrowsk brachte, welches an einem Knick im Dnjepr-Fluß liegt.

Ich genoß eine kurze Zeit der Freiheit, als es mir gelang, mich aus einem Krankenhaus zwischen Uschgorod und Dnjepropetrowsk zu befreien. Ich war dort eingewiesen worden, nachdem ich eine Darstellung aufführte, für die ich einen Oscar erhalten hätte, indem ich vorgab, nicht nur körperlich krank, sondern auch ein Zombie - wahnsinnig - zu sein. Ich saugte Blut aus meinem Zahnfleisch, das nach all den Jahren der Vernachlässigung erkrankt war, und hustete laut, wobei ich das Blut aus meinem Mund auslaufen ließ, so, als ob ich ernstlich erkrankt wäre. Ich tat so, als ob ich weder gehen noch sprechen könnte.

Der KGB wollte mich zurückbringen, aber die Ärzte gestatteten es nicht. Zum Spaziergang legten mir die Wächter eine Zwangsjacke an. Aber die Sicherheitsvorkehrungen in dem Krankenhaus waren so lasch, daß es ausreichte, daß Olena Cognac brachte, dem ein Beruhigungsmittel beigefügt war. Das reichten wir den Wächtern des Krankenhauses. Die Wachen schliefen ein, und es war mir möglich, einen Schlüssel für ein Gitter zu erhalten und mich so von einem Fenster im dritten Stock abzulassen. Es war am 16. Mai 1977, dem Fest Christi Himmelfahrt. Aber sie fanden mich nach einigen Wochen, und danach wurde ich in die Isolationshaft in dem Sondergefängnis in Dnjepropetrowsk gebracht. Dort blieb ich drei Jahre lang.

Die meisten "Sonder"-Krankenhäuser wollten mich wegen meiner Widerspenstigkeit, meiner Glaubensverkündigung und meinem Hang für Ausbrüche nicht aufnehmen. Aber schließlich fanden sie für mich doch einen Platz. Ich wurde am 2. September 1977 nach Dnjepropetrowsk gebracht, während der KGB einen Fall wider mich aufstellte. Sie zogen mich bis auf die Haut aus, gaben mir Sträflingskleidung und schickten mich in den Verbrechertrakt. Ich gelangte schließlich in den dritten Block. Die roten und blauen Zeichen in meiner Akte wiesen darauf hin, daß ich sowohl ein Propagandist als auch ein Ausbruchskünstler sei.

Von meinen bisherigen Verhören wußte ich, daß der KGB versuchte, mich mit dem ungelösten Fall des Todes dreier KGB-Agenten einige Jahre zuvor in Verbindung zu bringen. Mir war darüber nichts bekannt außer dem Gerücht, daß die Agenten in einen Autounfall verwickelt wurden, bei dem sich das Fahrzeug entzündete, nachdem sie übermäßig alkoholische Getränke zu sich genommen hatten. Ihr absurder Versuch, es mir anzuhängen, gelangte in die Zeitungen, selbst in so weit entfernte Länder wie Kanada.

Ich werde nicht die gesamten drei Jahre meiner erneuten Gefangenschaft wiedergeben, aber es gibt bestimmte Angelegenheiten, die ich besprechen möchte, darunter die Tatsache, daß der Hauptmann, Nellja Butkewitsch, eine weitere Sadistin war. Sie klagte mich aller möglichen Dinge an, die sie sich ausdenken konnte, und in den Jahren 1977 und 1978 wurde ich jeglicher Art von Schlägen, Behandlungen und psychischem Terror ausgesetzt. Während der drei Jahre wurde ich in Zelle Nummer 21 festgehalten. Sie erlaubten es niemandem, meinen Namen zu erwähnen, und mein Name erschien nicht einmal auf der Liste der Insassen. Die Krankenpfleger mißhandelten die Kranken auf Anstiftung der Ärzte, indem sie ihnen kein Wasser reichten und sie lange warten ließen, bevor sie ihnen den Besuch der Toilette gestatteten. Ein Invalide, ein Lehrer, wurde zu Tode geschlagen.

"Glaubst du ernsthaft, daß du hier jemals herauskommen wirst?" fragte mich Butkewitsch gewöhnlich. "Möchtest du, daß dies einem internationalen Gerichtshof übergeben wird? Wir sind der Gerichtshof. Die Tatsache, daß du dich einen Christen nennst, beweist, daß du an einer Krankheit leidest, und wir werden dich solange behandeln, bis du all deinen Wahnvorstellungen widersagst. Du bist ein kranker Mensch."

Ich antwortete ihr, daß es viel mehr Christen gäbe, als sie dächte, und daß außerhalb der Sowjetunion selbst Regierungschefs - wie der Präsident der Vereinigten Staaten - Christen seien.

"Die Sowjets werden auch noch den verdorbenen Westen erreichen, und jeder wird geheilt werden", prahlte Butkewitsch. "Das Christentum ist ein Anzeichen für Schizophrenie."

Aber trotz ihrer Anwesenheit gab es auch Dinge im Gefängnis, die nicht ganz so schrecklich waren. Ich hatte ein gutes Bett, ein gutes Kissen, einen Tisch und Stuhl, eine geeignete Matratze. Verglichen mit anderen Orten war es ein Penthouse. Es war nicht wirklich Isolationshaft, sondern viel mehr ein Einzelzimmer. Durch gewisse hilfsbereite Krankenpfleger und Ärzte gelang es mir, mit Leuten in der Außenwelt Kontakt aufzunehmen, wodurch ich Informationen an solche Medienorganisationen wie Stimme Amerikas und Radio Freies Europa weitergeben konnte. Diese bezogen sich auf die Behandlung von politischen Gefangenen. Olena besuchte mich, und der KGB stellte fest, daß jedes Mal, nachdem sie zu Besuch gekommen war, etwas bei einem Radioberichterstatter auftauchte. Sie fingen an, ihr zu folgen, und verhörten mich. Sie schlugen mir ins Gesicht und gaben mir eine Koffeinspritze.

Mein Vater starb am 20. März 1978, aber ich erfuhr vor 1980 nichts davon. Ich befand mich immer noch in Zelle Nummer 21 - völlig von der Außenwelt abgeschnitten - als Butkewitsch mich in ihr Büro rufen ließ und die Tür verschloß. Ruhig holte sie ein paar Dokumente hervor. Zuerst erwähnte sie, daß sie mir neue Medikamente verschrieben, um mir zu "helfen", dann drehte sie sich zum Fenster, das von Feuchtigkeit beschlagen war, und schrieb darauf, daß mein Vater verstorben war. Sie sind seltsam, nicht wahr? Dann schrie sie mich an, daß ich nicht mit ihnen zusammenarbeite und daß ich meine Religion ablegen müsse.

Später erfuhr ich, daß mein Vater eine volle christliche Wiedergeburt erfahren hatte. Vor seinem Tod ging er zur Beichte, und obwohl die Kommunisten eine Beerdigung mit Fahnen und Musik wollten, war sein letzter Wunsch, daß er von einem Priester beerdigt werde. Als die Menschen das erfuhren - ein führender ukrainischer Sowjet verlangte einen Priester! -, wurden sie davon beflügelt. Viele Menschen wohnten seiner Beerdigung bei, und auf seinem Grab befindet sich ein Kreuz - kein roter Stern.

Ich möchte nicht viel dazu sagen, aber ich habe mich immer gefragt, ob mein Vater eines natürlichen Todes gestorben ist. Meine Mutter behauptete, daß er an einer Lebererkrankung verstarb, aber ich vermute, daß er von den Kommunisten vergiftet wurde.

Im selben Jahr, am 17. Juni, hatte ich einen äußerst seltsamen Traum. Es war die Zeit interner Kämpfe im Kreml zwischen Fraktionen, die von Breschnew und Andropow geleitet wurden. Es gab dort auch eine dritte Gruppe, die sich aus früheren Chruschtschow-Anhängern zusammensetzte. Es war ein Traum, und doch war ich nicht wirklich eingeschlafen. Ich sah Moskau und Limousinen, die vor einem großen Gebäude anhielten. Erneut befand ich mich im Flug oben darüber. Aus einem der Wagen stiegen zwei führende Kommunisten aus, Fedor Kulakow, der ein Mitglied des Zentralkomitees war, und Petro Schelest, ein ehemaliger Sekretär der ukrainischen Kommunisten. Ich war zugegen und beobachtete sie, aber diese Männer - ehemals führende Politiker - konnten mich nicht sehen. Schelest sagt zu Kulakow: "Wir müssen sehr vorsichtig sein und Andropow nicht vertrauen."

Kulakow sagte: "Josip fliegt über uns. Und er wird uns sagen, ob Gefahr von Andropow droht."

Und Schelest erwiderte: "Wir hätten den Sohn Michaels nicht da hineinziehen sollen. Er muß wegen seines Vaters Rache nehmen."

Ich sah, wie sich eine schwarze Wolke auf uns zubewegte, und ich verstand, daß ich herunterfallen würde und nicht mehr fliegen könnte, sollte mich diese schwarze Wolke erreichen. Ich sah, wie sich Andropows Auto näherte, aber ich konnte Andropow nicht ausmachen. Dennoch erkannte ich einige der Leute, die im KGB gewesen waren, und ich wußte, daß sie sich mit ihm verbündet hatten.

Ich hatte den Gedanken, daß sie meinen Vater verraten hatten. Genau in dem Moment umgab mich die schwarze Wolke und ich fiel zu Boden. Ich landete neben einer Mauer in einem Blumenbeet.

Das einzige, was ich durch die Blumen sehen konnte, waren Stiefel und Schuhe, die vorbeigingen - Zivilisten und Militär. Dann sah ich, wie sich ein Mann Kulakow näherte und ihm in den Mund schoß. Dieser Traum war so intensiv, daß ich den Rest des Tages unter seinem Einfluß stand.

Was bedeutete er? Wir müssen abwarten und sehen. Ich glaube nicht, daß er bedeutungslos war.

Die Plackerei in der Haft ging weiter, und die meiste Zeit war es mir verboten, zu schreiben oder zu malen. Es hat mir immer Freude gemacht, Skizzen anzufertigen oder in Öl zu malen, und es war schwer, wenn sie mir meinen Bleistift und Papier abnahmen.

Ich befaßte mich auch ein wenig mit Poesie. Ich würde Ihnen gerne Teile eines Gedichtes, "Meine Melodien" genannt, vortragen:

*Ich trage das Kreuz der Illusionen, und ich markiere meine Zeit auf diesem, dem dornenreichen Pfad der Sühne . . . Mein Sein, wie das eines Hundes, fährt fort zu winseln - Aber stumm - es gibt keine Empfindung.*

*Ich trage das Kreuz der Illusionen wie ein Verdammter. Eigensinnig ziehe ich den Schatten zum Licht - und von den Seiten: "Er ist verdammt, er ist verdammt!" klingt es mit Bosheit und mit Macht.*

Damals wußte ich das nicht, aber zu jener Zeit begann sich das politische Klima um mich herum zu ändern. Die ukrainische, katholische Kirche und eine Vielzahl christlicher Kirchen in Europa hatten sich zu meiner Verteidigung erhoben. Desgleichen tat Papst Johannes Paul II., der von meiner Lage gehört hatte. Amnesty International wußte auch von mir, und ich erfuhr auch Unterstützung durch die Botschaften der Niederlande, Großbritanniens und Frankreichs. Die Einstellung der Gefängnisverwaltung verbesserte sich, als Menschenrechte zu einem internationalen Thema wurden. Zu meiner völligen Überraschung wurde angekündigt, daß ich bald entlassen würde. Mir lag daran, meine Freiheit wiederzugewinnen, nicht nur, weil die Kirche meiner bedurfte, sondern auch, weil unsere erste Tochter zur Welt gekommen war. Marianna war schon drei Jahre alt.

Nach einer Überprüfung meines Falles im Oktober 1980 wurde ich nach Berehowo zurückverlegt, der Landeskrankenanstalt für Psychiatrie, wo ich besser ernährt wurde. Es wurde mir erlaubt, meine Haare wachsen zu lassen und Zivilkleidung zu tragen. Auch durfte Olena mich täglich besuchen. Die Ärzte waren verhältnismäßig freundlich und fragten mich, wie ich mich in Freiheit verhalten würde. "Sagen Sie uns, was sie so am Tag anfangen würden, wenn man sie entließe."

Ich sagte, daß ich eine Frau und ein Kind hätte und für sie leben und arbeiten würde.

Sie fragten mich, ob dies bedeute, daß ich mich auf weitere politische Aktivitäten einlassen würde.

Ich antwortete, daß ein Mensch, der so krank sei wie ich, nicht die für solche Aktivitäten benötigte Energie habe.

Sie meinten, daß ich eines nicht vergessen sollte: "Wenn sie frei sind, dürfen sie weder etwas Gutes noch etwas Schlechtes über die Sondergefängnisse aussagen." Sie fragten, ob ich irgend etwas, das sie getan hatten, als Folterung ansehen würde, und ich antwortete darauf ausweichend, daß es hier, wo ich mich befände, besser sei, als dort, wo ich gewesen sei.

Sie waren jedoch noch nicht ganz bereit, mich freizulassen, und bevor es geschah, machte ich eine weitere ungewöhnliche Erfahrung. Es geschah am 12. April 1981. Ich werde es aus einem Brief, den ich an Olena schrieb, zitieren:

"Ich schrieb Dir schon einmal davon, daß sich nahezu jede Nacht ein seltsames Licht über meinem Kopf befindet, das vom

Fenster hereinzuleuchten scheint. Ich habe darüber geschwiegen, weil ich nicht will, daß die Psychiater es gegen mich verwenden. Du weißt ja selbst, daß man auf einer psychiatrischen Abteilung nichts sagen soll. Aber am 12. April hatte Maria, eine ältere Krankenschwester (sie ist eine der unseren) Dienst, und ich sprach mit ihr darüber in aller Ausführlichkeit und legte mich dann schlafen. Es gibt dort auch noch eine Arbeiterin mit Namen Maria, und sie wurde Zeuge des Geschehens. Nach Mitternacht begann ein Licht zu scheinen. Es schien mit einem silberblauen Schimmer in das Zimmer. Es ist schwer zu sagen, woher es kam, weil wir keine Lichtquelle am Himmel erkennen konnten. Das silberblaue Licht fing an, sich im Zimmer auszubreiten, mal ab- und dann wieder zunehmend. Maria stand am Eingang (in der Abteilung gibt es zu meinem Zimmer keine Tür) und fragte: 'Schläfst du?' Ich antwortete: 'Nein.' Dann rief sie aus: 'Unser Herr, hörst du uns? Vergib uns Sündern.' Sie kniete nieder und begann zu beten. Ich tat ebenso neben meinem Bett. Das Licht verschwand genauso schnell, wie es erschienen war.

Ich schlief schnell ein, und am Morgen half ich Maria, die Medikamente an die Kranken zu verteilen, und ich sprach nicht mehr über diese Angelegenheit. Als ihre Schicht beendet war, sagte Maria, daß sie einen Priester aufsuchen würde, um ihm mitzuteilen, was wir gesehen hatten. Sie war davon überzeugt, daß es sich um Gottes Gnade handele, die mich in der Gestalt des Heiligen Geistes besuchte. Sie bat mich, nicht darüber zu sprechen. Es ist schwierig, diese Ereignisse zu beschreiben, da ich keine Worte besitze, um sie wiederzugeben. Wenn ich meine Augen schließe, kann ich alle Einzelheiten sehen, aber wie kann ich das in armen, menschlichen Worten vermitteln. Ich weiß nicht, aber wenn ich dieses Licht sehe und es mich umgibt, dann überwältigt mich ein Gefühl tiefer Trauer, und Tränen fließen aus meinen Augen. In meinem Gebet fühle ich mich schwach. Ich würde meinen Zustand beschreiben, als wenn ich krank wäre und zugleich aufgerichtet. Ich kann es nicht in Worte fassen . . ."

Von diesem seltsamen Licht wurde ich einige Male erleuchtet. Es erschien im Verlauf von mehreren Monaten, und jedesmal spürte ich eine Wärme, die bewegend und tief war. Es schien auch den Geruch von frischer Milch und geschnittenem Heu mit sich zu bringen, der mir folgte.

Ich wurde nicht nur von übernatürlichen Offenbarungen heimgesucht, sondern auch von Gefängniserinnerungen. Ich konnte meine Begegnung mit dem schwedischen Diplomaten, Raoul Wallenberg, nicht vergessen. Und seit jenem Informationsaustausch im Jahre 1970 hatte ich mich bemüht herauszufinden, was ich für ihn tun könnte. Ein litauischer Patriot, den ich 1973 in Sitschowka getroffen hatte, sagte mir, daß auch er Wallenberg gesehen habe, aber viele Jahre zuvor in einem arktischen Lager, das Norilsk heißt. Der Patriot, der Bogdonas hieß, wurde auch mit Wallenberg 1953 in einem Sonderkrankenhaus in Kasan festgehalten. Die Sowjets waren dabei, Wallenberg von seinem Größenwahn - seiner Behauptung, daß er ein Diplomat sei - zu "heilen". Jenseits der Grenzen der UdSSR wußten Leute, daß ich Wallenberg getroffen hatte, und später gab ich Einzelheiten von dem, was ich gesehen hatte, an seine Familie weiter. Ich war besessen von dem Gedanken an Wallenberg, weil ich glaubte, daß der alte Diplomat, obwohl sein Fahrer 1948 starb, immer noch leben könnte.

Die Sowjets wurden schrecklich nervös, als sie davon hörten, daß ich über Wallenberg sprach. Beamte aus Moskau kamen angereist und stellten die Frage: "Haben Sie Wallenberg wirklich gesehen?"

Ich sagte: "Nein, ich habe ihn nicht gesehen. Ich weiß von nichts."

"Terelja, denken Sie genau nach! Sie können uns die Wahrheit sagen."

"Ich sage die Wahrheit. Ich sah keinen Wallenberg."

"Wer hat die Geschichte erfunden, daß Sie ihn gesehen haben? Sie wissen, daß Sie aus diesem Grund in dieser Zelle gesessen haben."

Ich fuhr fort, es zu leugnen. Daß jemand Berichte über den Diplomaten verbreitete, machte die Sowjets unglaublich paranoid. Sie richteten Menschen, die ihn gesehen hatten, hin oder steckten sie für Jahre in Isolationshaft. "Von diesem Tag an werde ich nie mehr darüber sprechen, weil ich nichts gesehen habe", beharrte ich. "Ich habe Wallenberg nicht gesehen."

Damit ließen sie es - zu diesem Zeitpunkt - darauf beruhen, und nach einer Woche wurde ich freigelassen. Das Datum meiner Entlassung war der 23. Juni 1981. Ich wurde ins Büro gerufen, man gab mir einen Personalausweis und einen Busfahrschein zum Dorf Dowhe in den Karpaten.

Bald nach meiner Entlassung fand ein Familientreffen statt, an dem auch gewisse kommunistische Freunde aus Kiew und Lemberg teilnahmen. Zu diesem Zeitpunkt war meine Mutter nach Prag umgezogen, aber sie unterhielt noch eine Zweitwohnung in Kiew. Ich forderte die versammelten Beamten auf, mir die Todesumstände meines Vaters zu erzählen. Damit kam ich nicht sehr weit. Sie sagten mir nur, daß er auf der Rückreise von Moskau krank geworden sei. Sie erzählten, daß er ins Krankenhaus eingewiesen worden sei.

Während desselben Gesprächs erfuhr ich, daß Kulakow, der Mann von dem ich "gesehen" hatte, daß er erschossen wurde, zur Zeit meiner Vision gestorben war. Aber niemand sagte, daß er erschossen wurde. Als ich den Traum diesen Beamten schilderte, stand einer von ihnen auf und rieb sich die Hände.

Starb Kulakow eines natürlichen Todes, oder wurde er in derselben Weise getötet, wie andere, alternde, nutzlose oder anderweitig unangenehme Führungskräfte, die still und heimlich erschlagen wurden? Ich kann Ihnen versichern, daß es viele Intrigen im Kreml gab, die noch nie an die Öffentlichkeit gedrungen sind. Es gab zum Beispiel immer Gerüchte darüber, daß Stalin Lenin vergiftet habe.

Auch ist dem Westen noch nicht bekannt geworden, daß selbst in Rußland Freimaurerlogen über großen Einfluß verfügen. Ich glaube, daß Kulakow sich der Gefahr durch das Freimaurerwesen bewußt war, und deshalb töteten sie ihn. Während Tass erklärte, daß er an einem Herzinfarkt gestorben sei, und eine zweite Version mit Bezug auf seinen Tod behauptete, daß er nach einem mißglückten Staatsstreich Selbstmord begangen habe, glaube ich, daß das alles ein Ablenkungsmanöver ist und er erschossen wurde. Wie der Fall auch liegen mag, war es der Anfang des Aufstiegs Andropows an die Macht.

Juri Andropow! Ein finsterer Mann, ein Geschöpf des KGB. Es gibt viele, die glauben, daß er der Kopf hinter dem versuchten Attentat auf Papst Johannes Paul II. im Mai 1981 war. Ganz gewiß gab es eine Verbindung nach Bulgarien.

Ich fuhr zu meiner kleinen Familie nach Hause, und sofort gab es Probleme. Olenas Vermieterin, die von den örtlichen Behörden unter Druck gesetzt worden war, wollte uns dort nicht länger wohnen lassen. Sie versuchten mich aus jenem Kreis zu vertreiben. Ein Freund einer Nonne nahm uns für eine Weile auf. Weil wir eine Wohnung hatten und meine Frau eine Arbeitsstelle hatte, mußten sie in jenem Gebiet meinem Anmeldungsantrag stattgeben. Ich fand Arbeit bei einer Brigade von Holzarbeitern. Wir zermahlten Kiefernadeln zu einer Arznei und für Tierfutter. Es war eine gute Stelle, weil ich einen annehmbaren Lohn erhielt (viel mehr als Olena als Ärztin verdiente) und weil ich geheime Treffen im Wald verabreden konnte.

Jedoch erfuhr der KGB bald davon und entschied, daß diese Stelle für mich doch nicht so gut sei.

Nichtsdestoweniger war ich 1981 erneut ein freier Mann - oder zumindest so frei, wie man es in der Sowjetunion sein konnte. In einigen Kreisen wurde ich als der "Graue Kardinal" bekannt, eine Macht im Hintergrund des katholischen Untergrundes. Ich machte gewiß große Anstrengungen, um die belagerte Kirche wieder aufzurichten. Und ich entschied mich dazu, weiterhin sehr kühn zu bleiben. Neben dem Aufbau des Untergrunds begannen wir Gruppen einzurichten, die katholische Literatur verteilen und Kontakte zu westlichen Rundfunkstationen aufnehmen konnten.

Unser Ziel war nach wie vor: dem Westen das Wissen zu vermitteln, daß wir existierten, aber an der Schwelle zur Vernichtung standen.

Wir trachteten auch danach, soviele Menschen wie möglich zu bekehren. In Georgien gab es Orthodoxe, die Beziehungen zu Rom herstellen wollten. Das Problem bestand darin, daß die georgischen Priester verheiratet waren. Viele evangelische Priester wären ebenfalls zum Katholizismus konvertiert, wenn sie nicht auch im Ehebund gestanden hätten. Unsere Einstellung war, daß wir die Christen wiedervereinigen müßten, und meine feste Überzeugung war, daß unsere Kirche die wahre Kirche sei. Die Echtheit der katholischen Kirche wurde von einem Provinzial des Basilianerordens, P. Nikolas, der am 15. Januar 1979 starb, in einer gewandten Rede aufgezeigt. In seinem letzten Testament stellte er fest: "Ich bleibe Rom immer treu, denn nachdem der Apostel der Slawen, Methodius, die Slawen bekehrt und getauft hatte, ging er weder nach Peking noch nach Konstantinopel, um sich dort zu erklären, sondern er machte seine Erklärung dem rechtmäßigen Nachfolger des Heiligen Petrus, nämlich dem Papst, gegenüber . . ."

Auch entwickelte sich die Erfahrung meiner unheimlichen Träume weiter fort. Am 9. Juli 1981 befand ich mich in Dowhe, als ich eine Vision hatte, in der ich die gesamte Welt in Nebel eingehüllt sah. Grauer, schwarzer Rauch wogte aus der Erde, und aus diesem Rauch stiegen Flammenzungen auf. Wieder flog ich. Ich schaute zur Erde, und mitten in einem großen, verbrannten Feld befand sich ein fensterloses Betongebäude - ein riesiges Bauwerk.

In dem Traum betrat ich das Gebäude, stieg die Treppe hinauf und ging in ein weites Zimmer. Es fühlte sich an, als ob ich mit rotem Samt bekleidet wäre. Mitten in dem Raum befanden sich drei Särge. Dort waren auch Schemel, und auf ihnen saßen drei Männer: Breschnew, Tschernenko und Andropow. Breschnew war ganz gelb - nahezu tot. Tschernenko war sehr bleich und hielt ein Buch in seiner Hand. Andropow hielt eine Flasche und goß Breschnew einen Schluck Whiskey ein. Er trank dies mit Vergnügen, aber ich stellte fest, daß es sich nicht um Whiskey handelte, sondern um eine geheimnisvolle Flüssigkeit. Ich flog in der Nähe der Decke, und sie konnten mich nicht sehen. Aber Andropow schien etwas zu spüren. "Hier ist jemand, und er betet, weil ich fühle, wie in mir ein Feuer brennt", sagte er.

In diesem Augenblick betraten schreckliche Menschen den Raum - sehr schreckliche. Sie griffen Breschnew unter die Arme und trugen ihn in einen der Särge. Ich schwebte, aber ich fürchtete, daß ich jeden

Moment fallen würde. Andropow sagte: "Hier ist doch jemand. Fangt ihn und verurteilt ihn zu einem Jahr Gefängnis. Bringt ihm bei, daß er uns nicht ausspionieren darf."

Ich fiel jenen Männern in die Hände, die abscheulich lachten. Dann sah ich mich vor Gericht. Ich sah auch Olena, die ein Kind in ihren Armen trug. Sie war in der Gerichtskammer und erzählte mir, daß ein kleines Mädchen vor einem Monat geboren wurde.

Nun, wir erhielten 1983 unser zweites Kind, Kalina.

Während der restlichen Zeit des Jahres 1981 und im Verlaufe des Jahres 1982 setzte ich eine Reihe von Schriftstücken für die katholische Sache auf. Ich verfaßte Aufsätze, Erklärungen, Artikel und andere Dokumente, die schließlich ihren Weg in den Westen fanden. Diese Aufsätze wurden später von den sowjetischen Behörden dazu benutzt, mich zu einer erneuten Gefängnisstrafe zu verurteilen. In der estländischen Stadt Tartu schrieb ich im August 1981, was ein sowjetischer Staatsanwalt als eine Schmähschrift bezeichnen würde, in der ich Krankenanstalten, den MWD und den KGB angriff. Später im selben Jahr verfaßte ich einen Aufsatz mit dem Titel "Demut und Widerstand". Zur gleichen Zeit stellte ich einen weiteren "skandalösen" Artikel zusammen, den die Regierung so darstellte, als ob ich darin russische Emigranten dazu aufriefe, die sowjetischen Behörden zu bekämpfen. Ende Dezember bereitete ich einen Text an den Vorsitzenden des Zentralkomitees der deutschen Katholiken vor, der zugleich in Deutschland Kultusminister war. Darin beschrieb ich die Unterjochung der Ukrainer. Meine Leugnung des Kommunismus als einer "historischen Realität" störte die Sowjets besonders.

"Er verbreitet falsche Informationen über die Stellung der Gläubigen in der UdSSR und verschmäht verachtungsvoll die friedensliebende Politik der UdSSR", lautete schließlich ihre Anklage. "Er forderte die westlichen Länder zu einer wirtschaftlichen Blockade der UdSSR auf und rief die antisozialistischen, christlichen Kräfte dazu auf, sich gegen die UdSSR zu organisieren. Dieser Brief ging durch Kanäle, die wir noch nicht ausfindig machen konnten, jenseits der Grenzen, um von Zentren massiver Propaganda benützt zu werden."

Die Sowjets bezogen sich dabei auf die Tatsache, daß meine Schriftstücke später über Radio Freiheit (Radio Liberty) und eine deutsche Station ausgesendet wurden.

Am meisten störte sie vielleicht, daß ich eine Gruppe organisierte, die sich Initiativgruppe zur Verteidigung der Rechte der Gläubigen und der Kirche in der Ukraine nannte. Sie war eine Art Ableger der Helsinki "Überwachungs"-Gruppen, aber mit einer gezielteren Aufgabenstellung. Sie wurde am 9. September 1982 in Lemberg gegründet und versuchte frühere Bemühungen zur Legalisierung der Kirche des östlichen Ritus fortzusetzen. Wir versuchten, die Katholiken aus den Katakomben herauszuholen, und an den ersten Treffen nahmen solche Leute wie Stefanija Petrasch Sitschko, die in guten wie in schlechten Zeiten zu mir hielt, und P. Hrihori Budsinski teil.

Die Initiativgruppe verbesserte fortwährend ihre Fähigkeiten in der Verbreitung von Informationen und in den achtziger Jahren druckten wir viele Schriftstücke, die in der ganzen Sowjetunion verteilt wurden. Wie stellten wir das an? Wir brachten zehn Exemplare eines Dokuments oder Rundschreibens in jeden einzelnen Kreis, in dem dann die Regionalgruppen heimlich weitere Kopien davon anfertigten. Einige Ortsorganisationen hatten ihre eigenen Fotokopierlabors.

In demselben Monat, in dem wir die Initiativgruppe gründeten, bereitete ich einen Brief an das Zentralkomitee der ukrainischen Partei vor. Darin beschwerte ich mich über die Verfolgung unserer Gläubigen und prangerte die Sowjetunion an - was die Sowjets als einen Aufruf zur Zerstörung ihrer Nation auslegten. Der Brief wurde in der litauischen Stadt Panewisches geschrieben. Ich verkündigte das Evangelium in den Dörfern oder bekehrte Leute in Republiken wie Georgien.

Ich war überall und so umso schwieriger zu finden.

An den Sonntagen mußten unsere Leute orthodoxe Kirchen benutzen, und manchmal war ein Priester anwesend, aber bei anderer Gelegenheit waren die Gläubigen auf sich selbst gestellt. Die Sowjetarmee errichtete in einem Dorf, Kerezki, 1982, Lautsprecher, die während des Gottesdienstes Jazzmusik spielten, und die Dorfbewohner antworteten darauf, indem sie einen Streik organisierten. Am folgenden Montag erschien niemand zum Melken der Kühe oder zum Füttern des Geflügels. Die Frauen teilten den Behörden mit, daß sie nicht arbeiten würden, wenn sie nicht beten könnten.

Natürlich wurde ich dafür verantwortlich gemacht. Ich war als der "Fanatiker aus Dowhe" bekannt, und bald darauf fand ich mich im Gefängnis wieder. Ich wurde im Jahre 1982 verhaftet und zwischen dem Gefängnis in Uschgorod und dem Konzentrationslager, HSP-7-385-30, in Lemberg, hin und her befördert. Für ein weiteres Jahr sollte ich mich nicht in Freiheit befinden.

Am 19. Mai 1983 schrieb ich Olena von zwei wiederkehrenden Unannehmlichkeiten: Belästigungen durch Wächter und Streitgespräche mit Nichtkatholiken. Die Wachen hatten ein Neues Testament gefunden, das in meinem Kopfkissen versteckt war; und wenn das auch noch keinen Ärger mit den Wachen bereiten sollte, so bedeutete es doch Schwierigkeiten mit solchen Sekten wie den Pfingstlern und Baptisten. Bald schon waren wir in allerlei theologische Streitgespräche verwickelt. Manchmal versammelten sich Dutzende von Häftlingen, um sich das Wechselspiel der Argumente anzuhören. Eine bestimmte Anzahl von diesen Leuten glaubte, daß sie alles wußten, weil sie Schriftstellen auswendig gelernt hatten. Und ich hielt dagegen, daß das Auswendiglernen von Teilen der Schrift nicht genüge, sondern daß man sie auch im richtigen Zusammenhang verstehen müsse.

Die Protestanten stießen sich besonders an der Behauptung, daß unser Papst unfehlbar ist. Ich antwortete darauf, daß bis auf Jesus und Maria alle Sünder gewesen sind. Päpste sind nicht frei von Sünden. Aber wenn es Fragen des Glaubens anbetrifft, sind sie tatsächlich unfehlbar.

Ich beschäftigte mich auch mit persönlichen Fragen. Ich fragte mich, ob ich den Sinn meines Lebens erkannt hätte und ob meine Haft von Gott als ein genügendes Opfer angesehen werden würde. Ich war zu der Überzeugung gelangt, daß wir ohne aufrichtige Opfer nichts erreichen könnten. Ich kann mich nicht mehr genau daran erinnern, aber Pascal schreibt darüber. Es war ungefähr so: "Ich glaube nicht an Geschichten, in denen die Zeugen nicht ein Opfer ihrer selbst darbrachten . . ."

Ich beendete den Brief, indem ich Olena von einem weiteren Traum berichtete.

"Die Häftlinge gingen spät zu Bett", schrieb ich 1983. "Vor der Dämmerung schlief ich ein und hatte einen seltsamen Traum. Ich bin in Freiheit, und eine große Anzahl von Menschen befindet sich auf einer Pilgerreise. In dem Traum sehe ich ein seltsames Licht über einer Kirche. Um die Kirche herum war ein Drahtzaun errichtet. Ich fiel vor dem Kreuz auf die Knie, und dieses Licht befand sich über mir, und ich hatte den Gedanken, daß dieses Licht die Gnade Gottes sei. Ich hatte ein sehr gutes Gefühl. Ich verspürte dieses Licht wirklich so, als ob es lebendig wäre, und ich roch den Duft von frischem Heu und hörte die Stimme einer Frau. 'Hast du das Antlitz Gottes gesehen? Wenn du es noch nicht gesehen hast, so wirst du es sehen.'

Ich wachte voller Vertrauen auf, und den ganzen Tag über fühlte ich mich wohl. Ich bin nicht in der Lage, das jetzt alles zu beschreiben, aber ich spürte, wie ich von einer seltsamen Kraft erfüllt war. Es gibt Dinge, über die man im Beisein von Zweiflern nicht sprechen kann. Gelobt sei Jesus. Ich bete für Dich. Josip."

Lemberg schien die Szene für außergewöhnlichere Träume und Visionen zu sein, als ich je zuvor seit der Erscheinungen vor einem Jahrzehnt erfahren hatte. Im Oktober schrieb ich Olena von einem anderen Ereignis.

Ich war zu 15 Tagen Isolationshaft verurteilt worden. Die Behörden hatten mich über den Tod meines Bruder Boris verhört, der sich in Poljana erschoß, statt von der Miliz und dem MWD gefangengenommen zu werden. (Er starb am 10. Juni 1982 für die Sache des Nationalismus.)

Ohnehin siechte ich mit zwei anderen Männern in der Isolationshaft dahin. Der eine war ein junger Drogenabhängiger und der andere ein alter Dieb. Meine ersten Tage in der Isolationshaft brachten mir immer einander widerstrebende Gedanken, die mir sehr zu schaffen machten. Hatte ich mich richtig verhalten? War es klug, sich beständig zu widersetzen und immer wieder mit Isolationshaft bestraft zu werden?

Hier mußte ich erneut 15 Tage absitzen. Aber ich wurde durch einen leuchtenden Traum getröstet. Ich sah einen großen, grünen Wald, und es war schwer, sich durch das Dickicht durchzuzwängen. Ich sah eine bewaldete Bergschlucht, die hell von der Sonne erleuchtet wurde. Meine Kleidung war von den Dornen und Ästen ganz zerrissen, aber ich kämpfte mich bis zur Mitte der Schlucht durch.

Dort hörte ich einen wunderschönen Chor. Es waren Engel, die sangen. Wie ich das weiß? Wie weiß ein Kind, daß seine Mutter seine Mutter ist? Ich schaute und sah einen goldenen Thron über mir, und darauf saß Christus, der König. Seine Nase war lang und schmal, und er trug einen Bart, wie man es erwartet. Um den Thron herum erklang Gesang. Ich kniete nieder und begann zu beten. Jesus stand auf, und an seiner Seite sah ich einen weißen Gurt mit der Inschrift: "König der Könige, Herr der Herren". Aber das Gürtelende war von Blut verschmiert. Ich fürchtete mich sehr, aber der Gesang tröstete mich.

Blut floß wie ein Fluß und hielt kurz vor meinen Füßen an. Mich befiel schreckliche Angst. Die Furcht lähmte meinen Willen. Ich hörte, wie das Blut zu mir sprach. "Der Herr selbst ist mit dir, wovor fürchtest du dich? Weißt du, daß der Herr zu dieser Jahreszeit wie der Lebensbaum erblüht?"

Schweißgebadet wachte ich auf. Ich war zurück in der Zelle; der Traum war zu Ende. Aber sofort bemerkte ich es: Zwei Finger meiner rechten Hand waren blutverschmiert. Es befand sich wirkliches Blut an mir. Ich tastete mich ganz ab, aber ich fand weder eine Schnittwunde noch eine Entzündung.

Es war an meinem zwölften Tag in Isolationshaft. Den ganzen Tag verbrachte ich im Halbschlaf. Ich wollte nichts essen. Ich reichte meinen Gefährten meine Ration Brot. Der alte Dieb sah mich an und sagte: "Josip, du bist heute so seltsam. Wenn ich mich dir nähere, verspüre ich Wärme."

An jenem Abend wurde ich drei Tage früher aus der Isolationshaft entlassen.

Im Dezember 1983 hatte ich einen anderen Traum, in dem ich sah, wie ich in ein *Owir*-Büro vorgeladen wurde, in dem Reisepässe ausgestellt wurden. Ein Mann in einem grauen Anzug drehte sich zu mir um und gab mir Dokumente, die mir die Ausreise aus der Sowjetunion ermöglichten. Er hatte eine Kette, die von einem Samtknopf hing. Behalten Sie diesen Traum im Gedächtnis, er wird später noch einmal Erwähnung finden.

Aber die dramatischeste Vision wurde in einem Brief an Olena vom 17. Juli 1983 beschrieben. Ich fühlte mich niedergeschlagen. Ein Häftling, der sich erst vor kurzem zum Katholizismus bekehrt hatte, war auf geheimnisvolle Weise gestorben (die Behörden unterstellten Selbstmord), und ich fand mich erneut in Isolationshaft wieder, da man bei mir religiöse Gegenstände gefunden hatte. Sie erlaubten mir, ein Stück Seife und meine Zahnbürste mitzunehmen. Ich weiß nicht, warum man mich nicht in die gewöhnliche Betonzelle einwies. Ich wurde in eine mit einem Holzboden geschickt.

Ich war müde und versuchte einzuschlafen. Ich wachte durch ein lautes Geräusch an der Tür auf. Es war der Aufseher, der mir zurief, daß ich zur falschen Zeit schliefe, und daß zehn Tage an meine Strafe in der Isolation angehängt würden.

Ich stand auf und begann umherzugehen, weil meine Beine froren. Es war feucht und rauh in der Zelle. Nach dem Abendessen gaben sie mir heißes Wasser und Brot, aber am nächsten Tag nur kaltes Wasser. Ich hatte Knöpfe an meinem Hemd und betete mit ihrer Hilfe den Rosenkranz.

Ich war wieder sehr müde und hockte mich in eine Ecke. Ich weiß nicht, ob ich einschlief oder wachte. Ich sah mich in Sarwanizja. Es war in der Nacht. Ich sah mich selbst mitten auf einer Wiese, und ganz plötzlich wurde die Wiese von einem starken Licht erleuchtet, und ich bemerkte, wie sich ein bekannter Duft um mich ausbreitete. Es roch nach Apfelblüten.

Ein großer weißer Adler kam, setzte sich auf dem Feld nieder und sagte mir, daß ich mich nicht fürchten solle. In der Ferne sah ich einen alten Mann, der in weiße Gewänder gekleidet war. Ich erinnere mich nur an sein Gesicht. Und er sagte zu mir: "Warum bist du so betrübt? Leide und gib nicht auf, weil du unter dem Schutz der Muttergottes stehst, und nach deiner Entlassung aus dem Gefängnis erwartet Dich ein heller Weg. Die Kirche wird auferstehen."

Ich fragte ihn, wer er sei, und er sagte, daß er ein Diener des Herrn sei. "Ich kenne dich und du kennst mich", sagte er.

Seine Stimme fuhr in diesem Traum oder dieser Vision fort. "Der Herr sammelt jetzt die guten Menschen wider die bösen", sagte er. "Die Welt wäre schon längst zerstört worden, aber die Seele der Welt würde dies nicht gestatten."

Ich fragte, was er mit "Seele der Welt" meine. Er antwortete, daß die Seele der Welt aus den Christen besteht.

"Wie die Seele das Leben des Körpers aufrecht erhält, so erhalten die Christen das Leben der Welt", fügte er hinzu.

Der alte Mann fuhr fort, mir eine lange Botschaft zu geben, und ich gab alles an Olena weiter. Der alte Mann sagte mir, daß sich die Auflehnung wider Gott über die ganze Erde ausgebreitet habe und daß Abtrünnige sich selbst als Propheten ausgäben. "Es gibt viele falsche Lehrer und viele falsche Kirchen", sagte er. "Und die falschen Kirchen bereiten die Entartung der Menschen vor. Es gibt viele fromme Menschen, die verwirrt und in die Dunkelheit falscher Meinungen und eines falschen Glaubens gefallen sind, weil die Menschen den wahren Glauben verloren haben. Schlimmere Zeiten als die Luthers nähern sich. Viele Gläubige und selbst Angehörige der Hierarchie werden sich im Neuheidentum verlieren. Du wirst bald wieder frei sein, und dann sieh dich nicht um, sondern mach dich gleich an die Arbeit. Gott braucht eifrige und ausdauernde Söhne. Das Gebet wird dir helfen, eine Lösung in schwierigen Situationen zu finden. In vier Jahren wirst du den Papst und seine Kardinäle treffen, und sie werden auf dich hören. Ein Jahr danach werden große Wunder stattfinden, und Hunderttausende von Christen des wahren Glaubens werden deine Worte bestätigen. Der Papst wird erneut nach dir rufen, aber schlechte Priester und Abtrünnige werden den Heiligen Stuhl verwirren und ihm Probleme bereiten."

"Du mußt durch die Welt gehen und Zeugnis ablegen, und am Ende wird Gott die Abtrünnigen bestrafen, weil Gott nur durch diese Bestrafung in der Lage sein wird, die Menschen zur Vernunft zurückzubringen. Und nachdem der Glaube und die Liebe wiedergeboren sein werden, wird Satan anfangen, die Christen aufs neue zu verfolgen. Zeiten der Verfolgung von Priestern und Gläubigen werden beginnen. Die Welt wird unterteilt sein in Boten Gottes und Botschafter des Antichrist. Nach den großen Offenbarungen der Jungfrau Maria wird die Erneuerung der Liebe zu Christus beginnen. Du wirst den schnellen Aufstieg der Verehrung des Unbefleckten Herzens Mariä sehen."

Ich fragte ihn, ob ich noch im Gefängnis sein würde, und dieser alte himmlische Mann antwortete: "Ja, aber nicht mehr lange, weil Gott für dich andere Pläne hat."

Ich fragte ihn noch einmal: "Wer sind Sie? Wie heißen Sie?"

Seine Antwort: "Ich bin ein Diener Gottes, der Erzengel Michael."

Tränen flossen an meinen Wangen herunter. Als ich zu mir kam, wußte ich nicht, ob ich es geträumt oder wirklich gesehen hatte.

Mittlerweile rochen die Wächter den Duft von Äpfeln und fingen an, die Zelle zu durchsuchen. Aber natürlich waren dort keine Äpfel zu finden.

## 15. Kapitel

# DIE HERREN GESCHWORENEN

Ich frage mich, wieviele andere Gefangene, wenn sie noch leben sollten, um ihre Geschichten erzählen zu können, Tröstung in übernatürlichen Ereignissen gefunden haben mögen. Es war offensichtlich, daß in der hohen Herrschaftszeit des roten Drachen Gott sich in seiner Barmherzigkeit im stillen einmischte.

Inner- und außerhalb des GUlag bereitete Christus durch seine Mutter eine Rettung und Botschaft vor. Die Humanisten werden dies niemals akzeptieren, und die weltlichen Intellektuellen werden sich über die bloße Möglichkeit einer übernatürlichen Sendung lustig machen. Aber das schien es zu sein, was sich anbahnte, und ich überlasse es den Politologen zu erklären, warum sie weder die fundamentalen Veränderungen, die sich in Osteuropa und der Sowjetunion ereigneten, voraussagen noch erläutern konnten.

Als ich den GUlag verließ, war es so, als ob ich mich von einem Gefängnis in ein größeres begäbe. Jeder unter kommunistischer Herrschaft war ein Häftling. Ich wurde in Lemberg am 26. Dezember 1983 entlassen, und diesmal sollte ich mich für ein Jahr und vier Monate in "Freiheit" befinden. Ich reiste überall hin. Wir waren dabei, eine große Anzahl von Untergrundkirchen aufzubauen, und fuhren durch die ganze Ukraine sowie Georgien, Lettland, Weißrußland und Litauen.

Während ich im Gefängnis saß, hatte eine Gruppe von Katholiken, darunter Michailo Danilasch, schon beschlossen, damit zu beginnen, die Chronik der katholischen Kirche in der Ukraine zu veröffentlichen. Natürlich war es eine Untergrundzeitschrift, und ihre Aufgabe war es, die Zerstörung von Kirchen, die Mißhandlungen von Gläubigen und die Verhaftungen von Priestern aufzuzeichnen. Die erste Ausgabe wurde etwa zwei Wochen nach meiner Entlassung, am 14. Januar 1984, gedruckt. Die Veröffentlichung wurde mit einer großen Feier begangen. Ein Untergrundbischof zelebrierte die Messe. Bald darauf befand sich die Chronik im Verteilungssystem des Untergrunds. Bevor ich erneut verhaftet wurde, gelang es uns, 12 Hefte herauszugeben.

Unsere Chronik erreichte Veröffentlichungen, die so weit verbreitet waren wie der Monitor der christlichen Wissenschaft (Christian Science Monitor) in Amerika. Der Monitor berichtete am 6. März 1985: "Eine sowjetische Samisdat- (Untergrund-) Zeitung, die von religiöser Abweichung in der westlichen Ukraine handelt und vor kurzem den Westen erreichte, könnte sich als eine beträchtliche Peinlichkeit für den Kreml erweisen."

Es gab viel zu berichten. Verfolgungen fanden immer noch in vollem Umfang statt. Zwischen 1984 und 1985 wurden 35 weitere Kirchen allein in der westlichen Ukraine in Museen, Beerdigungsinstitute oder Schutthaufen umgewandelt. Dasselbe geschah anderswo. In Smolensk wurde die Kirche von der Verklärung in ein KGB-Archiv umgestaltet.

Ich war zu sehr damit beschäftigt, das Evangelium zu verkündigen und Veröffentlichungen herauszugeben, um mir über eine erneute Verhaftung Sorgen zu machen. Ich bekehrte den Vorsitzenden der Helsinki-Gruppe in Georgien, und die georgischen Katholiken gründeten ihr eigenes Rundschreiben. Wir leiteten eine gewaltige Menge an Informationen an die freie Welt weiter, und die ukrainische Presse fing an, darüber zu schreiben. Offizielle Stellen in Rom richteten ein ukrainisches katholisches Bekanntmachungsblatt ein, das bis in die Vereinigten Staaten und nach Kanada gelangte.

Ich appellierte auch an den Generalsekretär der Vereinten Nationen, Javier Pérez de Cuéllar. Folgendes sind Auzüge aus meinem Brief:

"Vierzig Jahre sind seit dem Ende des Zweiten Weltkriegs vergangen, und wir wissen, daß wir nicht zur Vergangenheit zurückkehren werden. Die Menschen auf unserem kleinen Planeten lenken ihre Bemühungen auf den Frieden und auf gegenseitiges Verständnis. Aber wir erkennen, daß Wünsche nicht genügen. In der Stadt Lemberg, in der Ukraine, gab es während des Krieges in der Nähe eines Friedhofes ein Konzentrationslager. Dort vernichteten die Anhänger Hitlers mehr als 100 000 Menschen verschiedener Nationalität, darunter 920 Juden. Nach dem Krieg besetzten die sowjet-russischen Armeen die Ukraine, und auf dem Gelände des Konzentrationslagers errichteten sie eines von ihren eigenen, das zweimal so groß ist wie jenes, das während des Krieges benutzt wurde. Dieses Lager existiert bis auf den heutigen Tag. Am 29. Mai 1984 wurde der zweiundsiebzigjährige ukrainische katholische Priester, P. Pototschnjak, ein Basilianermönch, getötet. Die Nummer des Gefängnisses ist VL-315-30.

Wir, die Mitglieder der Initiativgruppe zur Verteidigung der Gläubigen und der Kirche in der Ukraine, appellieren an Sie persönlich, damit auf dem Gelände des früheren Hitlerlagers und heutigen sowjetischem Konzentrationslagers ein Monument zum Gedenken der Opfer der russisch-stalinistischen und der Völkermorde Hitlers errichtet werde. Menschen guten Willens erinnern sich und vergessen nicht, daß die Russen einen unerklärten Krieg gegen die ukrainische Nation führen. Sie beraubten uns unserer Vergangenheit und entziehen uns unsere Zukunft."

Er wurde auch von Wasil Kobrin und P. Budsinski unterzeichnet.

Wie gewöhnlich war der KGB überall, wo ich mich auch hinwandte. Ich wohnte in Dowhe, und der kleine Lkw der Agenten war Tag und Nacht in der Nähe meiner Wohnung geparkt. Sie belästigten jeden, der mich besuchte. Obwohl ich nicht regelrecht verprügelt wurde, bezog ich doch bei einer Reihe von Gelegenheiten Schläge und wurde provoziert. Mein wachsender Bekanntheitsgrad und die Tatsache, daß sich Diplomaten nach mir erkundigten, entwickelten sich zu meinem Schutz.

Der KGB verfolgte mich überall hin, was mich auf ironische Weise sicherer stimmte, wenn ich nachts mit öffentlichen Verkehrsmitteln verreiste. Aber die Agenten waren nicht gerade ein Gütezeichen für Tapferkeit. Einmal, auf einem Zug in die Karpaten, stieg eine Gruppe von Raufbolden ein, die nur Röcke aber keine Hemden trugen. Es schien ihnen Spaß zu machen, alte Frauen zu belästigen oder Kopftücher von den örtlichen Bauernmädchen zu stehlen und ihnen ihre Zigaretten in die Haut zu drücken. Ich drehte mich zu einem der KGB-Offiziere um und bat ihn, etwas zu unternehmen.

Er hatte Angst, weil es ihrer 15 waren und sie Ketten um ihre Hände trugen. Ich stand auf und schrie sie in der Umgangssprache der Verbrecher an.

Dieser Angriff machte sie stutzig und ängstlich. Sie beruhigten sich, und wir begannen ein Gespräch. Wir hörten nicht auf, miteinander zu reden, bis wir Lawotschne erreichten. Sie hatten von mir gehört, und es gelang mir, einige von ihnen dazu zu bringen, zu einem Pilgerort zu kommen.

Die Organisation Junge Katholische Aktion ging auch auf Schlägertypen zu und bekehrte von ihnen mindestens dreihundert. Wir lehrten unsere Leute, die Gute Nachricht überall hinzutragen. Ich druckte Verhaltensregeln für katholische Aktivisten und ermunterte sie dazu, religiöse Lehrbücher mit sich zu führen, wenn sie einen Bus oder Zug bestiegen.

Im Sommer 1984 reiste ich auf einem Bus von Lemberg in die Karpaten, der mit Dorfbewohnern, ein paar Intellektuellen und dem Kommandanten der Miliz in Mukatschiw besetzt war. Ich hatte eine Bibel und zwei Lemberger Studenten, die mich begleiteten, hatten Rosenkränze in ihren Händen. Eine Frau fragte: "Was Sie da in der Hand halten, ist das eine Bibel?" Sie bat, sie in ihrer Hand halten zu dürfen. Sie sagte, daß sie von der Bibel gehört habe, und sie wollte sie einfach einmal berühren. Ich fing an, über die Heilige Schrift zu sprechen.

Dann begann ich mit dem Kommandanten zu diskutieren, der zivile Kleidung trug. "Welche Dreifaltigkeit haben die Kommunisten?" stellte ich als rhetorische Frage. "Ich werde es Ihnen sagen: Marx, Lenin und Engels." Ich sagte, daß uns die Prophetien mitteilen, daß der Satan versuchen werde nachzuahmen, was die Kirche Christi vollzieht, und daß an die Stelle Christi sich der Antichrist stellen wird. Der Satan ist ein Gedanke, den Luzifer zur Welt brachte und der durch Menschen verbreitet wird. Ich erklärte, wer ein Antichrist sei - jene, die sich vor der Dreizahl von Marx, Lenin und Engels verneigten. In jedem kommunistischen Zentrum gibt es einen kleinen Raum, worin in einer Ecke ein Tisch steht, der mit einem roten Tuch bedeckt ist und auf dem eine Büste Lenins steht. Das ist des Satans Nachahmung des Altars Christi.

Ich fing an zu erklären, wer der Antichrist sei - eine Person, die sich willentlich und absichtlich Gott widersetzt. Ich glaube, daß der Begründer des Kommunismus in Rußland, Wladimir Illitsch Lenin, ein Antichrist war, von dem in der Bibel gesprochen wird.

Lassen wir uns einmal ein paar Tatsachen ansehen: Lenins Mutter hieß Maria. Das ahmt den Namen der Mutter Christi nach. Mit vollem Namen hieß sie Maria Blank, und ihre Mutter hieß Anna. Von den Weissagungen wissen wir, daß der Antichrist der uneheliche Sohn einer jüdischen Frau war oder sein wird, der sich von Geburt an von allen anderen Menschen unterscheidet. Maria Blanks Vater Alexander, ein Arzt, war ein konvertierter Jude aus Odessa. Einige denken, daß er vielleicht in der Ukraine geboren wurde. Ihre Mutter war eine deutsche Lutheranerin. Maria heiratete einen Russisch sprechenden Kalmücken, Ilja Uljanov. Zu jenem Zeitpunkt war er über dreißig Jahre alt, als Maria ihm zur Ehe gegeben wurde. Anna besuchte oft die Bruderschaft der Freimaurer. Die Hauptthemen, über die bei solchen Treffen gesprochen wurde, waren antireligiös.

Die Weissagungen teilen mit, daß die Mutter des Antichristen sich mit Leuten schlechten Rufes identifizieren oder mit ihnen Kontakt haben werde. In jener Freimaurerbewegung wurde Maria mit skeptischen und zynischen Gedanken bekannt gemacht. In solcher Weise erzog sie später ihre eigenen Kinder.

Die heilige Hildegard sagte 1170 voraus, daß eine unreine Frau einen unreinen Sohn empfangen werde und daß dieselbe hinterlistige Schlange, die Adam verleitete, auch dieses Kind überwinden werde, so daß in ihm nichts Gutes mehr übrigbliebe. Die unreine Frau ist eine Frau, deren Geist unsittlich ist. Die Schlange ist der Marxismus. Der Vater des Antichristen war oder soll ein Diener sein, der einen dem Islam ähnlichen Glauben verläßt und das Christentum annimmt. Und tatsächlich war der biologische Vater Lenins ein konvertierter Kalmück, der in einem Territorium geboren wurde, in dem - bevor dort Priester hingelangten - eine vom Schamanismus geprägte Religion vorherrschte. Das Gebiet war unter dem Namen Astrachan bekannt. Es gehörte einst dem Mongolenreich an, und es fiel später an das Osmanische Reich.

Hier eine Beschreibung von Lenins Vater: hitzig, lebhaft, rachsüchtig, eifersüchtig, blaß, klein, hohe und vorstehende Stirn, glattes und ungepflegtes Haar, schwarze, schimmernde Augen. Trotz seines Aussehens beschrieben einige den Vater Lenins als sanft und heiter. Obwohl er Lehrer wurde, kam er aus einer Familie, in der Leibeigenschaft vorherrschte. Was verpflichtete Maria dazu, einen Mann zu heiraten, den sie nicht liebte? Dem Denken jener Zeit zufolge waren Muslime Untermenschen. Sie wurde die Frau eines Lehrers und Kalmücken.

Maria war sehr raffiniert und diszipliniert. Sie tat nur, was ihr gefiel. Sie war ruhig und schlau, mit schönem dunklen Haar. Sie las gerne, aber sie mochte keine Gedichte. Ihre Lieblingsbeschäftigung war der Okkultismus. Sie glaubte nicht an Gott. Sie betrachtete den Glauben an Gott als die Torheit ihrer Zeit. Manchmal besuchte sie die Kirche, weil es so Sitte war. Lassen Sie mich wiederholen: Die Weissagungen teilen uns mit, daß der Antichrist die Person Gottes nachahmen werde. Maria gebar ihren Sohn am 22. April 1870 in Simbirsk. Sie hieß Maria wie die Jungfrau Maria, und ihre Mutter hieß Anna. Sie nannte ihren Sohn Wladimir - der, der die Welt beherrscht.

Wie war Lenin als Kind? Er war ungestüm. Er log dauernd. Er zerbrach sein Spielzeug. Er schrie aus voller Lunge. Er quälte Tiere. Er hatte besonders gern ein Lied, das "Die kleine Ziege" hieß und davon handelte, wie eine hilflose junge Ziege von Wölfen gefressen wurde. Wladimir sang die letzte Strophe mit einem grimmigen Gesichtsausdruck, wie seine Biographen berichten. Er brüllte frohlockend: "Und nichts blieb für die Oma übrig außer den kleinen Hufen und Hörnern." Er sang auch die Arie Valentins aus Gounods *Faust*. Er vermied den Kontakt zu seinen Klassenkameraden, und ein Direktor schrieb an die Kasan-Universität, daß der junge Lenin eine fröstelnde Zurückhaltung und einen alarmierenden Mangel an gewöhnlicher Menschlichkeit aufweise. Eines Abends hörte seine Schwester, wie er vor sich her murmelte, und bemerkte, daß er unsinnige Laute von sich gab - wahnsinnig, so als ob er in einer unbekannten Sprache mit einer anderen Welt redete. Der Spuk ging vorüber, und er wuchs auf, um zur sowjetischen Gottheit zu werden, die einen Großteil der Welt in die Irre führte. In einem Artikel in der *Iswestija* gab Karl Radek, der selber Jude war, die Erklärung ab, daß Lenin ein "Messias" sei, "der das Proletariat aus der ägyptischen Knechtschaft herausführe".

In vieler Hinsicht war Lenin ein falscher Messias und ein Antichrist.

Zurück dahin, wo ich stehen geblieben war: Zwei Wochen nach der Diskussion im Bus machte ich eine weitere Erfahrung in einem öffentlichen Verkehrsmittel. Ich befand mich auf dem Weg nach Swaljawa und führte einen Stoß Bücher mit mir. Von Swaljawa aus wollte ich nach Dowhe weiterfahren. Neun Kilometer vor Swaljawa, in Poljana, bestieg eine Gruppe von Miliz und KGB den Bus. Mein Puls erhöhte sich, weil ich zwei Koffer bei mir hatte. Darin befanden sich nicht nur religiöse Schriften, sondern auch nationalistisches Material, und dafür konnte man mit 15 Jahren Gefängnis bestraft werden.

Ich entfernte mich ein Stück weit von den Koffern, und obwohl ich vor den Prokurator gebracht wurde, konnten sie nicht beweisen, daß die Schriften mir gehörten. Ich brachte sie durch die Regeln der Beweisaufnahme zu Fall: Sie hatten die übrigen Fahrgäste gehen lassen, anstatt sie als Zeugen gegen mich sicherzustellen.

Es war im Sommer des Jahres 1984, als ich eine recht radikale Idee hatte: Man müßte eine Gruppe aus militärisch geschultem Personal bilden, um zu versuchen, Raoul Wallenberg aus dem Wladimir-Zuchthaus zu befreien.

Ich wußte immer noch, wo dieser arme, alte Diplomat war. Sie hielten ihn in der chirurgischen Abteilung, Zelle Nummer 53, fest.

Wie sollte man ihn von dort herausholen? Es gab mehrere Ideen. Einige dieser Vorschläge verwarf ich, weil sie den Gebrauch von Schußwaffen beinhalteten. Das konnte einfach nicht gelingen. Wir konnten ihn vielleicht mit Hilfe der Schußwaffen dort herausholen, aber ich wußte, daß, sollte jemand einen Schuß abfeuern und dadurch Lärm verursachen, wir ihn niemals aus dem Zuchthaus selbst herausbrächten. Ich begann zu analysieren, wie man Wallenberg heimlich herausschleusen könnte. Ich hatte schon das Zuchthaus von außen - alle Aus- und Eingänge - untersucht. Ich beobachtete sie und machte Fotos von den Zufahrtstoren. Eines Tages sahen wir, wie sie einen Sarg herausbrachten. In der Nähe des Gefängnisses befand sich ein Friedhof. Ich fing an darüber nachzudenken, Wallenberg heimlich in einem Sarg herauszuholen. Zwei Männer hoben ein Grab aus, und ich ging daran mit einer Frau vorbei, indem wir vortäuschten, daß wir Spaziergänger wären. Ich fragte so nebenbei, wie sie die Toten begruben. Ich erfuhr, daß sie das Grab auf gleicher Höhe mit dem Boden einebneten und daneben einen Pfahl in den Boden trieben, der zwei bis drei Meter hoch und an dem am Ende an einem Haken eine Nummer befestigt war. Weiterhin brachte ich in Erfahrung, daß die kleine Nummer für den Fall einer Exhumierung drei Jahre lang dort blieb.

Ich kehrte nach Hause zurück und besprach mich mit meiner Gruppe. Ich sagte ihnen, daß wir Wallenberg nur erhalten könnten, wenn wir ihn statt eines toten Verbrechers, der beerdigt werden sollte, in den Sarg legten. Wallenberg war im Krankenhaus, was die Angelegenheit erleichterte. Wir brauchten nur noch etwas Geld, wovon wir sehr wenig hatten. Ich fuhr nach Wladimir zurück, nahm Kontakt zu einer mir bekannten Ärztin im Gefängnis auf und erhielt von ihr zusätzliche Informationen. Sie war eine Pathologin, die Autopsien durchführte. Alles war geplant - wir waren bereit, den Ausbruch zu starten - aber mir fehlten immer noch die so nötigen Geldmittel. Plötzlich fand eine neue Serie von Verhaftungen statt - Verhaftungen von Mitgliedern unserer religiösen Initiativgruppe. Ich mußte mich schleunigst zurück in den Untergrund begeben.

Die Art und Weise, wie sie uns verfolgten, war schrecklich. Wenn sie zum Beispiel herausfanden, daß man katholisch war, war es ihnen möglich, Wege zu finden, die Kinder des Betreffenden in eine Sonderschule einzuweisen, in der sie der Gerhirnwäsche unterzogen und wodurch einem die Elternrechte entzogen wurden. Einige der katholischen Kinder, die sich weigerten, ihre religiösen Gegenstände abzuliefern, wurden auf eine Diät von Brot und Wasser gesetzt. Ich besuchte eine solche "Schule", in der die Tochter eines Freundes ausgebildet wurde. "Herr Josip, ich werde mit Ihnen von hier weglaufen", sagte sie bettelnd.

Ich sagte: "Sieh mal, ich bin zu Fuß hier. Ich habe kein Auto."
"Sie brauchen kein Auto", beharrte sie.
"In Ordnung", antwortete ich. "Ich warte auf dich."

Die Schule (das Lager) war in einem alten Kloster mit einer Mauer, die bis zu einem Obstgarten aus Pflaumenbäumen reichte. Ich wartete bis zur Pause nach dem Mittagessen. Die Tore waren verschlossen, und das Personal hielt Aufsicht, so daß ich vorsichtig sein mußte. Ich kletterte auf einen der Bäume und konnte so über die Mauer sehen. In der Zwischenzeit hatte das Mädchen noch etwa ein Dutzend anderer Kinder zusammengeholt, darunter zwei Baptisten. "Herr Josip, wir wollen auch mit Ihnen gehen", sagten sie.

Sie zeigten auf ein Loch in der Mauer, das dazu verwendet worden war, Abfälle hinauszuwerfen, und welches von den Russen mit Brettern zugenagelt worden war. Die Kinder hatten die Bretter entfernt und krochen dort oft nachts heraus. Jetzt krochen sie für immer heraus. Wir flohen zu Fuß.

Mittlerweile hatte die Schulverwaltung die Miliz davon informiert, daß ich dort gewesen sei, und wir hörten die Militärfahrzeuge in der Nähe eines Maisfeldes. Wir versteckten uns darin und entgingen ihnen auf diese Weise.

Das war ein Abenteuer, aber das meiste in meiner Arbeit bestand aus Organisieren und Verwalten. Meine Hauptaufgabe war natürlich die Initiativgruppe, die wir 1982 gegründet hatten. Wir hatten einen inneren Kreis, der Kontakte zu internationalen Organisationen unterhielt, und das mußte höchstgeheim geschehen, weil man wegen "Spionage" verhaftet werden konnte. Das war weitaus gefährlicher, als mit ein paar Kindern aus einer Schule wegzulaufen.

Während meiner kurzen Freiheitsperioden arbeitete ich auch in Georgien, wo ich solche Nationalistenführer wie Eduard und Tengis Gudawa zum Katholizismus bekehrte. In den zwanziger Jahren dieses Jahrhunderts hatten Gespräche zwischen Georgien und dem Vatikan stattgefunden, und wir versuchten, diese Verbindungen zu festigen. Die georgische Orthodoxie steht Rom näher als Moskau.

Ich beobachtete, wie die Abneigung wider Lenin in der UdSSR anwuchs. Am 7. November 1984 fanden die jährlichen Feierlichkeiten aus Anlaß der "Oktoberrevolution" statt, und in Borschawske und Kerezki hatten junge Burschen Leninstatuen mit Fäkalien beschmiert oder mit Farbe beworfen. In Swaljawa bemalten sie die Augen der Leninstatue mit roter Phosphorfarbe. Und an Lenins ausgestreckter Hand hing ein Schild, auf dem stand: "Im Jahre 1985 leben wir in der Hölle."

Ich wurde am 8. Februar 1985 erneut verhaftet. Sie mögen denken, daß ich selbst schuld sei, aber ich glaubte, daß die Kommunisten nur zurückgeschlagen werden konnten, wenn man kompromißlos und unnachgiebig war. Sie fuhren mich zwischen Uschgorod und Lemberg hin und her, indem sie mich heimlich transportierten, damit ich keine Kontakte nach draußen aufnehmen könnte. Sie entließen auch einen Kommandanten, der im Verdacht stand, mir zu helfen.

Während der Gespräche mit dem KGB wurde mir gesagt, daß es nicht zur Gerichtsverhandlung kommen würde, wenn ich bereute und meinen Glauben verleugnete. Gott gab mir den Gedanken, um ein Blatt Papier zu bitten. Darauf schrieb ich eine lange Erklärung dahingehend, daß ich, ein Sohn kommunistischer Eltern, jetzt verstünde, daß die einzige, wirklich echte Kirche die orthodoxe Kirche sei und daß ich bereute.

Sie wußten nicht, was ich schrieb. Ich ließ das Blatt auf einem Tisch und ging hinaus, um mir die Beine zu vertreten. Ich wußte, daß sie es lesen würden. Als ich zurückkam, nahm ich mein Mittagessen ein, und eine ganze Reihe von Beamten erschien, darunter KGB-Agenten und der zweite Sekretär der ukrainischen kommunistischen Partei.

Weil ich angeblich widerrufen würde, beschlossen sie, eine offene Gerichtsverhandlung zu halten. Es würde eine großartige Reklame geben, wie ein leitender katholischer Aktivist öffentlich den Katholizismus verleugnete. Wie sich doch ihre Einstellung mir gegenüber änderte! Sie gaben mir gutes Krankenhausessen drei Tage vor der Verhandlung, und es wurde Olena gestattet, mir ein neues Hemd und einen gebügelten Anzug zu bringen.

Sie brachten mich in den großen Verhandlungssaal des Kreisgerichts, in dem Priester, Nonnen und eine große Anzahl anderer Leute warteten. Die Spitzenleute des KGB aus Kiew und Lemberg waren auch anwesend, weil ich angeblich widerrufen würde. Der Prokurator kam und fragte mich, wie ich mich verhalten würde. Ich sagte: "Nun, ich gebe eine Stellungnahme ab, und dann komme ich mit dieser Widerrufserklärung heraus."

Das war nur meine Taktik, um eine offene Verhandlung zu gewährleisten. In der Zwischenzeit hatte ich die Erklärung in Stücke zerrissen und sie die Toilette hinuntergespült, wo sie hingehörte. Dann schrieb ich eine neue Erklärung. Als ich aufstand, begann ich mit einem verbalen Angriff auf Moskau. Sie hätten die Beamten in dem Raum sehen müssen. Sie wanden sich im ganzen Zimmer herum. Der erste Verhandlungstag war ein völliger Reinfall, und am zweiten Tag flogen sie per Hubschrauber eine Gruppe von Psychiatern ein. Ich stellte einfach fest, warum ich Katholik war und was unsere Überzeugungen waren.

Sie brachten mich ins Gefängnis zurück, und der Haß war spürbar. Sie nahmen mich ins Bad mit, wo ich meine Kleidung wechseln und mir eine Sträflingsuniform anlegen mußte. Ich kündigte ihnen

an, daß nach dem, was mir die Muttergottes gesagt hatte, ich in etwa zwei Jahren trotz ihrer Bemühungen wieder frei sein würde.
Sie lachten mich aus. Sie sprachen darüber, wie ich nie mehr zurückkehren würde.

Die Anklage wurde erhoben nach Paragraph 62, Absatz 1, des Strafgesetzbuches der ukrainischen SSR. Es hatte die Anklagenummer 8200485. Sie klagten mich, Josip Terelja Michailowitsch, damit an, "feindlich den sowjetischen Behörden gegenüber" zu sein, "mit dem Ziel, die Sowjetautorität zu destabilisieren und nationalistische Gefühle zu schüren".
Ich, feindlich?
Worauf es hinauslief, war eine Schmähung meiner Tätigkeiten von 1981 bis 1985. Sie brachten alles in einer Anklageschrift zusammen. Sie erwähnten meinen Aufsatz "Demut und Widerstand" und einen Brief, den ich mit P. Anton Pototschnjak im August 1982 an eine internationale Konferenz in Madrid geschrieben hatte. Der Text, den der sowjetische Staatsanwalt als "von verleumderischem Inhalt gegen die Regierung der UdSSR mit der Absicht subversiver Handlung" beschrieb, bat andere Länder inständig, die UdSSR zu drängen, die ukrainische katholische Kirche zu legalisieren und Menschen aus den Gefängnissen zu entlassen.
Worüber die sowjetischen Beamten mehr als alles andere erzürnt waren, war, daß diese Artikel und Erklärungen aus der UdSSR hinausgelangt waren. In jeder einzelnen Beschuldigung kam die Anklage immer wieder auf die Tatsache zurück, daß meine Schriftstücke "durch unbekannte Kanäle über die Grenzen gelangten, um von Zentren massiver Propaganda benutzt zu werden". Der nach Madrid gesandte Brief zum Beispiel wurde über Radio Freiheit ausgestrahlt.
Diese und andere Texte wurden auf meiner kleinen Olympia-Schreibmaschine aufgesetzt. Die Sowjets erwähnten einen Aufsatz mit dem Titel "Ostergespräche", welcher unter den Bewohnern Dowhes verteilt worden war, und ein Schriftstück, das ich an den polnischen Gewerkschaftsführer (und heutigen Präsidenten), Lech Walensa, geschickt hatte. Walensa gegenüber stellte ich die Unterdrückung der Gläubigen in der Ukraine und die Verbindung zwischen Satan und dem Kommunismus dar. Dieses Material wurde von Radio Kanada am 24. Februar 1985 ausgestrahlt. Der Staatsanwalt stellte auch fest, daß Wasil Kobrin und ich einen offenen Brief an die katholische Aktion in der Schweiz vorbereitet hatten.
Wie die Sowjets es so hitzig beschrieben, schlugen meine Briefe vor, eine Regierung in der Ukraine ohne Beteiligung der Kommuni-

sten aufzustellen. Stellen Sie sich vor, wie vernünftig das heute klingt. Ein solcher Kommentar gelangte an das *Ukrainische Wort* in Paris und wurde über den Radiosender Stimme Amerikas am 14. März 1985 ausgesendet. Durch die ganze Anklage hindurch wurde die *Chronik* erwähnt, und sie waren entsetzt über meine Ablehnung des Krieges in Afghanistan. Sie waren aufgebracht über eine Erklärung, die Kobrin, Budsinski und ich am 21. Juni 1984 an den Verteidigungsminister, Marschall Ustinow, gesandt hatten, die von jenem schrecklichen Krieg und dem politischen Völkermord in der Ukraine handelte. Ein weiterer Brief, diesmal an den Präsidenten des obersten Präsidiums (Tschernenko), verlangte von den Behörden in einem Ultimatum die Freilassung von 72 politischen Gefangenen.

Unsere Korrespondenz mit Tschernenko ist eine Sache für sich. Wie gelang es uns, etwas an den Präsidenten des obersten Präsidiums zu übergeben? Es geschah über Leute, die Zugang zum inneren Kreis hatten und bereit waren, ihr Leben aufs Spiel zu setzen. Tschernenko war zu einer Kur in ein Bad in den Karpaten gekommen, und ein Angestellter, der dort den Zimmerdienst versah, erklärte sich bereit, den Brief auf Tschernenkos Nachttisch zu legen.

Der KGB war außer sich vor Wut. Der Brief war Beweis dafür, daß es entgegen den möglichen Darstellungen des KGB ihm gegenüber in der UdSSR immer noch Katholiken gab, und es führte zu einem Treffen mit mehreren, hochrangigen Beamten, die uns zu besänftigen suchten, indem sie uns vorschlugen, eine katholische Kirche nach dem chinesischen Modell zu gründen - was soviel bedeutete, wie keine Kontakte mit Rom zu haben.

"So führte Terelja im Laufe des Jahres 1984 an seinem Arbeitsplatz in einer LPG im Beisein des Direktors beständig verleumderische Handlungen gegen die UdSSR und das Entlohnungssystem durch, und er behauptete, daß die Ukrainer unterdrückt würden und daß es eine sogenannte 'Russifizierung' der Ukraine gäbe", erhob der Staatsanwalt die Anklage. "(Er) setzte seine antisowjetischen Aktivitäten während eines Gespräches fort, zu dem er ins Rathaus geladen wurde, wo er im Beisein des Sekretärs im Bürgermeisteramt und Inspektor Starosta von der Miliz den niedrigen Lebensstandard in der Sowjetunion anprangerte. Terelja rief zum Kampf gegen die Sozialordnung auf."

Während der offiziellen Untersuchung hatte ich ihnen gesagt, daß zwischen 1989 und 1990 das Reich des Satans zusammenbrechen würde. Bei der Urteilsverkündigung lachten sie über diese Aussage und fragten, was ihnen wohl 1991 bringen würde.

Wir müssen abwarten und werden sehen.

Schließlich fand mich das Kreisgericht der Karpaten in seiner Urteilsverkündigung vom 20. August 1985 unter dem Vorsitz des Richters, A. A. Strischak, im Namen der ukrainischen, sozialistischen Republik schuldig, mich "systematisch mit antisowjetischer Propaganda zum Zweck der Zerstörung der Sowjetautorität eingelassen zu haben". Dafür erhielt ich die Höchststrafe: sieben Jahre Konzentrationslager und fünf Jahre internes Exil. Der Prokurator deutete an, daß sie bereit wären, sich zurückzuziehen. Der Richter erteilte mir zur Verteidigung ein letztes Wort.

Ich drehte mich zu den Leuten um und begann zu sprechen:
"Wer in der Liebe lebt, lebt in Gott und Gott in ihm. Heute ist das Gerichtsverfahren gegen mich beendet worden - nicht zum ersten und vermutlich nicht zum letzten Mal. Wir sind am Ende des zwanzigsten Jahrhunderts angelangt. Die Verfolgung der Christen hat wie in den ersten Jahrhunderten noch nicht aufgehört. Die Einstellung, die russische Überlegenheit vertritt, hat ihren Höhepunkt erreicht. Die Ukraine befindet sich am Scheideweg ihrer eigenen Widersprüche. Christus von seinen Kolonialherren gekreuzigt, fragt Gott: Wohin soll ich mich wenden, wie sollen wir den Weg finden; und die Antwort darauf kommt aus unseren Herzen. Jesus ist der Weg, weil nur Er Wahrheit und Licht ist. Alle, die zum Vater kommen, kommen dahin durch Jesus. Es gibt keinen anderen Weg. Sie stahlen den Ukrainern ihre Geschichte, ihre Sprache und ihre Religion. Sie verlangen von uns, fremde Götter anzubeten. Wer auch immer als Ukrainer protestierend dagegen seine Stimme erhebt, wird sogleich des Verrats und des Nationalismus angeklagt. Die Gefahr liegt darin, daß russisches Überlegenheitsdenken unser Schulwesen durchdringt, und wir sehen die Spur russischen Überlegenheitsdenkens in den Schulbüchern und im Unterricht an unseren Universitäten, Gymnasien und Berufsausbildungsstätten. Diese verfälschten Schulbücher erwähnen mit keinem Wort die drei künstlichen Hungersnöte in der Ukraine: 1921, 1932-33 und 1947. Selbst das heutige Verfahren wird auf russisch durchgeführt. Das Reich, egal in welcher Farbe wir es darstellen, wird immer darauf ausgerichtet sein, jede fremde Sprache, die in diesen Gebieten gesprochen wird, auszurotten. Die Kultur und die Sprache des Eroberers wird uns auferlegt. Das normale Leben einer Nation ist gestört. Ein Ukrainer, der seiner Nationalität und seines Glaubens beraubt worden ist, versteht nicht seinen Platz in der Geschichte der Kulturen und Völker. Er empfindet nicht den Wunsch, seine eigene Wirklichkeit zu verstehen. Ich werde nur verurteilt, weil ich auszurufen wage: 'Ich bin ein Ukrainer. Ich bin ein Christ.'"

## 16. Kapitel

# DIE HÖLLE AUF ERDEN

Sie schickten mich in Lager im Gebiet von Perm, welche viele als die schlimmsten im Sowjetsystem betrachten. Wenn Wladimir und Hubnik schon gewisse Eindrücke hinterließen, so war, was vor mir lag, die Hölle auf Erden. Einige der Haftzentren im Gebiet von Perm, insbesondere Kutschino Nummer 36-1, waren keine Konzentrationslager, sondern Todeszentren.

Perm befindet sich auf der westlichen Seite des Urals. Auf der anderen Seite befindet sich das sibirische Flachland. Im Winter fällt das Thermometer tief unter null Grad ab. Es ist ein Klima, das man sich nicht für seine Datscha aussuchen würde. Bevor ich abtransportiert wurde, gelang es Olena, ein Treffen mit mir zu vereinbaren. Sie brachte unsere Kinder mit. Neben Marianna und Kalina war da jetzt auch noch ein Junge, den wir Pawlo nannten. Er war erst neun Monate alt. Es schmerzte, sie zurückzulassen.

Ich wurde nach Charkiw verlegt, wo man mich in die Isolationshaft einwies. Ich war noch nie in einer solchen dunklen und feuchten Zelle gewesen, und sie war so klein, daß ich nicht einmal meine Beine ausstrecken konnte. Da nur Platz für mich und den Toiletteneimer vorhanden war, war es so, als ob man sich in einem Außenabort befände. Dort verbrachte ich zwei Wochen und wurde dann in das Sondergefängnis ST-2-OD-6 in Kasan gebracht.

Kasan war ein Übergangslager für ukrainische Dissidenten. Dort gelang es mir, einen Rosenkranz aus Brot herzustellen und ihn schön anzumalen. Dann ging es nach Perm. Soviel ich wußte, sollte ich nie nach Hause zurückkehren.

Wenn man sich solche Lager anschaut, sieht man Reihen von festen Zäunen, die oben mit Stacheldraht versehen sind. Die Barrikaden umzäunen spitze Gebäude, die man für Kasernen halten könnte. Perm war sehr dunkel, kalt und in jeder Hinsicht unangenehm. Wie in Mordowien gab es eine Reihe von Lagern in diesem Gebiet. Ich war eine zeitlang in Kutschino, Polowinka und Wseswjatska. Zuerst wurde ich in einen Betonraum mit zwanzig anderen Leuten geworfen. Die Aufseher kamen und verboten mir, in einer dunklen Ecke zu schlafen. "Jetzt bist du in unseren Händen", sagte einer der Beamten. "Kein Westen wird dir hier helfen."

Ich wußte nichts davon, aber am 1. November 1985 wurde eine Bittschrift, die von 151 Abgeordneten des US-Kongresses unterzeichnet worden war und für meine Freilassung bat, an den neuen, sowjetischen Generalsekretär, Michail Gorbatschow, gesandt. Die sowjetische Antwort bis dahin war, mich noch tiefer in den GUlag abzutauchen. Zwei Wochen später wurde ich in das gefürchtete Kutschino geschickt. Sie nahmen mir die normale Sträflingskleidung ab und gaben mir ihre eigene Uniform. Der Rock war so dünn, daß man fast durchsehen konnte - und ich sollte damit bei Temperaturen unter null Grad nach draußen gehen. Ich wurde eine Gasse hinuntergeführt und zu einem einsamen Gebäude in einer Ecke des Lagers gebracht. Es diene der Quarantäne, sagten sie, aber mir gefiel ganz und gar nicht, was ich sah. Ich begann zu rebellieren. Die Wände waren mit Salz bedeckt, tropften und sahen bösartig aus. Ich konnte sehen, wie ich in diesem kleinen, abgelegenen Gebäude sterben würde. "Holt mich aus diesem Zimmer raus!" schrie ich, so laut ich konnte. "Das ist eine Strafzelle, keine Quarantäne."
"Wir wissen mit dir umzugehen", war die Antwort. "Wir wissen, wer du bist."
Ich griff den Wächter an und hielt ihm zwei Finger ins Gesicht, womit ich ihm drohte, seine Augen auszustoßen. "Ich weiß, daß Ihr mich hergebracht habt, um mich zu töten, aber solange ich noch etwas Kraft habe, werde ich ein paar von euch mit mir nehmen", rief ich.
Sie riefen Major Dolmatow, der kam und fragte, warum ich das Zimmer nicht betrete. Er führte mich durch das Lager, um mir zu zeigen, daß alle anderen Räume besetzt waren.

Ich weigerte mich, im Hof zu arbeiten, und am vierten Tag meines kleinen Streiks gaben sie mir nur dreihundert Gramm Brot, 63 Gramm Fisch und zweihundert Gramm Gemüse. Jeder in der Zone wußte, daß "Terelja" da war. Zu diesem Zeitpunkt steckten sie mich in die Zone verschärfter Behandlung, Nummer 36-1. Sie sagten mir, daß sie es mir heimzahlen würden und daß ich mir nicht erlauben könnte, was ich in Mordowien gemacht hatte. Dies war auch nicht Dnjepropetrowsk. Sie sagten, daß ich niemals Weißbrot erhalten noch daß es mir gelingen würde, Nachrichten in den Westen zu schmuggeln. "Ich habe ein Lager, das nicht einmal eine Mücke durchqueren kann", prahlte Major Wakulenko.

Ich antwortete trotzig: "Ich bin selbst in Lagern gewesen, in denen nicht einmal Luft durchkam und bin trotzdem entkommen."

Mittlerweile schrieb die sowjetische Presse schaurige Geschichten über mich und Boris, meinen verstorbenen Bruder. Sie prangerten mich als einen Nationalisten an, der sich hinter dem Mäntelchen des Christentums verstecke. Was störte es mich? Nur ein Narr glaubte, was in sowjetischen Zeitungen stand.

Ich fing an, eine Erklärung zu schreiben, in der ich verlangte, in die Arbeitszone verlegt zu werden, um für meine Familie etwas Geld zu verdienen. Oberst Chorkow erschien. Ihm unterstanden alle MWD-Abteilungen im ganzen Permgebiet. Sie waren alle nervös. Irgendwie war die Nachricht, wo ich mich befand, im freien Radio berichtet worden. Chorkow und seine Handlanger wollten wissen, wie die Information hinausgelangt sei. Ein Zigeuner namens Hauptmann Rak wurde geschickt, um mich zu provozieren, und ich erhielt 15 Tage Isolationshaft. Ich begann zu rufen: "Die Russen töten mich!"

Rak und ein weiterer Wächter sprangen auf mich los und verschränkten meinen Arm hinter meinem Rücken. Sie versuchten ihn zu brechen. Schließlich gelang es mir, den Wächter zu treten, und Rak fing an, mir Boxhiebe zu versetzen. Eine Reihe von Wächtern kam auf mich zu. Der Kommandant kam mit dem KGB. Ich wurde zur Isolationshaft gebracht, Nummer drei, der kältesten Zelle.

Dennoch betete ich. Dennoch überlebte ich. Immer noch blieb ich trotzig. Als eine Gruppe von KGB-Agenten aus Kiew und Moskau erschien, kam es zu einem Streitgespräch. Es ging um die Bedeutung des Christentums. Ein KGB-Offizier bestand darauf, daß Jesus von in Armut lebenden Menschen redete - nicht den sittlich und im Geiste Armen - als er von jenen sprach, die hungern und dürsten. Die Kirche habe die Lehren Christi entstellt, meinte er. Christus war ein Leiter des Proletariats. Ich erwiderte: "Ihr habt die Lehren weiter verdreht, indem Ihr zu behaupten versucht, daß Jesus der erste war, der den Kommunismus lehrte."

Sie stellten mir Herausforderungen, und in gleicher Weise gab ich ihnen die Antworten zurück. "Warum hilft dir dein Jesus nicht? Hier stecken wir dich in Isolationshaft, wir schlagen dich, und Jesus hilft dir nicht."

Es war das alte, abgedroschene Lied. Ich antwortete, daß meinem Geist Frieden gewährt wurde und ich ihr Gefängnis nicht mehr verspürte, wenn ich betete.

Als nächstes kam die Frage der Liebe dran. "Kann ein guter und bescheidener Mensch so ohne Liebe sein? Schau mich an. Ich bin von Natur aus ein guter Mensch, aber ich liebe dich nicht. Ist das eine Sünde? Das Christentum lehrt eine schizophrene Liebe - eine Liebe für jedermann. Psychiater beweisen, daß das unmöglich ist. Ich brauche die Liebe Jesu nicht. Ich kann ohne Jesus lieben. Die Menschen lieben es, sich wohl zu ernähren und gute Kleidung zu tragen. Wieviele von deiner Sorte gibt es? Leute wie du sind Masochisten, die daran Gefallen finden, gefoltert zu werden."

"Was kann ich über euch Ungläubige sagen?" erwiderte ich. "Da braucht man sich nicht zu verwundern, daß Christus weissagte, daß jene, die glauben, um seines Namens willen verfolgt würden."

Ein Oberst lachte. "Möchtest du, daß die Leute uns verfolgten und daß sie dann glaubten und daß wir dann glaubten?"

Ich sagte ihm, daß ich über Christen sprach. Er sagte: "Wir glauben nicht, daß es Christus gab oder daß Gott existiert. Das ist für Kinder. Glaubst du, daß wir uns jemals in einer Situation wiederfänden, die uns zu glauben veranlaßte?"

Ich antwortete: "Es ist eine Frage, ob man Seiner, Christi, würdig ist."

Einer vom KGB sagte: "Nach deiner christlichen Lehre bin ich, ein Offizier des KGB, ein Sünder. Was wirst du daran tun? Diese zwanzig Jahre, die du im Gefängnis verbracht hast, wozu nützen sie? Das kannst du nicht beantworten - warum hast du all die Jahre vergeudet?"

Ich antwortete: "Jede Seele macht täglich eine Gewissenserforschung. Das Problem ist nicht körperliches Leiden. Wir trachten danach, unser Gewissen zu reinigen. Und die größten Leiden sind moralische Leiden. Ihr Offiziere solltet eure Sünden anerkennen und dafür Buße tun. Ihr behauptet, daß ihr gut seid, dann tut auch Buße für eure Sünden."

Ihr Kommentar war, daß Gott ein "jüdischer Mythos" sei.

Schließlich wurden sie verärgert und aggressiv. Es war alles eine Provokation. Sie wollten von mir über jüdische Probleme hören. Meine Bemerkung über die Juden war, daß ein wirklich christliches Europa jene, die zum jüdischen Glauben gehörten, nicht unterdrücke. Sie brachten vor, daß der größte Teil der Welt heidnisch und nicht christlich sei. Ich gab zu, daß dies unsere Schwäche sei.

"Josip, Du sagst, daß die katholische Kirche eine kämpferische Kirche ist. Wie kann das sein, wenn sie doch liebevoll und tolerant sein soll?"

Ich sagte: "Ja, sie *ist* tolerant, aber indem sie sich unter den Wölfen bewegt, ist unsere Kirche eine streitende geworden."
"Wir sind zu dem Schluß gekommen, daß wir dich bestrafen müssen", wurde ich informiert. Sie zogen ein blaues Schriftstück hervor, eine Verordnung des Prokurators. Es war der 3. August 1986. Sie verlasen eine Strafe von zwei Monaten Isolationshaft.

Ich erfreute mich nicht bester Gesundheit und ging in den Krankenhäusern in Perm ein und aus. Der KGB hatte einst geprahlt, daß ich, sollte ich jemals entlassen werden, den Rest meines Lebens für Medikamente bezahlen müßte. Sie hatten recht. Körperlich war ich ein gebrochener Mann. Ich benötigte Medikamente für mein Herz, und ich hatte hohen Blutdruck und Probleme mit meinen Gelenken. Die Kälte und Feuchtigkeit machten mir sehr zu schaffen. Wenn ich lesen durfte, hatte ich heftige Kopfschmerzen. Das Klima im nördlichen Ural ist nichts für kranke Menschen, und oft kam Blut aus meinen Ohren und meinem Hals.
Das alles diente dazu, meinen Glauben herauszufordern. Ich kämpfte damit, um standhaft zu bleiben, aber es gab auch Augenblicke des Zweifels - in denen ich mich über mich und mein Schicksal beschwerte. Dann war das Gebet mein einziger Ausweg. Das Gebet gab mir Vertrauen und half mir, Jesus treu zu bleiben.
Ich neigte zu Zornesausbrüchen und wurde mir bewußt, daß das eine Sünde war. Nicht jedem ist es gegeben, geduldig sein Kreuz zu tragen. Selig die Sanftmütigen! Und wie schwer ist es doch, sich vor Bösem zu bewahren. Ich hätte nicht tiefer fallen können. Meine Zeit in Kutschino verbrachte ich fast ausschließlich in Isolationshaft, und meine Mitgefangenen fielen um wie die Fliegen - ein Drittel von ihnen zwischen 1984 und 1986. Viele dieser Todesfälle waren absichtlich. Die Verwaltung tat nahezu nichts, um die Kranken wieder gesund werden zu lassen. Sie wußten, daß Perestroika vor der Türe stand, und sie wollten jeden auslöschen, der ihnen Probleme in einer freieren Gesellschaft machen konnte.
Im Laufe des Jahres 1986 wurde ich in das zentrale Krankenhaus in Polowinka eingewiesen, wo ich zuvor schon viele Male gewesen war. Einmal befand ich mich am äußersten rechten Ende eines Flügels und der jüdische Verweigerer, Anatoli Scharanski, am äußersten linken. Der Rest des Flügels stand leer. Als Scharanski aus dem Krankenhaus geführt wurde, hörte ich, wie der Wächter sagte: "Scharanski, mit deinen Sachen." Ich wußte, daß sie ihn hinausführten, und ich wunderte mich, was sie mit mir anfangen würden.
Es gab beharrliche Gerüchte, daß auch ich freigelassen würde. Mein Fall war eine vertraute Angelegenheit für solche Leute wie Wil-

liam Casey, den Direktor der CIA, sowie für Präsident Reagan geworden, der meinen Namen mit zum Gipfeltreffen mit Gorbatschow in Island nahm. Reagan ließ die verfolgten Juden und Christen nicht aus seinen Augen, und ich hatte Briefe an alle möglichen ausländischen Staatchefs geschrieben: neben Reagan und Mitterrand selbst an den Führer der chinesischen kommunistischen Partei, Deng Xiaoping. Mitterrand war der erste, der 1986 über mich zu sprechen begann. Königin Beatrix der Niederlande hatte sich auch eingemischt.

Das Gerücht geht um, daß Gorbatschow in Reaktion auf das Verlangen für meine Freilassung mich als einen "gewöhnlichen Verbrecher" bezeichnete.

Es erübrigt sich zu sagen, daß ich kein Vertrauen in Gorbatschow habe. Ich glaube, daß er insgeheim ein Freimaurer ist.

Die ganze Zeit über hörte die arme Olena wenig von mir. In zwei Jahren erhielt sie nur sechs Briefe. Sie wußte nur, daß ich noch lebte, weil man mich im Radio erwähnte, wenn Sendungen antireligiöser Propaganda ausgestrahlt wurden. Im April 1986, als ich mich im Krankenhaus Nummer 35 befand, fing ich an, mich sehr niedergeschlagen zu fühlen. Es fühlte sich an, als ob ein tragisches Ereignis stattgefunden habe. Es dauerte zwei Wochen lang, und ich fand es schwer, mich zu konzentrieren. Es war so, als ob ein schwarzes Vakuum mich verschluckte. Später erfuhr ich, daß meine Niedergeschlagenheit dem Unglück im Kernkraftwerk Tschernobyl vorausging. Als wir stückchenweise davon Nachrichten erhielten, brach mir das Herz. Ich malte mein erstes Bild von Tschernobyl als ein Bild des Todes - die Welt steht in Flammen. Aus einem Schädel schlängelt sich die sowjetische Schlange.

Eine Woche später machte ich noch ein Gemälde eines gewaltigen Schädels mit dem Atompilz und einem offenem Kiefer mit Kreuzen im Bild. Dann begann ich eine Serie zu malen, die ihr Augenmerk auf die Kinder von Tschernobyl richtete. Bis auf eins wurden alle meine Bilder beschlagnahmt.

Das Ausmaß der Schäden in der Nähe des nuklearen Reaktors entging unserem ersten Verständnis. Mehr als zweitausendsechshundert Quadratkilometer landwirtschaftlicher Nutzfläche waren verseucht, ganze Städte waren aufgegeben, und der Ausfall in der Stromerzeugung sollte bald einem Gebiet Probleme bereiten, welches 1988 das Zentrum für die Tausendjahrfeiern der Christianisierung war. Es war genau im Gebiet von Tschernobyl, daß der erste Stamm der Rus sich 988 zum Christentum bekehrte. Jetzt hatten dort durch Habgier und Faulheit böse Kräfte radioaktives Material verstreut, welches das Land der ersten Rus-Christen vergiftete und verursachte, daß 37 000 Kinder allein in Weißrußland Symptome aufwiesen, die zu einer Krebserkrankung führen können.

Hinter Gittern waren mir solche Neuigkeiten wie auch die Nachricht von meiner bevorstehenden Entlassung unzugänglich. Ich wußte, daß sich etwas anbahnte, aber mir waren keine Einzelheiten bekannt. Es entwickelte sich zu einer qualvollen Wartezeit. Um mich zu beschäftigen, hängte ich ein Bild Lenins auf und betete für seine Seele. Die Wächter konnten das nicht ausstehen und befahlen mir, das Bild abzuhängen. "Nein", sagte ich. "Wenn ich das Bild Lenins abreiße, verordnet Ihr mir eine zusätzliche Strafe. Ich möchte sehen, wie *Ihr* das Bild abreißt, so daß ich einen Beschwerdebrief schreiben kann."

Dafür erhielt ich wegen Ungehorsams 15 Tage Isolationshaft. Zu jenem Zeitpunkt erhielt ich Tropfinfusionen, und sie zogen die Kanülen heraus, legten mich auf eine Tragbahre, und auf ging es zur Strafzelle. Dann wurde ich nach Lager Nummer 37 verlegt, in dem Major Sgogurin der Kommandant war. Seine Frau war Ärztin und aus irgendeinem Grund war sie mir wohl gesonnen. Meine Fluchtgeschichten hatten es ihr angetan. Aber ansonsten gab es nicht viel an Gemeinsamkeiten. Ich wurde in das Krankenhaus des Lagers gebracht, und man verbot mir, mit irgendwem zu sprechen.

Dort fand ich mich neben einem Priester namens P. Sigitas Tamkjawitus wieder, der der Schriftleiter der Untergrundzeitschrift *Katholische Chronik* in Litauen war. Es gab enge Verbindungen zwischen uns und den Litauern. Sie nahmen viele unserer Männer in ihre Seminare auf. Der KGB war sehr besorgt über diese Beziehung und auch über die brüderlichen Kontakte zu den Christen in Georgien, Armenien, Lettland und Estland. Mich mit P. Sigitas zusammenzulegen, war ein Trick, um herauszufinden, was wir entgegen den Regeln miteinander besprächen.

Wir sagten nichts, obwohl P. Sigitas meine Beichte hörte. Ich ging während meines Gebetes hin und her, und als wir aneinander vorbeigingen, flüsterte ich ihm meine Sünden zu. In seiner Westentasche hatte er eine geweihte Hostie, und er reichte mir heimlich die Kommunion. Während meiner langen Aufenthalte in den Lagern gab es manchmal die Gelegenheit, Ostern zu feiern. Einige Monate vorher fingen wir damit an, Zucker, Knoblauch und Weißbrot zu verstecken, und Butter aus dem Krankenhaus verwahrten wir, indem wir es mit Salz vermengten. Aus diesen Zutaten fertigten wir solche Dinge wie

Quarkkäse an, und in Mordowien deckten wir zur Feier sogar Tische. Das soll Ihnen verdeutlichen, daß es einige gute Wächter in den Lagern gab.

Aber dann gab es auch immer die schlechten, und die waren offensichtlich im Permgebiet. "Jene Hure hat deine Beichte gehört", sagte ein Offizier. "Terelja, sag uns, was du gebeichtet hast? Sag es uns, oder wir stellen dich fünf Jahre lang so auf deine Füße, daß du nie mehr zur Beichte gehen kannst."

Ein Priester konnte nach Paragraph 138 des Strafgesetzbuchs wegen religiöser Dienste angeklagt werden. Ich dementierte diese Behauptung rundweg.

Ich nahm Kontakt mit einer ausgebürgerten deutschen Krankenschwester auf, die aus dem Wolgagebiet stammte, und sie beförderte für mich heimlich Briefe aus dem Permgebiet. Ein Schreiben war ein offener Brief, der über Radio Freies Europa ausgestrahlt werden sollte. Ich verwahrte ihn unter meinem Hemd auf, und als diese Frau kam, um mir ein Senfpflaster aufzukleben, steckte ich ihr den Umschlag in den Ärmel ihres Kleides. Sie nahm den Brief und gab ihn in Sibirien zur Post auf.

Der Brief beschrieb die Tatsache, daß man mir erneut Isolationshaft auferlegt hatte, und ich beschwere mich in ihm über den Entzug religiöser Gegenstände. Eine Abordnung aus Moskau kam an und begann mit mir zu reden. Sie führten mich in ein Büro und teilten mir mit, daß das Thema meiner Freiheit anstand. Ich wußte es nicht, aber Scharanski war draußen. Ich dachte, daß sie ihn nur in ein anderes Gefängnis gebracht hätten. "Wenn Sie sich benehmen", sagten sie, "werden Sie auch bald draußen sein."

Sie wußten nicht, wann ich entlassen würde, aber bald darauf wurde ich in ein Krankenhaus gebracht, und ich erhielt allerlei Nahrungsmittel. Sofort verstand ich, was los war: Sie versuchten mein Gewicht aufzubessern, so daß ich nach meiner Entlassung gesund aussähe. Ich weigerte mich zu essen. Sie setzten mir Weißbrot vor und Liter von Milch. Immer noch weigerte ich mich. Sie sagten, daß sie mich nicht entlassen würden, bevor ich nicht 59 Kilogramm wog. Im Laufe des Jahres 1986 wurde ich zwischen Isolationshaft und Krankenhaus hin- und hergefahren, und schließlich begann ich zu essen.

Dann kam das neue Jahr, 1987. Es sollte das dramatischste Jahr meines Lebens werden. Obwohl noch viele Jahre meiner Strafe abzuleisten waren, wurde ich eines Nachts im Februar in die Normalzone gebracht und dann freigesetzt.

## 17. Kapitel

## WO ENGEL GEBETET HABEN

Selbst in meinen schönsten Träumen hätte ich nicht das übernatürliche Zeichen vorhersehen können, das in Kürze Gestalt annehmen sollte. Seit langer Zeit in der Ukraine verehrt, hatte uns Maria nie vergessen. Sie war die ganze Zeit über dort gewesen und hatte ihren Moment abgewartet. Jetzt war ihre Zeit gekommen. Das Jahrhundert Satans ging seinem Ende zu. Es war so, als ob alle meine Erfahrungen - die Träume, die Visionen und die Besuche in meiner Zelle - auf einen unvermuteten Höhepunkt zusteuerten.

Es fand wahrhaftig eine unsichtbare Schlacht statt, und durch Gottes Gnade war ich örtlich und zeitlich in der rechten Lage, um davon Zeuge zu werden. Vielleicht weil unser Land ihr geweiht war, ist Maria in der Ukraine schon solange gegenwärtig. Über die ganze Nation verstreut gibt es Wallfahrtsorte und prächtige Ikonen, die die Jungfrau darstellen, wie sie ihren kostbaren Sohn hält. Von vielen dieser Ikonen wird ausgesagt, daß durch sie Wunder geschehen seien. Sie haben gelächelt, mit der Stirn gerunzelt und echte Tränen geweint.

Ein solches Beispiel befindet sich in dem Dorf Sarwanizja, im Bezirk von Pidhaizi, südwestlich von Ternopil. Es liegt etwa 135 Kilometer östlich von Hruschiw, und das Ereignis, was dieses ansonsten unbedeutende Dorf bemerkenswert macht, trug sich im dreizehnten Jahrhundert zu, als die Tataren solche Städte wie Kiew ausplünderten und ihre Kirchen zu Ruinen machten. Viele Bewohner wurden gefangen genommen, zur Zwangsarbeit verpflichtet oder getötet. Wenige entkamen. Einer der Überlebenden war ein Mönch, der, als er vor den Tataren floh, an einen Bach gelangte, welcher sein Wasser aus einer kühlen, sauberen Quelle bezog.

Nach der Legende wusch sich der Mönch in dem Bach und kniete dann neben dem Wasser nieder, um zu beten. In jener Nacht hatte er, erschöpft und im tiefen Schlaf, in der Nähe des Waldes einen Traum, in dem er die allerseligste Mutter sich mit einer Schar von Engeln nähern sah. In dem Traum reichte sie ihm einen Schleier. Als der Mönch am nächsten Morgen aufwachte, bemerkte er ein helles Licht nahe bei der Quelle, und als er sich ihr näherte, erkannte er eine strahlende Ikone der Jungfrau Maria. In dem Bild hielt sie das Christkind. Seine Erfahrung war so beeindruckend, daß der Mönch eine Kapelle errichtete, und obwohl die Türken sie zerstörten, wurde sie später wieder aufgebaut, und viele Menschen, darunter ein Prinz, wurden bei einem Besuch dort von Krankheiten geheilt.

In mancher Hinsicht empfand ich wie jener Mönch. Aber heute waren die Unterdrücker Kommunisten und nicht Türken oder Tataren. Sie hatten 1960 die Kapelle in Sarwanizja zerstört und alles andere, was ihnen in die Hände fiel.

Im Moment sahen die Dinge jedoch besser aus. Die Sowjets führten gewisse "Reformen" ein, und erneut war ich auf dem Weg zur Freiheit - auf wunderbare Weise eher, als meine Strafzeit zuließ. Sie hatten mich aus dem Krankenhaus des Arbeitslagers Nummer 389-37 in Perm zu einem Treffen mit den Behörden herausgeholt. Die anderen Gefangenen waren abgetrennt, damit sie nicht mit mir sprechen konnten. Der Kommandant des Gefängnisses war anwesend, und man las mir die Anordnung über meine Entlassung vor. Welch glorreicher, unerwarteter Augenblick. Man gab mir einen offiziellen Passierschein, so daß ich an allen Wachen vorbeigehen konnte. Ich wußte, daß etwas sehr Wichtiges geschehen war - hochkarätige Politik - weil alle so voller Furcht waren.

Einige Minuten später wurde das Eingangstor zum Lager geöffnet, und drei Zivilisten kamen herein, von welchen zwei KGB-Agenten und der dritte ein Prokurator war, der auf seine Uhr schaute und sagte: "Bringt ihn aus dem Gefängnis hinaus."

Der Kommandant teilte ihnen mit, daß ich mich geweigert hatte, irgendein Dokument zu unterschreiben.

"Wir brauchen keine Unterschrift", sagte einer der KGB-Offiziere. "Wozu zum Teufel brauchen Sie eine Unterschrift? Entlassen Sie ihn!"

Und damit wurde ich aus dem Lager Nummer 37 im Permgebiet herausgeführt. Ich befand mich außerhalb des Stacheldrahts!

Sie gaben mir eine Fahrkarte für den Zug nach Moskau und sagten mir, daß ich sogar eine Pressekonferenz abhalten könnte, wenn ich das wollte. Ich hatte große Mühe zu glauben, daß dies alles wirklich geschah. Ich fürchtete, daß es bloß eine Art Provokation sei. Über mir hing ein Gerichtsurteil von 12 Jahren, und ich hatte davon erst zwei Jahre abgeleistet. Ich hatte nahezu keine Informationen aus der freien Welt erhalten, und so wußte ich sehr wenig von den Veränderungen, die in Rußland stattfanden.

Sie brachten mich zum Bahnhof in Tschusowa, auf dem schon 21 andere Gefangene warteten. Sie kamen aus den Lagern Nummer 35 und 36 und trugen noch ihre Lageruniformen. Ich hatte zivile Kleidung an.

"Josip, wie geht es Dir? Wo bist Du die letzte Zeit über gewesen?"

Es war wie ein Klassentreffen. Sie waren auch politische Gefangene, und wir wurden aufgrund der neuen Einstellung in Moskau freigelassen. Es war offensichtlich, daß der KGB sehr interessiert daran war, daß wir der ausländischen Presse Interviews gäben. Es war das ein Teil von Gorbatschows neuem Plan für Öffentlichkeitsarbeit.

Aber wir beschlossen, da nicht mitzuspielen. Es sollte keine Interviews für die Presse geben. Wir wollten nicht Teil der sowjetischen Propaganda sein. Obwohl wir alle sehr erfreut waren, als der Zug durch das öde Vorgebirge fuhr, machten sich in uns immer noch Besorgnis und große Angst breit. Die noch nicht abgeleistete Strafzeit hing über unseren Köpfen wie das Schwert des Damokles. Wir könnten jederzeit wieder verhaftet werden. Und KGB-Agenten, die so taten, als wenn sie normale Fahrgäste wären, saßen in unserem Abteil und beobachteten alles.

Solange wir uns im Ural befanden, war unsere eintönige Kleidung nicht von der der örtlichen Arbeiter zu unterscheiden. Aber als wir Moskau erreichten, versammelte sich eine große Anzahl von Menschen um uns herum. Für sie war es klar, daß wir Häftlinge waren, und einige von ihnen weinten. Andere Moskauer bedrängten uns mit Fragen. Die Nachricht von unserer Entlassung war über die sowjetischen Medien ausgestrahlt worden.

Eine Gruppe von Frauen brachte uns Früchte und Blumen. "Ihr kommt von Perm?"

"Ja, wir sind die politischen Gefangenen", sagte ich. "Ich nehme an, daß Gorbatschow eine Art von besonderer Vorliebe für uns hat."

Ein Offizier der Miliz näherte sich und wollte meine Papiere sehen.

"Lassen Sie mich mal Ihre Papiere sehen", entgegnete ich. "Wir sind freie Leute. Wir sind aus den Gefängnissen entlassen worden, in denen man uns ungerechterweise festhielt. Ich möchte gerne Ihren Ausweis sehen. Sie sind ein Provokateur."

Ich drohte, eine Pressekonferenz zu halten - und zwar nicht von der Art, wie es die sowjetischen Offiziellen gerne gehabt hätten.

Die Miliz begann auseinanderzugehen, aber der KGB beobachtete uns noch. Wir gingen auf einen dieser "Zivilisten" zu, und ich fragte: "Warum verfolgt ihr uns? Warum hetzt uns die Miliz?"

"Sie müssen sich irren", sagte er. "Ich bin kein Offizier des KGB. Ich bin Bauingenieur."

Aber sicher. Nach einigen Minuten trat der KGB offen ans Tageslicht und fing an, die Menge aufzulösen.

Wir bestiegen Taxis, und ich fühlte mich nicht sehr wohl. Ich hatte immer noch Herzprobleme. Bevor ich die Reise in die Karpaten unternehmen wollte, entschied ich mich dazu, eine Woche lang in Moskau in der Wohnung einer Jüdin, die eine Freundin der Familie war, auszuruhen. Ich schickte ein Telegramm an Olena, die ihren Augen nicht trauen wollte. Der Vater ihrer drei Kinder würde nach Dowhe zurückkehren.

An jenem Abend berichteten Radio Freies Europa, die Stimme Amerikas und der BBC, daß am selben Tag noch 22 weitere Gefangene freigelassen worden wären. Obwohl es mitten im Winter war, gab es in Moskau ganz gewiß Tauwetter.

Als ich mich besser fühlte, nahm ich den Zug nach Lemberg, um dort Erzbischof Wolodimir Sternjuk zu treffen. Er und andere hatten schon die Nachricht gehört und erwarteten mich. Als ich aus dem Zug stieg, wartete eine große Anzahl von Freunden. Unter ihnen waren Stefa Sitschko und Wasil Kobrin. Kobrin war jetzt der Vorsitzende unserer Initiativgruppe zur Legalisierung der Kirche und zur Verteidigung aller Gläubigen.

Die Menge winkte mit bestickten Schals und der ukrainischen Flagge. Durch die Anzahl der Menschen eingeschüchtert, hielt die Miliz Abstand. Ich konnte nicht sprechen. Ich weinte zu sehr.

Wir gingen zum Haus eines Aktivisten, und an jenem Abend trafen wir mit P. Budsinski zusammen, dem Studitenmönch, der den Brief an Marschall Ustinow mitverfaßt hatte. Schon am darauffolgenden Tag fingen wir damit an, die nächste Ausgabe der Chronik zusammenzustellen.

Tatsächlich ließen wir den Fehdehandschuh fallen, und wir verkündigten unseren Aufstieg aus dem Untergrund. Weil meine Entlassung vom Kreml ausging, wußte ich, daß ich einen gewissen Freiraum hatte, wie ich ihn noch nie zuvor besessen hatte. Die Orts- und Kreisbehörden würden es nicht wagen, mich zu verhaften, ohne einen äußerst triftigen Grund vorweisen zu können. Wenn überhaupt, so würden sie auf ihre Gelegenheit warten.

Die jungen Katholiken und die Gläubigen, die immer schon fest im Glauben gestanden hatten, unterstützten meine Entscheidung, die Rechtmäßigkeit der Kirche zu verkünden, aber jene, die einen schwächeren Glauben hatten, fürchteten, daß wir zu kühn handelten, und statt dessen sprachen sie von "Entwicklung" und "allmählicher" Änderung.

Nein! Wir kommen jetzt an die Öffentlichkeit. Wir waren schon viel zu lange im Untergrund gewesen. Wir hatten ein Recht zu existieren. Wir hatten die Nazikräfte und die Macht der Kommunisten überlebt, und wir hatten den Beweis erbracht: Wir waren Katholiken.

Als nächstes begab ich mich nach Lawotschne, in den Karpaten. Dort warteten ungefähr 3 000 Menschen auf mich. Es war überwältigend, aber es war nur ein Zwischenaufenthalt auf meinem Weg in meinen Heimatort Swaljawa und dann zu meiner derzeitigen Wohnung in Dowhe.

Die Kinder schliefen. Meine Frau und Freunde waren da. Olena wußte nicht, wann genau sie mich erwarten sollte. Ich hatte ein weiteres Telegramm gesandt, aber es war nicht angekommen. Alle eilten mir entgegen, und es war wunderbar, nach zwei langen Jahren Olena wiederzusehen.

Fast sogleich begann ich von Dorf zu Dorf zu reisen, um die Kirchen, die an die Orthodoxen ausgeliefert worden waren, zurückzufordern. Die Pfarrangehörigen hatten nicht vergessen, aus welcher Wurzel sie stammten, und fingen an, die orthodoxen Priester zu vertreiben. Das störte die Sowjets gewaltig. Sie versuchten, mit uns zu reden - der KGB und Offizielle der Partei - aber ich fuhr fort, öffentlich zu predigen.

Es gab Drohungen, daß ich wieder verhaftet oder daß mein Haus angegriffen würde. Als mich die Offiziellen besuchten, sagte ich ihnen, daß sie mich, wenn ihnen nicht gefiele, was ich täte, erneut anklagen könnten, aber solange dies ausbliebe, würde ich weiterhin schreiben, predigen und protestieren. Ich legte Beschwerde über die niedrigen Renten der Bauern ein, und bald darauf waren sie gezwungen, diesen Leuten eine gerechtere Entschädigung zu bezahlen. Bei den Kreisbehörden kam die Furcht auf, daß sie bald ihre Stellungen verlören, wenn ich nicht aufgehalten würde, was zu Todesdrohungen gegen mich führte.

In der Zwischenzeit verstärkte die Presse ihre Anstrengungen, mich als einen Nationalisten darzustellen. Erneut sagten sie, daß ich mich bloß hinter den Kirchenaktivitäten verstecke. Es war ein Versuch, uns zu entmutigen und zu spalten. Sie bezeichneten mich auch als einen kriminellen Rückfalltäter und als schizophren.

Während die Sowjets Geschichten erfanden, um mich unglaubwürdig zu machen, hatte ich das entgegengesetzte Problem mit meinen Anhängern. Sie fingen an, Geschichten über meine mystischen "Kräfte" und darüber, wie heilig ich sei, zu übertreiben. Ich hatte mich nie als einen Mann mit außergewöhnlichen Kräften gesehen und war entsetzt darüber, wenn Leute nach einem Gebet in der Gruppe behaupteten, auf wunderbare Weise geheilt zu sein. Sie verbreiteten auch das Gerücht, daß ich in der Lage sei, mich an zwei Orten zugleich zu befinden, aber mir waren derartige Phänomene nicht bekannt, außer in den "Flügen" während meiner Träume. Meine Begabung lag nicht im Mystischen, sondern darin, Leute zu bekehren - Verkündigung des Evangeliums. Und selbst das wurde übertrieben. Wenn ich in ein Dorf fuhr und dort fünf oder zehn Seelen bekehrte, verbreitete sich bald das Gerücht, daß ich dort *einhundert* bekehrt hätte. Die Menschen brachten mir ihre Kinder, damit ich sie segne, und wiewohl ich mich kaum als einen Wunderheiler verstand, betete ich beständig für sie. Sie schwärmten überall in unserer Wohnung umher - die Kranken, die Niedergeschlagenen, die Menschen in Not.

Zuhause hatten wir einen Familienaltar, weil es meine feste Überzeugung ist, daß Familien zusammen beten müssen. Und die Kinder müssen zur Kirche mitgenommen werden, ungeachtet dessen, wie sehr sie stören. Kleine Kinder benötigen diese Erfahrung, und man sollte sie kleine Gebete lehren. Das erste, was wir meine Tochter Kalina lehrten, war: "Auf dem Berg, auf dem Berg wohnt Mutter Maria."

Das Gebet ist das Wichtigste, aber wie ich feststellte, muß es an Handlungen angekoppelt sein. Wir besuchten Kirchen, die zerstört worden waren, und fällten die Bäume in den Ruinen von Friedhöfen und Klöstern. Wir reichten Bittschriften mit Bezug auf die Tschernobylkatastrophe herum, in denen wir die volle Veröffentlichung der Schäden und der Risiken für die Gesundheit verlangten. Wir machten auch Eingaben für Raoul Wallenberg und fingen mit den Vorbereitungen für die Maiausgabe - Nummer 16 - der *Chronik* an. Es war ein Sturm an Aktivitäten.

All das war nur möglich aufgrund der neuen Politik von *Glasnost*, aber es schien nicht, daß diese Politik für immer andauern würde, und trotz der Art und Weise, wie sie sich dem Westen gegenüber darstellte, war die UdSSR in Bezug auf Religion immer noch intolerant. Ende April 1987, als mich die Nonne aus dem Basilianerorden über die Ereignisse informierte, die in Hruschiw (noch einmal, es wird Hru-schuh ausgesprochen) stattfanden, fand eine Diskussion darüber statt, ob wir dorthin fahren sollten. Wir befürchteten, daß ein solches Ereignis den Unierten angelastet würde. Die Sowjets würden behaupten, daß wir es erfunden hätten. Aber wir entschieden, daß die Presse die Erscheinungen anprangern würde, ob wir nun nach Hruschiw führen oder nicht.

Und der Drang hinzugehen - um dasselbe liebevolle Gesicht zu sehen, das 15 Jahre vorher in Wladimir Gestalt angenommen hatte - war unüberwindlich. War dies wirklich eine bedeutende Erscheinung oder ein Fall suggestiver Einbildung? Machten die Menschen Übertreibungen genau so, wie sie die Geschichten über meine "Kräfte" ausschmückten? War es ein geschichtliches Ereignis, das sich mit den Erscheinungen in der ukrainischen Stadt Serednje vergleichen ließe?

Serednje war wie Sarwanizja berühmt wegen eines marianischen Wunders. Es geschah am 20. Dezember 1953. Tatsächlich fand es in einem nahegelegenen Dorf, Dubowizja genannt, statt. In einer Vision sah eine Frau namens Hanja während der Messe den Berg von Serednje und den Ort, an dem sich kleine Quellen klaren Wassers befunden hatten. Sie sah das alles klar und deutlich, obwohl sie den Berg tatsächlich noch nie besucht hatte. Als die Vision andauerte, sah sie die Jungfrau Maria, und die Jungfrau begann zu sprechen.

*"Meine Tochter, meine Tochter, meine Tochter, Du siehst, welch Fülle der Gnaden ich besitze. Aber ich habe niemanden, dem ich meine Gnaden geben könnte, denn es gibt so viele Töchter und Söhne, die sich von mir abgewandt haben, und niemand fragt nach mir in diesem Jubiläumsjahr. Ich wünschte, eine große Vergebung für arme Sünder zu erhalten. Eine Katastrophe erwartet Euch wie zur Zeit Noahs. Nicht durch die Flut, sondern durch das Feuer wird die Zerstörung kommen. Eine gewaltige Feuersbrunst wird Nationen wegen ihrer Sünden vor Gott vernichten. Seit dem Beginn der Welt hat es nicht einen solchen Sündenfall gegeben, wie er heute existiert. Dies ist das Reich Satans. Ich werde auf diesem Berg verweilen, von dem aus ich das ganze Weltall und die vielen Sünder sehe, und ich werde meine Gnaden durch diesen Brunnen verteilen. Den, der kommt, um seine Sünden zu bereuen und dieses Wasser gläubig zu empfangen, werde ich an Seele und Leib heilen."*

Dann fügte die Muttergottes vermutlich hinzu: *"Rom ist in Gefahr, zerstört, der Papst getötet zu werden. Rom muß durch den Berg von Serednje erneuert und aufgerichtet werden. Der katholische Glaube soll sich über die ganze Welt ausbreiten. Die sündhafte Welt mit ihren sündigen Menschen bedarf dringendst der Erneuerung."*

Sie schloß mit der beunruhigenden Frage: *"Wie soll diese Erneuerung kommen? Durch wen und wann?"*

Aufgrund dieser Vision erhielten wir ein Verständnis für die Arbeit Gottes auf unserer Erde, und wir empfingen die Kraft, Bösem zu widersagen und unsere Kirche wiederaufzubauen.

Während Papst Pius IX. Sarwanizja als einen Ort bestätigte, an dem man Ablässe erhalten kann, ist dem Berg in Serednje, der im Gebiet von Iwano-Frankiwsk liegt, niemals eine ähnliche Anerkennung zuteil geworden. Der Grund dafür mag in den falschen Gerüchten liegen, die der KGB über diesen Platz verbreitet hatte, und er versuchte jetzt dasselbe mit Hruschiw. Obwohl ich die geschichtlichen Einzelheiten erst später untersuchte, war Hruschiw lange schon als ein weiterer Wallfahrtsort bekannt. Und erneut war die Muttergottes daran beteiligt. Die Berichte weichen etwas voneinander ab. Einem dieser Berichte zufolge erschien die Muttergottes in der Mitte des achtzehnten Jahrhunderts über der Stelle, an der in der Folgezeit die Kapelle errichtet wurde - mehr als zwei Jahrhunderte vor den Erscheinungen von 1987. Zur Erinnerung an die Erscheinung pflanzten die Dorfbewohner eine Weide. Dieser Pflänzling, der sein Wasser aus einer verborgenen Quelle bezog, wuchs zu einem stattlichen und schönen Baum heran. Im Jahre 1806 wurde an ihm eine Ikone aufgehängt. Sie war von Stepan Tschapowski gemalt worden. Zu Ehren der Jungfrau Maria kamen Pilger, sangen, beteten und zündeten Kerzen an. Während des nächsten Jahrhunderts entstand eine Öffnung in dem breiten Stamm, und als der Baum zu faulen anfing, begann Wasser aus dem Loch zu fließen. Es hieß, daß das Wasser kühl war und gut schmeckte, und Menschen, die davon tranken, bezeugten seine Heilkraft. Sie kamen von weit her, von Lemberg und dem westlichen Grenzland, um Erfahrung mit dem heilenden Wasser zu machen.

Die örtlichen Regierungsvertreter waren solchen Huldigungen überhaupt nicht zugetan. Zur Herrschaftszeit der Zaren gab es reichlich religiöse Unterdrückung. Um 1840 nahmen sie Kontakt mit einem Rowdy im Ort auf, der Justin Kin hieß, damit er sich durch den Zaun um die Quelle einen Weg bahne und faulende Früchte, Gemüse und andere Abfälle in das reine Wasser werfe. Nach der Legende kam die Familie Kin bald darauf um, und eine Choleraepidemie brach in Hruschiw aus, die einige Dutzend Bewohner tötete.

Erneut erschien Maria in einem Traum: *"Meine Tochter", sagte sie einer der Frauen, "der Tod wartet auch auf Euch, aber ich möchte, daß Ihr lebt. Ich bitte Euch, den entweihten Brunnen zu reinigen und eine Messe zu Ehren Unseres Herrn darzubringen, damit das Sterben im Dorf aufhört."*
Die Bauern besprachen diesen Traum auf dem Dorfplatz und taten so, wie es ihnen angeraten worden war. Sie reinigten den Brunnen und führten damit das Ende der schrecklichen Epidemie herbei.

Im Jahre 1856 wurde um die Quelle eine Kapelle gebaut und regelgerecht eingeweiht. Sie wurde "Zur Allerheiligsten Dreifaltigkeit" (oder Kirche der Drei Heiligen) genannt, weil in noch einem scheinbar übernatürlichen Ereignis Dorfbewohner die Erscheinung von drei Kerzen, die über dem Brunnen brannten, beobachteten. Um 1878 wurde eine neue Kapelle errichtet, und die Wände wurden mit prächtigen Wandgemälden verziert. Die Kapelle wurde am Fest Mariä Himmelfahrt eingeweiht, und innerhalb eines Vierteljahrhunderts hatte der Vatikan Bischof Konstantin Tschochowitsch gestattet, vollkommene Ablässe jenen zu gewähren, die an bestimmten Festtagen nach Hruschiw reisen.

Die Menschen fuhren fort, in stetig wachsender Zahl zu kommen, um zu singen, den Rosenkranz zu beten, Buße zu tun. Selbst damals versuchten die Behörden, die Pilger vom Kommen abzuhalten, indem sie die Menge zerstreuten. Aber 36 Jahre nach ihrer Errichtung fand in ihrer Umgebung eine weitere Erscheinung statt, jene, von der ich erwähnte, daß sie mit Fatima zusammenhänge. Etwa 22 Bauern sahen dort Unsere Liebe Frau, und sie kündigte achtzig oder neunzig Jahre der Bedrängnis für die Gläubigen an. Das war 1914. Wie ich es verstehe, warnte sie, wie auch in Fatima, daß Rußland gottlos werden und die Menschheit hart an den Abgrund der Zerstörung bringen würde. Es war ein bedeutsames Verbindungsstück zu dem, was Schwester Luzia aus Fatima Jahre später mitgeteilt wurde: Sollte Rußland nicht zum Christentum zurückkehren, dann könnte es wohl einen weiteren Weltkrieg geben und ganze Nationen würden vernichtet.

Ich glaube, daß es kein Zufall war, daß diese Botschaften in der Ukraine mitgeteilt wurden, in der das Christentum 250 Jahre, bevor es sich in Rußland ausbreitete, Fuß faßte. Es ist, als ob die Ukraine sich erneut der Aufgabe gegenüber sähe, seinen großen, nördlichen Nachbarn zu bekehren. Die Erscheinung, die ich gerade erwähnte, fand am 12. Mai statt, und sie begann mit einem Licht in der Nähe der Kirche, welches einen Tag lang anhielt. Den ursprünglichen Sehern gesellten sich Hunderte ihrer Nachbarn zu, die, von Ehrfurcht ergriffen, auf das Bild Unserer Lieben Frau starrten. Leiden standen bevor, warnte sie, und die Ukrainer sollten Verfolgungen ausgesetzt sein. Sie erbat Buße und aktive Arbeit für die Kirche. Am wichtigsten ist, daß sie sagte, daß einige der Leute in ihrem Leben drei Kriege sehen würden.

Schreckliche Zeiten waren im Anmarsch. Und schreckliche Zeiten kamen tatsächlich. Aber da war noch eine andere Weissagung, die zwischen den ansonsten düsteren Voraussagungen versteckt lag: Am Ende würde die Güte und das Christentum zurückkehren.

Hruschiw und viele andere Schreine hatte man nach der Synode von 1946 in Lemberg völlig vergessen. Und natürlich war die kleine Kapelle von den triumphierenden, arroganten Kommunisten mit Ketten verschlossen worden. Satan läutete die Glocke des Sieges, und wie hoffnungslos müssen die gläubigen Bauern gewesen sein - als sie sich an der geschlossenen Kapelle vorbeischleppten, nachdem sie sich für einen Hungerlohn auf den neuen, kollektiven Höfen abgearbeitet hatten. Die Kirche von der Allerheiligsten Dreifaltigkeit stand da als eine einsame Erinnerung an bessere Zeiten.

Nicht mehr zu sehen waren die bestickten Tücher und die goldenen Spaliere. Der Staub von den Feldern sammelte sich auf den ungesehenen Kunstwerken an und setzte sich wie Pollen auf dem unbetretenen Boden ab. Jahrelang betrat niemand die winzige, mit einer Kuppel ausgestattete Kapelle. Nur die Engel auf den Ikonen beteten.

## 18. Kapitel

## ÜBER DER KUPPEL

Aber die achtzig Jahre waren nahezu beendet, und die Menschheit eilte dem neuen Jahrtausend entgegen. Als wir nach Hruschiw fuhren, gingen mir diese und andere Gedanken durch den Sinn. Wir passierten die Straßensperren und standen der erschaudernden Erscheinung gegenüber, die ich schon im ersten Kapitel beschrieb.

Obwohl die Jungfrau, die auf uns aus dem beispiellosen Leuchten schaute, am ersten Tag nicht sprach oder in anderer Weise hörbare Botschaften übermittelte, sagte sie viel mit ihren traurigen, aber funkelnden Augen. Die Art und Weise, wie das Licht die ganze Umgebung erfüllte, der Frieden, den wir verspürten, und die Verehrung der Menge, insbesondere der älteren Frauen, die während der vollen Länge der Erscheinung in kniender Haltung verweilten, war eine Erfahrung, die, wie keine andere es könnte, sich meinem Gedächtnis einprägte.

Die Muttergottes, schweigend, aber den Scharen sichtbar.

Die Muttergottes, dort über der Kuppel!

Ich war begeistert davon, daß wir beschlossen hatten, zu kommen und die Erfahrung eines Ereignisses zu machen, das sich über drei volle Wochen erstreckte. Die Jungfrau blieb stundenlang; es war uns möglich, zu beten, sie anzuschauen und dann anderswo Dinge zu erledigen, nur um zurückzukehren und sie immer noch sichtbar vorzufinden.

Ich hatte gewußt, daß ich mich in Lebensgefahr befand, aber ich hatte mich unter dem Schirm der Gnade sicher gefühlt. Außerdem waren viele von der Miliz und vom KGB damit beschäftigt, das Phänomen wegzuerklären, oder sofern es ihnen nicht möglich war, lagen sie auf ihren Knien und erforschten ihre Gewissen.

Während es eine qualvolle Enttäuschung war, die Jungfrau zunächst nicht sehen zu können, waren alle meine Frustrationen und Ängste wie verflogen, sobald sie erschien. Ich hatte in ihrer majestätischen Einfachheit, in ihrem wunderbaren Stil, in dem verlockenden Geruch von frischer, warmer Milch geschwelgt.

Die Königin des Lichts und auch die Königin der Wärme. Dieselbe himmlische Frau, die die Zelle Nummer 21 erleuchtet hatte - die ihre Hand auf meinen frierenden Kopf gelegt hatte - war jetzt voller Pracht gekleidet. Es war manchmal so hell, daß man eine Nadel sehen konnte, und es war weder das Tages- noch das Nachtlicht. An einem Tag zählten wir 52 000 Menschen, weil 52 000 bestickte Tücher als Zeichen der Verehrung und Liebe zurückgelassen worden waren. Aber wieviele waren ohne Tücher gekommen? Menschen, die nicht einmal wußten, wie man ein Kreuzzeichen macht, lernten, den Rosenkranz beten, welcher unaufhörlich gebetet wurde. Wenn eine Gruppe aufhörte, fing die nächste an.

Ich bin davon überzeugt, daß die Muttergottes nur dorthin geht, wo es fromme Leute gibt und wo sie am dringendsten benötigt wird. Erde und Himmel sind vereint wie ein Kind mit seiner Mutter. Ich vergoß Tränen, als ich Leute sah, die aus Tausenden von Kilometern Entfernung angereist waren.

Meine persönlichen Erfahrungen im Gefängnis waren auf diesen Augenblick hin ausgerichtet worden, so wie ihre vorherigen Erscheinungen in Hruschiw (im 18. Jahrhundert und dann 1914) auch nur ein Vorspiel des großen Wunders von 1987 gewesen zu sein schienen. Aber warum sagte die Muttergottes nichts? Vielleicht war ich nicht wert, etwas zu hören. Ich wußte es nicht. Ich hatte mich umgeschaut und gesehen, wie andere in einer Unterhaltung mit ihr versunken waren. Einige, so schien es, hörten eine Stimme, aber sahen sie nicht. Ich nahm mir vor, Zeugnisse von dem zu sammeln, was sie erfuhren.

Ich weiß nicht warum, aber nach der ersten Erscheinung stieg in mir die Ahnung auf, daß die Verfolgungen gerade erst anfingen. Ich spürte Not. Ich verspürte Bedrängnis. Und mein Kopf war voller Fragen. Wer schickte mir diese Gedanken? Wer führte uns diesen Weg entlang? Warum litten einige für das Evangelium, während es für andere leere Worte waren?

Sie schwieg an jenem ersten Tag, dem 9. Mai, aber während der nächsten Woche sprach die Muttergottes viele Worte voller Weisheit und Warnungen. An jedem Tag war es dasselbe Leuchten. Sie nahm Gestalt an in dem kleineren Licht, als das Oval über der Kapelle schwebte und an Intensität zunahm.

Bei anderer Gelegenheit erschienen das Licht und die Jungfrau darinnen im Nu.

Beim Verlassen nahm das Licht um sie herum an Stärke zu, und man konnte kaum noch ihre Umrisse erkennen.

An den ersten drei Tagen war sie in flammende Farben gekleidet. Andere sahen sie etwas anders. Einige sahen sie mit einer Krone auf dem Kopf oder einem Ring an ihrer Hand. Aber wenn sie schwarz gekleidet war und das Kind hielt, sah jeder genau dasselbe. Oft begann sie mit den Worten: *"Gelobt sei Jesus!"* Und wenn sie seinen Namen erwähnte, schaute sie himmelwärts. Des öfteren erhob sie ihren Arm mit dem Rosenkranz in ihrer Hand. Es war nicht wie in Fatima oder Lourdes, wo es eine festgesetzte oder begrenzte Zeitdauer für ihre Erscheinungen gab. Die Jungfrau erschien zu verschiedenen Zeitpunkten im Laufe des Tages. Nicht jeder konnte sie sehen, und selbst einige Priester und Nonnen wurden nicht Zeugen ihrer Erscheinung. Aber mehr als die Hälfte der Menge erhaschte einen Blick von ihr, und jenen, die sie nicht sahen, wurde nichtsdestoweniger ein unbestreitbares Gefühl für ihre Gegenwart hinterlassen.

Das Licht war oft ganz fein, und seine Stärke pulsierte, wuchs, schwand. Plötzlich war es, als ob die bescheidene und unbedeutende Holzkapelle, die dicht am Rande einer engen Landstraße lag, der Mittelpunkt unseres Planeten sei.

Ein Strahl von Gottes allmächtiger Gnade durchdrang die große Dunkelheit der Menschheit.

Es gab in der Menge welche, denen die Jungfrau auftrug, zu einer bestimmten Zeit für ihre ähnlichen Erscheinungen in Jugoslawien zu beten. Als ich später, nachdem ich nach Kanada gekommen war, mehr über die Erscheinungen in Medjugorje erfuhr, fiel es mir auf, daß viele, aber nicht alle das Sonnenwunder sehen, so wie auch in Hruschiw viele, aber nicht alle die Muttergottes sahen.

Anders als an anderen Orten der Marienverehrung mußte sich Hruschiw mit Gewaltandrohungen abgeben. Es gab Soldaten, die in Afghanistan gedient hatten und durch diese Erfahrung so verbittert gegen die Sowjets waren, daß sie im Vorbeigehen einen Milizen streiften und ihm mit einem Messer in die Seite stießen. Die Polizei wurde von solchen Soldaten, die nach ihren kleinen Tätlichkeiten dann fromm beteten, in Schrecken versetzt.

Die erste Nacht hatte ich in einem Haus in einem nahegelegenen Weiler geschlafen. An anderen Abenden fuhr ich nach Drohobitsch. In Hruschiw selbst gab es keine Hotels und sehr wenige Einrichtungen. Dennoch hatten sich dort so viele Menschen versammelt, daß die Hügel, Weiden und Felder darum herum sehr niedergetreten worden waren. Das Erdreich war hart wie Stein, die Kartoffelernte war vernichtet.

Während die meisten Kartoffeln in jenem Frühjahr ruiniert worden waren, wurden im darauffolgenden Jahr zur Entschädigung dafür fünfmal soviel wie in normalen Jahren geerntet.

In jener ersten Nacht fand ich keinen Schlaf. Ich legte mich für eine Stunde hin, stand dann auf und ging hin und her - wobei ich betete und nachdachte. Die Leute fanden es schwer zu glauben, wie wenig ich schlief, aber niemand konnte nach diesen Erfahrungen schlafen. Wir fragten Ärzte, denen wir vertrauten, ob unsere Gesundheit davon in Mitleidenschaft gezogen würde, daß wir in einem Zustand dauernder Erregung lebten. Meine Gesundheit war ohnehin nicht vom besten. Die älteren Frauen legten Packungen auf meinen Rücken, der mich aufgrund der Schläge, die ich in Uschgorod erhalten hatte, schmerzte.

In meinen Gedanken beschäftigte ich mich mit dem Gefängnis, insofern ich noch mit einem nicht beendeten Gerichtsurteil lebte. Sobald ich mich von der schützenden Menge entfernt hatte, schlich ich umher wie ein gejagtes Tier. Ich vermied besonders Situationen, die für Meuchelmord wie geschaffen waren. Außer zum Predigen versuchte ich mich in die Ereignisse nicht einzumischen. Ich wollte, daß sich alles von selbst vollzog. Ich traf nicht einmal mit der ersten Seherin, Marina, zusammen, die sich im Hintergrund hielt.

Auch versuchte ich nicht, jede Behauptung eines wunderbaren Geschehens festzuhalten. Das obliegt der Verantwortung der Kirche und der Kirche allein. Der Vatikan muß nicht nur die Echtheit solcher Erscheinungen als wesenhaft übernatürlich bezeugen, aber, nachdem das gelungen sein sollte, muß er sich dann versichern, daß es sich nicht um eine Täuschung handelt, die vom Satan zustande gebracht wurde.

Warum sollte der Satan sich als die Jungfrau Maria verkleiden? Offensichtlich, um uns zu verwirren und in die Irre zu leiten. In der Endzeit, in dem Zeitalter des Antichristen, müssen wir sehr vorsichtig sein, weil sich böse Kräfte überall Zugang verschaffen wollen. Die Christen müssen sich daran erinnern, daß Satan sehr mächtig ist und so handelt, daß er Gott nachzuahmen sucht. Die Kirche hat lange Zeit gebraucht, um über die Echtheit Fatimas zu entscheiden; immer, wenn wir einem Ereignis gegenüberstehen, das übernatürlich erscheint, müssen wir uns vor Dämonen hüten.

Ich war auch deshalb vorsichtig, weil ich nichts unternehmen wollte, was für unsere Kampagne zur Legalisierung der Kirche hinderlich wäre. Fortwährend ereigneten sich noch Verhöre und Verfolgungen. Der KGB versuchte, mich zu beschatten, aber ich trachtete ständig danach, in der Menge aufzugehen und mich seiner Sicht zu entziehen. Die Pilger kamen in einer Prozession an, in der die Reihen aus zehn Menschen bestanden, und die Kapelle war wie eine Insel in einem Meer von Menschen.

Der KGB fotografierte jeden, besonders Schüler, die kamen, um sich das Wunder anzusehen. Auch nahmen mehrere orthodoxe Gruppen, darunter Mönche, an der Prozession teil. Einer dieser orthodoxen Mönche, Iwan Kowaltschuk, verließ den Ort am 10. Mai, am zweiten Tag meiner Anwesenheit, als Katholik. Er konvertierte. Ich beschloß, solange ich konnte, dazubleiben. Die Erscheinungen zogen sich schon zwei Wochen (seit dem 26. April) hin, und ich wollte davon möglichst viel auf mich einwirken lassen, bevor sie zu Ende gingen.

Am Morgen gingen wir zur Kapelle, und wir näherten uns dem kleinen byzantinischen Gebäude durch die Felder am unteren Ende des Dorfes. Da ertönten Geräusche, die ich nicht mochte - der Klang von Feuerwehrsirenen. Sirenen deuteten auf Regierung und Regierung auf Kommunisten hin.

Und tatsächlich kamen mehrere Feuerwehrfahrzeuge mit Polizisten an. Ich wußte nicht, was ich davon halten sollte. Ich fragte mich, ob die Kommunisten sich dazu entschieden hätten, Gewalt anzuwenden.

Ein Mann, den wir kannten, näherte sich auf einem Motorrad. Er war erst kürzlich vom Dienst in Afghanistan zurückgekehrt. "Wir müssen gehen", kündigte er an. "Die Leute warten."

Da waren schon Tausende von Menschen versammelt. Mit mir gingen zwei Basilianernonnen und ein Priester vom Basilianerorden, P. Michailo. Auch meine ständige Begleiterin, Schwester Irina, war bei mir. Sie hatten damit angefangen, die Leute auf meine Ankunft vorzubereiten. Jedesmal, wenn ich anwesend war, mußte es so organisiert werden, daß ich vor dem KGB und der Miliz sicher war. Obwohl sie mich am Tag zuvor nicht ergriffen hatten, wußte niemand, was sich jetzt ereignen würde. Ich sah KGB-Leute aus Uschgorod und Lemberg, und mir war klar, daß sie mich erkannten.

Einer der Agenten ging hinüber zu einem Regierungsauto, vermutlich, um per Radio anzuzeigen, daß ich anwesend war. Als er zurückkam, stolzierte er in meine Richtung und hatte es offensichtlich darauf abgesehen, mit mir zu sprechen. Wir bereiteten uns gerade auf die Messe vor.

"Josip Michailowitsch", begann er, "Oberstleutnant Korsun möchte gern nach dem hier mit Dir reden."

Ich war barsch. "Warum ist er nicht selber gekommen? Sag ihm, daß ich nirgendwo hingehe, noch jemanden aufsuche."

Korsun näherte sich bald mit Oberst Bogdanow von der Lemberger Abteilung, mit dem ich am Tag zuvor gesprochen hatte. Bogdanow äußerte eine erneute Warnung: "Josip, es sind keine Reden oder Massenversammlungen gestattet. Sag Deine Gebete auf und verschwinde! Du hättest nicht kommen sollen. Du warst gestern hier. Es sind eh schon zuviele Leute da. Sag Deine Gebete auf und mach Platz für die anderen! Und sei Dir bewußt", fügte er versteckt hinzu, "daß jedes Leiden ein Ende hat."

"Ich verstehe nicht, was Sie sagen", antwortete ich. "Ist das eine Drohung? Mit all den Leuten von der Miliz, dachte ich, daß Sie die Sache unter Kontrolle hätten."

"Wo siehst Du all die Leute von der Miliz?" fragte Bogdanow.

Viele der Polizisten waren als Zivilisten verkleidet. Jene, die es nicht waren, wanderten mit ihren braunroten Mützen umher.

Wieder fragte ich: "Bedrohen Sie mich? Ich verstehe Sie nicht."

Bogdanow verlor schnell seine Geduld: "Nein, wir geben Dir den Rat, Deine Gebete aufzusagen und zu gehen. Die Tatsache, daß Du aus dem Gefängnis entlassen wurdest, bedeutet überhaupt nichts. Wenn Du Landfriedensbruch begehst, können wir Dich immer noch verhaften, verstehst Du? Du hast kein Recht, hier zu sein. Du kommst aus einem anderen Kreis. Bete für eine Weile und dann geh!"

Ich war nicht in der Stimmung, Höflichkeiten auszutauschen. "Hör mal zu, Du Russe. Dir ist doch ganz klar, daß ich nicht weggehen werde. Das hier sind meine Leute, und ich werde meinen Leuten erzählen, wer mich in all den Jahren in den Lagern und Gefängnissen wegen meines Glaubens an Christus gefoltert hat. Jene Zeiten, in denen Du an Gläubigen und selbst an kleinen Mädchen Verheerungen angerichtet hast, jene Zeiten sind vorbei!" Ich klagte Bogdanow an, im Kreishauptquartier der Kommunisten ein Mädchen vergewaltigt zu haben.

"Das ist eine Lüge!" sagte er empört. "Es war die Bandera-Gruppe, die das angestellt hat."

Korsun mischte sich ein: "Hören Sie zu, Terelja. Niemand vertreibt Sie. Aber ich warne Sie, keine Reden."

Wie schon am 9. Mai, erhob ich meine Stimme: "Brüder und Schwestern!"

Korsun zischte: "Sind Sie verrückt!"

Aber Bogdanow hatte genug. Er wurde nervös. "Terelja ist ein Narr", spottete er. "Komm, wir gehen."
Sie gingen, und unter der Leitung von Basilianerschwestern begannen wir, den Rosenkranz zu beten. Im Hof befanden sich eine Statue der Jungfrau und zwei Kreuze. Die Gebete und die Messen wurden um sie herum abgehalten. Ich erkannte an ihrer Kleidung und Haartracht, daß viele Menschen aus der östlichen Ukraine anwesend waren.
Eine Messe begann, und der Blick auf all die Pilger war berauschend. Es gab so viele bestickte Tücher, daß man die Straße von Hruschiw bis Kiew damit hätte auslegen können. Ich sprach ein paar Worte zu den Menschen und bat sie, wieder für die Leute in den Lagern zu beten. Es bedurfte keiner großen Anstrengung, sie zum inbrünstigen Gebet zu bewegen; fast jeder kannte jemanden, der immer noch im Gefängnis war.
Außer jenen, die fotografierten, fiel die Miliz kaum noch auf. Wir nahmen das Rosenkranzgebet nach der Messe erneut auf und lenkten unsere Gebete auf das Wohlergehen unserer Nation, der Ukraine.
Es war ungefähr zu jenem Zeitpunkt, als der konvertierte Mönch, Kowaltschuk, mir mitteilte, daß man unsere Anwesenheit im nächsten Weiler erwünschte, in dem sich Leute befanden, die den weiten Weg von Zentralasien hierher gemacht hatten. "Sie wünschen, daß Sie ein paar Worte sagen", meinte er.
Und auf diese Weise verbrachte ich die nächste Woche, indem ich meine Zeit zwischen Hruschiw und den umliegenden Dörfern aufteilte. Schwester Irina begleitete mich, und wir achteten darauf, niemandem sehen zu lassen, in welche Richtung wir uns bewegten. Ein junger Mann führte uns quer durch ein Feld. Auf der anderen Seite wartete ein Auto auf uns. Es war etwa eine Stunde Fahrt zu einem Haus, in dem dreißig oder vierzig Usbeken und Tadschiken versammelt waren. "Der Friede sei mit Euch!" begrüßte ich sie.

Viele von diesen Leuten waren Kommunisten, die jemanden benötigten, mit dem sie sprechen konnten. Sie waren verwirrt und überwältigt. Sie waren auch in Hruschiw gewesen und hatten auch die Muttergottes gesehen.
Sie waren voller ängstlicher Fragen. Was bedeuteten solche Visionen? Was sollten sie jetzt alle tun, nachdem sie Übernatürliches erfahren hatten? Sollten sie es anderen erzählen, oder sollten sie darüber schweigen? Was waren die Folgen für die Sowjetunion?
Da waren auch Leute aus einem Sanatorium, und sie wurden von der Miliz und dem KGB dazu gezwungen, ein Schriftstück zu unterschreiben, in dem sie angaben, daß sie niemandem von ihren Erfahrungen erzählen würden.

Es war eine verzweifelte Taktik der Kommunisten. Da sie die Erscheinungen nicht aufhalten konnten, waren sie nun bemüht, den Schaden so weit wie möglich zu begrenzen. Selbst Offiziere des KGB wurden gewarnt, von dem, was sie gesehen hatten, etwas verlauten zu lassen, und Offizielle zogen über Land, um herauszufinden, wer die Erscheinungen gesehen hatte und was sie darüber erzählten.

Mein Treffen dauerte stundenlang, und als es endete, waren wir alle Freunde. Ich betete mit ihnen auf russisch, so daß jeder verstehen konnte, was ich sagte. Ich betete für alle Nationen, die von Moskau unterdrückt wurden: Weißrußland, Georgien, Armenien, die baltischen Staaten. "O Gott", sprach ich bestimmt. "Stärke uns, damit wir aushalten und überleben, bis jene Zeit kommt, die für uns alle voller Freude sein wird. Verleihe uns die Einheit und Stärke, Satan zu besiegen, die Weisheit und Geisteskraft, so daß wir uns alle zusammen gegen unseren gemeinsamen Feind erheben und ihn besiegen können."

Ich bat, unseren Verfolgern zu vergeben, und gelobte ein unaufhörliches Bestreben nach Freiheit. Die mächtigen Zeichen in Hruschiw, sagte ich, seien nicht nur Gunsterweise Gottes, sondern auch ein Weg zu seiner Wahrheit – ein dringender Aufruf, in die Fußstapfen der Apostel zu treten.

"Bitte, o Herr, unser großer und einziger Gott, gewähre Freiheit den Tadschiken, den Usbeken, den Kasachen, den Kirgisen und den Ukrainern!"

Als wir an jenem Abend nach Hruschiw zurückkehrten, war dort wieder dasselbe übernatürliche Licht. Es brannte ein Meer von Kerzen, deren kleine, zuckende Flammen himmelwärts strebten und Schatten auf die alten Frauen warfen, die im stillen ihren katholischen Glauben an ihre Enkelkinder weitergegeben hatten und die im Verborgenen jahrzehntelang gebetet hatten.

Die Messe wurde von P. Michailo und einem anderen Priester namens Mikola gefeiert. Ich verlas eine Meditation, während junge Leute Flugblätter verteilten, die zur Einheit unter den Christen aufriefen.

Die Miliz versuchte die Leute wegzutreiben, aber viele weigerten sich, sich von der Stelle zu rühren. Es erschallte Gesang und ständiges Gebet. Ab und zu erblickte eine Gruppe von Leuten die Muttergottes, und andere sahen in diese Richtung. Das Licht war genauso wie am ersten Abend.

Ich sah sie da als ein menschliches Wesen, wie eine wirkliche Person. An den ersten drei Tagen trug sie die feurige Kleidung, aber nicht jeder sah sie so. Schwester Irina beschrieb sie mit weißen Gewändern. Jeder hatte seine eigene Erfahrung.

Fast alle Pilger hatten Rosenkränze, und nahezu jeder schaute hinüber zur Kuppel. Die Menschen senkten ihre Blicke nicht. Das ungewöhnliche Licht wurde stärker. Jedes Blatt und jeder Grashalm war elektrisiert.

In der himmlischen Strahlung sahen selbst die einfachsten Menschen wie schöne Engel aus. Es war, als ob wir an jenem Tag und Abend verklärt wären. Viele Menschen weinten oder lächelten mit Tränen in ihren Augen.

Ich war innerlich so bewegt, daß ich kaum sprechen konnte. Da geschah es - ich weiß nicht wie - daß ich die Selige Jungfrau wiedersah, mit ihrem feurigen Gewand bekleidet, einen Rosenkranz in ihrer rechten Hand und den Kopf mit einem blauen Schleier bedeckt.

Ihre Kleider waren so fein, daß man meinte, daß man seine Hand danach ausstrecken könnte, um sie in der Hand zu zerknüllen. Es war interessant festzustellen, daß sie mir genau in die Augen schaute. Später fragte ich andere, was sie sahen, und es war das gleiche: Maria blickte sie direkt an. Wie, außer aufgrund übernatürlicher Kräfte, konnte sie jeden einzeln ansehen?

Menschen riefen: "Liebe Muttergottes! Seht, Leute!" Andere knieten.

In jenem Augenblick fühlten wir uns so stark, als ob wir übermenschliche Dinge vollbringen könnten. Das Glühen über dem Kirchplatz war himmlisch, und die einsetzende Stille war angenehm, majestätisch, ehrfurchtgebietend.

In der Ekstase war der feste Glauben in uns, daß wir jetzt so stark wären, daß wir unsere Freiheit erlangen würden. Die Muttergottes betrachtete uns nicht nur, sondern flößte uns solche Kraft ein, daß uns niemand besiegen könnte. Da war auch das Gefühl, daß wir Teil einer göttlichen Sendung wären. Unsere Mission ist, eine sterbende Welt zum Glauben zu bekehren. Unsere Sendung ist, vor den Bestrafungen die Menschen zu Christus, den König, zurückzubringen.

Sie streckte ihre Hand über den Kopf des Jesuskindes aus und legte den Umhang über ihren Schultern ab. Dann begann sie zu sprechen: *"Mein Sohn, meine Kinder, ich freue mich und bin glücklich über Euch. Ich sage Euch, daß ich von heute ab mit Euch und über Euch sein werde. Geht vorwärts und seid ohne Furcht!"*

Nicht jeder hörte sie, aber die sie vernahmen, erfuhren dieselben Empfindungen - als ob die Stimme sie umgäbe. Es ist schwer, es auf eine andere Weise zu beschreiben. Wenn ich jetzt spreche, hören Sie meine Stimme aus einer bestimmmten Richtung kommen, aber die Stimme in Hruschiw war nicht so, wie es bei uns ist. Es waren dort viele Menschen von unterschiedlicher sprachlicher Herkunft, und doch redete sie mit jedem in seiner eigenen Sprache.

Die Muttergottes sprach ausführlich über Buße und Bekehrung. Sie forderte uns eindringlich auf, zu Christus, dem König, zu beten. Sie mahnte uns, für die Verstorbenen zu beten als Vorbedingung zum Betreten des Pfades der Liebe - dies ist sehr wichtig und wert, wiederholt zu werden, das Gebet für die Seelen im Fegefeuer - und in gleicher Weise erwähnte sie unsere Pflicht, Ungläubige zu bekehren. Wozu dient es, von Gott nur unter uns zu sprechen? Wir müssen uns zu den Humanisten und Atheisten begeben.

Viele Menschen hörten dieselbe Botschaft, aber sie sprach auch auf einer sehr persönlichen Ebene. Es gibt da ein paar private Angelegenheiten, die ich nicht wiedergeben möchte. Erneut sprach sie über mein Leben und in welche Richtung ich mich begeben würde. Sie erwähnte, daß ich mich jenseits der Grenzen der Sowjetunion wiederfinden würde, aber daß sie Menschen senden werde, um mir zu helfen. Dann begann sie, mir gewisse Geheimnisse und Botschaften mitzuteilen, die die ganze Welt betreffen.

*Gebiet von Keletschin - Geburtsort Josip Tereljas*

*P. Mikola Simkailo hört Beichte im Wald - 1979*

*Zeichnung von Raoul Wallenberg*

*Isolationszelle 389-15 / Perm-Lager*

*Perm Nummer 35 - Konzentrationslager*

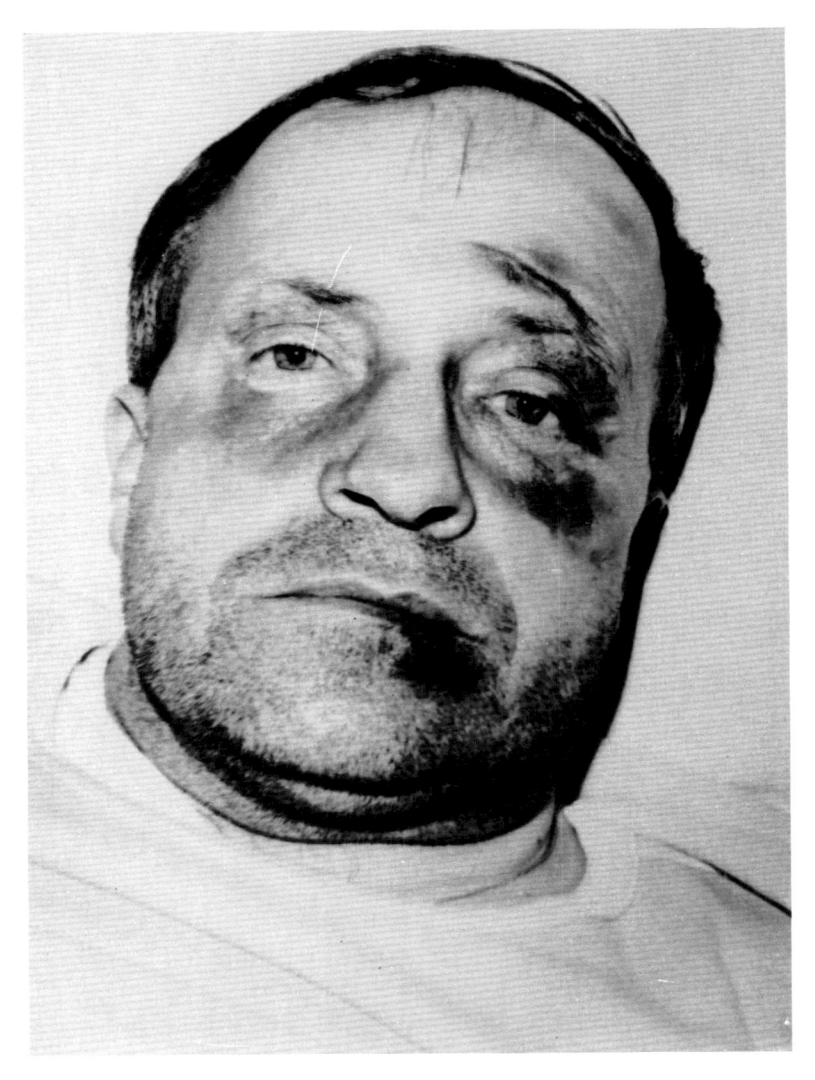

*P. Petro Selenjuk - vom KGB dafür geschlagen, daß er die Messe nach dem ukrainisch-katholischen Ritus feierte*

*Hochzeit im Untergrund*

*28. Oktober 1990 - Kiew - auf dem St. Sophia-Platz:
Sowjetische MWD-Sondereinheiten der Aufruhrkontrollpolizei
versperren den Zugang zur St. Sophia-Kapelle*

*Kiew - zerstörte Kapelle.
Kirche im Hintergrund in ein Museum umgewandelt*

*Lager Nummer 315-30 in Lemberg*

*1983 - Gottesdienst in den Katakomben, im Wald von Sarwanizja. Die Messe wird von Bischof Pawlo Wasilik gefeiert*

*Juli 1989 im Wald von Hoschiwski (in den Karpaten in der Nähe der Stadt Dolina) - 22.000 junge ukrainische Katholiken nehmen am Gottesdienst teil. Die Untergrundmesse wurde von P. Jaroslaw Lesiw zelebriert.*

7. Oktober 1990 - in der Stadt Ternopil: Eine Kolonne von ukrainischen Gefangenen bewegt sich auch auf das Hauptquartier des KGB zu

*Die Ausgrabungen beginnen 1989 am Massengrab von Demjan*

*Hunderte wurden in der Vergangenheit wegen ihres Glaubens hingerichtet - in den Kopf geschossen!*

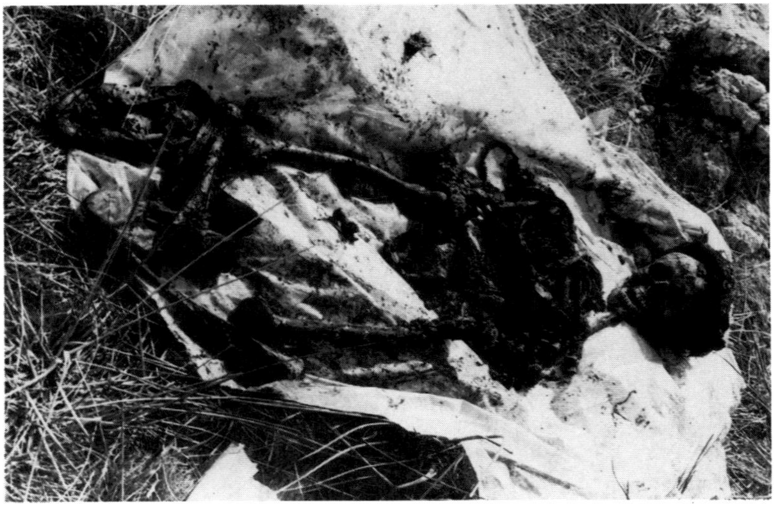

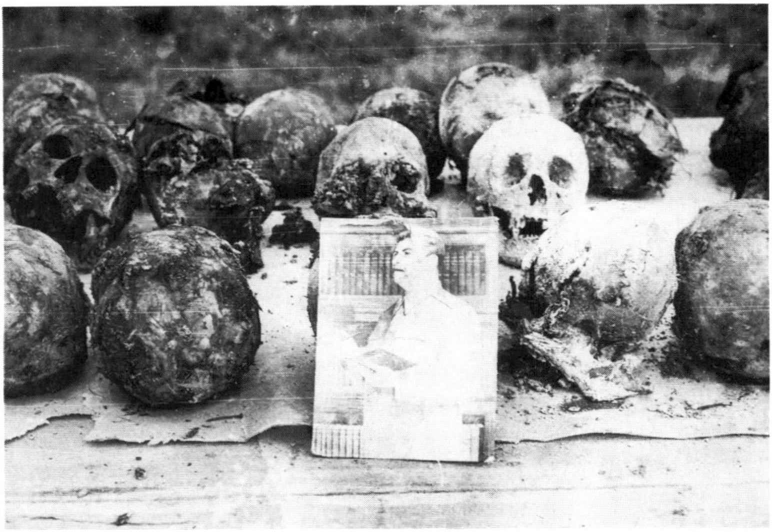

*Eine Begräbnisfeier am 29. Oktober 1989,
an der Hunderttausende teilnahmen*

*Josip trifft mit Papst Johannes Paul II. zusammen*

*Die Kirche von der Allerheiligsten Dreifaltigkeit in Hruschiw*

*Josip mit seinen drei Kindern*

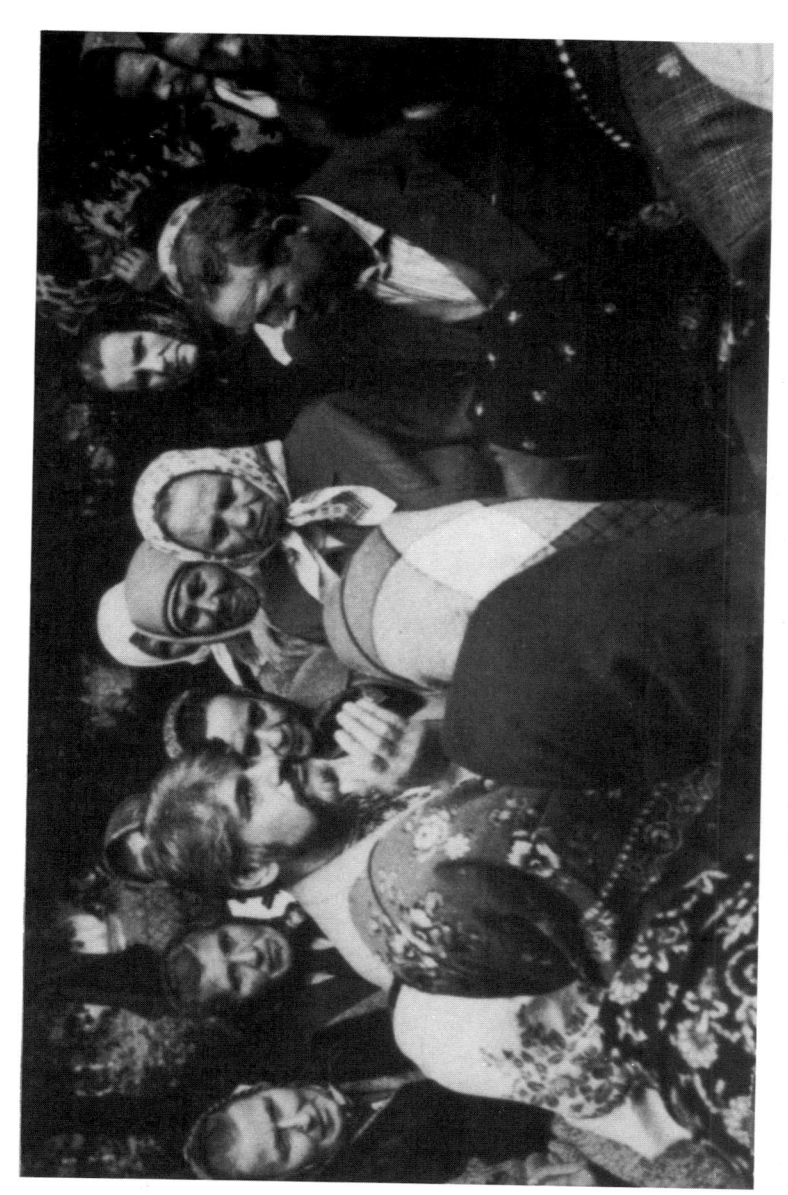

*Josip spricht mit Pilgern in Hruschiw*

*Allerheiligste Dreifaltigkeit, Hruschiw*

*Im Innern der Kapelle von Hruschiw.*
*(Im Vordergrund der wunderbare Brunnen)*

*Marina (Seherin von Hruschiw)*

*Tschernobyl*

*Gefangenenlager (Zwei Gemälde Josips)*

*Gemälde von Josip, die die Weltbedrohung
durch den Kommunismus zeigen*

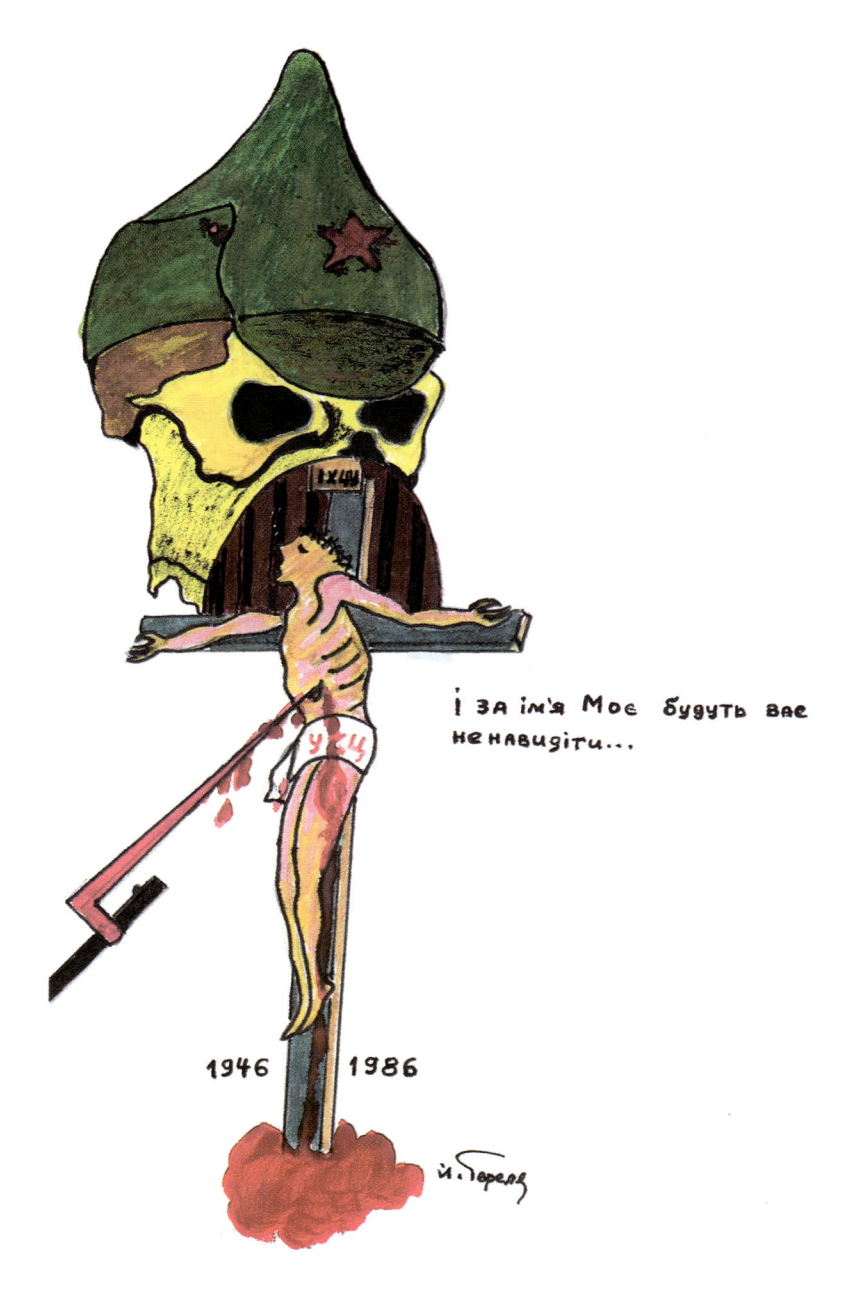

Gemälde Josip Tereljas

*Pilger kommen zur Messe in Hruschiw an*

*Der Aktivist der Ukrainischen Katholischen Kirche, Dr. Stepan Chmara (Bild ganz links), während eines Interviews mit der ausländischen und sowjetischen Presse, drei Wochen bevor er verhaftet wurde. Dr. Khmara befindet sich zur Zeit im Gefängnis von Kiew. Sein Gerichtsverfahren sollte am 11. Januar 1990 stattfinden.*

Photo Courtesy of John Riddiford

*Die erste Gedenkstätte Unserer Lieben Frau von Hruschiw außerhalb der Grenzen der Ukraine auf amerikanischem Boden - in Elmira Heights, Bundesstaat New York, USA. Die Gedenkstätte wurde am 26. April 1989, dem Jahrestag der Katastrophe von Tschernobyl, geweiht und eröffnet*

*Demonstration für die Legalisierung der ukrainischen
katholischen Kirche*

1988: Josip und Olena Terelja während der heiligen Kommunion, ausgeteilt von seiner Heiligkeit, Papst Johannes Paul II., im Vatikan

*Die Untergrundkirche prallt mit KGB-Agenten zusammen*

*Die Untergrundkirche kommt zum Vorschein - 1989*

## 19. Kapitel

# 'MEINE TOCHTER UKRAINE'

Es war überwältigend, und jeder war mit den Ereignissen so beschäftigt, daß niemand essen oder schlafen wollte. Jene Nacht verbrachte ich bei Nationalisten. Die älteren Frauen wuschen unsere Kleider und brachten Stroh aus der Scheune, über das sie Steppdecken legten.

Aber wer wollte sich schon schlafen legen? Wir sprachen ohne Unterbrechung und bemerkten, wie angenehm Unsere Liebe Frau war, und teilten uns wechselseitig unsere Erfahrungen mit. Wenn ich mich zurückerinnere, dann laufen die Ereignisse bestimmter Tage ineinander. Es ist schwierig, sich genau ins Gedächtnis zurückzurufen, was sich zu bestimmten Zeiten an bestimmten Tagen zutrug. Es war wie das Öffnen eines Schleusentors an Gefühlen, Offenbarungen und Empfindungen.

An den folgenden Tagen handelte ich in ähnlicher Weise wie am 10. Mai und fuhr nach Hruschiw hinein, während ich an anderen Orten verweilte und predigte. Ein Junge erschien um neun Uhr am Morgen des 11. Mai mit einer Nachricht für mich, daß ich mich mit einer Gruppe von jungen Leuten im Dorf Orjawtschik treffen möge, welches ein paar Stunden entfernt lag. In der Gruppe befanden sich Basilianer und ein Studitenbruder. Ich trat ein und sagte: "Gelobt sei Gott!"

Wir saßen am Tisch, und der Studit segnete eine Mahlzeit aus Buttermilch. Wir sprachen über die Probleme, denen die Kirche des östlichen Ritus ausgesetzt war, und danach reichte man mir einen Brief von Olena, die sich um mich Sorgen machte. Natürlich wollte sie wissen, wann ich nach Hause zurückkehren würde. Sie erwähnte einen

Priester, Hawriliw genannt, und erkundigte sich nach seinem Aufenthaltsort. Niemand wußte, wohin er sich begeben hatte, und wir befürchteten das Schlimmste. In der Sowjetunion verschwanden immer noch Leute.

Von dort fuhr ich mit einem Lastwagen nach Tischiw. Ich sollte dort aussteigen, und dann wollten sie umkehren, um meine Freunde zum Bahnhof nach Hrebeniw zu bringen, weil es auf dieser Strecke weniger Miliz gab. Hrebeniw lag südlich von Hruschiw an der Bahnstrecke von Lemberg nach Mukatschiw. Während dieses Gebiet von Verkehrsstaus ziemlich verschont war, waren andere Strecken, besonders jenseits von Smoscha, vollgestopft mit Pilgern. Die Menschenmassen waren ein Schauspiel für sich! Und die Miliz war unfähig, etwas dabei zu tun. Sie fuhren in die Richtung der Stadt Stri und von dort aus westlich zur Allerheiligsten Dreifaltigkeit.

Die Pilger fuhren per Anhalter in Autos oder Lastkraftwagen oder befanden sich in unaufhörlichen Karawanen von Bussen. Die Polizisten hatten den Befehl, niemanden aus dem Hochland in Richtung Skole (welches vor Stri lag) fahren zu lassen, aber die Gläubigen ließen sich nicht aufhalten. Der Gedanke, die Muttergottes zu sehen, spiegelte sich in der Entschlossenheit ihrer Mienen wider.

Wir trafen an dem Ort, an dem das Treffen stattfinden sollte, ein, aber niemand war dort. Das ließ Alarmglocken erklingen. Im Untergrund gibt es eine eiserne Regel: Wenn jemand zu spät kommt, dann wartet man höchstens fünf Minuten, und danach entfernt man sich von jenem Platz so schnell wie möglich. Die Verspätung kann ein Hinweis darauf sein, daß die Behörden hinter einem her sind.

Bald jedoch kam eine Bäuerin, die mich zum richtigen Haus führte. Darinnen befand sich die Gruppe, die ich treffen sollte, und wir begannen Informationen auszutauschen. Sie erzählten mir, daß die Behörden schon dabei seien zu verbreiten, daß wir Unierten uns das Wunder von Hruschiw ausgedacht hätten - erfunden, um unsere Sache zu unterstützen. Terelja, der "Fanatiker", schüre die Sache an. Ich vermutete, daß es darüber schon eine öffentliche Rede gegeben hatte. Es hieß, daß ich bald aus der UdSSR entfernt und den Rest meines Lebens auf den "Müllhalden" Amerikas verbringen müsse.

Ich kehrte nach Hruschiw mit einem Mann, Wasil genannt, zurück. Wir fuhren auf einer Straße, die durch das Dorf Truskawez führte, einen der Orte, in dem ich während der Erscheinungen übernachtete. Die Straße war von hohen Bäumen gesäumt, die zwei- oder dreihundert Jahre alt zu sein schienen. Wir sahen eine kleine Menschenmenge, und ich entdeckte einen Polizisten, den ich kannte. Er kam aus Faleschi. Ich wunderte mich, was vorging, und er sagte mir, daß die Miliz den Auftrag habe, einen der Bäume zu fällen, um damit den Verkehr zum Stillstand zu bringen. Sie versuchten alles, um unsere Pilgerfahrten aufzuhalten. Sie handelten so, als ob sie wegen der Ernte besorgt wären, und sie versuchten, den Leuten Angst zu machen, indem sie ihnen einredeten, daß in Hruschiw Seuchengefahr bestehe.

Aber als wir dort ankamen, stellte sich heraus, daß solche Taktiken kläglich versagt hatten. An einigen Stellen hatten die Pilger so hohe Haufen von Geld aufgeworfen - große Scheine, bis zu einhundert Rubel - daß sie bis zum Knöchel reichten. Die Blumen waren noch höher. Reiche Georgier warfen ständig mehr Geld, und viele Leute steckten immer noch Geld durch den Spalt über dem Fenster. Ungefähr dreißig Männer mit Maschinengewehren kamen in Regierungsfahrzeugen.

In der Abordnung befanden sich der Vorsitzende des örtlichen Gemeinderates, der Sekretär der lokalen kommunistischen Partei und der Kreisprokurator. Die Polizei sammelte die Opfergaben ein und verstaute das Geld in Kartoffelsäcken. Dann rissen sie die Bretter ab, mit denen der Hintereingang der Kapelle verschlossen war, und sie steckten auch die Spenden ein, die man hineinfallen hatte lassen. Später sagten sie, daß sie 30 000 Rubel eingesammelt hätten, aber das ist lächerlich. Da war viel mehr Geld gewesen. Einiges wurde an den Gemeinderat abgeführt, aber das meiste Geld teilten sie untereinander auf.

Am 11. Mai kamen ganze Scharen von Kindern nach Hruschiw, und die Schuldirektoren waren ihnen heiß auf der Spur. Aber die Lehrer und Schulleiter hatten nur geringe Aussicht, ihre entlaufenen Schüler in einer so großen Menge herauszufinden. Die Behörden waren besonders besorgt um Studenten von Ingenieurschulen und Universitäten. Da waren Tausende von jungen Leuten, darunter eine Gruppe von der Kunsthochschule in Dnjepropetrowsk.

Die jungen Leute gingen in einer Prozession um die Kapelle herum, wobei sie Lieder sangen und den Rosenkranz beteten.

Als wir bei der Kapelle ankamen, war dort das mittlerweile vertraute Leuchten am Himmel. Aus einem kleinen Tisch fertigten wir einen Altar, und ein Priester namens Iwan las die Messe mit 11 weiteren Priestern des Untergrundes. Eigentlich war es die gleichzeitige Zelebration von nahezu einem Dutzend Gottesdiensten. Damit mehr Menschen sich beteiligen konnten, teilten sich die Priester auf und lasen ihre Messen an 11 verschiedenen Stellen. Die Leute stellten sich um sie herum, so daß die Polizei nicht sehen konnte, was vorging. Schließlich war die Messe des östlichen Ritus illegal. Ich diente beim Gottesdienst.

Es waren auch viele Leute aus dem östlichen Teil der Ukraine anwesend, sowie ein Führer, der ihnen die Riten erklärte. Regierungsbeamte liefen hin und her, aber sie konnten weder sehen noch hören, was wir taten. Zahlenmäßig verdrängten wir sie, und wir sangen zu laut. Es gab auch einige hundert Georgier, die dablieben, trotz der größten Anstrengungen der Sowjets, sie in ihre Heimatrepublik zurückzuschicken.

Die Muttergottes erschien, als wir mit dem Nachmittagsgottesdienst anfingen. Es war, wie wenn sie auf uns herabschaute und mit uns betete - mit uns an der Messe teilnähme! Einmal an diesem Tag hielt sie ihre linke Hand auf ihrem Herzen, und ihre Augen waren voller Tränen. Wieder hörte ich ihre Stimme, und sie begann, mir Informationen mitzuteilen, von denen ich meine, daß sie sich auf die Endzeit bezogen. Es war, als ob sie käme, uns Kraft zu geben. Sie wollte, daß wir uns aufmachten, um das Evangelium zu verkündigen. Sie bat uns, unseren Feinden zu vergeben und ihnen mit Liebe entgegenzugehen.
Durch Leiden und Liebe, betonte sie, werden wir von der Knechtschaft Satans befreit werden.
Die Muttergottes hob hervor, daß jetzt die Zeit der Arbeit sei. Bald bräche die Zeit der Ernte an. Sie sagte, daß selbst in den schlimmsten Zeiten die wahren Christen die Kraft fänden, sich dem Fürsten der Dunkelheit zu widersetzen. Wenn wir die göttlichen Wahrheiten befolgten, sagte sie, würden wir gerüstet und stark sein.
Sie bat uns flehentlich, unablässig zu beten. Sie erwähnte, daß das *Glaubensbekenntnis*, das *Vater-unser* und das *Gegrüßet-seist-Du-Maria* täglich gebetet werden sollten. Und sie beklagte, daß die Gebete zum Heiligen Michael auf so traurige Weise vernachlässigt worden wären.
Sie empfahl, daß wir unseren Rosenkranz bei uns oder sogar um den Hals trügen.
Sie sagte, daß uns schwere Zeiten bevorstünden und daß das Rosenkranzgebet eine mächtige Waffe gegen gegnerische Geister sei.
*"Bekehrt die Ungläubigen"*, hörte ich ihre milde, aber feste Stimme sagen.
*"Verkündet das Wort Gottes unter jenen, die Seinen Sohn geleugnet haben. Betet! Betet für jene, die ein unsittliches Leben führen. Betet den Rosenkranz. Lehrt eure Kinder, den Rosenkranz zu beten. Er ist mächtig wider den Antichrist. Enthaltet euch der Sünde und opfert euren Wohlstand, eure Ruhe, euer Leben auf. Das Opfer ist ein Hauptgebot, welches Jesus Christus verkündet hat. Erinnert euch daran, daß Sünde ein verbotener Luxus ist und daß Opfer euch erlauben, aufrichtige Teilhaber der Leiden Christi zu werden. Genau dadurch werdet ihr jene retten, die ge-*

*fallen sind. Zweifelt Nicht! Fürchtet euch nicht! Und betet! Betet ständig und überall! Legt offen Zeugnis von Jesus Christus ab, und schämt euch des Kreuzzeichens nicht! Gebraucht es, und bereitet euch auf große Verfolgungen und neue Opfer vor!"*

Durch die Kirche, sagte sie, werden sich Gerechtigkeit und Frieden durchsetzen.

*"Führt ein reines und sündenloses Leben"*, sagte sie zu einem anderen Zeitpunkt. *"Nehmt alkoholische Getränke nicht im Übermaß zu euch, raucht nicht und besucht keine sündigen Tanzveranstaltungen."*

Als ihre Stimme verklang, fühlte ich einen tiefen, inneren Frieden. Es war so, als wenn ich dem Rauschen des Ozeans oder dem Rascheln von Blättern zuhörte. Einmal bewegten sich ihre Lippen, aber ich konnte ihre Stimme nicht hören. Als sie wieder vernehmbar wurde, machte sie weitere Ausführungen zu ihren ersten Botschaften:

*"Wenn ihr während der Messe betet, macht das Kreuzzeichen 33 mal. Während des Gottesdienstes sollten alle Leute mit Weihwasser gesegnet werden. Dadurch überwindet ihr deren Unruhe und Furcht. Jene, die euch am nächsten stehen, werden euch meiden. Aufgrund der Untreue von Priestern werdet ihr sogar versucht werden, meinen Sohn zu verlassen und das Heidentum anzunehmen. Aber Leiden und Gebet werden alles überwinden. Eine große Aufgabe erwartet euch. Es besteht ein größerer Bedarf an Laienaposteln als je zuvor. Helft dem Papst, und das dritte Geheimnis von Fatima wird euch enthüllt werden. Wir leben in der Zeit des Vaters. Das dritte Geheimnis ist überall um euch herum. Die Zeit Gottes hat begonnen."*

Unsere Liebe Frau fuhr fort, nachdrücklich zu betonen, daß wir an den Papst denken sollen. *"Betet für den Heiligen Vater in großer Zahl. Dies wird ihm helfen. Betet zu einer bestimmten Zeit zusammen, denn dann wird das Gebet besonders hilfreich sein. Zeigt überall eure Treue gegenüber dem Papst und der Kirche. Tut dies öffentlich und fortwährend. Folgt den modernen Priestern nicht. Hört auf Gott und liebt Gott. Betet für die Kinder und bereitet euch auf böse Zeiten vor - viel schlimmer als das, was ihr jetzt erlebt. Betet den Rosenkranz täglich, besonders für die Verstorbenen, und erinnert euch daran, daß ich bei euch bin. Schenkt den Schwierigkeiten, die euch umgeben, keine Aufmerksamkeit. Ich komme, um euch zu meinem Sohn zu führen."*

Als Unsere Liebe Frau zu sprechen aufhörte, bemerkte ich seltsame physische Wirkungen. Es war, wie wenn eine Spannung oder ein Druck in meinen Ohren anschwoll. Mein Blutdruck erhöhte sich, und später fühlte es sich so an, als ob hinter meinem rechten Ohr Nadeln wären. Aber da war auch das besänftigende Geräusch des Ozeans. Es war, als ob die Natur spräche. Und einige hörten auch Klänge wie von einer Harfe.

Die Jungfrau sprach normal, aber nicht so, wie wir es verstehen. Ich weiß, daß das verworren klingt, doch kann ich es nicht auf eine andere Weise beschreiben. Ihre Stimme quoll um uns herum auf. Am 11. sprach sie über die Propheten und apokalyptischen Zeiten. Ich werde das gelegentlich noch etwas weiter beschreiben. Was die Apostel und die Propheten vorausgesagt haben, geschieht jetzt, sagte sie uns. Jene Zeiten, die von den Propheten seit altersher angekündigt wurden, sind jetzt angebrochen.

Einige der Leute kamen zu mir und fragten, warum Gott uns so streng prüfe. Ich antwortete ihnen mit einer raschen Folge von Fragen. "Wieviel hast du in letzter Zeit gebetet? Welche gute Tat hast du heute vollbracht? Wie oft tut dir das Böse, das du getan hast, leid? Wie oft erbittest du beim Betreten deines Arbeitsplatzes Gottes Segen?"

Ohne daß es die höheren Dienststellen wußten, waren etliche, die zur Miliz gehörten, heimliche Beter, und einige von ihnen kamen sogar, um mich sprechen zu hören. Nach der Messe bildeten wir einen weiten Kreis um das Steinkreuz. Man gab mir ein Megaphon, und ich begann zu reden. Es war, wie wenn Unsere Liebe Frau mir die Worte eingäbe. Ich sprach darüber, wie uns die Macht Gottes alle zusammengebracht hätte, und verkündete, daß wir uns auf dem Weg zur Freiheit befänden. Ich redete über unsere neue Bruderschaft. Ich sprach von der Notwendigkeit, einander zu lieben.

"Die Dunkelheit, die vom Kommunismus verbreitet wurde, hat weder das Herz noch die Augen unserer gottesfürchtigen Menschen verschlungen. Gestern, als ich mich in russischer Knechtschaft befand, wurde mir gesagt, daß ich nach dem Tod von Wasil Stus (einem weiteren politischen Gefangenen) an der Reihe sei. Aber seht, was geschehen ist. Wie Ihr seht, bin ich bei euch."

Indem ich das Problem ansprach, warum Gott es gestatte, daß gute Menschen litten und starben, hob ich hervor, daß es das Blut der Märtyrer sei, welches den Frieden erkaufe, genauso wie das Blut Christi der Preis für unsere Erlösung sei. "Weder war eine einzige Anstrengung noch ein einziger Tod für unsere Sache und für unser Volk umsonst."

Selbst in den schlimmsten Augenblicken, so betonte ich, müssen wir an die Güte Gottes glauben. Die Ernte folgt der härtesten Arbeit. Die besten Dinge ergeben sich nicht mühelos. Ich bat die Leute erneut eindringlich, für jene in den Lagern wie für die Verfolger zu beten.

Eindringlich forderte ich sie auch zu Dankgebeten auf. Wir mußten der Jungfrau und ihrem Sohn danken. "Sie sind unbefleckt und gesegnet. Sie haben uns große Liebe für unsere Mitmenschen und Kraft gegeben, uns Bösem zu widersetzen und siegreich hervorzugehen."
Viele von den der Tradition verpflichteten Gläubigen sagten, daß sie die Muttergottes in Schwarz gekleidet mit dem Kind in ihren Armen sahen. Sie fragten, warum sie schwarze Kleidung trüge, und sie sagte: *"In der Welt herrscht heute großes Unheil. Die Menschen haben meinen Sohn verlassen."*

Für die Kommunisten und selbst manche Orthodoxe war die Vorstellung, daß eine übernatürliche Botschafterin in die Sowjetunion gekommen sei, natürlich verwirrend, unverständlich und verrückt. Können Sie sich einen Atheisten vorstellen, wie er Tausende von Menschen beobachtet, die sich mit der Luft unterhalten? Was die Orthodoxen anbetraf, so meine ich, daß es vielen von ihnen unangenehm war, daß sich ein Wunder über einer katholischen Kapelle zutrug.

Kein Zweifel, daß auch einige Fundamentalisten und Pfingstler die Ereignisse gerne abgetan hätten. Sie neigen dazu, marianische Phänomene anzugreifen, und ich habe das Gefühl, daß Christus solche Respektlosigkeit Seiner Mutter gegenüber nicht mag. Sie argumentieren, daß die Rolle Marias in der Bibel nicht geklärt sei. Ich habe die größte Achtung vor der Bibel und weiß, daß sie das Werk des Heiligen Geistes ist. Aber nichtsdestoweniger ist sie nur ein Buch, und jedes Buch ist begrenzt. Es enthält nicht alle Werke Gottes. Kein Buch könnte das. Der Heilige Geist hörte nicht auf, Wunder zu tun oder uns Mitteilungen zu machen, nachdem das letzte Evangelium geschrieben worden war.

Anderen waren diese Erscheinungen unangenehm, weil unsere materialistische Welt lehrt, daß solche Phänomene psychologische Abweichungen sind. Wenn jedoch Hruschiw ein Fall von Massenhalluzination war, wie konnten dann soviele Zuschauer dieselbe Sache beschreiben, ohne während der Erscheinungen miteinander zu reden? Ja, manchmal erschien sie unterschiedlich, und viele sahen Phänomene von geringerem Ausmaß, aber die wesentliche Erfahrung - und viele der Botschaften - waren dieselben.

Die Miliz und der KGB wußten in ihrem Innern, daß etwas Unerklärliches sich ereignete. Da war ein Polizist, der seine Uniform auszog und feststellte, daß er "das Zeichen Satans" nicht länger tragen wolle. Weil sie nicht hoffen konnten, eine solch große Menge selbst mit Hunderten von Männern zu kontrollieren, griffen sie auf ihre typischen, schmutzigen Taktiken zurück, indem sie Betrunkene hinsandten, um unsere Gebete zu stören, oder in anderer Weise versuchten, Furcht zu erwecken, Unfrieden und Verwirrung zu stiften.

Am 10. oder 11. Mai sah ein Offizier, der zuviel getrunken hatte, das Licht der Erscheinung und feuerte einen Schuß in diese Richtung ab! Es war eine Tat von sinnloser Kühnheit. Eigentlich sah ich es nicht. Ich vernahm nur, was sich wie der Knall eines Peitschenschlages anhörte. Der Offizier wurde sofort bewußtlos und fiel zu Boden. Sein Arm wurde schwarz, als wenn er einen elektrischen Schlag erlitten hätte. Einige Leute behaupten, daß ein Lichtstrahl von der Umgebung der Kapelle ausging - ein Schuß Licht - und daß es dies gewesen sei, was ihn zu Fall brachte. Es war die lebendige Macht Gottes. Ich habe das Licht nicht gesehen, aber ich sah den Offizier. Er war lange Zeit bewußtlos, und als er wieder zu sich kam, konnte er sich an nichts mehr erinnern.

Obwohl das Gerücht umging, daß sich dieser Offizier danach bekehrte und Prediger wurde, der in Armut von Dorf zu Dorf zog, habe ich in der Zwischenzeit erfahren, daß er einfach aus der westlichen Ukraine in eine andere Region der UdSSR versetzt wurde.

Andere Szenen in Hruschiw waren angenehmer. Ich sah, wie viele Nichtchristen sich augenblicklich bekehrten. Es ist manchmal leichter Kommunisten als orthodoxe Atheisten zu bekehren. Ich wurde Zeuge, wie ein russischer Offizier - kein geringerer als ein Hauptmann - nachdrücklich feststellte: "Es gibt einen Gott." Es gab viele solcher Geschichten, aber die dramatischeste könnte am 12. Mai geschehen sein. Es war ein Ereignis, das wieder einmal zeigte, daß keine Person oder Regierung Gottes Werke ändern oder irgendwie aufhalten kann.

An jenem Morgen befand ich mich auf dem Weg, um mich mit einem Mann namens Senko in einem anderen nahegelegenen Weiler, Morschin genannt, zu treffen. Er wollte mir behilflich sein, ein Fahrzeug zu erhalten. Ich brauchte den Wagen, um nach Pidberesch zu gelangen, wo ich ein Zusammentreffen mit einem Bischof vereinbart hatte, der dann mit mir nach Hruschiw zurückkehren sollte.

Als wir fuhren, bemerkte ich, wie die Polizei dabei war, einen Baum zu fällen, genauso wie man mir erzählt hatte, daß sie es tun würden. Sie hatten immer noch die Absicht, eine Straßensperre zu errichten und so die Pilger abzuhalten. Es waren junge Kadetten aus Lemberg daran beteiligt.

In der Nähe standen Polizeiautos und zwei Feuerwehrfahrzeuge. An jenem Tag heulte der Wind mit einem schaurigen Ton.

Wir hielten an, und ich ging auf die Polizisten zu. Was ich wissen wollte, war ganz einfach: Warum fällt ihr diese große Linde?
Sie antworteten mir mit Schweigen.
"Ich weiß, warum ihr das tut", antwortete ich für sie. "Oberst Bogdanow gab den Befehl, und ihr seid nur zu froh, ihn auszuführen."
Ich bemerkte einen Hauptmann, den ich kannte, der Dmitro hieß. Er war aus Horodka, und wir kamen miteinander zurecht. "Dmitro", sagte ich. "Habt Ihr euren Verstand verloren, solch einen Baum zu fällen?"
Der Wind blies so stark, daß es schwierig war, einander zu verstehen. Sie hatten den Baumstamm etwa bis zur Hälfte durchgeschnitten und machten eine Pause. Dmitro drehte sich zu ihnen mit einem Grinsen um. Er fragte die Kadetten, ob sie den Nationalisten Josip Terelja in voller Lebensgröße sehen wollten, über den sie am 2. Februar eine Vorlesung erhalten hatten. "Hier ist er in Person", sagte Dmitro, wobei sich sein Mund zu einem ironischen Grinsen verzog. "Genau vor Ihnen."
Sie kamen ein bißchen näher, betrachteten mich und wußten nicht, wie sie reagieren sollten. "Sieh mal", sagte ich zu einem von ihnen, "Ihr schneidet die Ukraine in Stücke, genauso wie ihr diesen Baum sägt und fällt." Ich sagte ihnen dann, daß diese Strategie sinnlos sei. Na und, wenn sie diese eine Straße sperrten, würden die Pilger sich einen anderen Weg nach Hruschiw suchen oder um den Baum herumgehen. Einen Baum zu fällen war Ausdruck ihrer Bestürzung und Verzweiflung.
Die Kadetten wollten wissen, wie ich entlassen worden wäre und ob es wahr sei, daß die Kirche des östlichen Ritus eine Verschwörung angezettelt habe, um das "Wunder" von Hruschiw zu inszenieren. Ich fragte sie, ob einer von ihnen bei der Kirche von der Allerheiligsten Dreifaltigkeit gewesen sei, und sie antworteten mir, daß es ihnen nicht gestattet sei. Ich schlug ihnen vor, daß sie sich dort heimlich hinbegäben und es sich selber anschauten. Ich forderte sie auf, einfach hinzugehen und sich unter die Menge zu mischen.
Mein "Freund", der Hauptmann, stand dabei und tat so, als ob er nichts höre. Bald erschienen noch zwei weitere Autos, aber die Miliz hinderte sie daran weiterzufahren. In einem der Fahrzeuge war ein alter Nationalist, der Ratusch hieß, und er rief: "Josip! Gottes Macht ist mit uns!"

Die Kadetten hatten den Baum fast durchgesägt, als der Wind sehr plötzlich anhielt. Es war, als ob die Erde in ihrer Umdrehung angehalten hätte. Bisher hatte er ständig geweht, aber plötzlich trat eine unheimliche Stille ein. Obwohl er durchgeschnitten war, blieb der Baum noch für ein paar Sekunden aufrecht stehen, bevor er sich in Richtung Straße zu neigen begann.

Aber ganz plötzlich drehte sich der Wind, und eine riesige Windböe erfaßte den Baum, so daß er auf die Fahrzeuge der Miliz fiel, wobei die Äste aufprallten und einschlugen und einzelne Wagenteile in alle Richtungen durch die Luft schleuderten. Anstatt die Straße zu sperren, hatten sie ihre eigene Ausrüstung zerstört.

Die Polizei stand da, wie vom Blitz getroffen.

Später am selben Tag schlichen sich mehrere der Kadetten heimlich nach Hruschiw hinein. Wir verließen den Ort, um P. Senko in Morschin aufzusuchen. Er war nicht zu Hause. Deshalb beschlossen wir, zur Kirche von der Allerheiligsten Dreifaltigkeit zurückzufahren. Ich ging durch das Dorf und war überrascht, daß so wenige Polizisten und Soldaten anwesend waren. Ich war erfreut darüber, was die göttliche Vorsehung erreicht hatte, aber im Hintergrund machte sich immer noch Furcht davor breit, was die Behörden als nächstes unternehmen könnten. In der Nähe der Gemeindeverwaltung stand ein Taxi mit einem Lemberger Nummernschild, und ich begann ein Gespräch mit dem Fahrer, einem weiteren jungen Burschen, der gerade erst aus Afghanistan zurückgekehrt war. Er teilte mir mit, daß ein Reporter und ein Fotograf der *Literaturgazette* angekommen wären. Mit Sitz in Moskau ist die *Literaturgazette* eine angesehene, überregionale Zeitschrift, vergleichbar mit dem *Wall Street Journal*.

Ich kam an der Kirche zur Allerheiligsten Dreifaltigkeit etwa gegen Mittag an. Die Menschenmenge war ruhig und friedlich und starrte auf den Balkon und die Kuppel. Ich schaute auf und sah sofort die Jungfrau. Ihre Augen leuchteten. Sie blickte mich an und begann zu sprechen, ohne ihre Lippen zu bewegen.

"*Du wirst zur Spitze der Leiter klettern und nicht herunterfallen. Das Kind beschützt dich, und ich reiche dir Gnade und Kraft, damit du deinen Weg bis ans Ende zurücklegen kannst. In zehn Jahren wird dein Volk frei sein, und deine Feinde werden dich nie besiegen. Du wirst unter ihnen unsichtbar sein. Diene Ihm, und ich will immer bei dir sein.*"

In der Ukraine gibt es eine alte Legende von einem Schuhai genannten Mann, der von einer alten Frau Heilkräuter erhielt und danach kugelfest wurde. Ich fühlte mich wie Schuhai, aber meine "Heilkräuter" kamen von der Muttergottes.

Andere fühlten sich ähnlich. Es lag eine noch nie dagewesene Atmosphäre von Mut und Kühnheit in der Luft. Und die Medien erschienen in voller Stärke. Ich traf eine Reporterin von der *Literaturgazette* und befragte sie über ihre Erfahrungen in Hruschiw. Ihre Antwort war überraschenderweise sehr freimütig: "Ich sehe die Muttergottes!"

"Werden Sie das schreiben?" fragte ich.

"Ich habe schon meine Anweisungen darüber, wie ich meinen Artikel anzufertigen habe", antwortete sie.

"Glauben Sie wirklich, daß es sich bei all diesen Menschen um eine Massenpsychose handelt?"

Sie sagte, daß es keine Anzeichen für eine Psychose gebe, nur einen Geist von Liebe und Güte. Und als ihr Artikel erschien, enthielt er die zu erwartenden Erklärungen von Massenhalluzination, aber es gab auch Sätze, die ihren Glauben an das Wunder anzudeuten schienen. Die Leser in der UdSSR wissen, wie man zwischen den Zeilen liest.

Am 12. Mai war auch ein Fernsehteam aus Kiew anwesend, und während die Nachrichtenredakteure offensichtlich nichts Ungewöhnliches in den Magnetbandaufzeichnungen gesehen hatten, bemerkten die Menschen die Muttergottes beim Zuschauen zu Hause, als die Aufzeichnungen im Laufe des Abendprogramms gezeigt wurden. Natürlich wurde diese bestimmte Aufzeichnung nicht mehr gezeigt. Aber sie hatte schon einen ziemlichen Tumult erregt. Ein Dutzend Zeitungen sprangen in die Bresche, um uns anzugreifen, indem sie behaupteten, daß das Wunder auf Befehl des Papstes selbst zustande gebracht worden sei. Eine Sonderkommission, die aus Leuten aus kommunistischen Komitees, Psychiatern, Philosophen, Ärzten und orthodoxen Priestern bestand, wurde zur Untersuchung der Situation zusammengestellt. Bald reisten sie durch die Karpaten und versuchten die Menschen davon zu überzeugen, daß es sich um eine Massenhalluzination oder um einen uns von der CIA zur Verfügung gestellten Projektor handele. Sie deuteten an, daß wir uns die modernste japanische Technik besorgt hätten. Auch ging das Gerücht um, daß mir der Vatikan drei Millionen Rubel gegeben hätte, um die Ereignisse von Hruschiw zustandezubringen.

Die Reporterin von der *Literaturgazette* hatte die Kinder bewundert, die sich dort alle befanden. Sie konnte nicht verstehen, wie nach all diesen Jahren der Gehirnwäsche diese jungen Menschen ihr nicht völlig erlegen waren. Tatsächlich, glaube ich, war es an jenem Tag im Dorf Truskawez, als eine Lehrerin am Gymnasium Biologieunterricht gab, daß ihre Schüler von Gott zu sprechen begannen. Es war offensichtlich, daß trotz offizieller Ermahnungen eine Reihe ihrer Schüler

Hruschiw besucht hatten. Sie war eine Kommunistin, und Kommunisten war es verboten, dorthin zu gehen. Dennoch war sie neugierig. Sie wollte wissen, was die Menschen in Hruschiw sahen.

Die Schüler fürchteten sich, ihre Fragen zu beantworten. Sie wußten, daß der Direktor der Schule nach allen suchte, die dort gewesen waren. Aber schließlich gab ein Mädchen zu, daß sie das Wunder erfahren habe. Bald wurde es offenkundig, daß ein Junge aus der Klasse auch dort gewesen war. Nach kurzer Zeit stellte sich heraus, daß nahezu jeder in der Klasse sich heimlich das eine oder andere Mal seit dem Beginn der Erscheinungen am 26. April nach Hruschiw eingeschlichen hatte, und nach dem Unterricht beschlossen diese Schüler zusammen mit vielen anderen, gemeinsam zur Kirche von der Allerheiligsten Dreifaltigkeit zu ziehen. Es war ein Widerstand, der sich aus übernatürlicher Kraft ergab. Der Direktor hatte keine Macht, sie aufzuhalten. Er wollte keine große Szene machen, damit die Schulaufsicht nicht herausfände, daß er die Kontrolle über die Schule verloren habe.

Aber wie es manchmal so geschieht, fuhr der Schulrat des Kreises durch das Gebiet und sah Hunderte von Schülern, die sich auf Hruschiw zubewegten. Als er anhielt, um sie zu fragen, wohin sie gingen, antworteten sie: "Um die Muttergottes zu sehen!"

Weil die Behörden vor Ort sich fürchteten, sich so vielen Menschen direkt in den Weg zu stellen, suchten sie ständig Zuflucht in törichten Taktiken wie jener, die sie beim Fällen des Baumes anwendeten. Am 13. und 14. spannten sie ein Tuch über dem Dach der Kapelle auf, um damit zu versuchen, das Licht zu verdecken, und sie machten ebenso den Versuch, das Licht mit Suchstrahlern zu überdecken. Es nützte alles nichts. Die Macht, die hinter der Erscheinung stand, war eine Kraft, die größer war als alles, was von Menschenhand hergestellt wurde, sicherlich stärker als Elektrizität. Sie verstreuten auch Müll auf einigen der Einfallsstraßen in den Ort und zeigten an, daß dort Maul- und Klauenseuche ausgebrochen wäre.

Obwohl nur wenige Nachrichten aus Hruschiw in den Westen gelangten, wo die Presse Wundern gegenüber genausowenig empfänglich ist, wie die Kommunisten es sind, war es wirklich ein wichtiges Ereignis, ein Aufbruch, der, was die Zahl der versammelten Menschen anbetraf, an die frühen Zusammenkünfte der Solidarität in den polnischen Werften erinnerte. Obwohl der polnische Drang nach Freiheit teilweise auf Papst Johannes Paul II. zurückging, waren die Ereignisse in Hruschiw von der Muttergottes selbst geleitet. Die Behörden schickten Lastwagen, um die Kinder auf die Kolchosen zu transportieren, aber das gelang ebensowenig. Die Kinder arbeiteten kurze Zeit und wurden dann nach Hruschiw von Fahrern zurückgebracht, die auch das Wunder sehen wollten. Mit anderen Worten, die Leute wurden in Regierungsfahrzeugen nach Hruschiw gefahren! Jene auf der örtlichen LPG, welche zu Ehren des Kommunisten Schdanow nach ihm benannt wurde, drückten ihren Widerwillen darüber aus, daß Leute während der Arbeitszeit ihre Arbeitsstelle verließen. Sie bezeichneten die Gläubigen als "Raufbolde".

Aber die Worte Unserer Lieben Frau waren die einzigen, die zählten. Für sie waren wir sicherlich keine Raufbolde:
*"Meine Tochter Ukraine, ich bin zu dir gekommen, weil du mir mitten in dieser Verwüstung treu geblieben bist, und fromme Menschen werden die Nachricht über mich überall verbreiten. Ich weiß am besten, wo ich hingehen muß. Ich begebe mich dorthin, wo es für meinen Sohn besser ist,"* sagte sie.

Mir persönlich sagte sie: *"Liebst du das Leben? Wandelst du immer auf dem Pfad des Lebens? Du bist sehr beunruhigt. Dir fehlt es am inneren Frieden. Du möchtest alles auf einmal tun und einen jeden zu meinem Sohn bekehren. Aber nur jene, die Liebe besitzen und verstehen, werden sich bekehren. Tu Buße und nimm deine Schwächen an. Sei innerlich ausgeglichen. Du hast keinen inneren Frieden. Du bist voller Furcht und Besorgnis. Du weißt, was geschehen wird, aber es ist nahezu unmöglich, dies abzuwenden."*

Als die Muttergottes in die Zukunft sah, sagte sie: *"Ich sehe Feuer. Die Dörfer brennen. Wasser brennt. Selbst die Luft brennt. Alles steht in Flammen. Wenn sich die Menschen nicht zu Christus bekehren, dann wird Krieg sein. Dann wird eine große Feuersbrunst ausbrechen."*

Die Muttergottes sprach: *"Alle, die Ihr mich heute gehört habt, müßt in die Welt gehen und Zeugnis ablegen von dem, was kommen wird."*

Man hatte auch das Gefühl von Hungersnöten und Erdbeben.

Aber danach kommt eine geistige Erneuerung.

Am 13. Mai kamen wir an, als die Messe in der Nähe der Kapelle schon begonnen hatte. Ich brachte ein hölzernes Kreuz, welches mir von einem bekannten ukrainischen Künstler überreicht worden war. Als ich die Menschenmenge anschaute, verspürte ich, wie sich ihre Seelen mit aufrichtiger Liebe zu Jesus Christus erfüllten. Und in jenem wunderbaren Moment konnte ich mir die Gründung einer einzigen, apostolischen Kirche in der Ukraine vorstellen. Ich konnte spüren, daß wir uns wirklich in einer berühmten, geschichtlichen Epoche befanden. Die Leute sangen ein Lied und priesen Maria und Jesus, und nach dem Lied herrschte große Stille. Ich schaute erneut hinauf zur Kuppel und gestattete es meinen Augen, sich weidlich an dem übernatürlichen Lichtfeld zu erfreuen, das auf so feine Weise den halben Himmel erhellte. Da waren Tränen in unseren Augen - Tränen der Freude, Tränen der Begeisterung. Ich selbst floß über vor Jubel. Ich wußte, daß die Pilger darauf warteten, daß jemand zu ihnen rede. Aber ich war sprachlos. Was sollte ich ihnen sagen?

"Ehre sei Jesus!" fing ich schließlich an. Ich konnte mich selber nicht mehr bremsen. Ich fühlte mich von übernatürlicher Energie angetrieben. "Liebe Brüder und Schwestern! Heute sind wir zusammengekommen, um gemeinsam die Muttergottes und unseren Herrn, Jesus Christus, zu preisen. Obwohl nicht jeder die Muttergottes sieht, haben wir alle ihre Güte und Milde gespürt. Wir haben alle wahrgenommen, daß wir nicht im Stich gelassen werden. Hier und heute schafft die Ukraine ihr eigenes Bild. Ich kann es an euren lächelnden Gesichtern und Euren aufrichtigen Gebeten erkennen. Gebete und gute Taten können die Welt erobern. Vor einem Jahr erlitt unser Volk ein schreckliches Unglück, den Unfall im Kernkraftwerk von Tschernobyl, aber Hilfe von der Königin der Ukraine hat uns erreicht. Sie gibt uns Hoffnung und Kraft . . . "

Ich erwähnte auch einen weiteren nuklearen Unfall, der erst wenige Tage zuvor geschehen war. Am 5. Mai entstand ein Leck in einem Kraftwerk in Riwne, das nur ungefähr 160 Kilometer nordöstlich von Lemberg liegt. Es war in aller Eile gebaut worden (um finanzielle Prämien und Preise, wie den Leninorden, zu gewinnen), und es wurde auf weichem Torfboden anstatt auf einem richtigen Granitfundament errichtet. Deshalb sanken zwei Reaktoren in den Sumpf.

Die Behörden versuchten, Informationen über den Unfall zu vertuschen, aber wir hatten Berichte über seltsame Erkrankungen erhalten. Arbeiter versuchten, die Ausbreitung der Radioaktivität zu verhindern, indem sie ein Gemisch aus Kunststoff und Glaswolle in die Löcher gossen.

"Was bedeutet das?" fragte ich. "Hat der Feind einen neuen Weg gefunden, Gottes Volk in der Ukraine zu zerstören und auszulöschen? Der KGB verbreitet Gerüchte und Falschmeldungen, daß dies alles von den Juden verursacht worden sei, weil sie für die Errichtung der Kernkraftwerke verantwortlich seien. Erinnert euch daran, daß das russische Weltreich immer drei innere Feinde hatte: Ukrainer, Polen und Juden."

Ich erwähnte, daß sich viele Juden zum Katholizismus bekehrten. "Erinnert euch daran, daß nur die Christen und die Lehre Christi die Welt vor einem neuen Krieg retten werden", sagte ich. "Darum müssen wir unter die Wölfe in dieser Welt gehen und jedem Liebe und Gottes Wahrheit bringen."

Zu den Botschaften Unserer Lieben Frau gab ich dann noch mehrere Erläuterungen. Sie betonte das Rosenkranzgebet, weil Satan während dieses Gebetes an Macht verliert. Sie hatte gesagt: *"Wer die Gnade Gottes empfangen möchte, sollte ständig beten und sich freiwillige Buße auferlegen. Seid barmherzig. Erinnert euch daran, daß das Rosenkranzgebet die Menschheit vor der Sünde und dem Verderben bewahren wird. Betet für das verwüstete Rußland. Ihr könnt die Welt durch eure Gebete retten. Wieviele Warnungen muß die Menschheit erhalten, bevor sie bereut? Die Welt fährt fort, auf der Straße des Eigenwillens und Hedonismus dahinzutaumeln. Rußland fährt fort, sich zu weigern, meinen Sohn anzuerkennen. Rußland lehnt wahre Nächstenliebe ab und fährt fort, ein dämonisches Leben zu führen. Habe ich nicht bei anderen Gelegenheiten um Gebete für das verlorene, russische Volk gebetet? Wenn Rußland nicht Christus, den König, annimmt, wird die ganze Welt dem Untergang ausgesetzt sein."*

Dann gewährte uns Unsere Liebe Frau eine Prophetie, zu der sie ein paar Tage später in weitaus größerem Maße Ausführungen machte. Aber dies sagte sie zu jenem Zeitpunkt: *"Ich sehe ein großes Feld in Flammen, und auf ihm befinden sich viele Nationen. Es bleibt nicht einmal Zeit, Gräber auszuheben. Es gibt kein Wasser. Der Himmel und die Luft stehen in Flammen. Ich bitte euch inständig, den Ewigen Vater anzuflehen, euch zu vergeben und euch unter seine Flügel zu nehmen. In der Vergangenheit wurde der Menschheit Gottes Heilsplan durch seine Propheten gegeben. Warum folgt ihr nicht dem Weg, der vom Heiligen Vater, dem Ewigen Gott, festgelegt wurde?"*

Aber es war nicht so, als ob Mutter Maria nur zugegen war, um uns zu ermahnen. *"Mein treues Volk"*, sagte sie auch, *"welche Freude ist es für mich, bei euch zu sein, denn an euch erkenne ich Glauben und Kraft. Ich sehe, daß ihr eure Treue zur Kirche bewahrt habt, selbst als es so aussah, als wenn der Glaube sein Ende erreicht hätte. Darum wende ich mich an euch und bitte euch, euren Feinden zu vergeben - ein Licht in der Dunkelheit zu sein. Durch euch und durch eure Kirche des Martyriums wird die Bekehrung Rußlands erfolgen, aber eilt und betet sehr viel, besonders den Rosenkranz."*

In dem Licht über und um die Kapelle herum erschienen einzigartige Bilder. Einmal äußerte die Muttergottes, daß ich im Falle einer Glaubensfrage immer furchtlos Zeugnis ablegen solle. Ihre Lippen bewegten sich so normal wie die eines jeden anderen. Sie sagte mir, daß ich nur einen Teil meiner Arbeit erfüllt hätte und daß noch ein langer Weg vor mir läge. *"Der Weg, den du zurückgelegt hast, ist nur ein Teil deines Weges. Schau nach rechts, und dort sollst du jene sehen, die den Zusammenbruch der Kirche wollen."* Sie zeigte in diese Richtung. *"Sieh jene, die die ukrainische Kirche verfolgen!"*

Als die Muttergottes das sagte, begann sie, sich etwas zurückzuziehen, und es erschien ein noch helleres Licht. Auf meiner rechten Seite über der Kapelle nahm eine Nebelwand Gestalt an. Ich glaube, es war am 11. Mai. Auf dieser "Leinwand" sah ich 19 Gesichter.

Ich kannte einige von diesen Leuten. Einige waren Regierungsmitglieder, denen ich schon begegnet war, andere gehörten dem KGB an oder waren höhere Regierungsbeamte, aber andere Gesichter waren mir völlig fremd, und ich lernte sie erst später kennen. Unter den Gesichtern befanden sich Priester und sogar ein Kardinal. Später traf ich diesen Kardinal im Vatikan. Ich darf seinen Namen nicht preisgeben. Die Jungfrau mahnte, alle Gesichter, die ich sah, geheimzuhalten. Es war, als wenn man in einen Spiegel schaute, wobei Nebel vor mir aufzog. Keines der Gesichter auf der Leinwand war das eines normalen Menschen. Ihre Gesichter waren entstellt. Obwohl sie lächelten, war ihr Lächeln furchterregend. Ihre Augen waren alles andere als vertrauenerweckend. Es war ein Gefühl, als wenn ich durch einen Wald ginge und eine Schlange plötzlich vor mir aufschösse. Mir brach der kalte Schweiß aus. Es war keine Furcht, sondern Entsetzen.

*"Bewahre das Geheimnis!"* ermahnte sie mich.

Als es vorüber war, begann ich zu verstehen, welch großer Gefahr die Kirche ausgesetzt ist. Da waren viele Gesichter, die ich niemals erwartet hätte. Ich kannte einige der Leute und hatte bei ihnen nie das Gefühl gehabt, daß sie eine Gefahr darstellten.

Am 14. Mai, als die Erscheinungen schon in ihrer dritten und letzten Woche waren, druckte eine Zeitung, *Weg zum Sozialismus* genannt, einen Artikel mit dem Titel ab: "Zweifel an der Silhouette". Darunter stand ein Untertitel: "Über das sogenannte Wunder in der Gegend von Drohobitsch". Der Autor versuchte die Erscheinungen wegzuerklären, indem er sie als ein Resultat der normalen Widerspiegelung von Licht in Glas, das Alterserscheinungen aufwies, deutete. "Das einzige, dessen man darüber hinaus noch bedarf", meinte der Artikel, "ist eine gute Phantasie."

Der Artikel fuhr fort: "In der letzten Zeit sind viele Menschen aus Drohobitsch, hauptsächlich Gläubige, [nach Hruschiw] gefahren, und alle Linienbusse waren voll besetzt. Warum reisen die Menschen zu dem alten Dorf? Einige Leute haben das Gerücht verbreitet, daß man, wenn man von weitem zum Balkon schaut, etwas wie eine Silhouette bemerkt, die langsam verschwindet, wenn man sich nähert. Während dieses ungewöhnlichen Ereignisses kann man zugleich, wenn man ins Fenster schaut, die Umrisse der Heiligen Mutter und von Heiligen sehen. Es ist seltsam, wie Menschen, die nicht gläubig sind, auch auf diese dummen Mutmaßungen hereinfallen. Jeder fährt aus Neugierde dorthin. Die gläubigen Menschen stehen neben der Kapelle und küssen die Holzwände und ein Kreuz, das jemand mitgebracht hat. Unter denen, die sich dorthin begeben, sind solche, die eine geistige Ekstase erfahren möchten."

Wenn sie nur das Leuchten gesehen hätten. Das Licht tauchte immer unerwartet auf, und selbst an einem klaren, hellen Tag konnte man es deutlich erkennen. Gegen Ende der Erscheinungen war es violett umsäumt. Vor ihrem Erscheinen sahen viele Leute ein kleineres, inneres, weißes Licht, aber ich erblickte dies nicht immer. Beobachter, die auf der einen Seite des Gebäudes standen, neigten dazu, ein erleuchtetes Kreuz zu sehen, während die Menschen auf der anderen Seite die Gestalt einer Frau betrachteten. Aber das Kreuz war da, bevor sie kam und nachdem sie gegangen war. Einige Pilger sahen den gekreuzigten Christus. Ich erfuhr später, daß fünf polnische und deutsche Priester inkognito angereist waren und daß auch sie das Kreuz gesehen hatten.

Messen wurden nahezu ohne Unterbrechung gelesen. Nach einer Predigt verließen P. Anton und ich den Platz, um uns mit mehreren russischen und jüdischen Familien zu treffen, die getauft werden wollten. In jenem Jahr (1987) konvertierten mehrere tausend jüdische Familien zum Christentum. Sie wiesen andere Juden zurück, die in den oberen Rängen der kommunistischen Partei dienten und dort immer noch dienen. Nach der Taufe machten wir uns nach Hruschiw auf den Weg. Wir waren 54, die zusammen fuhren.

Nach Mittag kamen wir an der Kirche zur Allerheiligsten Dreifaltigkeit an. Ich schätze, daß sich etwa 20 000 Menschen um die Kapelle herum befanden. Die Erregung erreichte ein hohes Maß. Die Basilianermönche lasen eine Messe für jede neue Gruppe, die ankam, und die Miliz hatte aufgehört, routinemäßig jeden nach seinem Personalausweis zu fragen. Ich erledigte einige Angelegenheiten mit P. Petro Zelenjuch, einem Redemptoristen, und dann sah ich zur Kapelle und erkannte erneut die Jungfrau.

An diesem Tag war die Muttergottes nahezu die ganze Zeit über, die ich dort war, sichtbar. Der Gedanke kam mir, daß der Katholizismus ständig wächst und sich ausbreitet, wobei er die Geheimnisse seiner Existenz enthüllt und in jenen Geheimnissen sich selbst offenbart.

In jener Nacht beteten wir für die Bekehrung und Einheit der Ukraine. Es war ein gefühlsbetonter Augenblick. Die Menschen vergossen Tränen und umarmten sich. Es war warm und schwül, und die ersten Sterne begannen am Himmel zu funkeln. Der Mond strahlte auf uns glücklich herab, als wenn er sich selber etwas vorsänge.

Aber das erfreulichste Licht war immer noch jenes, das die nähere Umgebung der Kapelle umfaßte. Es begrüßte uns und umgab uns, und es schien, daß jeder an jenem Tag Unsere Liebe Frau sah. Sie hielt das Jesuskind, und in himmlischer Demut verneigte sie sich vor uns. Ihr Gesicht strahlte in mildem Lächeln, und sie schaute jedem in die Augen, als wenn wir alle eine große Einheit wären. Es war unaussprechlich schön. Plötzlich hörte das Rascheln und Wispern auf, und tiefe Stille verbreitete sich über den Platz. Wieder begann Unsere Liebe Frau zu sprechen.

*"Meine Tochter Ukraine"*, sagte sie. *"Ich lege für dich Fürsprache ein und bete für euch, für eure Kinder und eure Zukunft. Die Zeit ist gekommen, daß diese eure Nation die Liebe zu Gott übt, ein eigener Staat und zu einem Zufluchtsort für jene wird, die Jesus Christus treu bleiben. Aber der Antichrist ist sehr mächtig und widersetzt sich dem Willen des Ewigen. Rußland verwickelt sich immer noch in Spaltungen und Kriege. Es fährt fort, den Aufruf zur Liebe und für den Ewigen abzulehnen, den Ruf, der von Unserem Herrn und Erlöser ausgesprochen wurde."*

Sie fuhr fort: *"Mein Herz hat sich der Ukraine wegen ihrer Treue zugewendet. Es ist kein besonderes Verdienst, treu zu bleiben, wenn man von niemandem verfolgt wird. Heldentum und ein wahres Herz werden dort verlangt, wo der Glaube inmitten der Verfolgung zerstört wird. Darum bin ich zu euch gekommen. Ihr seid für mich wertvoll und kostbar, meine geliebten Kinder. Aber ihr alle müßt dieses Gebet sprechen: 'O mein Gott! Es tut mir herzlich leid, Dich beleidigt zu haben, und ich bekenne alle meine Sünden.' Meine Kinder, bewahrt alle Gebete, die ich euch zu Eurer Verbesserung und zur Bewahrung eurer Seelen anvertraut habe. Vernachlässigt das Gebet zum Erzengel Michael nicht. Unterrichtet eure Kinder, denn das wird sie vor dem Antichrist bewahren. Dies ist eure himmlische Verteidigung."*

Es war eine lange Botschaft, die ich in meinem Tagebuch aufzeichnete. Sie fuhr fort zu sagen: *"Meine Kinder, ihr, die Ihr alle anwesend seid, seid für mich wertvoll und erfreut mich. Ich mache keine Unterschiede bezüglich Eurer Hautfarbe oder Eurer Religionszugehörigkeit. Aber hier und heute habt ihr das Wissen von der einen, wahren Kirche erhalten, und damit habt ihr den Weg zum Himmel empfangen. Ihr müßt diesem Weg folgen, einem Weg, der nicht leicht und nicht allen zugäng-*

lich ist. Aber wer immer sich davon entfernt, wird zurückgewiesen werden, denn er kann sich nicht mehr länger entschuldigen, daß er den wahren Weg nicht kenne. Betet immer für die Verstorbenen. Vergeßt sie nicht. Betet vor allem für die Verstorbenen, die kein heiligmäßiges Leben geführt haben. Aufgrund meiner Gebete und durch die Gebete Tausender von Gläubigen sind die unschuldigen Opfer des großen Holocausts in der Ukraine und die Opfer der Katastrophe von Tschernobyl jetzt im Himmel. Wehe dem, der jene vergessen hat, die getötet wurden, und der sich mitten in der Routine und den Schwierigkeiten des Alltags nicht mehr an sie erinnert."

"Die Liebe leidet lange", sagte sie weiter. "Es war aufgrund von Satans Neid, daß der Tod in die Welt gekommen ist, und wer ihm jetzt dient, wird den Tod empfangen. Der Antichrist sät Neid und Zwietracht. Viele Lügen werden heute gegen die Wahrheit verkündet. Die Unschuldigen werden verurteilt. Das Siegel des Teufels ist vielen auf der Stirn angebracht worden. Wieviele sind auf dem roten, fünfeckigen Stern, dem Zeichen Satans, gekreuzigt worden. Ihre Taten sind böse, und Gott weiß davon. Die sündhafte Welt stopft sich mit Verderbtheit und Unreinheit voll. Die Menschen fallen in die Hände des Satans. Durch unaufhörlichen Götzendienst sind sie blind geworden. Wieviele kommen als falsche Heilsbringer und falsche Propheten! So warne ich euch, eifrig und umsichtig zu sein, denn glücklich sind jene, deren Leben untadelig ist, die die Gebote Gottes befolgen.

Aber diese sind wenige, und jeder muß vorsichtig sein, diese Symbole weise zu gebrauchen, um nicht in die Falle des Antichrists zu fallen. Entfernt aus euren Schreinen jegliche Zeichen des Satans, die euch aufgezwungen wurden. Die Kirchen weinen und kommen um. Führt ein reines und sündenloses Leben. Das Königreich des Himmels auf Erden steht nahe bevor. Aber es wird nur durch Reue und Buße ankommen. Ihr könnt die Zerstörung aller Waffen, die von den ungläubigen Nationen aufgestellt wurden, durch Gebet und Fasten erreichen, durch die Handlungen aller Menschen, die Christus angenommen haben. Der Ewige Gott ruft euch zu und bittet euch, euch vom Satan abzuwenden, bevor es zu spät ist. Ukraine, darum bin ich zu dir gekommen, denn du zähltest zu den ersten Nationen, die mir gehörten. Du alleine hast nicht die Hoffnung und Liebe verloren, obwohl du unmenschlich verfolgt wurdest."

Dann sagte ihre süße Stimme: *"Ich bete für euch."*

Am 15. Mai sah ich Unsere Selige Mutter nicht. Ich verbrachte die meiste Zeit des Tages in dem Dorf Kosowa, hielt Wache in der Nacht und betete den Rosenkranz bis zum Morgen. Sie erschien wieder am 16. Mai 1987, meinem letzten Tag in Hruschiw, und die Visionen, die sie mir zeigte, werden mich immer verfolgen.

## 20. Kapitel

# SÄULE
# AUS FEUER

Ich hatte keine Ahnung von dem, was ich bald sehen sollte. Der Tag begann ganz normal, wenn man einen Tag, den man in der Gegenwart der Muttergottes verbracht hat, normal nennen kann. Ich hatte ein sehr seltsames Gefühl, daß dies meine letzten Tage in der Ukraine sein würden. Ich kam am Morgen an der Kirche von der Allerheiligsten Dreifaltigkeit an, und die Menschenmenge war besonders gedrängt und voller Erwartung.

Der Hauptgottesdienst wurde von P. Jurko aus Dora und einem Priester aus den Transkarpaten gefeiert. Die Menge teilte sich für separate Feiern in kleinere Gruppen auf. P. Iwan Senkiw hielt eine Predigt über Verfolgung und sagte den Leuten, daß ich nach dem Gottesdienst sprechen würde. Eine Gruppe von Frauen aus der Gegend von Kirowograd näherte sich mir, und eine von ihnen gab mir einen Laib Brot und bat mich, für ihre Söhne zu beten, die sich in Afghanistan befanden. Tränen füllten meine Augen. Dies waren so fromme, gute Menschen, ehrliche und demütige Leute, die eine Katastrophe nach der anderen zu erdulden hatten.

Ich begann, ernsthaft den Rosenkranz zu beten. Dann fing ich mit meiner Rede an. Nur Gott konnte mir die Worte und die Kraft gegeben haben: Ich sprach zu den Leuten ungefähr fünf Stunden lang. Bevor wir uns umsahen, war es Abend. Die Sonne berührte schon den Horizont. Sie hüpfte und floh in die Transkarpaten hinüber.

Die Menschenmenge starrte zur Kuppel der Kirche. Plötzlich rief jemand: "Das ist sie!" Die Jungfrau war erneut zurückgekommen. Es ist wirklich schwer, das Licht in bezug auf seine Farben zu beschreiben. Die Aura war angenehm und lebendig. Wirklich lebendig. Und aus dieser Aura begann sich ein helles Licht abzuzeichnen.

Es fing an, sich zu bewegen, und hielt über der Kirche an. Man konnte den Umriß einer menschlichen Gestalt erkennen. Das Licht dehnte sich aus, und in dem hellen Schein über der Kuppel erschien die Figur einer Frau. Sie hielt ein Kind in ihren Armen. Es ist schwer, das Gesicht und die Hände dieser Frau zu beschreiben. Ich achtete mehr auf ihre Kleidung. Ich meinte, daß sie so aussah, als ob sie aus feurigen Flammen bestände. Ich wiederhole, es ist unmöglich, ihre Schönheit zu beschreiben. Ihr Lächeln war still und froh und zugleich voller Kummer. Ich weiß nicht, was die anderen fühlten, aber ich fing an, neue Kraft, neue körperliche Kraft zu verspüren. Die Frau verneigte sich zweimal zu uns.

Die meisten Leute beteten und beobachteten die Erscheinung, während jene, die nichts sahen, erwartungsvoll umhergingen. Es war das Christuskind, das sie in ihren Armen hielt, und ihre Kleidung bestand aus Flammen in vielen Farben. Sie betrachtete mich mit großer Gelassenheit, so als ob sie sagte: "Ich bin bei dir." Ich verspürte einen weiteren Schwall von unheimlicher Kraft. Ich fühlte Kühnheit. Ich verspürte Liebe. Ich hatte ein Gefühl, als sei ich unbesiegbar. Dann flüsterte eine Nonne, Schwester Josafata: "Die Muttergottes ist bereit zu sprechen."

Ich verharrte in gespannter Erwartung. Es herrschte eine feierliche Atmosphäre. Unsere Liebe Frau bewegte sich anmutig mit dem Kind und stand über der Kuppel der Kapelle. Ein Licht durchdrang unser aller Seelen. Wir hielten alle den Atem an. Dann hob die Muttergottes ihre linke Hand und küßte ihren Rosenkranz. Jeder, der sie sah, hörte die folgenden Worte:

*"Bereut und liebt einander. Die Epoche steht bevor, die als die Endzeit bezeichnet wird, wie es vorausgesagt wurde. Seht die Verwüstung, die uns umgibt, die Fäulnis, den Völkermord, die vielen anderen Sünden. Ich kam zu euch mit Tränen, um euch anzuflehen, zu beten, Anstrengungen für das Gute zu unternehmen und für die Ehre Gottes zu arbeiten. Die Ukraine war die erste, die mich als Ihre Königin würdigte, und ich habe sie in meine Obhut genommen. Ihr müßt arbeiten, und ohne Arbeit gibt es kein Glück, und niemand wird das Reich Gottes erhalten, ohne dafür zu arbeiten. Wenn ihr euch für Gott anstrengt, dann sollt ihr mein Herz gewinnen, und es wird euch möglich sein, in Einheit zu lieben. Folgt den Führern der Kirche mutig, und ihr werdet euer Land gewinnen und Liebe unter den Nationen der Welt erlangen. Ich liebe die Ukraine und die Ukrainer wegen ihrer Leiden und ihrer Treue zu Christus, dem König. Und ich werde die Ukraine beschützen zur Ehre und für die Zukunft des Reiches Gottes auf Erden, welches eintausend Jahre währen wird."*

Die Jungfrau hatte für mich auch ein paar persönliche Botschaften. *"Was schwierig ist, ist es auch wert. Du machst dir mit Zweifeln das Leben schwer, und du hoffst auf Hilfe aus weiter Entfernung. Du wirst keine solche Hilfe erhalten. Hilfe kommt allein von meinem Sohn. Ein langer und trauriger Weg wartet auf dich. Du wirst Leute finden, die dir helfen werden, und ich werde dich nie verlassen. Aber ändere deine Einstellung. Du hast keinen inneren Frieden. Du darfst dich nicht grämen. Du darfst dich nicht ärgern. Du bist oft über menschliche Anmaßungen verärgert, aber du solltest es nicht sein. Das Gebet und der Rosenkranz werden dich retten. Der Antichrist tut alles, um dich zu brechen . . . Leiden und Frieden."*

Was bedeutete dies alles? Mir wurde gesagt, daß ich einen großartigen Weg vor mir hätte, aber daß es auch eine traurige Straße sein würde. Unsere Liebe Frau sprach vom "Antichrist", und es schien, als ob sie mehr von einer Geisteshaltung als von einem einzelnen Menschen rede. Könnte es sein, daß es immer schon Menschen gab, die vom Geist des Antichrists erfüllt waren? Wenn ja, dann gibt es viele Antichristen, und ein Antichrist ist bloß eine Person, die sich wider Gott erhebt. Vielleicht sind Atheisten Antichristen. Vielleicht personifizierte Lenin, wie ich erklärte, den Antichrist. Er hatte es sicherlich darauf abgesehen, den Ewigen herauszufordern.

Über die Visionen, die ich am 16. Mai sah, habe ich nie zuvor berichtet. Sie geschahen vor dem Hintergrund des silberblauen Lichts. Ich betrachtete und wartete und wußte nicht, worauf ich wartete. In der Ferne verdunkelten sich die Wolken - sie rollten und türmten sich auf. Die Wolken fingen an, über die obere Hälfte des Dorfes zu purzeln, genau über der Kirche, und ich sah ein dünnes Licht um meine Handfläche herum. Ich hatte das Gefühl, als ob alles zum Stillstand gekommen wäre. Es war, als wenn die Zeit angehalten hätte.

Dann hörte ich die Stimme wieder: *"Bete zum Allerheiligsten Herzen Jesu. Falle zu Füßen der Allerheiligsten Dreifaltigkeit nieder und bitte den Vater, Sohn und Heiligen Geist, daß die Sünden vergeben werden mögen. Schau!"*

Ich sah in die Richtung, die sie anzeigte, und erblickte einen gewaltigen Ozean. Die Hälfte des Ozeans war still und angenehm, das Wasser war ruhig und durchsichtig. Ich sah Fische und andere Tiere aus der Tiefe. Die andere Hälfte des Ozeans war dunkel und stürmisch. Blitze durchschnitten den Horizont und ein schrecklicher Lärm rollte über den Ozean.

Und in diesen Blitzen sah ich die Köpfe von Menschen, die ich zuerst nicht erkennen konnte. Dann erblickte ich Luzifer. Er erschien als ein gutaussehender, dunkelhäutiger Mann in einem dunklen Anzug.

Alles an ihm war schön, aber seine Augen waren rot. Ich hatte den Eindruck, daß er blind sei. Drei Schiffe kamen auf dem Ozean zum Vorschein, und als der Sturm sie näher heranblies, sah ich, daß sie drei große Bücher waren - ein rotes, ein schwarzes und ein braunes. Sie waren Schriftrollen und schwammen auf dem Wasser wie drei große Schiffe. Auf jeder dieser Schriftrollen befand sich ein großer Kopf. Ich war bestürzt, aber ich hörte die Stimme der Frau sagen: *"Fürchte dich nicht, ich bin bei dir."*

Auf dem roten Buch sah ich den Kopf von Marx, und um den Kopf von Marx lagen acht kopflose Leichen. Auf der schwarzen Schriftrolle erblickte ich den Kopf Lenins und um ihn herum sechs schwarze Kadaver. Auch diesen fehlten die Köpfe. Auf der braunen Schriftrolle sah ich den Kopf Hitlers und um ihn herum vier braune, kopflose Kadaver. Ganz plötzlich erschien ein karmesinrotes Kreuz über dem Ozean, und der Ozean floß ab. Ein seltsames Licht umfing die ganze Erde. Die Stimme der Frau, die in meiner Nähe zu sein schien, sagte: *"Luzifer verliert an Kraft. Um auf dem Thron der Dunkelheit zu verweilen, stellte er sich selbst als einer dar, der bereut, aber dies ist nicht wahr. Luzifer ist listig und schlau. Er bereitet eine große Täuschung für die ganze Schöpfung und besonders für das Volk Gottes vor. Für eine kurze Weile soll sich ein gottloses Reich vom einen Ende der Erde bis zum anderen erstrecken. Dieses Reich wird aus einer lüsternen Frau geboren. Aus ihrem Leib tritt der Geist der Gottlosigkeit hervor. Die gottlosen Geister sind die Diener des Antichrists. Sie werden damit anfangen, die Existenz der menschlichen Seele zu leugnen, um Religion und Moral zu zerstören. Die Antichristen haben einen wichtigen Grund, um die Unsterblichkeit der Seele zu leugnen, weil sie, indem sie den Menschen die Seele entziehen, ein offenes und fruchtbares Feld für die Saat des Unglaubens erhalten."*

Erneut blitzte es, und die Wolken rollten weiter herein. Die Frau begann zu erklären, daß der Versucher dies gegen sie bewirke, damit sie nicht über die Antichristen und ihren Vater, Satan, sprechen könne. Der Ozean floß weiter ab. Ein Licht umfing die ganze Erde vom einen Ende bis zum anderen, und diesmal erklang ein schreckliches Geräusch über das Antlitz des Planeten. Aus dem Ozean stieg eine riesige, feurige Säule auf. Aus der Ferne sah es wie ein feuriger Drache aus. Der Kopf war weiß wie das Licht. Um seinen Hals hatte er einen goldenen Gürtel. Seine Brust war rotbraun und seine Füße blutrot. Er wuchs mit großer Geschwindigkeit. Erneut fürchtete ich mich. Ich war wie gelähmt. Mein Mund fühlte sich trocken und sauer an. Die Stimme der Frau fuhr fort: *"Dies ist das Tier, der Diener des Antichrists, und selber ein Antichrist. Aber fürchte dich nicht, weil er für dich nicht in Betracht kommt."*

Das Tier fing an, zusammenzuschrumpfen und zu verschwinden. Und aus seinem Maul kamen sieben Flaggen hervor. Ich erkannte sechs von ihnen als die Flaggen der Tschechoslowakei, der UdSSR, Rumäniens, Ungarns, Polens und der DDR. Die siebte war entweder die Flagge Jugoslawiens oder Bulgariens. Ich glaube es war die Bulgariens. Eine große, weiße Taube flog herbei, um die Flaggen dieser Nationen einzusammeln, aber sie besaß nicht die Kraft, um sie in ihrem Schnabel festzuhalten. Ich fand mich selbst unter einer großen Zahl von Hunden wieder - rote, schwarze und weiße. Ich hörte eine Stimme: *"Sag niemandem, was du über dich selbst gesehen hast, oder es wird nicht stattfinden."* Ich wußte, daß es die Muttergottes war.

Ein gewaltiges Erdbeben begann. Der Himmel wurde rot. Die schwarzen Wolken füllten den Horizont aus. Die weiße Taube, die ich beobachtet hatte, besaß große Augen, und ich erkannte in ihr Luzifer. Über dem Ozean ergriff er ein rotes Banner, und auf dem Banner waren die Gesichter von Marx und Lenin. Die Köpfe waren wie von gelblichem Wachs. Sie sahen tot aus. Es war sehr unangenehm, sie anzuschauen.

Wieder sprach die Stimme: *"In zwei Jahren wirst du nicht mehr hier sein. Aber du sollst die Kirche von Hruschiw in deinem Eigentum empfangen. Erinnere dich an das rote Tier mit den schimmernden Augen. Es wacht bei Tag und bei Nacht. Es möchte das Leben auf der Erde zerstören. Aber jene, die dies wissen, werden nicht sterben."*

Dann sah ich einen russischen Soldaten und über ihm drei große, grüne Raketen. Ich meinte, daß sie nahezu lebendig wären. Der Russe stand auf einer roten Landkarte. Es war eine Landkarte, die die ganze Erde zeigte. Und im sowjetischen Block erkannte ich einen großen Hammer und Sichel, und von der Spitze der Sichel wehte die rote Flagge. Auf der anderen Seite, in Nordamerika, stand eine große, blaue Rakete, und an ihr war die Flagge der USA angebracht. Dann erblickte ich ein großes, offenes Buch, das wie ein Gebäude aussah. Dieses Gebäude war in fünf Stockwerke unterteilt. Jede dieser Etagen war mit den Farben der Flaggen von zehn sozialistischen Ländern angemalt. Der Anstrich war noch frisch, und die Farbe schien nicht gut zu haften. Auf dem vierten Stock explodierten die Fensterscheiben, und Flammen kamen heraus, und ich sah die Zerstörung einer langen Betonmauer. Das war in Deutschland. Und auf der Landkarte der Ukraine sah ich viele schwarze und graue Flecken. Dann wurde die Ukraine durch einen riesigen, roten Fluß geteilt. Ich war von den Hunden umgeben. Ein Teil unseres Volkes bedeckte sich mit goldenem Tuch und die anderen mit einem braunroten. Unter diesem braunroten Tuch erkannte ich Sünden. Und an den Kleidern oder der Kleidung jener unter dem goldenen Tuch sah ich Kreuze. Viele Menschen lachten und trugen das Kreuz unseres Erlösers ohne Glauben und Liebe. Aus einem unbekannten Grund sah ich Zusammenkünfte und Versammlungen in den großen Städten der Ukraine und darüber den Antichrist selbst, der sie sanft anlächelte. Chaos erfüllte unser Land. Alle Atheisten gingen zur Kirche. Ich war sehr beunruhigt. Ihre Augen waren seltsam, sie hatten einen roten Schein.

Ich sah unsere Gläubigen wieder im Wald versammelt. Ich erblickte viele unserer Priester mit ungepflegten Bärten und Haaren. Sie verkündeten seltsame Predigten mit ihren geschwärzten Lippen, und an Freitagen aßen sie Fleisch und tranken Wein.

Ich sah Rom und den Papst. Wir saßen zusammen in dem Palast irgendeiner Kirche. Und ich gebe dem Papst die Bilder und Papiere von unserer Kirche. Der Papst schaute sich das ziemlich trocken an, und ich war in meiner Seele verwirrt, und der Papst fragte mich, ob ich mir bewußt sei oder wüßte, was meine Zukunft brächte - wie mein Leben ablaufen würde. Ich antwortete: "Ich habe es irgendwie erfahren, aber ich weiß es nicht." Dann sagte der Papst: "Glaube mir, daß ich immer an deiner Seite sein werde. Es wird viele Gerüchte geben, daß ich deine Kirche verleugnet oder abgelehnt habe, aber glaube keinen Geschichten. Du wirst Gerüchte hören, daß der Papst sich vor Satan verneigt habe, aber glaube ihnen nicht. Du wirst zwei Triumphe deiner Kirche sehen. In einem Jahr wirst du Zeuge eines Ereignisses in Rom werden, das noch nie zuvor stattgefunden hat, und drei Jahre später wirst du Zeuge eines weiteren großen Ereignisses werden. Hier auf dem St.-Peters-Platz wird eine große Weihehandlung stattfinden. Genau in diesem Zimmer wirst du, deine Frau und deine Kinder für Reinheit und Liebe beten."

Mein Blick schwenkte über den Ozean, und ich sah eine große Stadt. Ich hörte die Stimme der Frau: *"Josip, schau! Zu deiner Rechten siehst du diejenige, die die Waage der Gerechtigkeit in ihrer Hand hält."* Ich schaute und sah die große Freiheitsstatue mit der Fackel, die sehr hell brannte, und in ihrer linken Hand hielt sie die Waage. Ich sah, daß dies die Hand eines gerechten Urteils war.

Die Stimme fuhr fort: *"Du bist überrascht, daß derjenige, der die Waage hat, in Amerika ist. Dort gibt es auch viel Böses, Böses, welches man in der Kirche meines Sohnes antrifft; aber es wird eine Zeit kommen, daß ein weißer Reiter auf einem weißen Pferd den roten Drachen töten wird. Hier sollst du sehen, daß die Menschen dieser Nation gut und fromm sind. Dieses Volk wird mehr für die Bekehrung der Ukraine beten als die Ukrainer selbst. Neue pseudochristliche Rituale werden aufkommen. Sie werden alle behaupten, Christen zu sein, aber sie werden ein Le-*

ben führen, das meines Sohnes unwürdig ist. Für kurze Zeit werden wir die Herrschaft eines lebendigen Glaubens in der Ukraine sehen, aber mit falschen Hirten, welche das falsche Kreuz auf ihren Fahnen tragen. Dieser neue Glaube wird anfangen, das Heidentum zu verbreiten, wobei er sich hinter falschen Flaggen verbirgt oder sich damit tarnt. Der Name Christi wird nur angerufen, um die Menschen in ihrem Bann zu halten. Du wirst ausrufen, und nicht jeder wird deine Stimme hören, aber wer auf dich hört, wird dir folgen. Du wirst in Umstände geraten, in denen du in Zweifel über deinen Glauben gerätst. Du wirst durchhalten und dich erneut erheben. Wie die menschliche Seele unsterblich ist, so wirst du sehen, daß sich meine Worte erfüllen werden."

Dann sah ich eine breite Stadt, in der rote Fahnen hervorsprossen. Die Stadt, die das große Babylon genannt wird. Ich glaube, daß es Moskau war. Teile der Stadt begannen in den Erdboden zu versinken. Um die Stadt herum sah ich eine andere Landkarte von Nationen, Städten und Dörfern. Ich erkannte Rußland. Die Erde selbst war von den Russen vergiftet worden. Sie erhielten diese Technik des Verfalls vom Westen und verbreiteten diese Anti-Gott-Ideen durch das ganze Land. Ich hörte die Stimme der Frau: *"Betet für Rußland. Rußland wird sich nur bekehren, wenn alle Christen für seine Bekehrung beten. Alle Christen sollten bereuen und durch die Reinigung von der Sünde die Gottlosigkeit in Rußland wie ihre fortgesetzte Verbreitung in der ganzen Welt durch Rußland anhalten. Betet in brüderlicher Liebe für die Bekehrung des russischen Volkes. Die gläubigen ukrainischen Christen werden ihre eigene Nation retten. Bis der Westen seine eigene Schuld vor dem Osten anerkennt, wird es Rußland nicht möglich sein, Christus, den König, zu empfangen."*

Erneut sah ich den Ozean, und auf ihm schwamm die Erdkugel. Wogen von schwarzem und rotem Rauch verbreiteten sich am Horizont. Über einem Teil der Erde sah ich die Worte "SOZIALISMUS" geschrieben. Es war auf russisch geschrieben und wie blaue Farbe auf rotem Hintergrund. Eine Menschenmenge wanderte über die Erde und trug rote Fahnen. In den ersten Reihen trugen die Fahnen die Aufschrift "Frieden". Vom Ende der Erdkugel erschien die Gestalt eines Mannes, und sie begann anzuwachsen. Er wuchs bis zum Firmament an. Und in seinen Händen hielt er eine riesige rote Fahne mit dem Abzeichen des Antichrists. Das Abzeichen enthielt die Köpfe von Marx, Lenin und Engels - erneut gelb und leblos. Dieser erstarrte zur Statue. Ich hörte seine Stimme: "Mir ist Gewalt gegeben, der Erde den Frieden zu nehmen."

Ich spürte und fühlte, wie die Erde bebte. Ich war voller Furcht. Es war nicht wirklich Furcht, sondern etwas viel Tieferes und Schlimmeres. Die Frau sagte: *"Fürchte dich nicht! Du siehst den Antichrist in drei Personen, aber er kann dir nichts mehr antun. Er wird dich nicht mehr belästigen."*

Ich sah eine Karte der Ukraine, und der blutige Fluß begann auszutrocknen. Die Erde war an vielen Stellen verbrannt und nahm eine schwarze und graue Farbe an. Das war die Farbe des Todes. Aber zwischen der schwarzen und grauen Asche sah ich Gras aufsprießen. Es war sehr hoch. Ich erblickte die Menschen, wie sie niederknieten und weinten, aber ich wußte, daß dies Tränen der Freude und Erlösung waren. Ich sah das neue Babylon, die rote Stadt, die in der Erde versank. In jener Stadt unter einem christlichen Tempel befand sich ein geheimes Versteck. Dort befanden sich acht Männer - acht Herrscher, alle acht wie von gelbem Wachs. Sie lachten schrecklich und zeigten ihre Zähne. Gorbatschow sagte mir, daß nicht er im Staat das Sagen habe. Ich sah den wahren Führer der UdSSR hinter einer gelben Leinwand: Es war Luzifer selbst, in der Gestalt Jelzins. Seine Augen waren rot und sein Gesicht gerötet. Ich schaute, und aus dem Boden jener Stadt kamen riesige, mattrote Ratten, so groß wie Hunde, gerannt. Diese Tiere waren grauenhaft. Ich wußte, daß sie giftig waren.

Ich hörte die Stimme der Frau voll Liebe und Güte. Sie sagte: *"Du hast den gottlosen Osten und Westen gesehen. Der Unterschied besteht darin, daß im Westen die Gottlosigkeit nicht offiziell anerkannt ist. Aber das Ziel der Gottlosigkeit im Osten wie im Westen ist dasselbe. Um Rußland und die ganze Welt vor der gottlosen Hölle zu bewahren, müßt ihr Rußland zu Christus, dem König, bekehren. Die Bekehrung Rußlands wird die christliche Kultur im Westen erhalten und wird ein Impuls für das Christentum in der ganzen Welt sein. Aber das Königreich Christi, des Königs, soll sich durch die Herrschaft der Muttergottes errichten."*

Ich vernahm den angenehmen Gesang himmlischer Chöre und die Worte: *"Heiligste Muttergottes, rette uns!"*

## 21. Kapitel

# NACHWIRKUNGEN

Obwohl die Erscheinungen von größerer Bedeutung in Hruschiw nach etwa drei Wochen endeten, wurden doch von Zeit zu Zeit zusätzliche Erscheinungen beobachtet. Bis auf den heutigen Tag ereignen sich neben den gelegentlichen Erscheinungen, Phänomene kleineren Ausmaßes. Viele von jenen, die dorthin pilgern, berichten, Umrisse "Unserer Lieben Frau" im Fensterglas oder auf dem Balkon der Kapelle zu sehen. Die Menschenansammlungen sind viel kleiner geworden, aber "Unsere Liebe Frau" gibt Zeichen ihrer Gegenwart. Die kleinen Hinweise sind als eine Art dauerndes Andenken zurückgelassen worden.

Ich verließ Hruschiw, um mit meiner Sendung, meine ukrainischen Mitbürger zu bekehren, fortzufahren. Ich besuchte so viele Dörfer, wie ich konnte, und predigte einen ganzen Monat lang. In jenem einzigen Monat bekehrten sich 34 russisch-orthodoxe Kirchen zum Katholizismus. Etwa um dieselbe Zeit half Bischof Pawlo Wasilik fünf lutheranischen Gemeinden in Estland zu konvertieren. Ganze Dörfer nahmen die apostolische Kirche an. Die Behörden beschuldigten mich, Streit zwischen den Kirchen hervorzurufen, aber ich war von meiner Sache sehr überzeugt. Der KGB versuchte, uns zu beschatten, aber es gelang uns, in einer Weise aus ihrer Sicht zu bleiben, die nahezu an Wunder grenzte. Es war, als ob wir einfach verschwänden, wenn sie uns durch die Bergschluchten und Wälder folgten.

Die mächtige Begegnung in Hruschiw fesselte mich und erweckte Begeisterung. Zu der Zeit, als wir die Muttergottes sahen, war unsere Konzentration völlig auf sie gerichtet. Wir waren von allen anderen Erfahrungen abgeschnitten. Und danach blieb ich ganz unter dem Einfluß der Empfindungen, die ich während der Erscheinungen verspürt hatte. Darum hege ich Zweifel bei Leuten, die behaupten, die Muttergottes gesehen zu haben, und dann nach den Visionen sich um andere Dinge kümmern. Als ich sie sah, war ich von ihr so beeindruckt, daß sie das einzige war, von dem ich sprach.

Der Bischof der Diözese hat die Erscheinungen immer noch nicht anerkannt, und Priester und Nonnen aus jener Diözese gehen deshalb dorthin nur ungern. Ein Teil des Widerstrebens war Folge der Befürchtungen der Kirchenbehörden, daß die durch Hruschiw hervorgerufene Aufregung den Kampf der Kirche um ihre Legalisierung gefährden könnte. Aber glauben Sie mir, daß viele Priester und Nonnen in aller Stille dorthin pilgern. Neben der Muttergottes sah ich gewisse Lichter, die wahrscheinlich Engel waren. Ich kann nicht verstehen, wie ich wußte, daß es Engel waren. Aber soviel weiß ich: Hruschiw war nur ein Teil - ein großer Teil, aber nur ein Teil - eines größeren Aufbruchs himmlischer Phänomene. In derselben Zeitspanne zeigte sie sich auch in, über oder um andere verlassene Kirchen oder heilige Orte herum. Gegen Ende Juni sahen drei von uns nach Mitternacht, in der Nähe eines Friedhofs in Lemberg, wie fünf leuchtende Kreuze sich am Himmel bewegten. Sie waren silbern mit einem blauen Rand. Zuerst wunderten wir uns, ob sie Teil eines sowjetischen Raumfahrtexperiments oder UFOs wären. Wir beobachteten sie ungefähr eine Stunde lang, und als wir am nächsten Tag einen Wald absuchten, in dem sie gelandet zu sein schienen, fanden wir nichts. Ich bin jetzt davon überzeugt, daß Leute, die UFOs sehen, vermutlich gute oder böse übernatürliche Wunderwerke betrachten - nicht Fahrzeuge von Raumfahrern.

Außer in Hruschiw gab es mindestens 13 andere Orte, in denen geistliche Zeichen bemerkt wurden. Im Juni sahen Leute in der Nähe von Hoschiw, welches ungefähr 27 Kilometer von Hruschiw entfernt ist, seltsame Himmelskörper, und sie dachten, daß sie vielleicht irgendwie mit den Raketenanlagen in der Nähe in Verbindung ständen. Aber dann wurde auch die Muttergottes gesehen, und obwohl man sie nicht aus der Nähe betrachten konnte, war sie für jene sichtbar, die sich ein paar Kilometer entfernt aufhielten. Das Licht selbst war für einige Dutzend Kilometer weit zu sehen. Sie schien über einem Berg zu stehen, auf dem sich ein zerstörtes Kloster befand, wobei sie entweder in der Morgendämmerung oder am Abend am Himmel erschien. Die alten Mönche deuteten dieses Ereignis als eine Warnung.

Unsere Liebe Frau wurde auch in Butschatsch, Oserna, Kaminko-Bussk, Bereschani und dem alten Marienheiligtum Sarwanizja gesehen, dem Ort, an dem im dreizehnten Jahrhundert den Mönchen die wundertätige Ikone überreicht wurde. Wir hielten an einigen dieser

Orte an, um Nachforschungen anzustellen, und wurden einige Male Zeugen von Phänomenen. Fünf von uns sahen den Umriß einer Frau in einem sich bewegenden Licht, als wir in der Nähe des Berges von Hoschiw fuhren. P. Jurtschischin begleitete uns. Ein bißchen tiefer und rechts vom Kloster war der Umriß einer weiteren Person zu sehen, die Licht ausstrahlte. P. Jurtschischin rief aus: "Der Engel der Ukraine!"

Von diesen und anderen Orten heißt es, daß die Muttergottes sich an die Priester wandte und sie warnte, daß sie ihr Leben ändern müßten. Sie wiederholte auch ihren Aufruf, für die Verstorbenen zu beten und sich immer des Rosenkranzgebetes zu erinnern. Sie sagte uns an diesen verschiedenen Orten ebenso, daß wir zahlreich für den Papst beten sollten, weil er einer schlimmen Zeit ausgesetzt sei.

Für mich war es kein Zufall, daß die Muttergottes ihre Wunder an Gebetsstätten wirkte, die die Sowjets zerstört hatten. Zum Beispiel wurde die Kirche in Oserna, bei der später Erscheinungen gesehen wurden, völlig ruiniert, die Türen eingeschlagen, die Wände niedergemacht und der Boden mit Müll bedeckt. Umrisse der Madonna wurden auch in Krankenhäusern, an Wänden in Schulen und in Fenstern von Geschäften gesichtet. In Ternopil wurde sie angeblich an der Wand der Kirche von der Geburt Christi gesehen, welche in den fünfziger Jahren geschlossen wurde. Der *New York Times* zufolge, welche einen Bericht über die Erscheinungen am 13. Oktober 1987 auf der Titelseite abdruckte, sah ein Mann "einen Dunst - nun, eher einen Schatten, etwas Dunkles", das über die grauen Steine flackerte. Als ein Beobachter ein zweites Mal "Ich sehe!" rief, mußte er den *Moskauer Nachrichten* zufolge, wegen lauten Ausrufens eine Strafe bezahlen. War das die Macht der Suggestion oder einer erfinderischen Verschwörung oder einfach ein Streich?

Die Sowjets nahmen eine vorhersehbare Haltung ein. "Für jedes Wunder gibt es einen Regisseur, einen Bühnendirektor und ein Publikum", sagte Michailo Ju. Babi, Sekretär der kommunistischen Partei im Gebiet von Ternopil. "Es dreht sich gar nicht um Gläubige; es geht darum, wie man Menschen ausbeuten kann, was wirklich schade ist." Der Zweck all dieser Visionen, sagten die Kommunisten, sei, aus Gläubigen und Atheisten, Gegner zu machen.

In Sarwanizja erschien eine Frau in weißer Kleidung. Sie sprach über die Möglichkeit eines Krieges, davon, daß die Welt so voller Sünden sei, daß es sehr schwer sei, ihn zu vermeiden. Und sie schien immer die Bekehrung Rußlands zu erwähnen.

Zum Zeitpunkt dieser Niederschrift gibt es Berichte über sie im östlichen Teil der Ukraine.

So viele dieser Ereignisse geschahen, daß wir sie nicht alle verfolgen konnten. Wenn man sie alle aufzeichnen wollte, hätte man sich damit den ganzen Tag beschäftigen können. Eines der rätselhaftesten Phänomene war das einer geheimnisvollen alten Frau oder Nonne, die sich Pilgern näherte, mit ihnen für eine Weile sprach und dann weiterging und plötzlich verschwand. Jene, die der Frau begegneten, waren später davon überzeugt, daß es die Muttergottes war. In Hruschiw erzählte die Seherin Marina die Geschichte von ihrer Begegnung mit der älteren Frau. Die Frau mahnte die junge Marina, zur Kirche von der Allerheiligsten Dreifaltigkeit zu gehen und zu beten. "Aber die Türen sind mit Ketten verhangen und geschlossen", antwortete Marina.

Die Frau erwiderte: "Für mich gibt es keine verschlossenen Türen."

Als sie dort ankamen, war die Tür tatsächlich offen, die Frau trat ein und betete mit erhobenen Händen.

Bei anderer Gelegenheit berichteten Pilger, die durch das Schlüsselloch der geschlossenen verlassenen Kirche schauten, daß das Innere in seltsamer Weise völlig erleuchtet sei und daß darin eine Frau bete.

Wieder ein anderes Mal kroch eine Frau aus Butschatsch durch eine kleine Öffnung in die Kirche von der Allerheiligsten Dreifaltigkeit, um etwas Wasser aus dem Brunnen zu schöpfen. Sie nahm es für ein krankes Kind, welches an inneren Schwellungen litt. Plötzlich erschien eine schöne, junge Frau neben ihr, die das Gewand einer Nonne trug. Die Frau sagte sanft: "Sie haben ein krankes Kind." Sie gab dann der Frau drei kleine Kieselsteine. "Nehmen Sie diese und füllen Sie sie in ein Glas Wasser, wenn Sie nach Hause kommen, und lassen Sie das Kind das Wasser trinken." Sie beteten auch den Rosenkranz zusammen. Als sie nach Hause zurückgekehrt war, tat die Frau, wie sie es ihr gesagt hatte, und das Kind wurde wieder gesund.

Allerlei Heilungen erfolgten bei Krebskranken, Kranken mit Ausschlag, psychischen Erkrankungen. Ich selbst hatte nicht die Gelegenheit, bezüglich aller wunderbaren Heilungen Untersuchungen anzustellen, und bedauere das jetzt, weil viele unserer guten Leute, die große Bedeutung all dessen nicht verstehen. Nehmen wir einmal an, daß das, was in Hruschiw geschah, nur ein Schwindel war. Warum verlangten dann, wenn es nur ein Schwindel war, die Kommunisten von ihren Leuten, die in Hruschiw während der Hauptereignisse gewesen waren, daß sie ein Schriftstück unterzeichneten, worin sie erklärten, daß sie nichts gesehen hätten?

Die Nachrichten von Ereignissen wie in Hruschiw eilten durch die Karpaten. Die Sowjets wußten, daß sie machtlos waren. Nachdem ich den Ort verlassen hatte, wurden Abteilungen aus Hruschiw abgezogen und Straßensperren entfernt. Die restliche Polizei war nur dazu da, den Verkehr zu lenken.

Nach Hruschiw waren die Dorfbewohner überall eher gewillt, das Risiko einzugehen, ihre Namen auf Bittschriften in Bezug auf Tschernobyl oder für die Ausdehnung der Sendezeiten von Radio Vatikan, zu setzen, die bis dahin nur 15 Minuten lang waren (und immer noch nicht länger sind).

Ich meinte dessen, was ich gesehen hatte, nicht würdig gewesen zu sein. Und als Prediger fühlte ich mich ebenso unwürdig. Die Gefahren lagen für mich an zweiter Stelle, aber sie waren für mich immer gegenwärtig. Wenn wir uns auf dem Land bewegten, versuchte uns der KGB mit Funkgeräten und Hunden auf der Spur zu bleiben. Wir gingen von Dorf zu Dorf. Wir waren eine große Gruppe, die durch den Wald oder an Flüssen entlang wanderte. Doch die Behörden verloren uns ständig aus den Augen. Leute hörten unseren Berichten aus Hruschiw zu, und einige bekehrten sich, während andere hartnäckiger waren und damit drohten, die Miliz zu rufen. Es war der Anfang einer großen Auseinandersetzung, die ihren Höhepunkt noch nicht erreicht hat. Es wird neue Verfolgungen und neue Märtyrer geben.

Im Juli 1987 besuchten elf orthodoxe Priester Hruschiw, und am dritten Tag erklärten fünf von ihnen ihre Absicht, die russisch-orthodoxe Kirche zu verlassen und zum Katholizismus zu konvertieren. Einem Bericht P. Michailo Waskos zufolge sahen im selben Monat Kinder auf dem Land, die Vieh zur Weide trieben, eine Erscheinung der Jungfrau. Ich glaube das Datum war der frühe Morgen des 28. oder 29. Juli. P. Wasko selbst sah ein erleuchtetes Kreuz, an dem Christus hing, und als es verschwand, erschien Maria, welche prächtige weiße Kleider trug.

Warum erscheint Unsere Himmlische Mutter in solch unbedeutenden Nestern wie Hruschiw? Warum erscheint sie nicht den Atheisten und Ungläubigen?

Weil die Atheisten, die nicht so sehr Ungläubige als *Gegen*-Gläubige sind, niemals die Wahrheit dessen, was sie gesehen hätten, verbreiten würden. Und auch, weil sie nicht aus dem Glauben handeln. Gott offenbart sich selbst oft jenen, die ihm ihren Glauben zuerst zeigen. Viele unserer sogenannten Führer und Intellektuellen ziehen es vor, übernatürliche Ereignisse abzutun, nicht nur weil solches Geschehen im physikalischen Sinne unfaßbar ist, sondern auch weil diese Leute insgeheim *sich selber* als kleine Götter einsetzen wollen. Sie trachten nach der Macht, zu bestimmen, wann menschliches Leben anfangen darf und wann es enden soll. Sie suchen danach, unsere Gedanken zu kontrollieren. Sie trachten danach, ihre Allwissenheit zu beweisen. Sozialisten sind besonders anfällig für derartige Einstellungen.

Die Botschaften von den verschiedenen Schreinen war dieselbe wie in Hruschiw, und das beunruhigte die Behörden sehr. Neben der Einsetzung eines "wissenschaftlichen" Komitees mit der Aufgabe, die Erscheinungen anzuprangern, begannen die Sowjets eine neue Kampagne der religiösen Unterdrückung. Am 8. Juni besuchte ein Beamter P. Jaworski, einen Priester in Drohobitsch. Dort wurde eine Durchsuchung nach "religiöser Literatur" ausgeführt. Sie versuchten auch, P. Jaworski dazu zu bewegen, eine Erklärung zu unterschreiben, der zufolge die Aktivitäten der Priester im Untergrund eingestellt würden. Erneut versuchten sie, uns zwangsweise in die russisch-orthodoxe Kirche einzugliedern. Der Priester weigerte sich, und sie drohten ihm. Sie wollten auch Erkundigungen über Hruschiw einziehen. In der Tat war das der wichtigste Grund ihres Besuches. Sie verlangten von ihm, daß er eine Erklärung unterschreibe, die das Wunder abtat. Wieder weigerte er sich, und der Verwaltungsbeamte, ein Mann namens Gerz, drohte dem Priester Bestrafungen an, wenn er den Ort der Erscheinungen noch einmal besuche.

Unterdessen stellte der Artikel in *Weg zum Sozialismus* dar, auf welche Art und Weise sowjetische "Journalisten" dieses verblüffende Thema angingen. Der Berichterstatter jenes Stückes erzählte, wie er in Hruschiw mit einem Taxi angekommen sei und wie der Taxifahrer begonnen habe, auf den Balkon zu zeigen und zu behaupten, daß er etwas sehe. Der Schreiber brandmarkte den Fahrer dafür, daß er zu glauben wagte. "Ich blinzelte und schaute in die Richtung, in die er zeigte", berichtete der Reporter. "Ich sah Kaninchen aufgrund der Sonnenspiegelungen im Glas und ja, ich konnte die Kreuze und die alten Ikonen hinter dem Fensterglas der Kirche sehen, aber sonst sah ich nichts. Ich sagte ihm, daß es nur die alten Ikonen in der Kirche seien. 'O', sagte der Fahrer, 'Sie sehen nichts, weil sie nicht gläubig sind.' Er winkte mir mit der Hand zu. Später teilte man mir mit, daß dieser Mann nicht gut sei; er sei der Leiter eines kommunistischen Komitees für eine Autogruppe gewesen, und er glaube weder an Gott noch den Teufel, aber er sei hier unter den Gläubigen hergekommen, um Geld für eine sogenannte Wohlfahrtsorganisation zu sammeln." Mit anderen Worten machte ein guter Atheist, der meinte, daß er in Hruschiw etwas sähe, solche Behauptungen nur, um Geld zu sammeln. Er deutete darauf hin, daß Teile der Kapelle in der Nähe des

Balkons Schnitzwerke aufwiesen und daß aufgrund bestimmter Lichtbrechungen Leute sich himmlische Bilder vorstellen könnten. Er sagte auch, daß ein falscher Priester versuchte, in Hruschiw eine Messe zu organisieren, und daß er auch in Lemberg Wunder gezaubert habe. Er deutete darauf hin, daß solche Entwürfe ihre Wurzel im Nationalismus hätten. Der Reporter fuhr fort, daß "es immer jemanden gebe, der behaupte, einen Umriß zu sehen", aber daß dies ein Produkt aus Suggestion und Einbildungskraft sei. "Leute reden und schwatzen", war seine Darstellung der Dinge.

Zum Teil schrieb die Presse soviel über die Erscheinungen, um einen neuen Ortssekretär der kommunistischen Partei zu unterminieren, der ein Mann Gorbatschows war. Indem man die Ereignisse so bekannt machte, hinterließ man den Eindruck, daß in diesem Gebiet die Dinge aus der Kontrolle gerieten. Und das förderte die Anti-Gorbatschow-Kräfte.

Die Presse fand es zu zufällig, daß die Ereignisse in einem Jahr stattfanden, das der Papst zu einem "Marianischen Jahr" erklärt hatte. Die stillschweigende Folgerung daraus war erneut, daß die Vorgänge in Hruschiw einer Verschwörung der Unierten mit dem Vatikan entstammten.

Die Sowjets waren besonders beunruhigt, weil bis zu 80 000 Menschen am Tag Hruschiw besucht hatten, und doch hatte die Presse erklärt, daß es keine Katholiken, außer in den Köpfen von Leuten wie mir, mehr gäbe. Im Laufe des Jahres 1987 erschienen Dutzende von Artikeln und Broschüren, die die Kirche des östlichen Ritus anprangerten.

Und die Zeitungsartikel erschienen jahrelang. Vor nicht allzulanger Zeit, am 13. Mai 1989, druckte die Zeitung *Freie Ukraine* ein Stück unter dem Titel ab: "Wem dient das Wunder in Hruschiw?" Es frischte die Erinnerung an "das seltsame und ungewöhnliche Gerücht" wieder auf, welches in der Gegend umhergegangen war. "Auf der Kuppel, so hieß es, erschien ab und zu eine Ikone der Jungfrau Maria", stand in dem Artikel. "Aus der Nähe konnte man nichts erkennen, aber wenn man einhundert Meter zurückging und blinzelte, dann schien die Selige Jungfrau zu erscheinen. Informationen über diese Vorgänge wuchsen an, und Leute begannen zu sagen, daß man auf den Glasscheiben der Kirche und den Metallteilen Umrisse der Heiligen Mutter und auch verschiedener Heiliger sehen konnte. Das Gerede über das sogenannte Wunder von Hruschiw drang in die umliegenden Dörfer vor. Unter denen, die kamen, das angebliche Wunder anzusehen, waren leider auch Jugendliche. Sie versammeln sich um die Kirche herum, sie beten und sie schauen durch die Fenster. Normalerweise sehen sie das Wunder nicht, obwohl einige Leute, die das verwitterte Glas und die Scheiben betrachten, plötzlich ausrufen: 'Seht! Dort blitzte etwas!' Etwas wie eine Ikone der Heiligen Mutter erschien."

Der Artikel berichtete verächtlich darüber, wie alte Menschen beteten und Psalmen lasen, um sich damit in eine religiöse Ekstase versetzen zu lassen. Weiter hieß es, daß Wunder und die Verehrung der Muttergottes eine bewährte katholische Tradition darstellten - "deren Ziel es sei, den Glauben zu stärken und die Massen davon abzuhalten, für ein besseres Leben zu kämpfen". Er nannte unsere unierte Kirche "eine synthetisch hergestellte Kreuzung" und meinte, daß wir die Ukraine geistig und politisch spalteten. Der Artikel machte die Anschuldigung, daß die Katholiken des östlichen Ritus Hitler unterstützt hätten und daß unsere Leitungskräfte "auf dem Müllhaufen des Westens landeten".

Der Artikel fuhr fort, Marinas Mutter, Miroslawa Kisin, sowie ihren Mann anzugreifen. "Den Leuten wurde von ihrer jungen Tochter gesagt, daß die Heilige Mutter ihr erschienen sei", sagte der Reporter. "Es ist selbstverständlich, daß ohne die Unterstützung durch ihre Mutter dies nie hätte geschehen können. Die Mutter und der Vater ermunterten Leute, den Balkon näher zu betrachten. Der Vater forderte sie auf zu sehen, weil er gesagt hatte, daß etwas Außergewöhnliches vorginge. Wenn jemand es bezweifelte, machten ihnen die religiösen Fanatiker Angst. 'Wie kannst du das nicht sehen? Du siehst es nicht, weil du keinen Glauben hast!' Um nicht als Sünder dargestellt zu werden, stimmten die Menschen zu, daß sie tatsächlich etwas auf dem Balkon gesehen hätten." Der Artikel beschrieb das Wunder weiter als ein "provokatives Ereignis", das sich aus "der phantastischen Vorstellungskraft von Herrn und Frau Kisin" ergeben haben könnte, "die sich vor allen Heiligen verbeugen". Zumindest war es eine Provokation von uns "Extremisten", sagten die Kommunisten. Der Artikel beschuldigte auch einen Mönch, Alexander Kowaltschuk, aus dem Gebiet von Chmelnizki, der einmal im Kloster Potschaiw gewesen war, einer der Anstifter gewesen zu sein. Der Zeitung zufolge verkaufte der Mönch Ikonen, und erneut handele es sich um einen Plan, mit dem man zu Geld komme.

"Die Sache mit dem Wunder hat etwas nachgelassen, aber das sollte noch kein Grund sein, daß wir unsere Aufmerksamkeit gegenüber religiösem Extremismus und Vorgängen abschwächten, die sich auf Betreiben jener ereignen, die versuchen, die Religion vorteilhaft zu benutzen, um die Gesellschaft zu zerstören", war die Schlußfolgerung der Zeitungsgeschichte. "Die Besitzer der örtlichen LPG sind angewidert: 'Wie können Menschen während der Arbeitszeit zu sogenannten Wundern eilen? Dies sind bloß Raufbolde, und das geschieht zu einer Zeit, in der es auf jede Stunde Feldarbeit ankommt.'" Zum Schluß äußerte der Artikel die Befürchtung, daß sanitäre Anlagen in der Umgebung ein Problem seien und daß jemand absichtlich versuchen könnte, die Menschen dort mit einer Krankheit anzustecken.

Jene und andere Zeitungen schienen darüber bestürzt zu sein, wie schnell und wie weit sich die Nachrichten verbreitet hatten, "obwohl doch nur schlechte Telefonverbindungen" bestehen, wie ein Artikel beklagte. Die Presse war auch besorgt über russisch-orthodoxe Priester, die wegen des Wunders zum Katholizismus konvertierten.

Selbst politische Dissidenten verhielten sich solchen übernatürlichen Ereignissen gegenüber kühl. Bloß weil jemand ein Dissident (oder Verweigerer) ist, heißt das nicht, daß er gläubig ist. Das ist eine Bestätigung dafür, daß wir in der Welt die Sünde nur sehr langsam ablegen. Wir beobachteten alle nur möglichen Angriffe auf das Christentum und gegen das, was als westliche Werte aufgefaßt wird. Zum Beispiel verbreiteten die Sowjets das Gerücht, daß die Katastrophe von Tschernobyl vom CIA herbeigeführt wurde. Unterdessen fuhren sie fort, das Ausmaß der radioaktiven Schäden sowie das Ergebnis klinischer Auswertungen zu verheimlichen. Doch einige Informationen kamen ans Licht, darunter Berichte und Fotos von Fischen, deren Erbmaterial geändert worden war (so groß, daß ihre Muskeln ihr Gewicht nicht mehr unterstützen konnten), Pferde mit fünf Beinen und augenlose Schweine. Einige dieser Fotos gelangten auf die Seiten des amerikanischen Nachrichtenmagazins Time. Wir wissen auch, daß Geld- und Arzneimittel nie an die Opfer von Tschernobyl gelangten.

Ich glaube heute, daß der Unfall von Tschernobyl sich auf Ereignisse in der Geheimen Offenbarung bezieht. Solche Dinge entfalten sich langsam. Aber die Anzeichen sind dergestalt, daß sie selbst die Aufmerksamkeit solcher agnostischer Zeitungen wie der *New York Times* auf sich gezogen haben. Wie jene Zeitung bemerkte, wurden viele prominente Akademiker in Rußland und anderswo in der UdSSR bei diesem nuklearen Ereignis nervös. Sie fingen an, in der Geheimen Offenbarung, und besonders Kapitel 8, Vers 10 und 11 zu lesen, welche lauten: *"Der dritte Engel stieß in die Posaune. Da fiel vom Himmel ein großer Stern, der wie eine Fackel brannte. Er fiel auf den Dritten Teil der Flüsse und auf die Wasserquellen. Der Stern heißt "Wermut".*

*Da ward ein Drittel der Gewässer zu Wermut, und viele Menschen starben von dem Wasser, weil es bitter geworden war."*³

Wermut ist ein bitteres, wildes Kraut, welches auf dem Land als Stärkungsmittel gebraucht wird. Und das ukrainische Wort für Wermut ist *"Tschernobyl"*.

Was war die Bedeutung Tschernobyls? War der "große Stern", der in der Geheimen Offenbarung vom Himmel fällt ein Zeichen für Nuklearraketen, welche "Wermut" über unseren Planeten verbreiten würden? Zunächst einmal glaube ich, daß es auf die eine oder andere Weise weitere Tschernobyls geben wird. Wir werden in dieser Zeit Zeugen der Erfüllung gewisser Warnungen. Die Leute meinen, daß wir nur durch einen Atomkrieg bestraft würden und daß das alles sei oder daß es nur an einem Teil der Erde stattfinden werde, aber vielleicht hängt es auch mit der Beziehung zwischen Menschen und der Technologie auf unserem Planeten zusammen.

Die Technologie hat die Spiritualität ersetzt, und es mag sein, daß wir dadurch schreckliche Ergebnisse ernten werden.

Wir müssen uns immer an Fatima zurückerinnern. Das Sonnenwunder - als es schien, als ob die Sonne auf die Erde zustürzte - könnte eine Warnung vor einem Atomkrieg gewesen sein. Die Bomben, die auf Japan fielen, wurden später beschrieben, wie sie vergleichbar mit der Sonnenhelle aufblitzten.

Es erinnert auch an den Propheten Elias, der Feuer vom Himmel herabrief, um den heidnischen Altar zu vernichten, und so eine Dürre und Götzendienste beendete. Elias lebte in Israel, im Gebiet des Berges Karmel, und in Fatima erschien die Muttergottes als Unsere Liebe Frau vom Berge Karmel.

Was war das Datum, an dem die Amerikaner ihre Atombombe testeten? Es war der 16. Juli 1945, das Fest Unserer Lieben Frau vom Berge Karmel.

Die Bombe fiel später, und es sah wie eine fallende Sonne aus, und am 15. August - dem Fest Mariä Himmelfahrt - kapitulierten die Japaner. Ich glaube, daß wir alle Teil eines kosmischen Planes sind. Wenn ich jetzt darauf zurückschaue, sehe ich eine lange Reihe von Zufällen, nicht nur in unserem Leben, sondern auch in den Ereignissen der Welt. Zum Beispiel wurde am 13. Oktober 1960 in Fatima die ganze Nacht hindurch für den Frieden gebetet, und nur einige Tage später explodierte bei einem Unfall eine geheime Superrakete, die sich bei den Sowjets in der Fertigstellung befand.

---

³ Anmerkung des Übersetzers: Der amerikanische Titel wurde nicht übersetzt, sondern die entsprechende Stelle aus dem Neuen Testament wurde wörtlich nach Rösch zitiert (a.a.O.).

Leute fragen mich oft, ob es wahr sei, daß der Satan in der Sowjetunion wohne. Das ist absurd. Der Satan ist überall. Den Satan findet man dort, wo es Abtreibung, Gewalttaten, Pornographie, Egoismus, Haß, Lügen, Materialismus, Umweltverschmutzung, arrogante Intellektuelle und einen Mangel an Glauben gibt. Der Satan ist in der Rockmusik, in Büchergeschäften, am Fernsehen, in beliebten Illustrierten. Haben die Augen der Anhänger des Satans, von Kriminellen und gewissen Stars der Rockmusik nicht einen glasigen Ausdruck? Der Satan befindet sich in Aktiengesellschaften, in der Regierung und in Arztpraxen. Er ist sicherlich in den Kliniken, in denen junge Mütter absichtlich ihre eigenen, ungeborenen Kinder ermorden. Die Abtreibung ist wie der Krieg eine der größten Errungenschaften des Satans - ein Blutopfer.

Aber es gibt keinen Zweifel daran, daß der Satan in der Sowjetunion besonders eklatant war, und die Wirkung seiner Handlungen könnte bald leichter zu erkennen sein. Wie sich die Dinge entwickeln, ist das Böse überall, und Menschen, die ihre Handlungen nicht verstehen, zerstören viele Arten des Lebens. Ich spreche erneut von Umweltverschmutzung. Am 16. Mai sah ich in Hruschiw den ganzen Planeten und zunächst sah ich jedes Land wie auf einer Landkarte. Dann sah ich Dörfer und Städte und an einigen Orten Öltanks, aus denen Flammen hervorkamen. Ich sah auch wie sich Sanddünen bewegten. War der Sand ein Zeichen für das Vordringen der Wüsten aufgrund des sich verändernden Klimas?

Wir werden bestraft, aber wir erkennen das nicht. Wir beachten es nicht. In Hruschiw fragte ich die Muttergottes, ob die kommenden Bestrafungen abgewendet werden könnten, und sie antwortete, daß es ohne die Bestrafungen keine Reue geben werde. Und Gott bestraft uns nicht aus dem Grund, weil er uns nicht liebt, sondern weil Sünde bestraft werden *muß*. Manche Menschen gehen zur Kirche, aber oft tun sie es nur, um eine Ekstase zu erleben. Wir müssen unseren Glauben verteidigen. Die Muttergottes sagte, daß wir nicht zu Christus, dem König, gelangen werden, wenn wir nicht zuvor unsere Sünden bekennen und Buße tun. Der Westen hat Schuld auf sich geladen, indem er unreine Kultur und Technologie in andere Teile der Welt verbreitet hat, und er sollte damit sofort aufhören. Nur wenn sich die Christen im Westen ihrer eigenen Sünden entledigen und ständig Gott, den Herrn, für die Bekehrung Rußlands bitten, wird die Welt sicherer werden.

Ich glaube an alles, was ich in Hruschiw gesehen habe, und es macht mir nichts aus, ob Leute mich einen Psychopathen nennen. Man hat mich früher schon für verrückt erklärt. Alles trägt sich genau so zu, wie ich es gehört habe, genau so, wie die Jungfrau sagte, daß es geschehen werde. Jeder einzelne muß sich Gott in ständiger Läuterung zuwenden, so daß wir mit der Aufgabe der Bekehrung Rußlands beginnen können. Und dann werden wir unser Ziel erreichen.

Im Laufe des Jahres 1987 fuhr ich fort, Unterschriften zu sammeln für solche Anliegen wie die Legalisierung unserer Kirche, vollständige Informationen über die Katastrophe von Tschernobyl und die Freilassung Wallenbergs. Über Dissidentengruppen in Moskau gelang mir eine Annäherung an Korrespondenten ausländischer Zeitungen, und mit der Hilfe eines Reporters der spanischen Veröffentlichung *El Pais* kam ich in Kontakt mit Beamten der niederländischen Botschaft (darunter Botschafter Pietros Buwalda). Ich nahm auch Kontakte zur amerikanischen Botschaft auf. Darunter befand sich ein Mann namens Richard Stevenson. Unter anderem besprachen wir die Möglichkeit, daß Wallenberg sich immer noch im Gefängnis aufhielte, sowie die Aussichten, eine Pressekonferenz für einen Mann zu organisieren, den ich getroffen hatte und der der Dolmetscher bei den ersten Verhören Wallenbergs gewesen war. Der frühere Dolmetscher war gewillt, mit seinem Wissen an die Öffentlichkeit zu treten, aber es gab auch die Sorge, daß die Sowjets sich seiner entledigen könnten. Wir wollten den früheren Dolmetscher zu einem Interview mit Vertretern der *Baltimore Sun*, des *Christian Science Monitor* und der *Washington Post* sowie einer Reihe von anderen Zeitungen zusammenbringen. Aber später brachen wir den Kontakt zu einigen ab, weil wir befürchteten, daß Informationen an die sowjetischen Behörden zurückgelangen könnten.

Was mich anbetraf, so gab es weitere Hinweise darauf, daß ich aus der UdSSR wegen "antisowjetischer" Aktivitäten ausgewiesen würde. Oberst Dsjamko, ein KGB-Agent aus den Karpaten, kam wutenbrannt zu mir nach Hause. "Was hat es mit diesem Wallenberg auf sich?" fragte er. "Warum verbreitest du diese Lügen? Wallenberg starb vor langer Zeit. Du verbreitest diese Lüge, daß Wallenberg immer noch lebt. Welcher Dolmetscher lebt noch?"

Ich sagte ihm, daß ich von Wallenberg oder dem Verhör überhaupt keine Ahnung habe. Es war in der *Chronik* erwähnt worden, und ich sagte ihm, daß ich nicht über alles, was in der *Chronik* erschien, Bescheid wüßte. Mir wurde mitgeteilt, daß mein Schicksal entschieden sei und daß ich mich bald bei den Amerikanern befinden würde. Ich wurde auch gewarnt, daß, sollte ich noch ein einziges Wort über Wallenberg äußern, die Spielerei mit mir vorbei sei.

Die Atmosphäre wurde sehr gespannt. Aber wir hatten Tausende von Menschen hinter uns, die sich öffentlich zu ihrem Katholizismus bekannten, und das ermutigte uns. Zu guter Letzt stiegen wir aus den

Katakomben auf. Wir sammelten Unterschriften und gaben den Bittstellern Anweisungen, wie sie sich im Falle einer Verhaftung verhalten sollten. Bischof Sternjuk verhielt sich der Idee gegenüber anfänglich kühl, weil viele Priester gegen das Herauskommen an die Öffentlichkeit waren. Aber am 4. August 1987 wurde eine Erklärung, die von zwei anderen Bischöfen, Pawlo Wasilik und Iwan Semedi, zusammen mit 24 Priestern, einer Reihe von Mönchen und 720 aktiven Laien unterschrieben worden war, an Papst Johannes Paul II. gesandt. Aufgrund wachsender, günstiger Bedingungen in der UdSSR, lautete es, "bitten wir Ihre Heiligkeit deshalb, soviel es Ihnen möglich ist, für die Legalisierung der ukrainischen katholischen Kirche in der UdSSR zu tun. Gleichzeitig wenden wir uns durch Ihre Heiligkeit an die Regierung der UdSSR mit unserer Erklärung, daß ein bedeutender Teil der ukrainischen katholischen Kirche aus dem Untergrund herausgetreten ist."

Am Abend des 12. August verlas ich aus der Wohnung eines Diplomaten die Erklärung zu Kontakten in München und Rom. Am nächsten Tag, dem 13. August, um zehn Uhr morgens brachte ich die Erklärung persönlich zum Sowjetpräsidium. Ich stellte mich vor als "Terelja aus den Karpaten". KGB-Agenten in Zivil waren mir gefolgt, und sie beobachteten mich, wie ich den Brief registrieren ließ, eine Bescheinigung darüber empfing und das Zimmer verließ. Als ich es tat, umzingelten mich 15 bis 20 KGB-Agenten und durchsuchten mich. Sie brachten mich in ein Zimmer auf dem zweiten Stock. "Warum sind Sie hierher gekommen?" fragten sie mich verärgert. "Genügen Ihnen die Karpaten nicht? Wir haben genug Probleme mit unseren eigenen Dissidenten. Warum sind Sie gekommen?"

Ich sagte ihnen, daß unsere Kirche aus dem Untergrund herausgetreten sei. Wir verlangen unsere Legalisierung. "Wir haben beschlossen", sagte ich, "daß wir nicht mehr in den Wäldern beten werden. Wir werden in der Öffentlichkeit beten."

Sie lachten und ließen mich allein in dem Raum zurück. Aber für sie war die Angelegenheit wirklich nicht zum Lachen. Das Thema unserer Legalisierung wurde im Radio in Spanien, Kanada und den Vereinigten Staaten sowie im Radio Freies Europa besprochen.

Die Agenten hatten mir die Schnürsenkel und meinen Gürtel abgenommen, was bedeutete, daß ich kurz vor einer erneuten Verhaftung stand. Ich saß dort fünf Stunden lang, ohne zu wissen, was als Nächstes geschehen würde. Eines wußte ich mit Sicherheit: wenn ich erneut verhaftet würde, würde ich nie wieder zurückkehren. Wir hatten den Gordischen Knoten durchschnitten.

Ich wartete darauf, daß sie mich zu weiteren 15 Jahren Haft verurteilen würden. Aber anstatt mich zu verhaften, kehrten sie zurück und behandelten mich ungewöhnlich freundlich. Sie wußten nicht, was sie mit mir anfangen sollten. Sie fragten mich, wann ich Moskau wieder verlassen würde, und sagten, daß ich mich schlecht benehme. Aber sie ließen mich nach dieser leichten Ermahnung wieder gehen.

Am 15. August kam der KGB zu der Mietwohnung, in der ich mich in Moskau aufhielt. Sie sagten mir, daß der "Boss" mich sprechen wolle. Ich weigerte mich, weil ich dachte, daß sie von einem hochrangigen Beamten des KGB sprachen. Aber davon redeten sie nicht. Sie bezogen sich auf Jegor Kusmitsch Ligatschow, der zu jenem Zeitpunkt der zweitmächtigste Mann in der Sowjetunion war.

Mich an das Protokoll haltend, hatte ich einen offiziellen Brief im Auftrag unserer Kirche geschrieben, worin ich ein Gespräch mit Ligatschow erbat, und genau das wurde mir gewährt. Bevor er abgesetzt wurde, war Jegor Ligatschow der Sekretär des Zentralkomitees, und ihm unterstand die Sowjetideologie. Obwohl er später aus seinem wichtigen Amt entfernt wurde, ist er immer noch Mitglied des Kongresses der Volksdeputierten. Zum Zeitpunkt unseres Zusammentreffens war nur Gorbatschow mächtiger als er. Unsere erste Zusammenkunft wurde für den 17. August festgelegt. Es war eine ziemlich positive Begegnung, und wir hatten ein weiteres Gespräch am 21. August.

Ligatschow wußte nur sehr wenig von unserer Kirche. Er dachte, daß wir nur eine andere Sekte seien. Ich muß eingestehen, daß Ligatschow, obwohl Kommunist, ein Mann von Prinzipien ist. Ich hatte das Gefühl, daß unsere Kirche rehabilitiert worden wäre, wenn er an der ersten Stelle der Macht gestanden hätte. Ich habe nicht dieselbe Meinung von Gorbatschow. Ich glaube nicht, daß er sich genauso an Prinzipien hält wie Ligatschow, der ein einfacher, russischer Bauer ist. Aber Ligatschow ist sehr prosowjetisch und verachtet alles, was nicht so ist. "Josip, du bist der Sohn eines Kommunisten", sagte er. "Was zum Teufel hat dich dazu geführt, an diese Götter zu glauben? Es gibt keine Götter. Um welche Art von Kirche handelt es sich?" Er nannte mich "Sohn Michaels".

Ich mußte ihm erklären, was die ukrainische katholische Kirche war. Dann sagte ich: "Wir werden uns an alle Gesetze halten, aber wir wünschen offizielle Anerkennung, und wir wollen unsere Kirchen zurückerhalten."

Ich teilte ihm mit, daß wir mit dem Vatikan verbunden wären, und Ligatschow wollte wissen, ob sich daran etwas machen ließe. Er fragte, ob wir einwilligen könnten, uns von Rom zu trennen, wie die chinesischen Katholiken es getan hätten.

Ich ließ mich nicht umstimmen und sagte ihm, daß wir unsere Verbindungen zum Vatikan beibehalten würden. Er seufzte und deutete an, daß dies kein Hauptpunkt sei, weil die Regierung selbst anfing, Kontakte mit Rom aufzunehmen. Die Sowjets würden ein Schriftstück unterzeichnen, das uns der Legalisierung näher brächte, versprach er, wenn wir zustimmten, uns zu benehmen.

Ich fragte, was geschehen werde, sollte Gorbatschow nicht einverstanden sein. Ligatschow machte eine Bemerkung in die Richtung, daß er einen Deut für *Perestroika* gebe, daß die Leute etwas zu essen und zu trinken benötigten.

An unserer Zusammenkunft am 21. August nahmen außerdem Boris Kaschlew, der zum Ministerium für Religionsangelegenheiten und Kult gehörte, sowie ein Vertreter des Präsidiums, Michailow genannt, teil. Kaschlew hatte eine ganze Akte über mich und die Kirche. Er legte es Ligatschow vor und ließ es so aussehen, als ob wir Katholiken bürgerliche Nationalisten seien, die die Kirche nur als einen Deckmantel benützten. Ligatschow drehte sich zu mir: "Sieh mal, was die Zeitungen alles über dich schreiben. Du gehörst zur Bandera-Gruppe. Warum täuschst du mich?"

Ich antwortete: "Das ist nicht wahr. Sie haben mir einen schlechten Leumund gegeben."

Ligatschow sagte, daß die Angelegenheit verzögert werde, weil er nicht wüßte, wem er Glauben schenken könne.

Ich erwiderte: "Ich sage es Ihnen, wie es ist. Ich habe Ihnen mein Wort gegeben. Und ich ziehe das nicht mehr zurück, was wir angefangen haben."

Während unserer Unterhaltung teilte mir Ligatschow mit, daß er getauft worden sei.

"Wenn Sie getauft sind, warum sind Sie dann Kommunist?" fragte ich.

"Dein Vater war auch getauft und war Kommunist", antwortete er ganz richtig.

Aber daneben besprachen wir die Möglichkeit für einen Kompromiß. Ligatschow sagte, daß er im Dezember persönlich den Vorsitz eines Unterkomitees des Zentralkomitees innehabe, welches von mir und ein paar Bischöfen hören würde. Ich erklärte, daß wir ein paar interne Probleme hätten, aber das, was wir alle wünschten, sei eine Anordnung, welche uns von der russisch-orthodoxen Kirche trenne.

Ligatschow war ein ehrenwerter Mensch, und ich traf mich auch heimlich mit dem früheren Generalsekretär der ukrainischen kommunistischen Partei sowie mit anderen Führungskräften. Zu einigen kamen wir in Kontakt mit Hilfe ihrer Eltern oder anderer Verwandten. Aber die Begegnungen mit Ligatschow hinterließen den größten Eindruck, und ich machte mir Notizen über das, was gesagt wurde. Wir trafen uns in einem Empfangszimmer der kommunistischen Partei im Kreml, und obwohl er freundlich war, war Ligatschow auch besorgt. "Die russisch-orthodoxe Kirche wird die Idee von der Legalisierung der ukrainischen katholischen Kirche überhaupt nicht mögen", grämte er sich. "Die orthodoxe Leitung wird sich uns gegenüber feindlich verhalten."

Ich antwortete: "Die russisch-orthodoxe Kirche arbeitet fest mit dem KGB zusammen und ist die offizielle Regierungskirche. Die Kirche steht völlig unter Ihrer Kontrolle. Diese Kirche zeigt keine wirkliche Opposition zur Sowjetregierung. Und die Hierarchie der orthodoxen Kirche erfüllt die Rolle, die ihr von der kommunistischen Partei zugewiesen wurde. Zugleich ist die orthodoxe Kirche ein wichtiges Instrument der Russifizierung der Ukraine sowie Moldawiens und Weißrußlands."

Ligatschow schrieb eine Bemerkung auf und fragte: "Die Immigrantenhierarchie der ukrainischen katholischen Kirche ist der Regierung der UdSSR gegenüber feindlich eingestellt, nicht wahr?"

"Das ist absurd, weil der ukrainische katholische Episkopat sich aus Leuten zusammensetzt, die Staatsbürger ihrer eigenen Länder sind. Sie haben nie in der Sowjetunion gelebt. Wie können sie Ihnen gegenüber feindlich sein? Sie sind ihnen nicht bekannt. Zeigen Sie ihnen Ihr wahres demokratisches Gesicht."

Dann bat Ligatschow den Sekretär Michailow, ihm eine rote Akte zu bringen. "Gerade der Name 'ukrainische katholische Kirche' widerspricht den Prinzipien und Voraussetzungen der UdSSR", sagte er. "Es heißt im sozialistischen System, daß keine Organisation erlaubt ist, deren Mitgliedschaft ausschließlich auf die Mitglieder einer Nation begrenzt ist."

Er störte sich an dem Wort "ukrainisch".

Ich hatte dieses Problem nicht erwartet. Ich war darauf nicht vorbereitet. Indem ich auf Zeit spielte, sagte ich: "Die ukrainische katholische Kirche ist keine Organisation. Sie ist ein Glied in der Kette der weltweiten katholischen Kirche." Mittlerweile erhielt ich von Gott eine Eingebung und fuhr fort: "In der UdSSR gibt es eine georgische orthodoxe Kirche und die armenischen orthodoxen Kirchen. Widerspricht deren Existenz den Prinzipien der UdSSR? Daran erkennen wir, daß Moskau einfach nicht will, daß wir Ukrainer unsere eigene Kirche haben."

Es ging lange hin und her. Wir zogen die Umstände von 1946 in Betracht, als die berüchtigte "Synode" von Lemberg fälschlich die Selbstauflösung der katholischen Kirche des östlichen Ritus erklärte. Ich wies darauf hin, daß die Kirche unabhängig vom Staat sein sollte, daß aber in der UdSSR der Staat die Kirchen kontrolliere. Ich erinnerte ihn daran, daß dies nicht nur eine Übertretung der sowjetischen Verfassung, sondern aller internationalen Vereinbarungen mit Bezug auf Rechte und Freiheiten sei.

Ich gab Ligatschow neun Forderungen, und er lehnte sie alle ab. "Du hast neun Punkte vorgebracht, die von der Initiativgruppe aufgestellt wurden, neun Punkte, die für die Sowjetregierung unannehmbar sind. Über diese neun Punkte werden wir nie einen Kompromiß erzielen können."

Ich erwiderte: "Die ukrainische katholische Kirche und ihre Hierarchie, das Zentralkomitee der Katholiken und die Initiativgruppe werden alle neun Punkte fallen lassen, wenn uns die Behörden dieselben Rechte gewähren, deren sich andere Organisationen in der UdSSR erfreuen, und wenn das Präsidium des Obersten Sowjets ein Gesetz erläßt, wonach die ukrainische katholische Kirche als gesetzmäßig und rehabilitiert erklärt wird."

"Die Umstände gestatten es uns nicht, den Beschluß der Versammlung von 1946 aufzuheben", antwortete Ligatschow.

Aber es gab hoffnungsvolle Zeichen. Es schien, daß dies ernste Angelegenheiten waren und daß die Kommunisten nach Wegen suchten, um unsere Kirche zu legalisieren. "Die Sowjetunion unterzieht sich der *Perestroika*, und in diesem Umfeld können wir die Fehler Stalins berichtigen", sagte ich, um ihm auf die Sprünge zu helfen. "Jeder, der versucht, die Handlungen Stalins zu rechtfertigen, stellt sich auf die Seite Stalins."

Ich erwähnte die Bestimmung in Paragraph 52 der Verfassung, die religiöse Freiheit gewährt. "Die Verfassung ist nicht für dich bestimmt", erwiderte Ligatschow. Er versäumte kaum eine Gelegenheit, um meinen Ansichten zu widersprechen. Zu jenem Zeitpunkt waren nur zwei Bischöfe aus den Katakomben hervorgetreten, und er machte sich diese Tatsache zunutze. "Die ukrainische katholische Kirche im Untergrund will den Untergrund nicht verlassen und eine Registrierung beantragen", gab er als Argument vor.

Darauf war ich vorbereitet. Ich erwähnte, daß die Mehrheit der Bischöfe Legalisierung wünschte. "Es besteht ein großer Unterschied zwischen Legalisierung und Registrierung."

Ligatschow besaß ein Buch offizieller Fachausdrücke und fand darin das Wort "Registrierung".

Registrierung ist die Eintragung von bestimmten Büchern, Personen, Organisationen, Dokumenten oder anderer Körperschaften in ein Verzeichnis, während "Legalisierung" die Erlaubtheit oder Eignung von etwas bezüglich bestehender Gesetze bezeichnet, die von den entsprechenden Instanzen einer gegebenen Partei erlassen werden.
"Wir sprechen nicht von Registrierung, sondern der *Legalisierung* der Kirche in der UdSSR unter Teilnahme von Vertretern des Vatikans und dem ukrainischen Erzbischof. Zugleich wünschen wir eine Entschuldigung der Regierung für die Verbrechen, die an der Kirche von Stalin begangen wurden, sowie eine Entschädigung für Verluste, die wir als auch die ukrainischen Orthodoxen erlitten haben. Vorher verlassen wir die Katakomben nicht", fuhr ich fort und fügte hinzu. "Die Probleme sind nicht aufgrund der ukrainischen Katholiken entstanden, sondern sie beruhen auf Gorbatschow und einer Regierung, die das Problem unserer Existenz nicht lösen will."
Wir ließen die Sache damit auf sich beruhen. Die erste Begegnung war freundlicher als die zweite. Bald versprachen die Sowjets unserer Kirche die Legalisierung, aber ich sollte nicht mehr anwesend sein, um sie zu sehen. Nur einen Monat nach meinem letzten Gespräch mit Ligatschow schickten die Sowjets mich ins Exil.

## 22. Kapitel

# JENSEITS DER GRENZEN

Während Gorbatschow der ganzen Welt etwas von *Perestroika* und *Glasnost* erzählte, fuhren die Kommunisten vor Ort fort, die Ereignisse von Hruschiw "zu untersuchen". Sie betraten die Dörfer, klopften an die Türen und fragten: "Haben Sie Hruschiw besucht? Was ist Ihre Beziehung zur katholischen Kirche? Glauben Sie wirklich, daß die Muttergottes erschienen ist?"

Sie sagten den Leuten, daß Katholiken polnische Verräter seien.

Das Gesundheitsministerium gab einen Fragebogen heraus, um sicherzustellen, daß die Menschen, die in ihren Büros und Krankenhäusern arbeiteten, auch wahre Atheisten seien. Es war ein Formular, das ausgefüllt werden mußte. Darin gab es Fragen, die sich auf die Erneuerung der katholischen Kirche und die Ereignisse von Hruschiw bezogen.

Die Kommunisten hatten die paranoide Meinung, daß der Papst ein marianisches Jahr ausgerufen hätte, um eine antisowjetische Kampagne anzustacheln. Zur gleichen Zeit nährten gewisse Elemente der russisch-orthodoxen Kirche das Gerücht, daß die Amerikaner Tschernobyl mit Dynamit zur Explosion gebracht hätten. Wieder lenkte es das Gespräch von Hruschiw ab.

Die atheistische Presse behielt ihre Propaganda und Vorlesung bei. Sie waren ziemlich erfinderisch in ihren Bestrebungen, das Wunder von Hruschiw als einen Betrug darzustellen. Sie griffen die Basilianer an (indem sie sie als "die schwarze Armee" bezeichneten) nannten die Orte, aus denen Erscheinungen berichtet worden waren, "Zentren jesuitischen Fanatismus" oder trugen Überschriften in solchen Zeitungen wie der *Leninska Molod*, die die Situation als eine "Täuschung des Gesichtssinnes" beschrieben.

Das waren keine ganz normalen Zeitungsartikel. Sie luden Professoren an Universitäten dazu ein, mitzuhelfen, jeglichen Gedanken an das Übernatürliche zu vertreiben - eine Aufgabe, die Professoren in der ganzen Welt meisterhaft erfüllen. Ein Professor der Philosophie namens Andri Biskup, der wissenschaftlichen Kommunismus an der Lemberger Universität lehrte, verlieh großzügig seine "Expertise", das Übernatürliche zu zerstören, und andere maßgebliche "wissenschaftliche" Stimmen konnten am Radio und Fernsehen gehört werden.

Es war offensichtlich, daß Hruschiw und andere Erscheinungen die Sowjets völlig überrascht hatten. Anfänglich waren sie in Verlegenheit, wie sie darauf reagieren sollten. Es war ihnen nicht möglich, dieses Phänomen zu erklären.

Die Lemberger *Prawda* und die *Moskauer Nachrichten* - sie alle versuchten, es nicht ernst zu nehmen. Wie konnte jemand bloß an Gott glauben, nachdem doch die Kosmonauten oben im Himmel gewesen waren und ihn nicht gesehen hatten?

Während der Kampf weiterging und sich ein starker Drang zur Spiritualität hin entwickelte, fuhr die sowjetische Wirtschaft, die nun mal im Marxismus begründet ist, fort, sich zu verschlechtern. Der Sozialismus hatte für alle außer jenen, die behagliche Stellungen an der Spitze besaßen, versagt. Die Behörden gingen soweit zu unterstellen, daß die Unierten für den Mangel an Brot verantwortlich wären. Die Sowjets sind immer kühn, wenn es darum geht, die "große Lüge" auszusprechen.

Warum waren die sowjetischen Medien so beunruhigt? Dafür müssen Sie einmal ein paar grundlegende Tatsachen des Sowjetsystems in Betracht ziehen. In der ganzen UdSSR fürchten sich die regionalen Parteibosse vor örtlichen Problemen, weil die Macht oder Autorität völlig zentralisiert ist. Alles wird vom Generaldirektor der Zentralpartei über die Republik-, National-, Provinzial-, Regional-, und Ortsparteien gelenkt. Dieses System der direkten Kontrolle wird seinerseits noch einmal vom gefürchteten und allmächtigen KGB gesteuert. Überall herrscht Verdunkelung. Alles Unangenehme wird von den Orts- und Provinzbehörden durch Propagandalügen entfernt. Die höheren Ränge verfälschen diese Informationen noch mehr, bis es ganz reingewaschen ist. Und Gorbatschow erhält Informationen, die niemandem mehr schaden. Dies wird "Augenwischerei" genannt, Täuschung, Wunschdenken, dem Boss nur sagen, was er gerne hören möchte. Bis zu den Ereignissen von Hruschiw funktionierte die Täuschung fast perfekt. Aber dann besaß die Presse mehr Freiheit, über solche Vorgänge zu schreiben, und selbst wenn die Darstellung auch negativ war, war es dennoch besser, als übernatürliche Ereignisse einfach nicht zu beachten.

Indem sie diese Themen miteinbezogen, brachten Fernsehberichte betörende Hinweise zum Vorschein, daß sich etwas Unerklärliches hinter dem Eisernen Vorhang ereignete.

Während Hruschiw im Westen immer noch verhältnismäßig unbekannt ist, so glaube ich doch, daß sich das ändern wird und daß eines Tages Pilger von fern her wieder um die historische Kapelle zusammenkommen werden. Jedoch könnte es sein, daß dies erst geschieht, wenn die Hardliner entmachtet worden sind. Manchmal gehen die Erscheinungen weiter. Es gibt auch welche, die behaupteten, daß die Erscheinungen aufhörten, als die Kapelle den Orthodoxen zeitweise im Jahre 1988 übergeben wurde. Das ist nicht wahr. Zu sagen, daß die Muttergottes nur Katholiken erscheint, ist nicht richtig. Die Muttergottes ist für alle da.

Was die Behörden mehr als alles andere beunruhigte, war ihre Ohnmacht im Angesicht großer Menschenansammlungen. Im Jahre 1990 gab es bloß 17 Millionen Mitglieder der sowjetischen kommunistischen Partei, aber 70 Millionen russische Christen. Die Kommunisten mußten auf Einschüchterungsmethoden zurückgreifen, um die großen Menschenmassen zu kontrollieren, und sie beschwerten sich, als ob die Mehrheit ein lästiges Übel wäre. Die Atheisten machen eine Religion aus einer Nichtreligion, und es ist ihnen lieber, wenn Leute sich eher betrinken als beten. Ein Kommentator bemerkte: "Wäre es nicht besser, wenn unsere Männer in einem Café in Lemberg säßen, anstatt für diese harte Arbeit hier nach draußen [nach Hruschiw] zu kommen? Bei Regen oder Sonnenschein müssen sie bei den Leuten sein, um nach dem Rechten zu sehen, damit niemand etwas Schlimmes oder Böses tut, weil die Unierten Flugblätter, Gebete, religiöse Literatur verteilen und sogar predigen. Die Offiziere des KGB haben eine Anzahl von Problemen. Sie sind selbst mit der Hilfe der Miliz nicht zahlreich genug, um diese Massen zu vertreiben, weil es eine Reaktion herbeiführen würde. Wie können wir solche Versammlungen zulassen?"

Der Kommentator bemerkte weiterhin, daß Abteilungen nicht nur aus Lemberg, sondern aus Ternopil, den Karpaten und Iwano-Frankiwske - drei anderen Provinzen - herbeigeholt werden mußten.

Wie konnte es die Jungfrau wagen, diese feinen, jungen Kadetten davon abzuhalten, sich in einem Café am Wodka zu berauschen!

Und sie ließen ziemlich strenge Verwarnungen verlauten, aus den anderen Schreinen keine weiteren Wallfahrtsorte zu machen. (Die Presse schätzt, daß ungefähr anderthalb Millionen Menschen Hruschiw besucht haben.)

Mittlerweile hatte der "gemeine Verbrecher" und "religiöse Fanatiker" namens Josip Terelja seine Reiseunterlagen erhalten. Ich hatte das Angebot eines Visums angenommen, weil ich die Niederlande und die Schweiz besuchen wollte. Die Sowjets waren so freundlich! Die Reiseunterlagen wurden mir am 28. Juli 1987 ausgestellt, und es ergab sich dann im *Owir*-Büro in Uschgorod, daß ich erkannte, wie sich eine weitere kleine Vision erfüllte. Erinnern Sie sich an meinen Traum über den Mann mit dem grauen Anzug und dem violetten Knopf und der Kette? In dem *Owir*-Büro traf ich einen Mann, der genauso aussah. Ich erkannte ihn sofort. Aber von seinem violetten Knopf hing keine Kette herunter wie in meinem Traum. Ich erwähnte das ihm gegenüber, und er schaute mich verblüfft an. "Meine Tochter hat die Kette abgerissen", gab er zu.

Die Verabschiedung war sehr herzlich. Er gab uns Anregungen darüber, wie wir uns benehmen sollten, und ich bereitete mich auf ein vorübergehendes, kurzes Exil vor. Ja, es kam mir eigentlich gelegen. Ich war nicht bereit, durch eine weitere Gerichtsverhandlung zu gehen und 10 oder 15 zusätzliche Jahre in einem Arbeitslager zu verbringen. Die Sowjets dachten, daß ich zur Abreise bereit sei, aber so war es noch nicht. Ich hatte mich damit abgefunden, mein geliebtes Heimatland für eine Zeitlang zu verlassen - ich wollte mich in der Schweiz einer ärztlichen Behandlung unterziehen - aber da gab es immer noch einige unerledigte Angelegenheiten in der Ukraine. Schnell näherte sich das Fest Mariä Himmelfahrt (nach dem östlichen Kalender). Ich hatte geplant, den Tag in Sarwanizja zu verbringen.

Tausende von Menschen waren in Sarwanizja aus Anlaß dieses wichtigen Festtages versammelt. Würdenträger wie Bischof Wasilik waren anwesend. Wir beteten und feierten den Moleben-Gottesdienst. Gläubige aus allen sieben Provinzen der Ukraine waren anwesend, selbst aus Moldawien und der Ostukraine. Eine ganze Reihe von Leuten waren dort, um mit mir eine letzte Liturgiefeier zu begehen. Unter ihnen waren auch Kanzler Simkailo, P. Senkiw, P. Wolodimir Witischin, P. Michailo Hawriliw und P. Jurtschischin.

Der KGB beobachtete jeden und legte dem Bischof und den Priestern jeweils siebzig Rubel Bußgeld auf, als sie nach Butschatsch kamen. Der Grund für das Bußgeld war, daß sie sich außerhalb ihres Einwohnermeldegebietes aufhielten. Unterdessen wurde der Kanzler mit einem Bußgeld von fünfzig Rubeln belegt. Die Miliz erschien zusammen mit Soldaten und Hunden. Sie erklärten das Gebiet zu einer "verbotenen Zone". Die Menschen beteten andächtig und beachteten sowohl den KGB als auch die bellenden Hunde nicht.

In Sarwanizja ereigneten sich einige Szenen. Die Miliz schlug auf Leute ein, riß sie an den Haaren weg, trat sie mit Füßen und ließ die Hunde auf sie los. Am nächsten Tag war ich dort, als ein schwarzer Wolga herangefahren kam, aus dem drei Leute ausstiegen und auf uns zukamen. Es war Schwester Irene, die zu mir gelaufen kam und mir sagte, daß Behördenvertreter angekommen wären. Die Menschen scharten sich um mich, so daß sie mich nicht ergreifen konnten. Wir knieten nieder und beteten den Rosenkranz.

Dann ging ich auf die Beamten zu und begrüßte sie mit den Worten: "Gelobt sei Jesus Christus." Hauptmann Alexander Stupin fragte mich, warum ich da sei, und der Sekretär der kommunistischen Zelle der örtlichen LPG sagte, daß wir uns in der verbotenen Zone befänden. "Du bist ein Fremder", sagte er. "Ich kenne dich nicht und ich habe das Recht, dich zu verhaften."

"Warum sich überhaupt die Mühe machen, mit ihm zu sprechen", rief der Hauptmann aus.

Ich fing an zu verlangen, daß sie mir ihre Ausweise zeigten. "Sie sind ein Trunkenbold", sagte ich. "Und ich werde dagegen protestieren, daß die Russen mir nicht erlauben zu beten."

"Hast du all diese Menschen hierher gebracht? Weißt du nicht, daß dies verboten ist?"

Ich erwiderte: "Diese Leute sind hergekommen, um sich von mir zu verabschieden und zu beten."

Der dritte Beamte weigerte sich, mir seinen Ausweis zu zeigen. Weitere KGB-Leute und Miliz umzingelten ein Waldgebiet mit Schlagstöcken in ihren Händen. Dann sprach man auf ukrainisch zu mir. "Warum hast du den weiten Weg von den Karpaten hierher gemacht?"

"Mit anderen Worten, ihr wißt, wer ich bin", sagte ich.

Sie hielten um meinen Personalausweis an, und ich zeigte ihnen meinen Reisepaß. Ich teilte den Leuten mit, daß ich das Land verlassen und in der ganzen Welt verbreiten würde, wie die Russen die Menschen vom Gebet abhielten trotz der Lüge von *Glasnost*. Die Offiziere waren nicht darauf erpicht, mir ihre Namen zu nennen. "Was sollen wir mit dir nur anfangen", grämte sich einer. Die Offiziellen in Kiew hatten sie beauftragt, mich zu vertreiben.

Sie hatten sich dazu entschlossen, die Leute beten zu lassen und sich dann still zu entfernen. "Josip, ruf die Menschen aus den Bergschluchten zusammen und nimm sie mit dir tief in den Wald", sagte mir einer der Agenten. Der KGB wollte, daß wir uns am Tage aus offener Sicht zurückzogen, so daß sie einen Bericht ohne Beanstandungen abgeben konnten. Aber es gab Verletzte vom vorherigen Tag. Wir versuchten, sie in einem örtlichen Krankenhaus behandeln zu lassen.

Um Mitternacht kam jemand zu uns und sagte, daß zwei Männer aus der Gemeindeverwaltung vom KGB hergeschickt worden seien, um uns zu beobachten. Sie konnten mich nicht erkennen, weil ich mein Kennzeichen, meinen Bart, abrasiert hatte. Am Morgen feierten wir den letzten Gottesdienst. Es war der 30. August. Ich reiste ab, um Bischof Dmiterko in Kolomija zu besuchen, und fuhr dann zurück nach Moskau, wo eine Pressekonferenz mit Reportern von *El Pais, Le Figaro,* und amerikanischen Zeitungen wie der *Chicago Tribune* geplant war. Ich sprach über Tschernobyl, und nur sehr wenig davon wurde gedruckt.

Die Behörden waren von den Ereignissen in Hruschiw erschrocken und verwirrt darüber, was sie mit der "feindlich gesinnten" ukrainischen katholischen Kirche anfangen sollten. Alles, was mir die Muttergottes 1972 mitgeteilt hatte, begann sich zu erfüllen.

Ich möchte dazu sagen, daß ich nicht einmal meiner Frau alles erzählt habe, was ich an zukünftigen Ereignissen geschaut hatte. Ich möchte nicht alles mitteilen. Die Menschen sind noch nicht bereit, von dem gewaltigen Unheil, das ihnen bevorsteht, zu hören.

Das Datum unserer Abreise aus der Sowjetunion war der 18. September. Wir reisten von Moskau aus ab - ich selbst, Olena und die drei Kinder, Marianna, Kalina und Pawlo. An jenem Abend befanden wir uns in Amsterdam. Die Niederlande waren das erste Land, welches uns ein Einreisevisum gewährte. Dort kümmerten sich sowohl niederländische als auch kanadische Dienststellen um uns.

Am 24. September gab ich über den ukrainischen Pressedienst eine Erklärung ab. "War es für mich und meine Familie schwierig, die Sowjetunion zu verlassen?" sagte ich. "Für den Augenblick genügt es, wenn ich nur ja sage! Aber alles befand sich in Gottes Hand."

Dann verkündigte ich, daß Stalin uns nicht vernichtet hatte und daß der Grund dafür in den Worten Christi gefunden werden könne, wie sie im Matthäusevangelium, Kapitel 16, Vers 18, wiedergegeben sind: *"Und so sage ich dir: Du bist Petrus. Auf diesen Felsen will ich meine Kirche bauen, und die Pforten der Hölle werden sie nicht überwältigen."*[4]

Daß wir nicht nur überlebt hatten, sagte ich, sondern daß unsere Zahlen anwüchsen.

---

[4] Anmerkung des Übersetzers: Der amerikanische Titel wurde nicht übersetzt, sondern die entsprechende Stelle aus dem Neuen Testament wurde wörtlich nach Rösch zitiert (a.a.O.).

Ich erinnerte alle daran, daß sich in der UdSSR ungefähr 15 Millionen Ukrainer und Katholiken befänden. "Im Untergrund haben wir funktionierende Seminarien, in denen sich die Kandidaten auf das Priesteramt vorbereiten. In den Transkarpaten besitzen wir eine Untergrundschule für den Religionsunterricht der Kinder." Ich unterschied auch zwischen der offiziellen russisch-orthodoxen Kirche und der synodalen russisch-orthodoxen Kirche im Untergrund. Während ich die Hoffnung ausdrückte, daß ich bald in die Ukraine zurückkehren würde, sagte ich, daß sich noch vieles ändern müsse und daß wir nur dann nicht mehr durch einen Atomkrieg bedroht würden, wenn Moskau seine Einstellung Christen gegenüber änderte. "Der Frieden wird sich einstellen, aber nur dann, wenn die UdSSR in sich genügend Kraft findet, die Gedanken und Worte Jesu anzunehmen. Weiterhin bekenne ich feierlich als ein Sprecher für die Gläubigen der Kirche in der Ukraine, daß wir alle dem Heiligen Stuhl in Rom, mit Seiner Heiligkeit, Papst Johannes Paul II., an seiner Spitze, treu ergeben sind ... "

Eine Vereinbarung wurde eingegangen, uns nach Kanada weiterzuleiten, wo es zahlreiche Bewohner ukrainischer Abstammung gab - ein Teil der Diaspora, darunter viele alte Nationalisten. Eine Reihe von transkontinentalen Organisationen half uns, die Internationale Solidarität der Schweiz eingeschlossen. Während letzte Vorbereitungen getroffen wurden, brachten sie uns in einem sicheren Haus weit außerhalb der Stadt unter. Wir waren von einer Mauer, einem Zaun und von Sicherheitsbeamten umgeben. Eines Tages gingen wir schwimmen und kehrten zurück, nur um ein Zimmer, von Eindringlingen, die nach etwas suchten, völlig durcheinandergebracht, vorzufinden - oder bloß, um uns wissen zu lassen, daß der KGB Zäune umgehen konnte und mich immer noch beobachtete. Ich vermutete, daß sie nach Tage- und Notizbüchern suchten, die ich - leider für sie - immer bei mir trage.
Am 30. September reisten wir in Richtung Toronto ab und wurden von Bischof Isidore Borecky und Vertretern der St.-Sophia-Religionsgemeinschaft der ukrainischen Katholiken empfangen. Zunächst ließen wir uns in der Stadt St. Catherines nieder, welche nicht weit von den Niagarafällen und der Grenze zu den USA entfernt liegt. Wir erhielten Unterstützung von der Diözese und der ukrainischen katholischen Gemeinschaft.
Am 22. Oktober 1987 erschien ich in Washington, D. C., vor der *Kommission des Kongresses über Sicherheit und Zusammenarbeit in Europa*. Anwesend waren solche Persönlichkeiten wie Senator Alfonse D'Amato vom Staat New York, Senator Frank Lautenberg

vom Staat New Jersey und die in Rochester wohnende Abgeordnete im Repräsentantenhaus, Louise Slaughter.

Da war ich also in der Nation der herrlichen Freiheitsstatue. Ich glaube, daß Amerika viele geistige Probleme hat, aber es ist wie die Statue ein Leuchtturm für die Freiheit. Die Vereinigten Staaten als starke Militärmacht sind für die ganze Welt wichtig. Man kann sich nicht ausmalen, was geschehen wäre, wenn Amerika nicht zur Stelle gewesen wäre, sich der Ausbreitung des Kommunismus entgegenzusetzen.

Die Anhörung fand um 10:00 Uhr morgens, im Komiteezimmer Nummer 138, im Dirksen-Bürohaus des Senats statt. Der Vorsitzende der Kommission, Mitglied des Repräsentantenhauses Steny H. Hoyer, stellte uns als vier Flüchtlinge vor. Neben mir waren ein Ukrainer, Danilo Schumuk, und zwei Georgier, Eduard und Tengiz Gudawa, die mir bekannt waren und die ich bekehrt hatte, anwesend. "Ihre Beharrlichkeit trotz der hartnäckigsten Bemühungen des KGB ist ein Zeugnis ihres Mutes und ihrer Hingabe an die Ideale, die in der Schlußakte von Helsinki festgehalten sind", sagte der Abgeordnete Hoyer, der äußerst großzügig mit seinem Lob war. "Herr Josip Terelja ist der bekannteste Leiter der ukrainischen katholischen Kirche, der größten verbotenen Religionsgemeinschaft in der Sowjetunion."

Der den Vorsitz mitleitende Senator, Dennis DeConcini, fügte hinzu, daß mein biographischer Abriß "sich liest, wie ein schauriger Lebenslauf von jemandem, dessen Berufserfolg darauf beruhte zu wissen, wie man den sowjetischen GULag überlebt. Seine 'Verbrechen' drehen sich um seine Führungsrolle in der ukrainischen katholischen Kirche. Nach einem kürzlich erschienen Bericht des Außenministeriums 'hat die kommunistische Partei danach gestrebt, die Religion auszulöschen', und keine andere Religionsgemeinschaft hat mehr darunter gelitten als die ukrainische katholische Kirche."

Ich begann mit meiner Eröffnungserklärung. Meinem Mund entfuhren die Frustrationen und Qualen von vier Jahrzehnten. Ein ukrainischer Katholik zu sein, erklärte ich, "heißt nichts anderes als Nichtwesen zu sein. Nichtwesen werden mißachtet; uns wird nachgestellt, wir werden bestraft, verfolgt, sogar ermordet oder vielleicht schlimmer noch müssen wir unzählige Jahre unmenschlicher Behandlung in sowjetischen Lagern, Gefängnissen und sogenannten psychiatrischen Anstalten erdulden. Die ukrainischen Katholiken stellen mindestens ein Zehntel der Bevölkerung der ukrainischen Republik dar, aber nicht eine Kirche ist zugänglich, nicht eines unserer Klöster funktioniert, nicht eine unserer Einrichtungen darf ihre Türen öffnen.

Um am Gottesdienst teilzunehmen, müssen sich die Gläubigen mitten in der Nacht versammeln, sie müssen in Privathäusern oder im Wald zusammenkommen, und immer müssen sie befürchten, verhaftet, durchsucht oder bestraft zu werden. Die Kinder müssen lernen, christliche Begrüßungsformen nicht in der Öffentlichkeit anzuwenden, obwohl sie es privat so tun. Die Kinder müssen lernen zu schweigen, wenn die Themen Glaube und Religion in der Schule besprochen werden."

Ich erklärte, daß die Untergrundkirche des östlichen Ritus fünf Millionen Mitglieder in der Ukraine und 1,9 Millionen in anderen Teilen der Sowjetunion aufwies sowie 1 200 Schwestern und eintausend Priester. Es war eine beachtliche Zahl, und doch hatten wir vor den Verfolgungskampagnen in den vierziger Jahren 6 390 Priester und Mönche. In meiner schriftlichen Erklärung erwähnte ich die Verluste: der Basilianermönch, Peter Oros, 1953 ermordet; der ins Exil beförderte aktive Laie, Iwan Markiw, 1957 getötet; der Basilianermönch, Olexa Sarizki, vom KGB zu Tode gefoltert; und Bischof Hoiditsch aus Prjaschiw starb 1960 in einem tschechischen Lager.

"Unsere Kirche richtet die Frage an Herrn Gorbatschow: 'Wenn es Bestrebungen für eine Demokratisierung gibt, warum ermöglichen Sie dann nicht eine Legalisierung der ukrainischen katholischen Kirche?'" gab ich zu Protokoll. "'Wenn die *Perestroika* die Politik bestimmt, warum werden dann unsere Kirchen immer noch zerstört, unsere Kreuze abgerissen und unsere Menschen verfolgt?'" Ich legte Beweismaterial der erst in der letzten Zeit begangen Schändungen vor. Aus der Zeit vom Mai 1986 bis zum August 1987 liegen eine Reihe von solchen Vorgängen vor, darunter eine Ikonostase, die in Dorobratowo auf Anordnung des örtlichen russisch-orthodoxen Bischofs zerstört wurde, ein Kreuz, das von den Kommunisten des Dorfes in Ardanowo abgerissen wurde, und der völlige Verfall einer Kapelle in Bilki, wo die Kommunisten es Dorfbewohnern nicht gestatteten, sie wieder aufzubauen. Am Karfreitag des Jahres 1987 hoben die Behörden eine Gebetsversammlung auf einem Friedhof in Borschawske auf, und zwei Menschen verloren ihre Arbeitsstelle.

"Tausende von evangelischen Pfingstlern würden liebend gerne auswandern, wenn es Offenheit gäbe", sagte ich. "Laßt sie ziehen! Hunderttausende von Gefangenen siechen immer noch in sowjetischen Gefängnissen, Lagern und Krankenhäusern dahin wegen ihres Glaubens und aufgrund der Prinzipien, die unsere Kirche unterstützt. Ich sage, entlaßt sie. Wenn Demokratisierung tatsächlich stattfindet, dann sollte das Lager Nummer 36-1 in Kutschino, Permgebiet, in dem Sonderbehandlung ausgeübt wird, geschlossen und die prinzipientreuen Männer, die dort dahinschmachten, sollten entlassen werden."

*Jenseits der Grenzen*

Zu meinen wichtigeren Anliegen zählte der derzeitige Vorsitzende der Initiativgruppe, Wasil Kobrin, der sich immer noch in Haft befand. "In der geknebelten und unterdrückten Welt wissen wir, daß die Vereinigten Staaten die Fackel der Freiheit emporhalten", sagte ich während der Befragung aus. "Sie sind ein Land, das seinen Staat auf der Grundlage der Bibel aufbaute, und deshalb ist es sehr wichtig, wie sich die Regierung der Vereinigten Staaten in ihren auswärtigen Beziehungen zu atheistischen Regierungen verhält." Ich hob hervor, daß die UdSSR andererseits "der erste Staat in der Welt ist, der offen seinen Haß auf Gott zum Ausdruck brachte."

"Ich wurde unter hochrangigen Kommunisten in einer führenden, kommunistischen Familie erzogen", fuhr ich fort. "Herr Schelest besuchte unser Haus. Ich erinnere mich an die Unterhaltungen, die dort stattfanden. Die Sowjetunion befindet sich in der Klemme, was Technologie anbetrifft, und sie benötigt amerikanisches Brot. Und, was heute alles an *Glasnost* vorgestellt wird, ist als eine Täuschung für den Westen gedacht; und sie verlangen und benötigen um jeden Preis, daß der Westen von seinen Prinzipien Abstand nimmt." Für die Sowjetunion war es äußerst wichtig, fügte ich hinzu, dem Westen gegenüber das Antlitz eines Engels vorzustellen. Trotzdem wurden zwischen Dezember 1986 und Juli 1987 mehr als 150 Kirchen und Kapellen zerstört. Was wir benötigten, sei eine geplante und beständige Politik des Westens in seiner Beziehung mit dem Weltreich des Satans.

Der Abgeordnete im Repräsentantenhaus, Chris Smith, begann dann, mich bezüglich der Erscheinungen zu befragen. Er beschrieb sich selbst als "einen, der sehr fest" an das Wunder von Fatima "glaube". "Jetzt hören wir, daß in der Ukraine angeblich Erscheinungen stattfinden", sagte er. "Ich frage mich, ob Sie uns erzählen können, was Sie ernstlich von diesen Erscheinungen halten, und aus politischer Sicht, welchen Einfluß es auf die Menschen in bezug auf das Wiedererwachen des Glaubens und der Meinung hat, daß die Kirche, die ukrainische katholische Kirche, von der Sowjetunion anerkannt werden sollte? Welche Wirkung haben jene Erscheinungen auf die Menschen?"

Es war eine gewichtige Frage. Und ich gab ihm meine gewichtigste Antwort. Ich sagte ihm, daß es meine Meinung sei, daß die Weissagungen von Fatima ein Wegweiser dafür sind, wie Christen sich in der UdSSR verhalten sollten. "Erscheinungen der Muttergottes in Medjugorje unterstützen die Fatimaerscheinungen, und in kurzer Folge darauf, die Erscheinungen in Hruschiw, in der Ukraine", sagte ich. "Ich besuchte Hruschiw, kurz nachdem die Erscheinungen anfingen. Was sah ich? Über der Kirche war ein Licht, das 250 - 300 Meter hoch schien. In dem Licht schaute ich ein photogenes Gesicht einer Frau, die - wie in Flammen - gekleidet war. Die Servitenschwestern, die direkt neben mir waren, sagten, daß sie die Frau in Weiß gekleidet sahen. So ereignete es sich drei Wochen lang. An einem Tage kamen 100 000 Menschen durch Hruschiw. Im Laufe jener drei Wochen veränderte sich die Erscheinungsweise der Frau, sie sah anders aus. Es gab sogar Weissagungen."

Obwohl ich keine Prophetien enthüllte, fuhr ich fort, den amerikanischen Politikern ein Gespür für das Wunder zu vermitteln. Ich sagte ihnen, wie die Menschen vor Freude weinten; ich erwähnte, wie es das Gefühl für die Ukraine festigte. Dann beantwortete ich die Frage, die Herr Smith speziell gestellt hatte. "Die Ereignisse in Hruschiw haben sicherlich die politische Lage in der Ukraine verändert", sagte ich. "Nichtchristen kommen zu den Erscheinungen. Ich war Zeuge, wie ein russischer Offizier, ein Hauptmann, sagte: 'Es gibt einen Gott.' Die Menschen kommen nicht nur aus der Ukraine, sondern auch anderswoher, und sie nehmen den Glauben an Gott an. Ich sah mit eigenen Augen einen Offizier der Miliz, der dort die Kirche bewachen sollte. Der Leiter des KGB in Drohobitsch schrie ihn an: 'Warum gestattet ihr diesen Leuten, die Erscheinung zu sehen?' Der Offizier zog seine Mütze ab, entfernte seine Schulterstücke und sagte: 'Was kann ich machen, wenn ich die Muttergottes gesehen habe?' Innerhalb von zwei Wochen wurde dieser Angehörige der Miliz in eine psychiatrische Anstalt eingewiesen, und wir glauben, daß die Erscheinungen in Hruschiw nicht [nur] für uns Christen da sind. Sie sind ein Zeichen für alle Politiker, daß Zeiten des Umbruchs bevorstehen."

Als nächstes gab ich einen Rat: "Nähern Sie sich dieser Angelegenheit, diesen Änderungen, sehr, sehr sorgfältig und vorsichtig."

Dann sprach der Abgeordnete Smith erneut. "Ich bin einer jener, die fest daran glauben, daß es oft die verborgene, spirituelle Dimension ist, worauf es alleine ankommt", sagte er. "In diesem Fall, basierend auf Ihren Aussagen und auf anderem Material, das ich gelesen habe, scheint es sehr klar zu sein, daß das Wiederaufleben des Christentums, und besonders des Katholizismus, in direktem Bezug steht zu den Erscheinungen und dem langen Leiden der Kirche sowie der Energie, die sich aus dem Martyrium von Leuten ergibt, die aufgrund ihres Glaubens verfolgt wurden. Ihre Worte bewegen mich. Ich glaube, daß wir dies noch weiter untersuchen müssen, um diesbezüglich noch mehr Informationen an die Öffentlichkeit zu bringen. Ich weiß, daß es eine große Zahl von Zweiflern gibt, aber es scheint, daß jene Skeptiker oft überzeugt werden, wenn sie sich die Tatsachen etwas näher ansehen. In einigen Fällen haben einige von denen, die Medjugorje besucht haben, ihre Meinung entschieden geändert, selbst einige der schärfsten Kritiker."

Ich war erfreut darüber, daß der Abgeordnete im Repräsentantenhaus sich positiv über die berühmten Erscheinungen Mariens äußerte. Was uns Schwester Luzia von Fatima übermittelte, war eine absolute Prophetie mit Bezug auf Rußland. Und sie hob die Wichtigkeit der Andachten der ersten Samstage hervor, um Seelen zu retten, Irrtümer rückgängig zu machen und einige der Strafen zu vereiteln. Das Schicksal Rußlands - und der Welt - hängt von der Bekehrung Rußlands ab. Vielleicht können wir einige der Katastrophen abschwächen und sogar verhindern, wenn wir dem Aufruf Unserer Lieben Frau folgen. Die Gefahr der nuklearen Vernichtung besteht weiterhin, bis die UdSSR von innen verändert wird - zu Gott bekehrt wird. Politische Ereignisse hängen von spirituellen Dingen ab. Der Friede wird einkehren, wenn wir Unserer Lieben Frau gehorchen. Alles, was Unsere Liebe Frau von Fatima vorausgesagt hat, hat sich erfüllt bis auf die "Bekehrung Rußlands", auf die wir immer noch warten. Wir wollen uns immer daran erinnern, was die Muttergottes Schwester Luzia gesagt hat: *"Um Gottes Bestrafung der Welt wegen ihrer Verbrechen zu verhindern, werde ich kommen, um die Weihe Rußlands an mein Unbeflecktes Herz zu erbitten, sowie die Kommunion der Wiedergutmachung an den ersten Samstagen. Wenn meine Wünsche erfüllt werden, wird Rußland sich bekehren, und es wird eine Zeitlang Frieden sein. Wenn nicht, dann wird Rußland seine Irrtümer über die ganze Welt verbreiten, Kriege anzetteln und die Kirche verfolgen."*

In Washington gab es für mich auch einen Empfang im Weißen Haus und eine Pressekonferenz. In meiner Erklärung an die Presse, welche über die St.-Sophia-Gesellschaft weitergegeben wurde, wurden meine Gefühle offenbar. "Ich bin überglücklich, sagen zu können, ohne über den KGB beunruhigt zu sein: 'Seid wachsam, stärkt die christliche Solidarität.'" Ich äußerte auch meine Dankbarkeit gegenüber dem kanadischen Premierminister, Brian Mulroney, und dem kanadischen Außenminister, Joe Clark. "Mit Freude und Aufrichtigkeit möchte ich auch der Regierung, der Königin Beatrix der Niederlande und den christlichen Gemeinschaften jenes Landes danken für ihre vielen Bemühungen, die sie für mich unternahmen, und letztlich dafür, daß sie mir das ursprüngliche Visum für meine Reise in den Westen gewährten."

Ich sagte, daß niemand die Zahl der Märtyrer in der Sowjetunion *jemals wissen* wird. "Aber wir müssen uns daran erinnern, daß im sowjetischen GUlag möglicherweise mehr Christen gestorben sind als in der ganzen Zeit von Christus bis 1917", sagte ich.

Präsident Reagan sollte an dem Empfang teilnehmen, aber sein Tagesprogramm wurde geändert, damit er ein örtliches Krankenhaus besuchen konnte, in dem sich seine Frau Nancy von einer Brustamputation erholte. Nach dem Empfang wurde ich in ein kleines Zimmer begleitet, in dem mich Amerikaner, die ukrainisch und russisch sprachen, nach weiteren Auskünften befragten. Ich hatte kaum Zeit, über die Ereignisse nachzudenken, als eine neue Reise anstand: ein Besuch in Rom. Am Morgen des 7. November wurde ich von einem Erzbischof zu einem Treffen mit Papst Johannes Paul II. begleitet.

Sie wollten wissen, in welchen Sprachen ich mich unterhalten könnte, und ich sagte ihnen Russisch und Polnisch. Der Erzbischof erläuterte mir die Verhaltensregeln am päpstlichen Hof. Dann wurde ich zur päpstlichen Wohnung begleitet. Papst Johannes Paul mit einem ernsten, aber strahlenden Gesicht saß hinter einem Schreibtisch, und ich wurde zu seiner linken Seite gebracht. Ich verneigte mich, und der Heilige Vater segnete mich.

Der Papst interessierte sich besonders für meine Familie und darüber, wie sie die Jahre meiner Inhaftierungen verkraftet hatte. Der Heilige Vater meinte, daß ich mit meiner Frau und den Kindern hätte kommen sollen. Ungefähr fünfzehn Minuten lang sprachen wir über die Familie. Danach kam ich zur Sache, indem ich ihm Schriftstücke und Fotos von der Untergrundkirche überreichte. Er unterbrach mich, als ich auf Sarwanizja zu sprechen kam, wobei seine Augen strahlten; er hatte dieses Heiligtum besucht. Er wollte darüber von mir Einzelheiten wissen. Ich zeigte ihm Bilder von Menschen, die im Wald beteten; dann sagte der Papst: "Was ist der Stand der religiösen Frage in der Ukraine? Ich befrage Sie nicht über Priester und Ordensangehörige, sondern über den Glauben der einfachen Leute."

Ich begann damit, von den Bedingungen der Menschen und dem Thema der Legalisierung zu sprechen. Es war offensichtlich, daß der Heilige Vater noch nie Fotos von unseren Untergrundmessen gesehen hatte. Zehn Jahre lang hatten wir Material an den Vatikan gesandt, aber es erreichte ihn offensichtlich nicht. Ich weiß nicht warum. Er hatte den Eindruck, daß unsere Kirche nur aus ein paar tausend Leuten bestand, die nicht totzukriegen waren - aber nicht, daß sie fünf Millionen Mitglieder zählte. Der Papst hatte ein besonderes Interesse an der russisch-griechischen katholischen Kirche. Ich erklärte ihm, daß Menschen wegen ihrer Beteiligung an dieser Kirche inhaftiert waren. Der Papst wollte auch von meiner Zukunft wissen und wie ich

meinen Lebensunterhalt bestreiten würde. Ich erwähnte Hruschiw, aber ich hatte keine Zeit, nähere Einzelheiten darzustellen. Die Zeit verging wie im Flug, und die Audienz währte 43 Minuten lang.
Danach luden mich Erzbischof Silvestrini und Kardinal Casaroli zum Mittagessen ein, und am folgenden Tag speiste ich mit Kardinal Ratzinger, dem Präfekten der Glaubenskongregation, und anderen Würdenträgern. Ratzinger hatte für mich gekochtes Kalbsfleisch bestellt. Ich erwähnte zu jemandem, daß ich in zwanzig Jahren kein Eis mehr gegessen hätte, und so sorgten sie dafür, daß ich dies ebenso erhielt. Ich besprach die Erscheinungen von Hruschiw mit Kardinal Ratzinger, und er schien dafür ein offenes Ohr zu haben. Der Botschafter der Vereinigten Staaten lud mich zu einem Empfang am nächsten Tag ein. Dann brachte man mich zu einem weiteren Empfang in die Residenz des italienischen Botschafters beim Vatikan.

Bei meinem ersten Besuch in Rom traf ich auch den Kardinal, dessen Gesicht ich auf der "Leinwand" in Hruschiw gesehen hatte. Wir sprachen fünf Stunden miteinander, und er brach in Tränen aus, als ich über die falsche Art und Weise redete, in der er sich zu den Kommunisten verhalten hatte. Die Jungfrau gebot mir, keine Namen zu nennen, und ich ziehe es vor, nicht in weitere Einzelheiten zu gehen.
Ratzinger hatte mir vorgeschlagen, in Venedig auf einer bevorstehenden Konferenz über die Verfolgung der Kirche zu sprechen, was ich auch tat. Aber ich kam dort mit Leibwächtern an. Ich glaube, daß es im Januar 1988 war. Die Sowjetdelegation protestierte gegen meine Anwesenheit, aber ich ließ mich nicht beirren und verteilte Literatur, um meine Sache zu untermauern.
Wie sehr es doch einen Leiter aus der russisch-orthodoxen Kirche aus der Fassung brachte, als er sich neben mir sitzend wiederfand!
Ich hatte noch mehrere Begegnungen mit dem Papst, dabei auch 1988 anläßlich der Feierlichkeiten zum Gedächtnis des tausendjährigen Bestehens der ukrainischen Christenheit. Ich hatte das Privileg, die heilige Kommunion aus der Hand des Papstes zu empfangen. Olena war auch anwesend und saß vorne im Petersdom. Aber es gibt immer noch einige Themen, die ich gerne mit dem Papst bespräche. Wir müssen uns noch mehr über Hruschiw unterhalten, und wir müssen noch einiges über die Weihe Rußlands an das Unbefleckte Herz Mariens besprechen, die, wie ich glaube, noch nicht ganz vollzogen worden ist. Viele Priester und Bischöfe sollten nach Rom kommen und die Weihe sollte laut verkündet werden.
Ich wollte solche Themen auch mit Schwester Luzia besprechen, der Seherin von Fatima. Ich erhielt vom Papst die Erlaubnis, sie in Portugal zu besuchen. Der Termin des Gesprächs war für den

13. Mai 1989 festgelegt. Aber aus einem unerklärlichen Grund wurde mir in allerletzter Minute das Visum verweigert. Ich bin darüber besorgt, daß die Menschen die Wahrheit und den Willen Gottes nicht kennen. Ich sage das heute, und sollte Schwester Luzia mich hören können, dann denke ich, versteht sie, was ich meine. Ich sage die Wahrheit. Für sie wird ein Platz bereitgehalten. Sie weiß, wo sie sein wird. Sie wird bei der Muttergottes sein.

Schwester Luzia leidet aufgrund der Tatsache, daß die öffentliche Ankündigung der Weihe Rußlands nicht erfolgt. Luzia wird bis zum Beginn der Bestrafung leben. Nachdem der Papst öffentlich die Weihe Rußlands an das Unbefleckte Herz Mariens angekündigt haben wird, wird Schwester Luzia zu ihrer ewigen Belohnung hinübergehen.

## 23. Kapitel

# UNSER JESUS

So sitze ich nun hier in Kanada und verbringe meine Tage in einem Haus am Rande Torontos, wohin wir zogen, nachdem wir St. Catherines verließen. Meine Kinder besuchen die ukrainische katholische Schule, meine Frau nimmt am Englischunterricht teil, und ich bleibe zu Hause und kuriere meine verschiedenen Krankheiten aus - und verschicke Briefe, Arzneien, Bibeln und Rosenkränze zurück in die Sowjetunion. Sollte jemand dies lesen und bereit sein, heilige Bilder oder religiöse Artikel zu spenden, so kann er mit mir über die Riehle-Stiftung in Kontakt kommen.

Ich versuchte, in die Ukraine zurückzukehren, aber sie wollen mir nicht die notwendigen Reisepapiere ausstellen. Drei Monate, nachdem ich Moskau verließ, bestellte mich am 18. Januar 1988 das Konsulat in Ottawa zu einem Gespräch und verlangte von mir meinen sowjetischen Reisepaß zurück. Die Russen entzogen mir die sowjetische Staatsbürgerschaft! Der diesbezügliche Erlaß wurde am 21. Januar ausgestellt. Ich wußte damals nicht, was ich tun sollte, und ich weiß es auch heute noch nicht. Ich war nach Kanada gekommen, um zu ukrainischen Gruppen zu sprechen - nicht um hier den Rest meines Lebens zu verbringen. So war es also nicht bloß eine Reise, die sie mir gewährten; es war dauerhaftes Exil.

Das Leben im Exil kann genauso anstrengend sein wie das Leben in einem Lager. Ich fühle mich von der Welt isoliert und bin wirklich ein Mann ohne Heimat - meiner sowjetischen Staatsbürgerschaft entzogen und mit keinem anderen Status als dem eines "Besuchers" in Kanada. Die sowjetischen Kommandanten scherzten nicht, als sie sagten, daß ich den Rest meiner Tage damit verbringen würde, für

Arzneien Geld auszulegen. Ich leide an Herzbeschwerden, Leberproblemen, starken Kopfschmerzen, einem Magengeschwür und sehr schlimmem Rheumatismus. Im Alter von 47 Jahren fühle ich mich wie ein Krüppel; wenn das Wetter wechselt, habe ich Schwierigkeiten mit meinen Gelenken.

Aber ich bleibe Gott dankbar für alle Wunder, die er in meinem Leben gewirkt hat, und für die geistlichen Tröstungen. Und die Mystik? Es ist nicht mehr so, wie es einmal war. Ich habe nicht mehr soviel Zeit für das Gebet, wie ich es früher hatte. Ich bin zu sehr mit Politik beschäftigt und damit, Aufsätze und Bücher zu schreiben, unter anderem eines über die Freimaurer. Wenn ich über die Erscheinungen spreche, spüre ich, wie mich dieses pulsierende Gefühl überkommt, als ob ich von Elektrizität durchströmt würde, wie wenn Ameisen über meine Hände liefen, welche dann gefühllos werden. Ich träume lebhafte Träume. Und während mein Reden über Hruschiw mir gute Laune gibt, fühle ich mich anschließend völlig ohne jegliche Energie und nicht am rechten Platz.

Ich träume auch seltsame Träume. Obwohl ich die Jungfrau Maria seit Hruschiw nicht mehr gesehen habe, habe ich immer noch Träume, in denen mir gewisse Botschaften mitgeteilt werden, und mache auch Erfahrungen innerer Aufbrüche, die meine Intuition anregen. Dies sind persönliche Offenbarungen. In einem Traum flog ich über einer verwüsteten Erde. Es war alles grau. Aber ich weiß nicht wovon. Dann gibt es noch die kleinen "Zufälle". Zum Beispiel kam 1988 eine Amerikanerin zu unserem Haus und fragte, ob ich dort lebe. Sie gab mir Postkarten von Mutter Teresa - es waren zehn. Sofort hatte ich das Gefühl, daß ich Mutter Teresa in zehn Wochen treffen würde. Aber wie sollte das möglich sein? Ich befand mich in Kanada, und sie war in Indien.

Und doch trafen wir uns 1988, und es waren zehn Wochen, nachdem ich diese Karten von der fremden Frau erhalten hatte. Ich wurde zum zwölften Kongreß der christlichen Familie in Wien eingeladen, und dort war es, wo ich die berühmte Nonne traf.

Sie mögen sich an meinen Traum erinnern, in dem ich Jesus in der himmlischen Stadt sah. Der Traum wiederholte sich auf eine Art, als ich mich 1987 in Freiheit befand. Jesus stand. Ich wußte nun, daß es Jesus war, aber da waren nicht mehr 12, sondern 72 Apostel. Ich war besorgt und verwirrt. *"Wundere dich über nichts"*, sagte Jesus. Was ich verspürte, als ich mich dort aufhielt, war, daß es nicht wie irgendeine uns hier gewohnte Umgebung war. Es war sehr schön, aber es war keine lebendige Natur - keine Tiere oder Bäume. Ich spürte diesen Kummer oder dieses Bedauern: Das ist alles sehr schön, aber nichts um uns herum ist lebendig, dachte ich. Ich fürchtete mich, diese Gefühle Jesus gegenüber auszudrücken. Er war sehr jung, und alle anderen waren so alt. Einer hatte ein sehr gutes, aber strenges Gesicht. Es war, als ob sie Richter wären, und doch bin ich mir nicht sicher, ob sie Richter waren. Ich wollte mich nicht entfernen, aber gleichzeitig wollte ich auch nicht, daß Jesus dächte, daß ich vor meinen Aufgaben auf der Erde wegliefe. Jesus lächelte und sagte: *"Du mußt zurückgehen. Deine Zeit hierherzukommen, hat sich noch nicht erfüllt. Niemand möchte von hier aus nach dort zurückkehren."* Ich spürte, wie ein kalter Schauer über mich kam, und bald darauf fand ich mich auf der Erde wieder, wie ich in einem Bett aufwachte.

Die Ereignisse in der UdSSR erregen weiterhin meine Aufmerksamkeit. Ich sprach über solche Themen auf einer Podiumsdiskussion in Pittsburgh, an der auch der Journalist William F. Buckley teilnahm. Was war das Ausmaß der Unterdrückung? Dem Bericht eines früheren KGB-Agenten zufolge gab es vor dem ersten Weltkrieg 5 000 orthodoxe Kirchen, 25 000 Moscheen und Tausende von Synagogen, evangelischen Kirchen und buddhistischen Tempeln. In den achtziger Jahren waren davon nicht einmal 4 000 Orte der Verehrung für alle religiöse Gemeinschaften und Sekten übriggeblieben. An der Oberfläche sieht es so aus, als ob Fortschritte gemacht würden. Am 5. Oktober 1989 rief der Papst die sowjetischen Behörden dazu auf, unsere religiösen Rechte anzuerkennen. Obwohl nicht genügend, reagieren die Sowjets dennoch auf solche Appelle. Alle haben wir die Fotos von der historischen Begegnung am 1. Dezember 1989 zwischen Gorbatschow und dem Papst gesehen. Es war sehr dramatisch. Und unsere Kirche erhielt oberflächliche Teilfreiheiten. Wie die *New York Times* berichtete: "Dienststellen in der Ukraine haben angekündigt, daß sie Gemeinden der ukrainischen katholischen Kirche registrieren werden, womit vier Jahrzehnte, während deren die Kirche illegal war, beendet wären, sagten Mitglieder der Kirche heute."

Trotzdem gibt es noch viele Probleme zu lösen. Wir hatten auch verlangt, daß die Regierung die von Stalin ins Leben gerufene Synode oder "Sobor" vom März 1946 wieder rückgängig mache, die uns in der russisch-orthodoxen Kirche aufgehen ließ. Die Erfüllung dessen steht noch aus, und wir müssen abwarten, ob wahre religiöse Freiheit in der UdSSR eingekehrt ist. Die wichtigste Angelegenheit betrifft unsere 4 000 Kirchen, die an die Orthodoxen ausgehändigt oder für weltliche Zwecke verwendet wurden - Lagerhallen, Museen, Beerdigungsinstitute. Die Gemeinde der Kathedrale von der Verklärung in Lemberg entschied in einer Abstimmung, sich der katholischen Kirche des östlichen Ritus anzuschließen, und viele andere Kirchen, durch die Zusammenkunft Gorbatschows mit dem Papst ermutigt, erklärten sich selbst zu katholischen Gemeinden. Sogleich kündigten mehr als hundert Kirchen in der Westukraine an, daß sie zum Katholizismus zurückkehren würden, und viele mehr werden sicherlich folgen. Bis zum Januar 1990 waren 600 Kirchen in den größeren Städten und Gemeinden der Ukraine als katholische Kirchen des östlichen Ritus tätig, 700 weitere hatten einen Antrag auf Registrierung gestellt, und es wird geschätzt, daß 350 Priester, die bisher in der russisch-orthodoxen Kirche dienten, die katholischen Bischöfe gebeten haben, aufgenommen zu werden. Die kleineren Dörfer sind darin noch nicht erfaßt worden. Von ihnen wird man noch viel höhere Zahlen erhalten.

Aber der Kreml und die Führung der russisch-orthodoxen Kirche widersetzen sich aktiv solchen Änderungen. Der Grund der Orthodoxen ist offensichtlich: ein Viertel ihrer Kirchen befindet sich in der hauptsächlich katholischen Westukraine und könnten erneut katholisch geweiht werden. Offizielle Stellen der orthodoxen Kirche behaupteten in Moskau, daß die Katholiken mit Gewalt Besitz von der Kathedrale der Verklärung ergriffen hätten, und in Anbetracht von Drohungen der Regierung mußten die Mitglieder der Pfarrgemeinde eine vierundzwanzigstündige Wacht in der Kathedrale halten.

In Lemberg hat es Zusammenstöße und die Androhung von Gewalt gegeben, als ukrainische Katholiken versuchten, die Kontrolle über St. Georg, unsere kostbarste Kathedrale, wiederzugewinnen. Am 12. August 1990 marschierten 30 000 ukrainische Katholiken von der Kirche der Verklärung zur St.-Georgs-Kathedrale zu einem Gebetsgottesdienst im Freien. Es gab Berichte, denen zufolge Katholiken die Türen der Kirche aufbrachen und auch Steine durch die Fenster warfen, aber viele dieser Berichte sind übertrieben worden, um uns in einem schlechten Licht darzustellen. Am 19. August befand sich die barocke Kathedrale wieder in katholischer Hand. Hunderttausende kamen, um dies zu feiern. "Dieser Tag", sagte Bischof Sternjuk, "wurde von Gott vorbereitet, und wir freuen uns, daß Gott es uns gestattet hat, diesen Tempel zurückzuerhalten, der sich bis jetzt in Feindeshand befand."

Anfang 1990 befanden sich in Lemberg von 19 Kirchen nur noch vier im Besitz der Orthodoxen.

Das hört sich manchmal so an, als ob ein heiliger Krieg im Gange sei. Das wäre schrecklich. Wir sollten die Orthodoxen nicht bekämpfen, aber wir sollten auch nicht kapitulieren. Die orthodoxe Führung in Moskau widersetzt sich unserem neuen rechtlichen Status aufgrund kirchlicher Unterschiede, wie auch wegen der unvermeidlichen Auseinandersetzungen um die Rückgabe unseres Eigentums. Unser Verlangen ist einfach und unangreifbar: wir wollen unsere Kirchen, Kapellen und Klöster zurückerhalten.

Es gibt auch wichtige, politische Unterschiede. Die Orthodoxen stimmen oft mit den Hardlinern im Kreml überein. Im Dezember 1990, als das Problem der Unabhängigkeit der sowjetischen Republiken an Intensität zunahm, gesellte sich Patriarch Alexi II., der orthodoxe Primas, zu einer Schar von hochrangigen Offizieren des Militärs, die Gorbatschow dazu aufforderten, eine direktere Regierungskontrolle in aufsässigen Gebieten durchzusetzen – mit anderen Worten eine gewaltsame Niederwerfung der Unabhängigkeitsbewegungen in Lettland, Litauen, Weißrußland, Georgien und der Ukraine. Mit Beginn des Jahres 1991 hatte Gorbatschow, der damit seine wahre Seite zeigte, genau das getan.

Die Orthodoxen verhalten sich den Katholiken gegenüber sehr boshaft und schmähen sie. Verwundert es dann, daß sie starke Abneigung gegen Erscheinungen zeigten, die sich bei katholischen Kapellen ereigneten, und versuchten, sie als Fälschungen nachzuweisen?

Ich erhalte weiterhin Briefe, die von Erfahrungen an Orten wie Hruschiw berichten. Die Botschaft ist nach wie vor dieselbe: betet und bereut. Vollbringt Opfer. Nach der Erbsünde ist Opfern das Hauptgesetz für die Menschheit. Denkt daran, daß die Sünde ein verbotenes Vergnügen ist. Zeigt euren Glauben in der Öffentlichkeit. Fürchtet euch nicht, betet fortwährend und zollt Jesus öffentlich Anerkennung. Lüfte deinen Hut, verneige dein Haupt oder mache ein Kreuzzeichen in den Straßen oder Bussen, wenn du an einer Kirche vorbeikommst. Kniet während der Messe, um euren Gehorsam zum Ausdruck zu bringen. Es ist nicht wesentlich, jedes Wort während der Messe zu wiederholen; es ist in Ordnung, den Rosenkranz zu beten. Aber kniet und gebt ein sichtbares Zeugnis. Nur unter der Führung der katholischen Kirche wird die Welt den Frieden finden. Wenn wir zahlreich Zeugnis ablegen, wird die Welt darauf aufmerksam werden und sich bekehren. Wir müssen Zeugen sein. Wir müssen Zeugnis ablegen und auf unchristliche Ereignisse reagieren. Ein Christ hat kein Recht zu schweigen. Wenn wir Zeugnis ablegen, werden wir größeren inneren Frieden erfahren.

Und wir müssen aktiv sein. Wir warten alle darauf, daß Gott alles in Ordnung bringt, aber das ist unsere Aufgabe! Die Bekehrung der Sünder? Das ist unsere Aufgabe! Einige der glücklichsten Augenblicke meines Lebens verbrachte ich im Gefängnis, weil ich dort viele Menschen bekehrte.

Ich möchte auch anfügen, daß letztlich wahre Freiheit nicht etwas ist, was uns ein Politiker geben kann. Freiheit kommt aus dem Innern. Freiheit ist ein Gefühl im Innern, und damit es wächst, muß man auf Gott hören und Ihn lieben.

Vom April bis zum Juli 1988 erfolgten erneute Erscheinungen. Die Orthodoxen sind den Erscheinungen gegenüber sehr negativ eingestellt und bezweifeln sie, was viele Leute angesteckt hat. Darum unternehme ich die größten Anstrengungen, in die Ukraine zurückzukehren: um meiner Kirche in ihrer fortlaufenden Entwicklung zu helfen und um Hruschiw als einen Wallfahrtsort zu errichten. Die Zahl der Pilger hat stark abgenommen, und sollten sie nicht anwachsen, wird keiner der Bischöfe es akzeptieren. Ich muß zurückkehren. Ich verlange, daß sie mir meine Staatsangehörigkeit zurückgeben, damit ich heimkehren kann. Leute sagen mir, daß ich dort immer noch getötet oder wieder ins Gefängnis eingewiesen werden könnte. Ich möchte dazu sagen, daß es besser ist, im Gefängnis zu sein, als im Exil zu verbleiben und nicht zu wissen, was vorgeht. Und ich glaube, wenn ich im Gefängnis wäre, daß dies die katholische Kirche mehr anspornte, als es von hier aus im Westen getan werden könnte.

Eines Tages wird der Feind die Macht seiner Armeen gegen uns aufmarschieren lassen, und wir werden sie mit Fahnen und Kreuzen überwinden, die mächtiger sind als Panzer oder Raketen. Bei jenem Ereignis werde ich in der Ukraine zurück sein. Das glaube ich zutiefst. Es wird Bekehrungen in großer Zahl geben. Ich glaube, daß die Ukraine eine der mächtigeren Nationen Europas werden und daß dadurch eine große Bekehrung der Welt stattfinden wird. Wenn die Ukraine frei sein wird, wird Frieden einkehren. Wenn die Bekehrung stattfinden wird, werden wir die Unabhängigkeit Georgiens, Armeniens und Litauens erleben.

Und wenn die Ukraine nicht ihre Freiheit erlangt, dann könnte es eine Revolution geben, die einen Weltkrieg herbeiführt. Der Ukraine wäre es lieber, wenn es auf friedliche Weise zustandekäme, aber wir werden alles tun, um unser Ziel zu erreichen.

In der Zwischenzeit haben die Atheisten neue Angriffe gegen die Kirche begonnen. Leider gibt es auch Protestanten, die ihre neu gewonnene religiöse Freiheit dazu benützen, ebenso antikatholische Angriffe auszuführen. Solche Propaganda schmerzt, weil die Katholiken nur sehr wenig an eigener Literatur haben. Bibeln genügen nicht; sie bedürfen einer systematischen Darstellung der katholischen Lehre.

Zu wenig Hilfe kommt aus dem Westen. Hier, in Nordamerika, berauscht sich jeder an Gorbatschow. Es gibt immer noch zu viele Leninmonumente, die niedergerissen werden müßten. Tausende befinden sich immer noch in den Lagern und Gefängnissen.

Jetzt ist es 1991. Was wird vor dem Ende dieses chaotischen und katastrophalen Jahrhunderts geschehen? Obwohl ich nicht einen Weltkrieg an und für sich voraussage, bleibe ich beunruhigt. Ungeachtet dessen, wie sie sich in der Öffentlichkeit zeigen, bin ich immer noch sehr skeptisch Gorbatschow, und was dies anbetrifft, allen Kommunisten gegenüber.

Bleibe stark und wachsam, Amerika! Ich glaube, daß Gorbatschow möglicherweise der letzte Führer ist, bevor die großen Bestrafungen beginnen. Und ich glaube nicht, daß er sich von seinen Vorgängern unterscheidet. Obwohl mehr an religiöser Freiheit gewährt wurde, ist vieles doch nur geschehen, um es zur Schau zu stellen, und es bleibt noch viel zu tun.

Da Europa beginnt, sich erneut zu wandeln, entstehen endlose Szenarien, die sich abspielen könnten. Da gibt es das neue Deutschland, neue Führungskräfte in Osteuropa, Bürgerkrieg in Jugoslawien, China, das sich sehr unauffällig verhält, und dann gibt es noch jenen gräßlichen Staat, der die UdSSR genannt wird. Wieviele Menschen haben die Sowjets getötet? Wenn man die bolschewistische Revolution, die Hungersnöte und all jene miteinbezieht, die in den Lagern starben, dann sind mehr als 50 Millionen Sowjetbürger durch die Unterdrückung ihrer Regierung umgekommen. Ja, mindestens 50 Millionen. Hardliner gewinnen an Macht in Moskau, während in der Ukraine sich Nationalisten nach vorne drängen, womit sich zukünftige Konflikte ankündigen. Erneut ist die Ukraine das Pulverfaß. Aber selbst die Republik Rußland ist dabei, sich von der zentralen Macht der Sowjetunion zu entfernen.

Wenn die Sowjetunion wirklich dabei ist, eine offene Gesellschaft zu werden, warum existiert der KGB dann immer noch; und wenn Gorbatschow so human ist, warum wissen wir dann immer noch nichts über das Schicksal Raoul Wallenbergs?

Amerika, bleibe wachsam, aber Amerika schau auch auf den Balken in deinem eigenen Auge. Läutere dich. Höre auf, ungeborenes Leben zu töten. Beende den Schund, der aus Hollywood kommt. Ich bin nun lange genug im Westen gewesen, um zu wissen, daß das Böse im Westen von anderer Art als das in der Sowjetunion ist, aber böse ist es nichtsdestoweniger. Reinige dich von Unzüchtigkeit, Erotika, besessener Sinnlichkeit und abweichender Sexualität. Säubert euch vom Materialismus, Egoismus und zügelloser Eitelkeit. Seht euch die Rocksängerin etwas näher an, die wie in einem kosmischen Trick "Madonna" genannt wird, während sie sich unzüchtig und gotteslästerlich über den Fernsehschirm herumtreibt. Reinigt euch von Abhängigkeiten und Faulheit. Wählt nur Politiker, die auf dem Boden guter Moral stehen. Hört auf, die Umwelt zu verschmutzen. Verspürt die Worte Gottes während der Messe. Betet! Fastet! Und sucht immer in euren Seelen nach der wahren Demut.

Liebe und Demut, Barmherzigkeit: mit diesen drei Tugenden erreichen wir alle unsere Ziele. Mittlerweile habt Ihr die schreckliche Kraft der kommunistischen Macht erkannt, aber das Rosenkranzgebet macht selbst den KGB machtlos. Ich bin für Euch ein lebendiges Zeugnis. Wenn wir zu einem Berg sagen, er möge sich bewegen, und wir dies im festen Glauben tun, dann wird sich der Berg wahrhaftig bewegen. Menschliche Liebe, erfüllt von göttlicher Liebe, gibt uns ungeheure Möglichkeiten. Wir müssen unsere Aufmerksamkeit auf unsere Jugend lenken.

War ich fähig, den Russen zu vergeben? Ich bin ein Mensch wie Ihr. Es ist selbst heute schwer für mich. Wenn ich nur die Verluste in meiner eigenen Familie aufzähle, dann werde ich von Gewissensbissen, Traurigkeit und Zorn erfüllt. Aber ich versuche mich selber zu überwinden. Das gilt auch für Euch: überwindet Euch selbst. Wir müssen in der Demut Gottes leben. Demut vor Gott, Demut Gott gegenüber, und Widersagung dem Satan gegenüber. Unser Leben ist kurz. Wir möchten gerne alles sofort erhalten. Aber die meisten von uns möchten es ohne Gott erhalten. Das können wir nicht. Und wir müssen verzeihen. Wenn wir zu vergeben lernen, dann werden selbst die Feinde, die sehen, wie wir ernsthaft verzeihen, sich in Solidarität zu uns gesellen. Es bleibt viel zu tun. Aber denkt daran, daß wir nicht alleine sind. Gott ist bei uns.

Im Westen heiraten die jungen Menschen schnell, und sie sind genauso schnell im Auseinandergehen. Das Sakrament der Ehe wird verletzt. Und die Nachkommen werden abgetrieben. Selbst Mafiosi haben mehr Rechte als die Ungeborenen. Und wir Katholiken können da nicht zusehen. Eine kleine Gruppe von Atheisten hat ihre Ansichten der ganzen Bevölkerung aufgezwungen. Warum verbieten die Behörden Kruzifixe in den Schulen, während gleichzeitig Drogen, Pornographie, unzüchtige Musik und satanische Symbole erlaubt sind? Ist das wirklich Demokratie? Es gibt mehr Christen als Atheisten in der Welt, und trotzdem erlauben wir den Atheisten unsere Rechts-, Kommunikations- und Erziehungssysteme zu gestalten.

Sie werden uns verfolgen, aber es wird nicht lange währen. Die tollsten Werkzeuge der Atheisten können nichts gegen das Werkzeug Christi ausrichten - zwei Holzstücke, die ein Kreuz bilden.

Zweitausend Jahre sind vergangen seit jener Geburt, die von allem anderen in der Geschichte so völlig verschieden war. Wer ist dieser Mann? Wo kam er her? Er reiste nie fern, und nur einmal in seinem Leben, als Säugling, überschritt er die Grenzen seines eigenen Landes. Er lebte in Armut, hatte keinen Reichtum, kein Gold, keinen politischen Einfluß. Seine Eltern waren einfache Leute, und er selbst absolvierte kein Studium, aber von Kindheit an bewunderten die Menschen sein Verständnis und seine Weisheit. Er unterstellte sich den Gesetzen der Natur, aber, sobald und sofern er wollte, unterstanden sie ihm. Er ging über die stürmische Oberfläche des Wassers, und der Wind hörte auf ihn und gehorchte seinen Befehlen. Er heilte Menschen, ohne eine Belohnung zu erwarten. Er schrieb nie ein Buch, aber die Büchereien und Buchhandlungen sind voller Bücher, die über ihn geschrieben wurden. Er schrieb nie Briefe, aber die größten Autoren und Komponisten haben über ihn geschrieben. Er war auch nie ein Maler oder Künstler, aber Bilder, in denen er dargestellt wird, sind weiter verbreitet als alle anderen. Er errichtete auch keine Bildungsinstitutionen oder Vereinigungen von Gelehrten, aber keine Schule oder Universität kann sich rühmen, mehr Schüler und Anhänger als er zu haben. Er war kein Befehlshaber einer Armee oder griff je zu den Waffen, aber die Welt kennt keinen Führer, der so viele Nachfolger hat. Er betrieb auch keine Psychiatrie, aber er heilte die gebrochenen Herzen vieler Menschen. Stolze Kaiser, Könige und politische Führer hat man vergessen, aber der Name dieses Mannes wird mehr und mehr unter den Nationen der Welt bekannt. Er starb am Kreuz vor fast zweitausend Jahren, aber er lebt weiterhin und wird immer lebendig sein. Er weilt jetzt im unendlichen Glanz des Himmels als Mensch und Gott.
Unser eigener Jesus.
Die Erscheinungen Unserer Lieben Frau sind die Vorboten seines zweiten Kommens.


Die intellektuellen Zweifler verlachen das Übernatürliche, aber die Zeit solchen Spotts geht ihrem Ende zu. Der atheistische Humanismus, wie der Kommunismus, werden uns nicht mehr für allzulange Zeit beherrschen. Noch wird es die geistige Blindheit, die auf so schlimme Weise die Ansichten der Wissenschaftler verengt, tun.

Bald wird die Wissenschaft sich nicht mehr länger als die neue Religion verkünden, und am anderen Ende des Spektrums wird man den Okkultismus und die Bewegung für ein neues Zeitalter (New Age) als das erkennen, was sie wirklich sind: Werkzeuge des Satans.

Manchmal wird es auf - ein anderes Mal wieder abwärtsgehen. Bisweilen wird es so aussehen, als ob wir wieder verlören. Dann erscheint es, als wenn die Materialisten, Okkultisten und Atheisten wieder gewännen. Aber am Ende können sie die Welt nicht beherrschen, schließlich werden sie einen klaren Tadel erhalten. Ich weiß nicht genau, was der Ewige als Züchtigung senden wird, aber die Waagschalen der göttlichen Gerechtigkeit müssen zurück ins Gleichgewicht gebracht und der Weg für die Rückkehr Christi als König muß freigemacht werden.

## WEITERE VOR KURZEM ERSCHIENENE TITEL, DIE ÜBER DIE RIEHLE-STIFTUNG ERHÄLTLICH SIND

NEUN JAHRE DER ERSCHEINUNGEN: Von P. René Laurentin.
Ein Buch, das die Ereignisse in Medjugorje, Jugoslawien, in den Jahren 1989-1990 auf den letzten Stand bringt. Es enthält 250 Seiten von Zeugnissen, Berichten und Interviews mit den Sehern, die Früchte der Erscheinungen und 32 Farbbilder. Eines der feinsten Bücher P. Laurentins. $7,00

EIN APPELL MARIENS IN ARGENTINIEN: Von P. René Laurentin.
Ein spannender Bericht über die unglaublichen Ereignisse, die in San Nicolas, in Argentinien, stattfinden. Die vollständige Geschichte der Erscheinungen der Seherin Gladys Quiroga de Motta. 156 Seiten. Farbbilder. $6,00

DIE MACHT DES ROSENKRANZGEBETES: Von P. Albert Shamon.
Eine moderne, vollständige, auf Tatsachen beruhende Darstellung der Macht dieser traditionellen Gebetsform. Vermittelt die Grundlage seiner Anwendung und die Geschichte seiner Ergebnisse. 64 Seiten. $2,00

GEISTLICHER KRIEG: Von P. George Kosicki CSB
Der Autor vermittelt uns einige ehrliche, "sag-es,-wie-es-ist"-Tatsachen über die Existenz des Teufels und seines totalen Krieges, den er wider dieses Zeitalter führt. 156 Seiten. $5,00

EINHORN IM HEILIGTUM: Von Randy England.
Eine vollständige Analyse in Buchlänge über die Auswirkungen des Neuen Zeitalters (New Age) auf den Katholizismus. In einer klaren, verständlichen Sprache berichtet uns der Autor darüber, was falsch ist, woher es kam, und was getan werden muß. 176 Seiten. $7,00

WARUM BETEN? Von P. René Laurentin.
In diesem Buch gibt P. Laurentin eine ausgezeichnete Antwort. Er vermittelt uns die "Theologie" des Gebetes und einige klare Einsichten in ein paar vergessene Wahrheiten, die unsere Beziehungen zu unserem Schöpfer anbetreffen. 96 Seiten. $4,00

DIE RIEHLE-STIFTUNG
P.O. BOX 7
MILFORD, OHIO 45150

Spenden werden für Materialien angenommen, aber sie sind nicht notwendig. Vorschläge bezüglich des Wertes der Spenden sind angegeben.

## DIE RIEHLE STIFTUNG ...

Die Riehle-Stiftung ist eine gemeinnützige, von der Steuer befreite Wohltätigkeitsorganisation, die zum Ziele hat, katholische Materialien zu produzieren und sie an jedermann überall zu verteilen.

Die Stiftung ist der Muttergottes geweiht und widmet sich ihrer Rolle in der Erlösung der Menschheit. Wir glauben, daß in unserer Zeit ihre Rolle nicht weniger wichtig ist, sondern im Gegenteil, sie ist in diesem Zeitalter Mariens um so offenbarer geworden, wie es auch von Papst Johannes Paul II. anerkannt wurde, den wir fest unterstützen.

Während der letzten vier Jahre hat die Stiftung über zwei Millionen Bücher, Filme, Rosenkränze, Bibeln usw. an Einzelpersonen, Pfarreien und Organisationen in der ganzen Welt verteilt. Darüber hinaus verschickt die Stiftung Materialien in die Missionen und in Pfarreien in einem Dutzend fremder Länder.

Unsere einzige Einnahmequelle besteht aus Spenden, die die Riehle-Stiftung für ihre Materialien erhält. Wir schätzen ihren Beistand sehr und erbitten ihr Gebet.

IM DIENSTE JESU UND MARIENS
Alles zur Ehre und zum Ruhme Gottes!

**Die Riehle-Stiftung**
**P.O. Box 7**
**Milford, OH 45150**

# Faith Publishing Company

Die Faith Publishing Company ist als Dienst für die Herausgabe und Verbreitung von Materialien organisiert worden, die christliche Werte und insbesondere die Lehren der katholischen Kirche beinhalten.

Sie widmet sich nur der Herausgabe von solchen Materialien, die diese Werte wiedergeben.

Die Faith Publishing Company veröffentlicht auch Bücher für die Riehle-Stiftung. Die Stiftung ist ein gemeinnütziger, von der Steuer befreiter Hersteller und Verteiler katholischer Bücher und Materialien für die ganze Welt, und sie beliefert auch Krankenhäuser und die Gefängnisseelsorge, Kirchen und Missionsgesellschaften.

Für weitere Informationen über Veröffentlichungen der Faith Publishing Company wenden Sie sich an:

Faith
**Publishing Company**

P.O. Box 237
Milford, Ohio 45150